KB148605

주권의
너머에서

SYUKEN NO KANATA DE
by Satoshi Ukai
© 2008 Satoshi Ukai
Originally published in Japanese by Iwanami Shoten, Publishers, Tokyo, 2008.
This Korean language edition published in 2010
by Greenbee Publishing Co., Seoul
by arrangement with the proprietor c/o Iwanami Shoten, Publishers, Tokyo

주권의 너머에서

초판 1쇄 인쇄 _ 2010년 5월 30일
초판 1쇄 발행 _ 2010년 6월 5일

지은이 · 우카이 사토시 | 옮긴이 · 신지영

펴낸이 · 유재건 | 주간 · 김현경
편집팀 · 박순기, 박재은, 주승일, 태하, 임유진, 강혜진, 김혜미, 김재훈, 김미선
마케팅팀 · 이경훈, 박태하, 정승연, 서현아, 황주희, 이민정
영업관리팀 · 노수준, 이상원, 양수연

펴낸곳 · (주)그린비출판사 | 등록번호 · 제313-1990-32호
주소 · 서울시 마포구 동교동 201-18 달리빌딩 2층 | 전화 · 702-2717 | 팩스 · 703-0272

ISBN 978-89-7682-348-9 93100
이 도서의 국립중앙도서관 출판시도서목록(CIP)은 e-CIP 홈페이지(http://www.nl.go.kr/ecip)에서
이용하실 수 있습니다.(CIP제어번호 : CIP2010001921)

그린비출판사 **나를 바꾸는 책, 세상을 바꾸는 책**
홈페이지 · www.greenbee.co.kr | 전자우편 · editor@greenbee.co.kr

주권의 너머에서

우카이 사토시 지음
신지영 옮김

그린비

한국의 독자들에게

저는 한국의 공공 공간에 한국어로 나타나려고 하는 이 책의 서문을 어떤 말로 시작하면 좋을까 하는 사색에 젖어 여러 날을 지냈습니다. 이 서문도 역시 번역되어, 그런 뒤에 독자의 눈에 띄게 되겠지요. 저에게는 그것이 뭔가 말할 수 없을 만치 엄청난 모험처럼 느껴져서 마음의 떨림을 진정시킬 수가 없습니다.

이 책을 구성하는 각 논문을 횡단하는 모티프는, 제목에 나타나 있듯이 주권에 대한 물음입니다. 읽어 보시면 알 수 있듯이 이 책이 묻는 '주권' 개념의 문제설정[射程]은 국가주권을 축으로 하지만 언제나 국가주권에 머물러 있는 것은 아닙니다. 그것은 예를 들어 저자의 '주권'과도 관련될 수 있습니다. 자신의 책이 자신이 모르는 언어로 번역될 때, 저자는 어떤 의미에서 '주권'을 포기하는 것입니다. 제가 지금 느끼는 두려움이라고도 기쁨이라고도 형언하기 어려운 감동은, 제가 쓴 말들이 저로서는 역사적으로도 언어적으로도 문화적으로도 결코 상상할 수 없는 독해가 일어날 가능성으로 바야흐로 열리고 노출되고 있는 까닭이겠지요. 그리고 그리하여 분명 '주권의 너머'라는 대기와 만나고 있는 까닭이겠지요. 이런 기회를 주신 그린비출판사 유재건 사장님께, 그리고 누구보다 번역작업에 많은 시간과 지식을 쏟아 이 모험을 이끌어 주신 신지영 씨에게 이 대기 속에서 감사를 드립니다.

이 책은 '환대의 사유', '저항의 논리'라는 2부로 구성되어 있습니다. 1부에는 주로 이론적인 고찰이, 2부에는 상황적인 발언이 수록되어 있습니다. 그러나 오늘날 세계에서 사유하려고 시도하는 모든 활동가–연구자들과 마찬가지로, 저에게도 '이론'이 진실로 단련[鍊成]되는 현장은, 긴급하고 특이한 정치상황과의 격투일 뿐입니다. '이론'과 '실천'의 관계는 전에 없이 원리로부터 그것의 응용이란 관계와 동떨어져 있습니다. 그런 의미에서 1부의 각 장도 절박한 상황의 요청으로부터 다소나마 동기부여를 받은 것입니다. 또한 2부의 글에도 이론적 모색은 반드시 부재한다고는 할 수 없습니다.

1995년에 쓴 한 편(4장)을 제외하면 이 책에 수록된 글은 모두 1997년부터 10년 동안에 쓰어진 것입니다. 즉 세기 전환기의 일본, 아시아, 세계정치와 사상의 동향에 자극을 받으면서 쓴(혹은 말했던) 것들입니다. 2001년 9월 11일의 사건과 그에 연속된 사태에 대한 논평, 소위 '테러리즘'을 둘러싼 담론비판(11, 12, 14장. 13장인 팔레스타인 방문기도 그 계열에 속할 것입니다)에서는 가장 글로벌한 지리적 전망하에서 이 시대의 세계에 대한 상황분석을 시도했습니다. 이에 반해 1999년 일본의 '국기·국가법' 제정에 대한 저항운동이라고 묶을 수 있는 글(8, 9장)에서는 이른바 로컬한 지리·시대적으로 한정된 위기적 사유가 표현되어 있습니다(이라크전쟁에 반대하는 시민운동을 탄압하는 데 항의했던 2005년의 글인 19장도 같은 위기의식의 표명이라고 말할 수 있을 것 같습니다). 그러나 주권을 둘러싼 고찰은 [글로벌한 것이든 로컬한 것이든] 어느 쪽에서도 결정적인 위치를 점하고 있습니다.

이 양극 사이에 21세기 초의 동아시아에서 '이웃'[隣人]이라는 것의 의미를 묻는 일련의 논고가 있습니다. 그 중에서도 7장인 「섬, 열도, 반도, 대륙―이웃한 것들에 대한 혹성적 사유」에서는 저의 동아시아상을 가능한 한 전체적으로 그려 보려고 했습니다. 또한 이 텍스트는 10장 「독립을 발명하는 것」과 함께 오키나와 미군기지 반대 투쟁에서 강한 임팩트를 받아 성립된 것입니다. 이와 동시에 2005년 중국의 반일 운동에 대한 응답으로 쓴 17장 「새로운 아시아적 대화를 위하여」와도 시기적·주제적으로 공명하고 있습니다.

그러나 이 책을 다시 읽어 보면 저의 이 10년간의 작업이 재일(在日), 반도(半島), 섬[島] 출신의 한국인 친구들로부터 얼마나 큰 은혜를 받아 이루어져 왔는가를 만감이 교차하면서도 새삼스럽게 느끼게 됩니다. 2장 「어떤 감응의 미래」, 16장 「가족과 제국」에서 글을 인용하기도 했던 이정화 선생님의 저작에서는 다시 읽을 때마다 새로운 사유의 양식을 얻어 왔습니다. 일본과 프랑스에서 보냈던 학생 시절의 친구들, 교사로서 만난 재일 학생들, 한국에서 온 유학생들, 문학자·지식인으로서 길을 보여 주었던 선배님들, 그 외에 여기서 이름을 말하지 못한 수많은 한국인에게서 저는 배우고 시사를 받고 그 사람들을 항상 생각하면서, 저의 사유를 단련[鍛造]하고 활동방향을 정해 왔습니다. 한국·조선을 제 자신의 중요한 연구 영역으로 선택한 적도 없고 한국어를 본격적으로 배운 적도 없는 한 명의 일본인이, 한국의 여러분들로부터 이토록 많은 지적 은혜를 받아 왔다는 것에 대해 개인적 행운이란 생각과 함께 시대 변화의 어떤 확실한 징후를 보는 듯합니다.

15장 「막다른 지경에 몰리고 있는 자는 누구인가?」와 18장 「전쟁의 극복」은 소위 납치 문제나 핵실험을 둘러싸고 조선민주주의인민공화국[이하 북한]에 향했던 기피감정의 폭발에 대항해서 쓰고 말한 글입니다. 일본 사회 다수파의 사람들이 그러한 기회에 나타냈던 반응은 유감스럽게도 이 사회[일본 사회]가 식민지 시기 이래의 한국·조선관에서 여전히 벗어나지 못했음을 여실히 보여 주었습니다. 박정희 독재정권 시대에 한국에 대해 생각하게 된 세대에 속하는 저에게는 이 두 편의 글이 한국인 독자들에게 어떻게 받아들여질지 매우 신경이 쓰입니다. 3장 「콜로니얼리즘과 모더니티」는 이 책에 실린 논고 중에서, 분명 일본과 한국 사이에 가장 다른 독해가 나올 수 있는 부분이 아닐까 상상하고 있습니다. 한일병합 백년의 해를 맞이하여 '화해'를 키워드로 한 각종 정치가 기획되는 중에 6장 「복수의 폭력, 화해의 폭력」도 다소간 강한 반응과 만날 찬스가 있을지도 모르겠습니다.

두 개의 에르네스트 르낭론인 4장과 5장은 제 전공인 프랑스 문학·사상의 영역에 속하는 것입니다만, 한편으로는 식민지주의와 동화의 문제, 다른 한편으로는 기억과 망각의 문제를 다루고 있다는 점에서, 이 책에 수록되기에 적합하다고 판단했습니다. 저의 사상 형태에 제2차 세계대전 이후의 프랑스 철학자들, 그 중에서도 특히 자크 데리다의 작업이 중요한 역할을 해왔음은 이 책의 독자들에게는 충분히 명확히 느껴지겠지요. 그러나 이때에도 또한 서양 기원의 '이론'과 우리들의 사회 '실천'의 관계는 반세기 이전의 상황과 이미 크게 달라졌다고 생각합니다. 로컬하고 독특한 역사적 현실은 글로벌하고 보편적으로 관념화된 '이론'이 적용되어야 할 '사례'가 아닙니다. 오히려 개별 현실 속에서야말로 '이론' 제각각에 내재하고 보편화하는 힘이 시험받을 것입니다. 어떤 '이론'일지라도 역사적·문화적 규정 아래에서 형성되는 이상 '이론'과 '실천' 사이의 관계는 '적용'이나 '적응'이 아니라, 텍스트와 텍스트 사이의 '번역' 작업이 되어야만 할 것입니다. 저는 이 책 각 장의 저술에서 그러한 '번역'을 그때그때 차이 나는 문제적 컨텍스트로서 시도했습니다. 그것이 얼마나 심도 있게 달성되었는가에 대해서는 독자 여러분의 심사숙고를 바라는 바입니다.

번역되고 읽힌다는 지상의 환대를 받고 있는 이 자리에서, 제가 1장에서 논했던 '환대'라는 모티프를 굳이 말할 필요는 없을 것입니다. 2009년 3월 '연구공간 수유+너머'의 국제워크숍에 참가했을 때, 저는 이미 이 번역과 출판에 앞서서 믿을 수 없을 만큼의 환대의 시공간에 초대되어 있었습니다. 저에게는 기적과 같았던 그 시간 그 공간의 경험을 표현할 말을 찾을 길이 없습니다. 많은 시간을 들여 제 저작을 주의 깊게 음미해 주고, 정확하고 깊고 날카롭고 폭넓은 시야에서 질문을 준비해 주셨던 참가자 한분 한분에게 다시금 한없는 감사를 드립니다.

연구공간의 친구분들에게는 체재하는 날들 동안 신세를 진 뒤, 돌아오는 공항에서도 걱정을 끼치고 말았습니다. 이 책 맺음말에 쓰기도 했습니다만, 최근 몇 년 사이 저에게는 미합중국의 입국 비자가 교부되지 않고 있습니다. 미국 이외의 나라에 도항할 때에도 몇몇 나라에 소속된 항공회사의 비행기를 이용하려고 하면, 개별적으로 엄중한 짐 검사와 신체검사를 강요받게 되었습니다. 일본항공, 전일본공수에 이어 대한항공에서도 같은 일이 일어났습니다. 이들 항공회사가 미국의 요구에 따라 요주의 인물 체크를 행하고 있음을 알게 되었습니다. 이번 귀국 시 제가 별실에서 조사를 받게 되었을 때, 연구실 친구들이 그 자리에 동석해 주셨던 것은 이런 종류의 경험이 처음이 아닌 저에게 있어서도 매우 든든한 기분이 들었습니다. 그때 우리들은 그 무엇도 두려워하고 있지 않았습니다. "이 것은 미국의 요청이다"라고 반복해 말하는 취조관에 대하여 분노와 슬픔이 섞인 감정을 공유하고 있었다고 생각합니다. 되새겨 보면 그때 우리들은 일종의 '주권의 너머'에 있었을지도 모릅니다. 요컨대 취조관은 "이것은 대한민국의 주권의 이름으로 행하는 조사가 아니"라고 주장하고 있었기 때문입니다. 이 책에서 제가 말하고 싶었던 것은 물론 그것과는 다릅니다. 그 장소에서는 더 이상 그 누구도 이러한 굴욕을 당하지 않는 곳, 그것이 제가 꿈꾸는 '주권의 너머'입니다.

2010년 2월 15일
우카이 사토시

차 례

1부
환대의 사유

1_환대의 사유

마이너리티라고 불리는 존재의 가장 중요한 특징은 마이너리티들의 다
양성에 있을 것이다. 메이저리티라고 불리는 존재와 비교하기를 그친 다
양성 말이다. 그 무한한 다양성 때문에 마이너리티를 종류별로 나눠 각각
에 이름을 붙여 학문의 대상으로 삼으려는 시도는 대개 어떤 원칙적인 곤
란에 직면한다. 그 시도가 비록 선의에서 나온 것이라고 할지라도 그렇
다. 그런 곤란을 자각하지 못할 때, 그러한 학문은 이미 '대상'(對象)이 된
마이너리티라고 불리는 존재에게 스스로 가하는 폭력에 대해서도 자각
적일 수 없다. 마이너리티——이것도 하나의 이름이다——라는 호칭도 그
호칭이 이러한 곤란을 지칭하는 동안, 단지 그 동안에만 아슬아슬하게 사
용이 정당화될 뿐이다.

그러나 지명(指名)하지 않는 것이 지명하는 것보다 언제나 '올바른'
행동이라고도 할 수 없다. 왜냐면 지명하지 않는 것, 다시 말해 이름을 묻
지 않는 것은 존재 그 자체를 부인하고 무시하는 것이기도 하기 때문이다.
자신이 소중하게 생각하는 상대가 아무리 시간이 흘러도 이름을 기억해

주지 않을 때 우리들은 어떤 기분이 들까? 요컨대 지명하는 것도 지명하지 않는 것도 둘 다 똑같이 옳지 않을 수 있는 그러한 상황이 있다. 엄밀히 말해 마이너리티라는 이름은 이러한 아포리아적 이름이다.

또 다른 각도로 이 아포리아에 접근해 보자. 사물을, 또한 사람을 이름으로 부르는 것. 자신을, 또한 타자를 이름으로 부르는 것. 이런 당연한 것이 당연하지 않게 여겨질 때가 있다. 이름으로 부르는 것이 불가능할 때 우리들은 어떻게 할까? 부르기를 단념할까? 아니면 이름 없이 부르려고 할까? 그러나 어떤 방법으로? 우선 스스로에게 시도해 보자. 자신을 이름 없이 부를 수 있을지 어떨지. 그 시도가 손쉽게 되지 않을 때, 또한 내가 나에 대한 이 기묘한 무능력을 눈치 챘을 때, 우리는 이미 마이너리티의 물음 앞에 있다. 동시에 필시 환대의 물음 앞에 있는 셈이다.

내가 여기에서 말하려는 것은 '노상생활자'(路上生活者) 및 '외국인'이라고 불리는 마이너리티에 대한 것이다. 첫 대목에서 주의를 기울였던 것은 바로 이 지점에서 문제가 된다. '노상생활자'와 '외국인'이라는 두 개의 이름은 그 이름 이면에 제각각 거의 무한한 다양성을 감추고 있기 때문이다.

'노상생활자'는 비교적 새로운 호칭이다. 영어의 'homeless'가 가타카나 표기 '홈리스'(ホームレス)로서 유통되기 시작한 것은 80년대 중반 이후라고 기억한다. 그러나 '홈리스'라는 용어에는 금세 어떤 모멸스러운 울림이 배어들고 말았다. 이를 개선하기 위해 몇 가지 이름붙이기가 시도되었다. '노상생활자'란 용어는 어느 편인가 하면 행정 측의 입장을 반영한 것이다. 이 용어에서는 일부러 중립적으로 보이려는 의도가 느껴진다. 객관적으로 '노상'에서 '생활'하는 상태를 기술하듯이 말함으로써, 마치

당사자가 그 생활양식을 선택한 듯한 뉘앙스를 풍긴다.

반면 이 카테고리에 포함된 사람들의 생활을 개선하기 위한 운동에 참여하는 사람들 사이에서는, '야숙자'(野宿者) 혹은 '야숙노동자'(野宿勞働者)라는 호칭이 일반적이다. '야숙'이라는 말은 민중적 기억에 뿌리내린 듯한 어떤 힘이 느껴진다. 당사자들이 선택했을 리 만무한 이런 생활양식을, 그럼에도 적극적으로 살아가려는 자세가 이 호칭에는 암시되어 있다. 또한 일반적인 생활과 다른 '밤에 집 밖에서 잔다'는 차이, 즉 집이 있는 사람과 없는 사람을 나누는 결정적인 차이가 표현되어 있다. 이 생활양식을 강요당하고 있는 사람들 자신들도 비록 스스로 항상 '야숙자'라고 규정하지는 않더라도 '야숙하다'라는 동사라면 큰 저항감 없이 사용할 수 있지 않을까. '노상생활자'에 비하면 '야숙자'는 훨씬 더 야숙자 당사자에게 가까운 언어이다. 그러나 '노상생활자'보다 '올바른' 이름인 '야숙자'를 선택한다고 해서, 그 용어가 완벽하다는 것은 아니다. '야숙자'도 하나의 이름이며 바로 그 사실만으로 이미 폭력을 품고 있다. 이 용어도 주거를 상실한 모든 사람들의 상황에, 즉 언제든 어디서든 누구에게든 무차별적으로 적용할 순 없다. 이 점을 현장 활동가들은 잘 알고 있다.

'노상생활자'와 비교해 보면 '외국인'은 훨씬 '자연스러운' 호칭이다. 그러나 이 말에는 어떤 분명한 부적절함이 있다. 우리 사회 '밖'[外]에서 온 사람들 모두가 국민국가란 의미를 지닌 '국'(國)에서 온 사람, '국'(國)의 사람, '타국'(他國)의 '국민'(國民)일 리는 없기 때문이다. 현재 더욱더 독립을 저지당하고 있는 팔레스타인 사람은 **아직** 외국인이 아니다. 국적을 박탈당하고 이민해 온 사람이나 망명객이 되어 타국의 비호를 구하는 사람들은 **이미** 외국인이 아니다. 흥미롭게도 이 모순은 사람보다 언어에서 확실히 드러난다. 지금 세계에서 쓰이는 언어 중 '국'(國)의 언어, 국가의 공용어, '국어'(國語)는 한정된 언어에 불과하다. 그 밖의 언어는 '외국'의 언어, '외국'어인 셈이다(일본인에게 아이누어나 류큐어는 '외국어'인 것일까).

그러나 '국'(國)이라는 말을 떼어내면 그것으로 족한 것일까 하면, 그 또한 불충분하다. 바로 이 점에 말의 어려움이 있다. '외인'(外人)이라는 말은 이미 존재한다. 그 말은 일반적으로 예전부터 사용되어 온 '이인'(異人)과 마찬가지로, 역사적으로 볼 때 외모가 다른 비아시아인(서양인만은 아니다)을 지칭했다. 따라서 아시아인에게는 거의 사용되지 않는다. '외어'(外語)는 '외국어 문학'의 약칭으로 쓰이고 있다. 그러나 그것을 국가어(國家語)에 제한되지 않는 타자의 언어 일반을 표시하는 말로 인정할 수는 없다. 일본 공항의 입국 심사 표시가 'foreigner'가 아닌 'alien'이란 말로 '외국인'을 표시했던 것도 그리 먼 옛일은 아니다. 그러나 이 'foreigner'라는 영어에도, 프랑스어인 'étranger'에도 국민국가로서의 '국'(國)에 해당하는 의미는 포함되어 있지 않다.

그런데 프랑스어인 'étranger'에는 '외국인'(카뮈의 작품 제목이라면 '이방인'異邦人)이란 의미 외에도 일본어의 '타지사람'(よそ者)에 해당하는 뉘앙스가 포함되어 있다. 외부에서 온 사람(外來者)을 지칭하는 용어 중에서 일본어의 '신체'에 가장 깊이 뿌리박힌 말이 무엇이냐고 한다면, 경멸하는 뉘앙스를 포함하고 있는 이 '타지사람'이지 않을까.

'타지사람'이 아닌 '타지'(よそ)라는 말은 반드시 경멸적인 성격만 띠고 있는 것은 아니다──나들이(よそゆき)란 말이 있듯이. 그렇다고는 해도 그 '타지사람'이란 용어가 공간적인 거리를 중립적으로 표현하는 말인 것은 아니다. 이 용어에서는 지시어의 체계에서 직접적으로 파생된

'여기/거기/저기'가 '안/밖'으로 구조화된다. 일본어로 '환대'를 사유하려면, 이 전환의 의미에 대해 충분히 고찰해야 한다. 예를 들면 일본인이 조선인을 가리켜 '저쪽 사람'(あちらの人)이라고 부를 때——식민지 시대로 거슬러 올라가는 이 역사적인 용법은 현재에도 완전히 소멸되지 않았다——그 사람은 무엇을 하고 있는 것일까? 이 용법에서 '저쪽'(あちら)은 '그쪽'(そちら)에 대해 이인칭적인 성격을 지닌 새삼스러운 부정이 된다. 그러면서 더욱더 '저쪽'은 '이쪽'이라는 관계 내부에서 **배제된 3인칭**으로 위치하고 만다. 그러나 현대 일본어의 대표적 2인칭인 '당신'(あなた)도 근원을 따져 보자면, '이분'(こなた)과 '그대'(そなた)라는 대비에 의해 '저쪽'과 마찬가지의 거리를 지시하고 있을 터이다. 똑같은 거리가, 배제가 되는가 존경이 되는가 하는 것은 사전에 결정되어 있지 않다. 그러나 '그쪽'(そちら)도 '저쪽'(あちら)도 '이쪽'(こちら)과 관계를 맺고 있다는 점에서는 차이가 없다. 즉 이 둘은 '이쪽'의 단수성에 걸맞게 단순화되는 작용을 받고 있기도 하다.

이에 반해 '타지'(よそ)라는 말에는 안정된 대칭항이 없다. 반드시 '이쪽'과의 관계 속에서 위치 지어진 게 아니다. 따라서 그 대칭항도 [위의 경우처럼] 단수화되지 않는다. '타지'의 대칭항은 때로는 '여기'(ここ)——'여기사람'(ここの者), '타지사람'(よその者)이란 말이 있듯이——이며, 때로는 '우리'(うち)——'우리 아이'(うちの子), '남의 아이'(よその子)라는 말이 있듯이——이다. 이 상황은 이 '타지'라는 말이 암시하는 범위의 무한정성——즉 '타지사람'이란 어디로부터 온 것인지 알 수 없는 사람이란 점——을 한층 더 증폭시키는 듯하다(프랑스어인 ailleurs에는 '타지'와 마찬가지로 무한정성이 내포되어 있다. 팔레스타인 문제를 소재로 한 고다르의 영화 「여기 그리고 그밖에」 *Ici et ailleurs*는 영어로 번역될 때 ailleurs에 해당하는 말이 없기 때문에 「여기와 저기」 *Here and There*로 번역되었다). 환대의 사유는 이런 언어상태에 무언가 새로운 빛을 비춘다. 환대의 사유를 통해 이제껏 언어 —예를 들면 일본어라고 불린— 에 도래한 적이 없는 사건을 펼쳐 보려고 한다. 예를 들자면 '타지'(よそ)라는 말에 '나들이'(よそいき)도 '타지사람'(よそ者)도 아닌 어떤 미지의 의미가, 어떤 미지의 감응[1]이 머물 수 있도록.

오늘날 환대란, 문자 그대로 세계적인 과제가 되었다. 이런 상황은 정확히 지금, 환대와는 정반대의 사태가 세계 각국에서 일제히 시작된 것과 표리관계에 있다. 그 정반대의 현상이란 행정에 의한 노상에서의 '야숙자' 배제, 민중의 일부인 '외국인'에 대한 배척이다. 또한 이는 1990년대 중반 글로벌리제이션과 네오리버럴리즘이 세계를 석권하기 시작했던 것과 그 궤도를 같이하고 있다.

1995년 11월 벨기에의 수도 브뤼셀은 도시 중심부에서 구걸행위를 금지하는 조례를 제정했다. 1994년 영국 메이저 전 수상(보수당)은 관광에 방해가 되는 구걸행위를 금지한다는 기존 법률을 보다 엄격하게 적용하라고 언명했다. 그의 후계자인 블레어 현 수상(노동당)도 취임 이전 거리의 노상생활자 배제에 적극적으로 대처하겠다고 표명했다. 동유럽에서도 사정은 비슷하다. 프라하 시는 1996년에 수도를 중심으로 구걸행위를 금지하는 조례를 발표했다. 미국에서도 거리에서 빈민을 배제하기 위

---

1) 원문엔 정동(情動)으로 표기되어 있으나, 이는 'affect'의 일본어 역어이므로 한국어로는 '감응'이라고 번역했다.—옮긴이

한 조례를 제정하는 도시가 점차 증가하고 있다. 또한 다른 종교 문화권, 예를 들어 이슬람을 국교로 하는 아랍에미리트연합(UAE)에서도 1997년 이후 구걸행위를 하면 태형에 처하기로 정했다. 카이로에서도 1996년부터 관광 시즌의 구걸행위에 대해 일제 검거를 행하고 있다. 가톨릭 문화권인 브라질에서도 1997년 '동냥은 연대가 아니다'라는 표어 아래 반(反)구걸 캠페인을 개시했다. 중국에서는 1997년 홍콩 반환 직전, 이웃 도시인 선전(深圳)에서 구걸이나 노점상을 하던 사람들이 하루에 천 명 이상 검거되어 각자의 출신지로 송환되었다. 모스크바에서도 1996년 거리에서의 구걸행위를 일소하겠다는 결정을 내려 많은 사람들이 체포되고 수용소에 수감되었다. 그리고 일본의 신주쿠 역 서쪽 입구 지하도에서 야숙자를 배제했던 것은 1996년 1월 24일의 일이다. 1990년대 중반 이후, 이러한 '야숙자' 배제가 체제·이데올로기·문화의 경계를 넘어 전 세계적으로 일제히 시작되었던 것이다.

'외국인' 배척은 무엇보다 1980년대 유럽 각국에서 버젓이 인종차별적인 정책을 내세운 극우 정당이 등장함에 따라 가시적인 현상이 되었다. 냉전의 종언이라고 일컬어지는 일련의 사건을 거친 1990년대에는 발칸 반도나 르완다 등지에서 '타지사람'으로 간주되던 공동체나 개인에 대한 격렬한 증오가 최악의 내전 형태로 불타올랐다. 서유럽에서 인종차별주의의 파도가 간신히 안정되어 가던 때, 오스트리아에서는 극우 정당이 정권의 일익을 담당하게 됨에 따라 예전 나치스를 환호하며 맞이했던 이 국가의 뿌리 깊은 배외주의가 다시금 표면 위로 떠올랐다. 그리고 프랑스의 극우가 모델로 삼는 국가인 일본, 원래부터 '외국인'의 권리가 극도로 제한되어 왔던 일본에서는 1980년대 지문날인 거부투쟁, 1990년대 뉴커머-'외국인'의 정주 개시를 거쳐 '비일본국적 보유자'들의 시민권 요구가 겨우 어느 정도 인식되기 시작했다. 그러자 이런 분위기에 대한 반동으로서 한층 더 폭력적인 배외운동이 발생했다. 전쟁책임 문제에 반발했던 '자유주의 사관 연구회', '새로운 역사교과서를 만드는 모임'의 움직임과 같은 구미형 역사수정주의도 본격적으로 상륙했다. 게다가 구미와는 달리 [이런 역사수정주의는] 즉시 공공 공간을 장악해 구미 국가에서는 찾아볼 수 없는 '외국인' 멸시 담론이 서적, 시청각 미디어, 국회, 지방의회 등에서 버젓이 횡행하게 되었다. 특히 이시하라 도쿄도지사의 '삼국인'[제3의 나라 사람] 발언이 있다.[2] 이 발언은 '외국인'을 잠재적인 범죄자로 간주하는 것이었다. 그럼에도 불구하고 몇몇 조사에 따르면 이 발언은 일본 민중 사이에서 높은 지지를 얻었다고 한다.

이렇게 '야숙자'와 '외국인'이 처해 있는 상황은 전 세계에서 극도로 위기적인 양상을 보여 준다. 이 현상들은 애초부터 환대라는 것이 인간에게 극히 곤란한 요구임을 증명하고 있는 듯하다. 그러나 한 가지 확실한 것이 있다. 그것은 이런 부정적인 현상을 통해, 다시 말해 환대의 불가능성이란 경험을 통해 어떤 역행할 수 없는 변화가 생기고 있다는 것이다. 그것은 '야숙자'와 '외국인'의 일, 즉 같은 사회 같은 시대에서 살아가면서도 '우리'와는 달리 집이 없는 사람의 일, '우리'와 달리 시민으로서의 여러 권리가 없는 사람들의 일을, 그 사람들의 존재를, '우리'——메이저리

---

2) 2000년 4월 9일, 육상자위대 네리마(練馬) 주둔지 창설기념행사에서 이시하라 신타로(石原愼太郎) 도쿄도지사가 행한 "오늘날 도쿄에서는 불법 입국한 많은 삼국인(三國人), 외국인이 흉악한 범죄를 되풀이하고 있다"라는 발언. 『이시하라 도지사의 삼국인 발언은 무엇이 문제인가』(內海愛子·高橋哲哉·徐京植 編, 『石原都知事'三國人'發言の何か問題なのか』, 影書房, 2000) 참조.

티——가 결단코 잊을 수 없다는 것이며, 더구나 여태까지처럼 그들을 보이지 않는 존재로 치부할 수 없게 되었다는 것이다. 다시 말해 이 두 가지 '문제'에는 문제 그 자체를 해소해 줄 만한 이상적인 해결책이 없다. 만약 그러한 이상적인 해결이 있다면, 언젠가 다시금 '우리'가 '야숙자'와 '외국인'의 존재를 잊어버리는 게 가능하리라. 그러나 그러한 해결, 즉 '최종해결'[Die Endlösung; 나치의 유대인 절멸 계획]은 없다. 있을 수 없을 뿐 아니라 있어서도 안 된다. 이 불가능성에 부인 불가능한 방식으로 직면할 때, 그때 비로소 환대의 사유와 실천이 요청될 것이다.

다시 언어에 대한 물음으로 돌아가 보자. '환대'라는 언어 그 자체도, 많은 번역어의 상례로서 어디선가 '타지사람' 같은 형태를 취하고 있진 않을까? 환대란 영어 'hospitality'의 번역어이다. '손님환대'[客人歡待]라는 조금 더 자세한 번역어도 있다. 일본어로 '대접'(もてなし)이란 말은 나쁜 의미는 아니지만, 근대 세계에서 'hospitality'라는 언어가 지녔던 폭넓은 의미를 표현하기에는 다소 폭이 좁다. 그것은 오리쿠치 시노부(折口信夫)가 말했던 '마레비토'[3]처럼 '손님'[客人]을 어떤 문화적 동일성의 상관항으로 맞이할 때 나타나는 민속학적이고 인류학적인 특수한 습속을 지시한다. 대개의 경우 '객'(客)이 너무 오래 머무르지 않도록 몸 편히 돌아

---

3) 마레비토(まれびと)는 손님이나 객신(客神)을 나타내는 말로 옛날부터 있었는데 오리쿠치 시노부가 고대의 내방신(來訪神)의 존재를 설명하기 위해 이 말을 사용했다. 오리쿠치는 이 말의 의미를 신(神)인데 바다 저편의 도코요(常世; 머나먼 상상의 나라, 황천)로부터 시간을 정해 놓고 찾아오는 영적 존재로서 생각했다. '마레비토'가 내리는 축사는 세상에 나타난 첫 문학적 언어라고 생각할 수 있다. 또한 '마레비토'는 지역에 따라서 이상한 형태를 보이거나 조상신의 형태를 띠기도 하는데, 마을 사람들이 그것을 연기한 것이 예능의 발생을 보여 준다(가라타니 고진 외, 『근대 일본의 비평』, 소명출판, 2002, 184쪽 각주 23 참고).—옮긴이

가길 부탁하는 기술 또한 '대접'의 일부이다. 이 언어들을 '환대'의 번역어로 사용하기 위해서는 이 궁리 저 궁리 하면서 고심할 필요가 있다. 원래부터 '환대'에 대응하는 언어나 사상은 이미 일본어 속에 확실히 완성된 형태로 존재하며, 따라서 의미가 불명확한 번역어 같은 것을 사용할 필요가 없다고 말하는 사람이 있다면, 그렇게 말하는 사람은 대체 무엇을 하고 있는 셈인가? 이보다 더 '환대'에 반하는 행동은 없다. 이 행동은 '환대'는 이미 '내부'에 있다고 했던 스스로의 주장을 수행적으로 배신하고 있는 셈이다. 하기야 '환대'(歡待)라고 해도 다음에서 볼 수 있듯이, '기뻐하다'[歡]가 시사하는 감성적 요소(객을 '기뻐하며' 맞아들이는 것)는 본래의 'hospitality'에는 포함되어 있지 않은 의미이다. 또한 'hospitality'의 사상을 감성적 조건과 결부시키는 것을 금하는 사상적 유산도 존재한다. 따라서 '환대'도 마찬가지로 이상적인 번역어——이상적인 번역어란 게 있다면——라고 할 수는 없다.

언어학자 에밀 방브니스트는 『인도-유럽 사회의 제도·문화 어휘 연구』에서 'hospitality'는 라틴어 'hospes'를 어원으로 하는 언어라고 지적한다. 'hospes'에는 ① 손님[客, 賓客], ② **주인**(主人)**의 역할**, ③ 낯선 사람을 나타내는 기묘한 다양성이 있다. 이 말은 현대 프랑스어 'hôte'와 마찬가지로 '손님'과 '주인'을 동시에 뜻하는 양의성을 지닌다. 방브니스트에 따르면 이 현상은 'hospes'가 바로 'hosti-pet-s'로 분할 가능한 합성어라는 점에서 유래한다. 'hosti-'는 '타지사람' 일반이 아니라 이미 자신과 상호관계가 있는 자기와 대등한 타자(굳이 번역하자면 '이쪽'에 대한 '그쪽'이라고 할까)를 의미하며, 마르셀 모스가 『증여론』에서 기술했듯이 포틀래치(potlatch)의 호혜성을 함의하고 있다. 방브니스트는 나중에 이 단어가

'적'(hostility, 즉 '적의'敵意와 연결된다)을 의미하게 된 이유에 대해서 "정확하게는 우리들과 관계가 없는 어떤 변화"라고 말하면서 단정을 피하고 있다. 그러나 [이 단어의 의미가 변화한 것은] 역사시대의 로마세계가 고대 사회의 국가형태로 발전했었다는 점에 관련되어 있음을 시사해 준다.

또한 '-pet-'는 '주인'(主人)을 의미하며 'hospitality'가 '객'(客)에 대한 '주'(主)의 행위라는 점을 시사한다. 그러나 이 말을 한층 더 거슬러 올라가면 '바로 이 사람'(まさにこの者)이란 말처럼 개인의 아이덴티티를 의미했을 가능성이 높다. '자기 자신의'를 의미하는 형용사가 '주인의'를 지시하게 되기까지는 몇 가지 조건이 필요했다. 즉 닫힌 인간집단이 그 개성적 형태나 완벽한 아이덴티티를 받아들이고 마침내 그것을 자신 안에서 집약시키게 되는 중심적 인물에게 종속한다[4]라는 조건이다. 이 점에서 '가장'(家長), 혹은 '힘'이나 '능력'을 가진 주인[主]인 주체, 즉 주권적 권능(權能)으로의 길이 열린다. 요약하자면 'hospitality'라는 언어에 내재한 물음, 특히 환대의 사유를 촉발시키는 물음은 다음의 두 가지와 관련된다. 첫번째로는 '손님'을 '낯선 사람'으로, 더욱 심하게는 '적'으로 전화시켰던 역사적 변화와 관련된다. 두번째로는 자신의 자기다움[自己性]/아이덴티티가 '주인', '힘', '주권'으로 확립되어야 했던 필연성과 연관된다.

---

4) Émile Benveniste, *Le Vocabulaire des institutions indo-européennes* I, Minuit, 1969, p. 91; エミール・バンヴェニスト, 『インド゠ヨーロッパ諸制度語彙集』, 藏持不三也 訳, 前田耕作 監修, 言叢社, 1986, 84쪽. 번역 일부 수정[에밀 방브니스트, 『인도-유럽 사회의 제도·문화 어휘 연구』, 김현권 옮김, 아르케, 1999 참조]. 이 점에 대해서는 Jacques Derrida, *De l'hospitalité*, Calmann-Lévy, 1997, pp. 25~33; ジャック・デリダ, 『歓待について―パリのゼミナールの記録』, 廣瀬浩司 訳, 産業図書, 1999, 60~67쪽[자크 데리다, 『환대에 대하여』, 남수인 옮김, 동문선, 2004 참조]에서 많은 시사를 얻었다.

유럽의 환대 개념은 인도-유럽어에 근거한다. 그리스-로마에서 형성된 'hospitality'의 기본 사상에 로마 제정기의 스토아주의, 그리고 유대-그리스도교의 어떤 측면이 접목된 지점에서 유럽의 환대 개념이 성립했다. 스토아주의의 세계시민 사상은 철학자란 국민국가에 종속되지 않고 경계를 자유롭게 횡단하면서 생활해야 한다고 설파했다. 또한 성서 「이사야」 편에서 신은 민족종교인 유대교의 범위 안에서 이방인에게 다음과 같이 말한다. "나의 계약을 굳게 지킨다면" "나를 기리는 집에 기쁨과 축복으로 참석할 것을 허가하노라".[5] 또한 「로마인들에게 보낸 편지」에서 바울은 그리스도교를 이방인에게 전도하자고 외치면서 다음과 같이 말한다. "율법을 갖지 않은 이방인도 율법이 명하는 바를 자연스럽게 따라 행하면, 율법을 갖지 않았을지라도 자기 자신이 곧 율법이니라."[6] 이러한 사상적 문맥은 칸트가 『영구 평화론』에서 '제3확정조항'으로 규정했던 '보편적 환대'(allgemeine Hospitalität)에 모두 반영되어 있다.

"세계 시민법은 보편적 환대를 촉구하는 각 조건들로 제한되어야 한다." 앞서 제시했던 각 조건들과 마찬가지로 이 조항에서 제시하는 것도 또한, 박애가 아니라 권리에 대한 것이다. 그리고 여기서 환대(좋은 대우)라는 것은 외국인이 타국 땅에 발을 디뎠다는 이유만으로, 그 국가 사람들로부터 적으로 취급받지 않을 권리이다. 그 국가 사람은 외국인의 생명을 위협하지 않는 방법을 쓰는 한에서는, 그 외국인을 쫓아낼 수 있다. 그러나

---

5) 「이사야」 56장 6~8절. 2002년 대한성서공회에서 펴낸 『성경전서』를 참고해 번역 일부 수정.
— 옮긴이
6) 「로마인들에게 보낸 편지」 2장 14절.— 옮긴이

외국인이 자신이 머무는 곳에서 평화롭게 처신하는 한, 그 외국인을 적으로 취급해선 안 된다. 다만 그가 요구할 수 있는 것은 체류권(이를 위해서는 그를 틀림없는 가족의 일원으로서 대접한다는 특별히 호의적인 계약이 필요할 것이다)이 아니라 방문권이다. 이 방문의 권리는 지구 표면에 대한 공동소유권에 근거해, 서로 우호를 맺으려는 모든 인간에게 주어진 권리이다. 지구 표면은 둥글고 인간이 무한히 분산해 퍼져 가는 것은 불가능하다. 결국 인간이 지구에서 공존하고 있다는 사실을 서로 견디며 만날 수밖에 없다. 그러나 근원적으로는 누군가 한 사람이 지상의 어떤 장소에 대해서 타인보다 많은 권리를 갖고 있는 것은 아니기 때문이다.[7]

칸트가 이 글을 쓴 지 200년이 흘렀다. 그러나 바로 200년이 흐른 지금 우리의 시대야말로 지구가 둥글기 때문에 그 누구도 지금 현재 있는 장소에 대한 권리를 다른 사람 이상으로 갖지 않는다는 점, 그것이 단지 사유되기 시작했을 뿐만 아니라 일상생활 속에서도 사회의 레벨('노상생활자'에 대한)에서도, 국가의 레벨('외국인'에 대한)에서도 항상 점점 더 절박하게 느끼게 된 시대가 아닐까. 그것이야말로 '글로벌리제이션'(globalization), 즉 '원(球, global)이 되는 것'이 지닌 가장 우선적인 의미이지 않을까. 이때 환대는 보편적 의무가 된다. 칸트가 '보편적'이란 말을 시용할 때, 그 말에는 그가 정언명법(定言命法)이라고 부른 의무 관념이

---

7) カント, 「永遠平和のために」, 遠山義孝 訳, 『カント全集』第14券, 岩波書店, 2000, 274쪽. 번역 일부 수정[칸트, 『영구 평화론: 하나의 철학적 기획』, 이한구 옮김, 서광사, 2008, 38~39쪽을 참고해 번역 일부 수정]. 이 절의 해석에 대해서는 鵜飼哲, 「法の砂漠―カントと国際法の'トポス'」, 『抵抗への招待』, みすず書房, 1997, 314~335쪽을 참조 바람.

포함되어 있다. 그것은 "예외 없이 모든 경우에 타당하다"는 것이다. 즉 특정의 경우("가령 이러이러하다면……"의 경우를 예로 들자면 "외국인에게 기술이 있다면" 입국을 인정한다는 식의)에만 타당한 가언명법(假言命法)이 아니다. 다시 말해 그것은 이성에 의해 규정된 의무이고, 감성적인 조건을 완전히 사상(捨象)해 버린 의무이며, 타자에 대한 좋고 싫음의 감정에 좌우되는 것을 허락하지 않는다. 따라서 '환대'라는 번역어가 '기뻐하다'[歡]라는 감정을 함의하고 있다면, 그런 한에서 이 번역어는 확실히 여기서 사유되는 바에 적합하지 않다. 결국 이 지점에서 칸트가 규정한 의미에서 볼 때, '타지사람'이 우리들의 생활공간을 방문할 권리가 보편적으로 인정될 수 있는가, 그렇지 않은가? 이 점을 음미해 보는 것이 환대라는 사유의 첫걸음이다.

그러나 두번째로 칸트가 체류권과 방문권을 구별하고 '특별한 호의가 있는 계약'에 의존해 체류권을 이야기한다는 점에 주의해야 한다. 이 계약을 칸트는 국민국가 간의 계약으로 생각하고 있고, 이 점에서는 국가주권을 단위로 하는 정치적 사유의 틀에 얽매여 있다. 글로벌리제이션이라고 불리는 운동에 재촉당하고 있는 우리들이 지금 추구해야 할 것은 칸트가 보편적 환대의 틀 밖에 놓았던 체류권까지 받아들이는 사유이다. 체류권까지도 칸트적인 정언명법으로 규정하려는 그러한 사유이다. 그때이 국가주권이라는 것을 정면에서 물을 필요가 발생한다.

국가주권이란 권위는 원래 무엇에 근거하고 있는 것일까? '타지사람'을 배제하는 그 힘은 단순한 물리력이 아니라 어떤 정통성을 지니고 있다고 주장된다. 그러나 그 정통성이란 사람들이 "법률을 지키지 않는 외국인에게는 체류 자격이 없다"라고 말할 때 일반적으로 상정되는 그런 법적 정통성이 아니다. 왜냐면 법이 국내법을 의미하는 한, 그때의 법은 주권을 전제로 하기 때문이다. 따라서 주권이 법에 의해 근거 지어지거나 정통화되는 것은 불가능하다. 애초에 법의 개념에 주권을 강제하는 힘이 포함되어 있다면, 법을 법답게 하는 것이 주권이다. 따라서 그 역은 불가능하다. 그렇다면 주권을 주권답게 하는 것은 무엇인가?

그것은 단적으로 말해 '객'(客)을 맞아들이는 권능(權能)이다. 주권이라는 것은 우선 '객'에 대해서 '주'(主)이다. 단지 어떤 장소에 타자보다 먼저 있었다는 것만으로는 '객'에 대해 '주'가 될 수 없다. '태초에' 환대가 있었다. 이 명제를 좀더 밀고 가 필시 이렇게 생각할 필요가 있지 않을까. 어떤 장소 어떤 집의 '주'는, 바로 그 자신이 그 장소와 그 집의 최초의 '객'이다. 그것이 그에게 '객'을 받아들일 능력을 부여한다. 이 '기원'의 환대는 자기의 모든 자유에 앞서 자기를 자기답게 하는 사건이다. 여기에는 앞서 방브니스트에 의해 얼핏 살펴본 'hospitality'라는 언어의 어원적 탐색에 의해 드러났던 실마리가 있다. 즉 라틴어 'hospes'나 프랑스어 'hôte'에 함의된 '주'와 '객'의 양의성을, 또한 "'자기 자신의'를 가리키는 형용사가 '주인의'를 지시하게 되기까지 진전된" 과정을 사유하기 위한 중요한 실마리가 있다. 이 '기원'의 환대는 그 명칭이 보여 주고 있는 것처럼 그저 '기뻐하다'였을 리가 없다. 막 이 세계의 '객'이 된 직후라고 할 신생아는 설사 환대를 빈는다고 해도 **아직** 웃지 못한다. '처음에' '객'이었다는 사실은 필시 죽음에 비길 만한 외상까지도 지니고 있기 마련이다. 주권이 주권인 한 그 핵심에서 지속될 수밖에 없는 잔혹함, 예전에 일본 외무관료가 "외국인을 구워 먹든 삶아 먹든 주권국가의 자유"라고 했던 발언에서 나타난 것처럼 두려울 수밖에 없는 잔혹함은, 이러한 외상에 대한 반동으로서 고찰할 때 처음으로 그 본질이 틈 사이로 슬쩍 엿보이는 것이 아닐까.

환대의 사유는 항상 구체적인 역사적 현실 속에서 그 근원을 드러낸다. 사유가 주체의 의지를 경유할 필요조차 없이, 저절로 행위의 열매를 맺는 것과 같은 식이다. '노상생활자'라고 불리는 사람들은 전국에 약 2만 명(1999년 10월 후생성 조사) 있다고 이야기된다. 예전에는 건설·토목 관계의 일용직 노동자가 불황이나 부상으로 직장을 잃고 그 때문에 숙박 장소를 얻지 못해 야숙자가 되는 경우가 많았다. 현재는 '노상생활'을 하기 이전의 직종이 다양화하고 있다. 그러나 일본의 경우 여전히 중요한 요소는 '노상생활자'의 압도적인 다수가 독신 남성이라는 점이다(그렇다고는 해도 여성의 수도 배로 증가하고 있다). 그리고 이 사람들 중 많은 수가 중졸자이다. 일본 사회가 중층의 학력 사회임을 새삼스럽게 절감하게 된다.

일본에서 '외국인'의 상황은 현재 극도로 미묘한 단계에 접어들고 있다. 1947년 5월 2일(신헌법 시행 전날), 최후 칙령에 의해 일본 정부는 타이완·조선 등 구 식민지 출신자의 시민권을 일방적으로 정지시켰다. 그리고 1952년 샌프란시스코 조약에 의해 독립을 회복함과 동시에, 이 사람들의 일본 국적을 역시 일방적으로 박탈했다. 이 모든 것이 주권의 발동이란 이름으로 정당화된다. 이때 이후 일본의 '외국인'은 실질적으로 거의 권리가 없는 상태에 놓여져 왔다. 출입국 관리법의 이러한 상태는 1982년 일본이 인도차이나로부터 난민을 받아들일 필요가 있었기 때문에 비준했던 UN 난민조약이 발효될 때까지 계속된다. 재일조선인·타이완인에 대해서는 1991년에 겨우 특별한 수속을 밟을 필요 없이 영주권이 인정되었지만(출입국 관리 특례법), 정치적·사회적 권리는 한층 더 크게 제한되었다. 또한 혈통주의에 입각한 일본의 국적법에 따르면 '외국인'의 자손도 귀화하지 않는 한, 언제까지나 '외국인'으로 살아가야만 한다. 국적법이 야기한 차별이나 불이익을 벌충하고 '외국인'에게 최소한의 정치적 권리를 보증하기 위해 지방 참정권을 인정하는 일은, 주지하다시피 이제는 긴급한 과제이다. 또한 비정규 노동을 하는 불법체류 '외국인'에 대해 체류권[在留] 특별 허가를 요구하는 운동도 활성화되고 있다. '저출산' 시대를 맞이해 수백만 명의 '외국인' 노동자를 받아들일 필요성이 지적되고 있는 오늘날, 일본의 '외국인' 정책은 전전(戰前) 이래의 배외주의적 발상을 근본적으로 전환시켜야 할 시기에 봉착했다. 그것은 단순히 정부나 지자체 행정만의 문제가 아니다. '외국인'이 평등한 이웃으로 생활할 수 있도록 새로운 사회의 일원으로서 스스로를 재발명할 것이 일본인 한 사람한 사람에게 요청되고 있다.

환대의 사유는 이러한 사회적 현실을 직시하는 한편, 환대의 실천을 막는 주권의 윤리를 단순히 이념에 비춰 비판하는 것만이 아니라, 그것을 실효성 있게 탈구축하는 과제에 응답해야만 한다. 그 작업은 이 지점에서 **감사해야 할** 사람의 지위를 전환시키지 않고서는 불가능하다. '객'이 '주'에게 감사하는 것이 아니라 '주'야말로 '객'에게 감사하는 그러한 전환으로 나아가야 한다. '주'가 '객'이 와준 것을, 올 것을, 그리고 '주'인 자기 자신이 최초의 '객'이었음을 상기시켜 준 것을, 그렇게 해서 '주'인 자기 자신을 구속하는 '주권'의 멍에에서 벗어날 기회를 부여해 준 것을, '객'에게 감사하는 그러한 전환 말이다. 환대의 사유가 요청하는 것은 문자 그대로 '주객전도'를 통한 이처럼 엄청난 가치전환에 다름 아니다.

'노상생활자'와 '외국인'은 원래 완전히 이질적인 존재이다. 우리도 타국에 가면 '외국인'이 된다. 그런 상태를 자진해서 선택할 때도 있다. 어떤 의미에서 우리와 '외국인'의 관계는 어떤 부분까지는 대칭적인 관계이다. 이에 반해 "노상생활자'와 우리의 관계는 어떤 의미에서도 대칭적이지 않다. 서로 입장이 교체되는 경우는 없기 때문이다. 그러나 그것은 우리가 결코 '노상생활자'가 되지 않을 것이란 의미는 아니다. 우리와 '노상생활자' 사이를 가르는 벽은 오늘날 우리가 일반적으로 생각하는 것보다 훨씬 얇다. 이런 의미에서도 환대의 사유에 의해 일어나는 위치전환 혹은 가치전환이란 우리의 존재 그 자체와 깊게 관련되어 있는 것이다.

마지막으로 한번 더 언어의 문제로 돌아가 보자. 현재 일본어는 예를 들어 영어에서 'client'와 'guest'라고 다른 단어로 표현하는 두 개의 카테고리를 구별하지 않는다. '객'이라는 단일한 단어가 있을 뿐이다. 경제관계 속에서 만나는 '고객'(顧客)과, 원칙적으로 비경제적인 관계인 '손님'[賓客]도 같은 말로 표현된다. 이런 상황은 우연히 형성된 것일까? 가령 그렇다손 치더라도 그것은 극히 심각한 혼동의 원인이 될 듯하다. 왜냐하면 돈을 쓰지 않는 '외국인'을 암묵적으로 '객'이 아니라 '타지사람'으로 취급했던 심성이 이런 언어 상황에 정착할 수도 있기 때문이다. 그러나 경제적 이익을 가져다주는 사람만을 환대하는 환대란 환대의 이름에 결코 적합하지 않다. '외국인'이 경제적으로 요청되는 시대이기 때문에, 더욱더 경제를 넘어선 만남을 열어 갈 수 있는 환대의 사유가 요청된다.

여태까지 일본어는 'subject'와 'object'를 '주관'과 '객관'이라고 번역해 왔다. 'subject'와 'object'에 본래 '주'나 '객'에 해당하는 의미가 포함되어 있지 않음에도 불구하고. 그러나 앞서 살펴본 것처럼 최근 들어 근대적인 'subject' 개념, 그리고 그와 밀접하게 관련된 '주권' 개념과 그 '기원'을 환대의 경험을 통해 재고할 필요성이 지적되고 있다. 환대의 사유는 앞서 예로 든 번역어 속에서 여태까지 발견되지 못한 채 잠재되어 왔던 하나의 찬스를 부여해 줄지도 모른다. 그에 따라 야기된 변화는 '주관'과 '객관'이라는 언어가 쓰이는 모든 문맥에 영향을 끼치지 않을까? 그때 어떤 사건이 일어날 것인가? 그것이야말로 낯선 '객'의 도래처럼 예견 불가능하며 표상 불가능하지 않을까?

이런 찬스는 예를 든 것 외에도 많다. 우리가 쓰는 모어와 일상어들에는 이미 그 찬스가 도래하고 있음에 틀림없으며, 이미 자리 잡고 있을 것이다. 아직 이름 붙여지지 않은 그 찬스들을 "환영해요"라고 불러 보자. 마치 자기 자신을 이름 없이 부르듯이. 언젠가 내가 이름을 붙여 줄 주체의 주권, 그 **너머**(かなた)에서 **당신**(あなた)을 부르는 것이 가능하다는 듯이.

2_어떤 감응의 미래
—'부끄러움'의 역사성을 둘러싸고

『흔적』(*Traces*)[1]을 위해 쓰여진 말은 최초부터 즉시 번역될 숙명을 짊어지고 있다. 이 상태는 필시 다른 어떤 말이라도 마찬가지일 것이다. 그렇지만 이 숙명을 모르는 체하며 존재할 수 없는 한, 흔적을 위한 말은 다른 말보다 더 불안을 느끼고 방어태세를 취하고 자신의 몸을 조금 경직시키고 있을지도 모른다. 이 말은 번역되리란 것을 예감하고 두려워한다. 번역된다는 것은 저자에게는 '명예'일 수 있지만, 말 자신은 다른 언어로의 이런 이행을 반드시 기쁨에 떨며 고대하고 있는 것은 아니다. 번역되리란 것을 알고 있는 말은 떨고 있다. 단지 기쁨 때문이 아니라 어떤 감응 때문에.

이 감응에 접근하기 위해, 그것에 대해서 말하기 위해, 그것이 말하

---

1) 한국어, 일본어, 중국어, 영어, 독일어 5개 언어로 간행된 '문화이론과 번역' 잡지. 이 잡지는 "특정 지역에서 발생한 이론적 지식 속에 존재하는 세계의 흔적, 그것에 주의 깊게 있는 비교문화이론의 발명을 지향하고, 또한 다양한 장소의 실천적인 사회관계 속에서 이론이 스스로를 어떻게 구축하고 변용시키는가, 그것을 탐구하는 비교문화이론"(「本誌の目的」, 『トレイシーズ』 1号)의 발명을 지향하여 2000년에 창간되었다.

도록 만들기 위해, 혹은 더 정확히 말하자면 그것이 마음껏 말하도록 하기 위해, 최소한 두 가지 형상(形象)을 사용할 수 있을 것이다. 첫째, 번역을 말에 도래(到來)해 목숨을 빼앗고 그 대신 다른 목숨을 주는, 벤야민이라면 '사후의 생'(Fort-leben)이라고 불렀을 법한 다른 목숨을 부여해 주는 것과 같은 이중의 사건에 비유하는 것. 이때 말은 생물의 모습, 일종의 동물의 모습, 자신의 유한성을 치명적인 사고의 위험에 노출시키고 있는 동물의 모습으로 나타난다. 바로 이것이 자크 데리다가 「시(詩)란 무엇인가」[2]에서 '고슴도치'(hérisson)의 모습을 환기시킨 이유 중 한 가지이다. 고속도로에 뛰어들고 만 고슴도치는 사고에 대한 예감으로 몸을 웅크리고, 갑옷으로 몸을 둘러 몸을 지키려고 한다. 그러나 고슴도치는 바로 그 행위에 의해 자신을 맹목적 상태로 만든다. 목숨을 지키려는 바로 그 행위에 의해 가장 큰 위험을 무릅쓰게 된다.

여기서 번역을 암시하는 것은 맹렬한 스피드로 도래해, 고슴도치를 치어 으깨고 달아나 버리는 자동차의 운동이다. 그리고 사고가 닥칠 것이란 예감에 떠는 고슴도치는 가장 낮은 장소에서 가장 낮은 목소리로 우리에게 절박한 호소를 보낸다. "기억해 줘." 'apprendre par coeur', 글자 그대로의 의미라면 '심장 내지 마음으로, 그것을 통해 배우는 것'. 변화된 뜻으로는 '암기하는 것'을 의미하는 프랑스어의 이 고유한 어법, 그러나 자신에게는 이미 한편의 시(poème)이기도 한 이 표현을 통해서, 데리다는 리듬, 기억, 시, 동물의 물음을 결부시킨다. 유한성, 유한성 '일반', 무엇

---

2) Jacques Derrida, "Che cos'è la poesia?", *Points de suspension*, Galilée, 1992, pp. 303~308; ジャック・デリダ, 「詩とはなにか」, 『總展望 フランスの現代詩』, 湯淺博雄・鵜飼哲 訳, 思潮社, 1990.

보다도 말이라는 것의 유한성이 이만큼 은밀하고 농밀하게 언어로 드러
난 경우는 드물 것이다. 번역될 숙명을 짊어진 말의 감응은 유한성이란 인
간적 규정을 넘어서는 이러한 물음 속에서, 혹은 보다 정확히 말하자면 이
모든 물음 바로 앞에서, 그리고 거의 기원에 가까운 유한성의 경험 속에
서, 가까스로 스스로(를) 말하도록 하리라.

첫번째로 든 이 동물적 형상과 분명 어떤 근저에서 상통하면서, 번역
된 말에 대해서 역시 불가피하게 환기하게 되는 또 하나의 형상이 있다.
고유의 말은, ‘원문’(原文)은, 그 표현이란 껍질로 의미의 열매를 숨긴다.
의미가 발가벗겨진 상태로 드러나는 것이 부끄럽다는 듯, 그 원문은 번역
에 저항한다. 이 형상에 따를 경우 번역은, ‘원문’의 의미를 드러내고 그 원
문의 의미를 즉시——동시에——다른 옷으로 덮는 이중의 조작처럼 표상
된다. 혹은 보다 정확히 말해 껍질과 열매라는 ‘식물’적이고 ‘자연’적인 은
유로부터 의복과 나체라는 ‘인간’적이고 ‘기술’(技術)적인 은유——그러
나 수치(羞恥)가 인간에게 고유한 감응인가 아닌가는 별도로 물어야 한
다——로의 전환, 바로 그 지점에서야말로 번역이라는 작업의 중층적 파
악이 문제시된다고 할 수 있지 않을까.

…… 원문에서는 내용과 언어가 마치 과일의 열매와 과일의 껍질처럼 일
종의 통일체를 이루고 있다면, 번역의 언어는 겹겹이 주름이 잡혀 있는
왕의 망토처럼 그 내용을 하나하나 덮어 버린다. 왜냐면 번역의 언어는
그 언어 자체보다 더 상위의 언어를 의미하며, 그런 점 때문에 자신의 내
용에 어울리지 않고 강압적이며 낯선 채로 머물기 때문이다.[3]

이 대목에서 금단의 열매와 그것을 먹었던 최초의 인간 아담과 그의 반려자 이브에게 수치의 발생과 의복의 탄생이라는 「창세기」의 원죄 이야기를 집어넣는 것은, 몇 가지 전제적인 논의가 없다면 다소 난폭한 착상으로 끝나고 말 것이다. 벤야민의 「번역자의 사명」이라는 이 텍스트가, 번역자의 욕망도, 하물며 번역된 말의 감응도 결코 주제로서 다루지 않지만, 그러한 욕망이나 감응을 깊이 감지하지 않고서는 결코 획득될 수 없는 수많은 통찰들로 이루어져 있음에 분명하기 때문이다. 거꾸로 말해 벤야민은 그것들의[번역자들과 말들의] 욕망이나 감응을 '순수언어'라는 메시아주의적 목적론을 통해서 어떤 '사명'으로 승화시킨 것이라고 말해도 좋다. 결국 당장 우리에게 중요한 것은 이러한 형상이 언어의 본질적인 감응성을, 번역을 목전에 둔 말의 '수치'라고 부를 수 있는 것을 통해서, 말하지 않은 채 말하는 듯이 보인다는 점이다.

죽음에 대한 불안과 부끄러움의 불안. 그것 없이는 말이 더 이상 말일 수 없게 되는 근원적인 이 감응은, 약간 거리를 두고 본다면 고유언어에 뿌리를 둔 고유문화가 지닌, 상대적 불투명성의 역동적 표현이기도 하다. 그런 의미에서 '부끄러움의 문화'라는 개념에는 어딘가 중언부언인 듯한 울림이 있다. 다시 말해 대체로 문화라고 불리는 것, 자신을 문화라고 부르려고 하는 것 중에, 타문화 앞에서 부끄러움의 불안과 죽음의 불안에 흔들리지 않는 것이 있을까? 그것이 문화의 유한성, 그 경계에 대한 경험이라고 한다면? 그러나 여러 문화 간에 있는 어떤 특정한 역사적 컨텍스트

---

3) ヴァルター・ベンヤミン, 「翻訳者の使命」, 淺井健二郎 編訳, 『ベンヤミン・コレクション 2. エッセイの思想』, さくま学芸文庫, 1996, 399쪽[발터 벤야민, 「번역자의 과제」, 『언어 일반과 인간의 언어에 대하여, 번역자의 과제 외』, 최성만 옮김, 길, 2008, 131~132쪽 참조하여 번역 일부 수정].

의 힘의 관계가 가장 잔혹한 형태로 나타나는 것도 이 대목이다. 어떤 문화가 다른 어떤 문화 앞에서 동등하게 부끄러움을 느끼는 것은 아니다. 어떤 특정한 문화의 시선에 대해서는 더 예민하게 느끼고 그것에 응답한다. 그런 한편 그것과 다른 문화의 시선에 대해서는 보여지고 있어도 모른 체하고 있거나, 응답을 거부하거나, 혹은 보다 정확히 말해 부끄러워하는 것을 부끄러워하고, 그러한 감응의 움직임을 즉시 부인할 수 있기 때문이다. 『흔적』의 모험은 적어도 그러한 일면에서 번역이라는 언어 간, 문화 간 경계의 경험을, 죽음 그리고/또는 부끄러움의 불안이라는 이행의 감응도 포함해서, 그 자체로서 보고 느끼고 사유할 수 있도록 하는 데 있지 않을까? 그리고 그 감응의 작용을 그 자체로 말할 방법을, 그것으로 하여금 말하도록 하는 방법을 발명하는 것에 있지 않을까? 부끄러움을 당장 부끄러워하는 게 아니라 어딘가에서 어떤 방식으로 그것을 긍정하는 것으로.

1945년 이후 일본의 사상공간은 이 일반적인 문제설정에 관해서, 필시 다른 지역이나 다른 역사적 컨텍스트에서는 일어날 수 없는 어떤 특이한 경험을 해왔다. 그것은 다름 아닌 이 '부끄러움의 문화'라는 표현이 패전이라는 역사적 컨텍스트 속에서 전승국(戰勝國)의 한 학자, 그것도 여성학자——여성이라는 사실이 사태의 본질과 완전히 무관한 것은 아니다——에 의해, 일본문화의 본질을 표현하는 개념으로서 제출되었기 때문이다. 『국화와 칼』(1946)이 전후 일본 사상계에 미친 영향은, 이 저작에 대한 직접적인 언급이나 논평만 해도 셀 수 없이 많다. 좁은 의미의 학문세계를 훨씬 뛰어넘는다는 것은 1994년의 시점에서 98쇄 140만 부였으며 지금도 여전히 줄어들지 않는 일본어판 판매고에서도 엿볼 수 있다. 이 글은 시간적·공간적으로 한정된 이 특이한 경험에서 출발하면서, 동시대

세계의 다른 문화적·역사적 컨텍스트에서 발생한 정치적·철학적·학문적 사건 속에서 이 경험에 호응하는 '부끄러움'을 둘러싼 갖가지 사유나 표현이 점차 어떤 보편적인 물음으로 생성되어 가는가 하는 과정을 극히 예비적인 형태로 더듬어 보려는 시도이다. 물론 우리는 어떤 부끄러움의 경험이 다른 부끄러움의 경험으로 번역 가능할지 불가능할지는 미리 알 수 없다. 그런 의미에서 '보편적'이라는 형용사에는 필시 다른 장소 이상으로, 어떤 선취된 번역의 시간이 압축되어 있을 것이다.

1.

진정한 죄의 문화(true guilt cultures)가 내면적인 죄의 자각에 의거하여 선행을 행하는 데 반해, 진정한 부끄러움의 문화(true shame cultures)는 외면적 강제력에 의거하여 선행을 행한다. 부끄러움은 타인의 비평에 대한 반응이다. 사람들은 남 앞에서 조소받고 거부당하거나, 혹은 자신이 비웃음을 당했다는 생각이 들 때 부끄러움을 느낀다. 어떤 경우든 부끄러움은 강력한 강제력으로 작용한다. 단 부끄러움을 느끼기 위해서는 실제로 그 장소에 타인이 있든가, 혹은 적어도 거기에 타인이 있다고 여길 만한 확신이 필요하다. 그런데 명예라는 것이 스스로의 마음속에 그린 이상적인 자아에 걸맞도록 행동하는 것을 의미하는 나라에서는, 사람들은 자신의 비행을 아무도 모른다고 해도 죄의식에 괴로워한다. 그리고 그의 죄책감은 죄를 고백함으로써 경감된다. ……

일본인의 생활에서 부끄러움이 최고의 지위를 점하고 있다는 것은, 부끄러움을 심각하게 느끼는 부족이나 국민이 모두 그러하듯이, 각자가 자기의 행동에 대한 세상의 평가[世評]에 신경을 쓴다는 것을 의미한다. 그들은 오로지 타인

이 어떤 판단을 내릴 것인가를 추측하면서, 그 타인의 판단을 기준으로 자기의 행동 방침을 정한다. 일본인은 모두가 동일한 규칙에 따라 게임을 하고, 또 서로가 서로를 지지하고 있을 때에는 쾌활하고 편안하게 행동할 수 있다. 그들은 그것이 일본의 '사명'을 수행하는 길이라고 느끼는 경우에는 그 게임에 열중할 수 있다. 그들이 가장 뼈저린 마음의 상처를 받는 것은 그들의 덕을 일본 특유의 선행 도표(道標)가 그대로 통용되지 않는 외국에 수출하려고 시도했을 때이다. 가령 그들이 '선의'에 의거했다고 믿었던 '대동아'의 사명에 실패했을 때, 당시 중국인이나 필리핀인이 그들에게 취했던 태도에 대해 많은 일본인들이 느낀 분노는 거짓 없는 감정이었다.[4]

'죄의 문화'와 '부끄러움의 문화'. 이 대개념(對槪念)은 『국화와 칼』이 출판된 지 반세기 뒤인 오늘날 대개의 경우 일반적인 의미로 이해되고 있다. 즉 '죄의 문화'는 그리스도교적인 서양의 여러 문화를 [의미하며], '부끄러움의 문화'는 비서양 여러 문화들 전체를 가리킨다는 이해가 그것이다. 원문에서 그 두 가지 표현이 복수형이라는 사실['guilt cultures'와 'shame cultures']은 이런 식의 이해가 잘못되지 않았음을 보여 준다. 그러나 놀라울지 모르지만, 일본에서는 지금도 '부끄러움의 문화'란 일본의 것이며, 일본만의 것이라고 생각하는 사람이 적지 않다. 그리고 그렇게 믿어 버리게 된 요인은 단순히 패전이라는 상황 때문만이 아니다. 그 요인은

---

4) Ruth Benedict, *The Chrysanthemum and the Sword: Patterns of Japanese Culture*, Charles E. Tuttle Company, 1946, pp. 223~225; ルース・ベネディクト, 『菊と刀』, 長谷川松治 訳, 現代教養文庫, 1967, 258~259쪽[루스 베네딕트, 『국화와 칼』, 박규태 옮김, 문예출판사, 2008, 294~296쪽을 참고하여 번역 일부 수정].

『국화와 칼』이라는 이 저작 자체에도 있다. 첫째로, 루스 베네딕트의 연구가 미국의 대일 점령정책의 지침을 제출한다는 전략적 목적을 갖고 있었다는 점을 강조하고 싶다. 그 때문에 그녀로서는 미국의 상상을 뛰어넘는 방식으로 전쟁을 수행했던 일본의, 그 (전쟁) 문화만이 가진 고유성을 미국과의 대비 속에서뿐 아니라 중국이나 조선 등 인접한, 그리고 일본 제국주의의 침략·점령 하에 있었던 여러 문화와의 대비 속에서도 보여 줄 필요가 있었다. 그 결과 이 텍스트는 아래와 같은 세 가지 대비 도식이 은밀한 체계를 형성하면서 구조화되기에 이른다.

　　① 일본 / 나머지 세계(미국을 포함)
　　② 미국 / 나머지 세계(일본을 포함)
　　③ 미국 / 일본

　의외인 것은, '죄의 문화'와 '부끄러움의 문화'라는 대개념이 뒷날 일반화되어 이해되는 방식과는 정반대로, 이 텍스트에서는 서양/비서양이라는 대비는 물론이고, 서양/일본이라는 대립조차 결코 지배적이지 않다는 점이다. 그것은 베네딕트의 눈에 여전히 미국문화가 유럽문화에 비해 어떤 의미에서 차별성을 갖는 존재로 비춰지고 있었다는 점, 그러한 한에서 그녀가 문화상대주의자로서의 입장을 견지하고 있었다는 점에 기인한다. 일본문화를 충분히 규정하기 위해서는 유교적인 '효'(孝)라는 모럴이 천황제의 '충효일여'(忠孝一如)의 이데올로기로 변형될 때까지 일본문화가 중국과는 다르게 발전한 이유가 명확해야 한다(①).[5] 그렇지만 적대적 타민족 문화에 대한 이해를 촉진하려면, 미국인의 자민족 중심주의도

상대화해 둘 필요가 있다. 미국인에게는 당연하게 여겨지는 '평등주의'적 원칙이 일본인뿐 아니라 구대륙의 유럽인의 눈에도, 가령 1930년의 알렉시스 드 토크빌(Alexis de Tocqueville)에게도 놀랄 만한 것이었음을 상기해야 한다(②).[6] 그리고 베네딕트가 항상 '죄의 문화'를 미국에, '부끄러움의 문화'를 일본에 독점적으로 연결시키고 있는 것은 아니지만, 미국을 **표나게** '죄의 문화'를 지닌 사회로, 일본을 **표나게** '부끄러움의 문화'를 지닌 사회로 그려 내고 있는 것은 사실이다. 그런 의미에서 미국과 일본의 대비는 무표(無標)/유표(有標)의 이분법이라기보다, 두 가지 표지 간의 대비로서 기술되는 경향을 갖게 된다(③). 이 구조는 뒤에서 보게 될 베네딕트 자신의 사상적 편력에도 나타난다.

　　최근 일본의 보수파 연구자 사이에서 『국화와 칼』을 재평가하려는 조짐이 있다. 이 저작의 바탕이 되었던 베네딕트가 전시 정보국에 제출했던 보고서가 일본에 대한 미국의 점령정책을 천황의 전쟁책임 면죄, 천황제 옹호로 방향 짓는 데 기여했을 가능성이 풍문으로 떠돌고 있기 때문이다. 또한 그것이 미일안보체제에 대한 '재정의'와 새로운 '파트너십'론에 걸맞는 미일관계의 문화적이고 정치적인 해석에 안성맞춤이기 때문일 것이다.[7] 그러나 쉽게 상상할 수 있듯, 이 책이 출판된 직후 일본의 보수파 역사가, 철학자, 민속학자의 반응은 정도의 차는 있을지언정 부정적인 것

---

5) Benedict, *The Chrysanthemum and the Sword*, p. 122 sqq; 長谷川松治 訳, 『菊と刀』, 143쪽以下.

6) *Ibid.*, pp. 49~50; 같은 책, 55~56쪽.

7) ルース・ベネディクト, 『日本人の行動パターン』, 福井七子 訳, NHKブックス, 1997의 옮긴이 해설 참조.

이었다. 그리고 이 부정의 자세에는 크게 말해 두 가지 타입이 있었다. 이러한 타입의 차이를 여기에서는 와쓰지 데쓰로(和辻哲郎)와 야나기타 구니오(柳田國男)의 예를 따라 검토하려고 한다.

와쓰지의 「과학적 가치에 대한 의문」은 『국화와 칼』 번역본이 출판된 직후인 1950년 5월, 『민족학 연구』(제14권 4호)에 발표되었다. 민족학자 이시다 에이이치로(石田英一郎)에게 보내는 서간문 형태를 취한 이 글에서, 와쓰지는 베네딕트의 작업에 대해 오직 그의 '학문적 평가'라는 면에서 전면적으로 부정하는 입장임을 명확히 한다. 그것은 한정된 데이터에서 과도한 일반화를 이끌어 냈다는 것, 즉 **반대되는 데이터를 세심하게 두루 찾아보려는** 노력이 부족하다는 지적으로, 그것 자체로서는 수긍할 수 있는 근거에 기반한 비판이다. 그러나 여기서 와쓰지가 들고 있는 구체적인 사례와 그에 대한 논평은 오늘날의 독자에겐 어떤 쓸쓸한 골계미마저 느끼게 하는 점이 있다.

이 책 서두에, "서양 여러 국가들이 인간의 본성에 바탕을 둔 사실로서 승인하기에 이른 전시관례(戰時慣例)는 **일본인의 안중에는** 존재하지 않았음에 명백하다"라고 되어 있습니다. 이 생각은 제2장에서 상세하게 전개되고 있습니다만, 그곳을 보면 일본인이 서양의 전시관례를 위반했던 모든 행위가, **일본인**의 인생관을 알고 인간의 의무 전반에 관한 **일본인**의 신념을 아는 자료가 되었다고 확실히 이야기하고 있습니다. 그 '일본인'이라고 되어 있는 부분을 모두 '일부의 군인'이라고 고친다면 문제가 없을 것입니다. 그 대신에 이 글은 '일본 군인의 유형'을 논하는 것으로, '일본 문화의 유형'을 논하고 있는 것은 아닌 셈이 되었습니다.

아니, '일본 군인의 유형'이라고 말해도 여전히 너무 지나친 것으로, '국수주의적인 군인의 유형'이라고 한정해야만 정확할 것입니다. **일본인의 대다수**는 이러한 범죄[違犯]행위를 한 적이 없습니다. 그러한 행위가 행해지고 있었다는 것을 확실히 알고 있었던 것도 아닙니다. 때로는 잔학행위에 대한 소문을 간접적으로 들었다고 해도, 그것은 소수의 난폭자나 불법자가 한 것이어서, 일본의 군대가 공공연하게 그러한 행위를 하리라고는 믿지 않았던 것입니다. 군부 측에서도 난징대학살이라든가 포로학대 등의 사실을 숨길 수 있는 한 숨기면서 결코 국민들에게 알려 주려 하지 않았던 것이 그 증거입니다. 저자가 말하는 것처럼 **일본인이** 그러한 범죄행위를 **아무렇지도 않게** 저질렀다고 한다면, 왜 그것을 국내에서 숨길 수 있는 한 숨기려 할 필요가 있었겠습니까.[8]

그러나 와쓰지가 이 글을 썼던 1950년 이후에도, 일본 문부성은 교과서 검정 제도를 통해서 '난징대학살', '포로학대'라는 사실을 공교육의 장에서 될 수 있는 한 멀리하려고 해왔다. 이런 태도에 대해 여기서 와쓰지가 들고 있는 논거로 설명하는 게 가능할까? 즉 일반적인 일본인이 그러한 사실을 알았다면 분개했을 것임에 틀림없고, 따라서 그것을 두려워한 문부성이 [그런 사실을] 계속해서 숨겨 왔다는 그런 논거 말이다. 그것은 아마도 사리에 어긋나는 것이리라. 또한 이러한 사실을 안 상태에서도 그것을 부인하거나 과소평가하려고 열심인 사람들은 관료, 정치가, 지식인,

---

8) 和辻哲郎,「科学的価値に対する疑問」,『民族学研究』第14卷 4号, 1950年 5月, 285~286쪽. 강조는 원저자, 현대 사용어로 변경함.

민간인을 불문하고 1970년대의 '난징대학살 가상토론'부터 최근의 '새로운 역사교과서를 만드는 모임'의 활동에 이르기까지 '일본 국민' 속에서 일관되게 이어지고 있다. 또한 여론에서도 이런 담론에 대해 그다지 강한 비판이 있었다고 할 수도 없다. 보편성을 표방하는 인권이나 국제법의 관념에 대해서는 오히려 뿌리 깊은 저항감이 존재한다. 이 점에서는 베네딕트의 소견이 오늘날 여전히 어느 정도 타당성 있다고 생각된다. 처음부터 형편이 나쁜 사실을 은폐하는 것과, 일단 그것이 표면화되었을 때 그 사실의 부정적 성격을 부인하거나 과소평가하는 것("전시였기 때문에 어쩔 수 없다", "어느 나라건 그렇게 하고 있다", "그 정도로 사례가 많은 건 아니다" 등). 이 두 가지 태도는 여기서 와쓰지가 암묵적으로 전제하고 있는 것처럼 결코 양립될 수 없는 행동인 것은 아니다. 그 점은 어느 정도 인간사회에 있다 보면 알 수 있는 것이지만, 와쓰지는 여기에서 그 점을 보지 못하고 있다. 여기서 부끄러움의 발작이 [와쓰지의] 맹목을 야기했다고 보는 것, 그런 점에 의해 그가 여기서 베네딕트의 테제를 수행적으로 확증하고 있다고 보는 것은 지나친 것일까?[9]

야나기타의 비판은 이에 비하면 상당히 냉정하고도 논리적이며, 일종의 여유조차 느껴진다. 역시 『민족학 연구』 같은 호에 발표된 「죄의 문화와 부끄러움의 문화」(원제는 「일반인尋常人의 인생관」)에서, 야나기타는 우선 베네딕트의 중심테제에 의문을 던진다. 그는 일본에서도 독자적인

---

9) 와쓰지의 베네딕트 비판에 대해서 더욱 잘 정리된 언급은 副田義也, 『日本文化試論 ─ ベネディクト『菊と刀』を詠む』, 新曜社, 1993에 있다(50~57쪽 참조). 이 책은 일본에서 나타난 『국화와 칼』에 대한 비평을 포괄적으로 소개·검토하고 있으며, 베네딕트 책에 대한 수용사를 파악할 수 있기 때문에 중요하다.

'죄의 문화'가 존재한다고 주장한다. 그 첫번째 근거는 다른 언어보다 일본어에 '죄'라는 말을 포함한 일상 표현이 상당히 많다는 점이다. 예를 들어, "죄받을 사람"이라든가 "죄라곤 찾아볼 수 없이 웃는 얼굴" 등이 그것이다. 그리고 더욱이 이 점은 베네딕트의 일본불교에 대한 이해와도 관련된다. 베네딕트에 의하면 불교의 죄업관(罪業觀)과 결부된 윤회설은 일본에는 뿌리내릴 수 없었던 게 된다(이것은 41쪽의 대비 도식 ①에 따라 일본을 동아시아의 다른 불교문화권과 구별하기 위한 중요한 논점 중 하나이다). 그러나 야나기타에 따르면 이것은 사실과 완전히 반대된다. 응보설(應報說)은 신도(神道)의 교의와도 부합하면서 민중 속에 깊이 침투했고, 특히 여자를 죄 많은 존재로 간주하는 편견은 불교에 의해 비로소 이 나라에 발생했다.

첫째로 불교의 영향력은 사실 부분적으로만 행사되었음에도 불구하고, 이 죄업관만은 일본의 정신 속에 널리 철저히 스며들었다. 부모를 흘겨보면 넙치[두 눈이 모두 몸의 좌측에 있다]가 된다든가, 먹자마자 자면 소가 된다든가, 전생의 죄를 언급하는 속담이 많은 것은, 곧 후생을 위해서 현생의 악행을 경계하는 가르침이었던 것이다. …… 인과(因果)라는 말이 일본에서 언제나 이유 모를 재앙과 불행을 의미하듯이 된 것은, 생각해 보면 가련한 일이었다. 일본인의 체념이 지닌 장점은 이승의 번뇌를 모조리 전생에 자신의 혼이 쌓았던 악업 탓이라고 해석해 결국 이승의 행위를 조심스럽게 하려고 한 것이었다. 신도의 죄는 재앙을 막고 죗값을 치르는 신도의 의식을 통해 이승에서도 정화될 수 있는 것이지만, 이에 반해 불법(佛法)에서는 그것을 다음, 그 다음의 생까지 갖고 가는 것이라

고 설파해 왔기 때문에 인과[インクヮ; 인과因果의 옛 일본어 발음]라는 말이 마침내 이런 불가해한 비통한 일을 가리키는 별칭이 되기도 했던 것이다. 베네딕트 교수가 혹시 살아 있다면 알려드리고 싶은 것은[베네딕트는 1948년에 사망했다—인용자], 일본 사람들은 바로 얼마 전까지만 해도, 여인은 전부 죄 많은 존재라고 했던 법사의 설교를 철저하게 믿어 왔다는 것이다. 오늘날의 시각으로 비평하자면 이는 잘못된 논리이지만, 여성으로 [이승에] 태어난 것이 이미 전생의 업이며 더욱이 여자라는 그 사실이 죄를 짓기 쉬운 상태인 것으로 되어 있다. 그것을 이상하게 생각하거나 의심하지도 않고, 더욱 강한 인내[忍苦]로써 그러한 이중의 죄를 감하려고 했던 것이 신심(信心) 깊은 여성의 보통 생활이었다.[10]

그러나 야나기타는 이러한 오해의 책임을 일방적으로 베네딕트에게 지우려고 하진 않는다. 야나기타는 오히려 베네딕트가 오판한 원인이 여태까지 일본인이 일본문화를 외국에 소개한 방식에 있다고 말한다. 니토베 이나조(新渡戸稲造)의 『무사도』(武士道)가 전형적으로 그러하듯이 무사라는 한 계급의 문화를 갖고 일본문화 전체를 설명하는 경향이 현저했기 때문에, 베네딕트의 분석도 「주신구라」(忠臣蔵)에 과도하게 주목하는 등, 그러한 작업들이 야기했던 편향에서 자유롭지 못하다. 베네딕트가 일본적인 부끄러움의 선형적인 예로 드는, 타인에게 웃음거리가 되는 것을 극도로 기피하는 태도는, 야나기타에 따르면 문사계급의 문화에 그 기원

---

10) 柳田國男, 『定本柳田國男集』 第30卷, 筑摩書房, 1970, 104~105쪽. 현대식 표기로 변경. 앞에 언급한 소에다 요시야(副田義也)의 논평(『日本文化試論—ベネディクト『菊と刀』を詠む』, 290~303 쪽)도 참조.

이 있다. 그러나 그것은 결코 그가 '상민'(常民)이라고 부르는 벼농사 짓는 농경민을 중심으로 한 압도적 다수를 차지하는 일본인의 기저층의 문화가 아니다. 야나기타는 때로는 일부러 아부를 하듯이 보일 정도로『국화와 칼』의 '계발'과 '자극'에 대한 경의와 감사를 강조한다. 그러한 태도는 거의 자신을 잊은 듯한 와쓰지의 반응과 극히 대조적이다. 우리는 여기서 베네딕트와 그 비판자들 사이의 '일본문화'의 '본질'을 둘러싼 각각의 논점들에 대해 그 타당성을 검토할 의도는 없다. 오히려 각각의 텍스트에 깔려 있는 타자와 거리를 두는 방식에 얽혀 있는 미묘한 감응의 작용에 주목하고 싶다. 왜냐면 제2차 세계대전을 어떻게 경험했던가, 그리고 전승국이나 혹은 패전국에 속해 있다는 사실을 어떻게 받아들였던 것일까와 같은 문제들이, 단지 합리적인 논리 구성의 레벨에서뿐만 아니라 그것과 불가분의 관계에 있는, 그러나 독자적인 분석을 요하는 감응의 레벨에서 이들 텍스트 각각을 깊숙이 규정하고 있기 때문이다.

2.

『국화와 칼』이 번역·출판되었을 때 와쓰지 데쓰로와 야나기타 구니오는 철학 및 민속학 연구의 중진으로서 이미 자신들만의 학문(学問的'自己')을 확립한 지 오래였다. 베네딕트의 작업에 대한 그들의 판단도 일본문화에 대한 그들 자신의 기본적인 이해에 근거해 내려진 것이었다. 그런 의미에서 볼 때, '죄의 문화'와 '부끄러움의 문화'라는 대(對)개념이 그들의 학설에 심각한 영향을 주었던 것은 아니었다. 전전의 일본을 알고 전쟁 및 패전을 경험한, 더구나 자신의 학문을 형성하는 도상에서『국화와 칼』과 조우했던 세대들의 사정은 [와쓰지나 야나기타와] 같을 수 없었다. 사쿠타 게이이치(作田啓一)의 논고 「부끄러움의 문화 재고」(恥の文化再考, 1964년. 67년에 단행본으로 출간)는 『국화와 칼』을 피해 갈 수 없었던 지식인이 행한 가장 양질의 응답 중 하나다.

와쓰지와 야나기타가 공통적으로 문제 삼았던 것은 하나의 문화에 대해 역사적으로도 사회적으로도 지역적으로도 다양한 그 현실을 어떤 일부분만 갖고 설명해 버리는 저자의 자세였다. 현대적인 용어로 바꿔 말하면, 베네딕트의 일본관은 극히 본질주의적이라고 할 수 있을 것이다. 그들의 비판이 지닌 타당성을 인정하면서도 사쿠타는 "직관적으로 포착된 이런 게슈탈트(Gestalt)는 민족적 개성을 일단은 부각시켜 보여 준다는 점에서 역시 대단히 유효한 듯 보인다"고 베네딕트를 옹호한다. 그러면서도 그 '게슈탈트'가 "부끄러움이란 문화의 반쪽만을 포괄했다"는 점에 주의를 기울인다.

사쿠타에 따르면 베네딕트가 주목했던 것은 부끄러움 속의 '공적인 부끄러움'(公恥, public shame)뿐이다. 그러나 사람 앞에서 칭찬받을 때에도 역시 '부끄럽지' 않은가. 그것은 부끄러움을 불러일으키는 것이 타자의 시선 일반이 아니라 '일종의 특별한 주시(注視)'이기 때문이다. 이 '일종의 특별한 주시'의 성격을, 사쿠타는 막스 셸러(Max Scheler)의 『수치와 수치심』(Der Formalismus in der Ethik und die materiale Wertethik, 1913~16)에 기대어, 타자의 자기에 대한 지향과 자기의 자기 자신에 대한 지향의 불일치로 설명한다. 화가 앞에서 모델이, 의사 앞에서 환자가 나체가 될 때에는 부끄럽지 않지만, 그것은 자기와 타자가 모두 자기를 보편자로서 보고 있기 때문이다. 타자의 이러한 지향이 자기를 개별

자로서 보게 될 때, 거기에서 수치가 발생한다. 개인적인 연애체험이 보편적인 현상의 일례로서 관찰되는 듯한 경우에는, 이것과는 반대인 지향의 불일치가 생긴다. 그리고 거기에서도 역시 수치가 발생한다.

그러나 수치는 지향의 불일치만이 아니라 자기 속의 우열 관념과도 결부되어 있다. 이러한 인식은 죄를 초자아와 자아의 갈등으로, 부끄러움을 자아이상과 자아의 불일치로 설명하는 프로이트 이후의 정신분석 견해에 입각해 있다. 이 점은 나중에 상세히 언급하겠지만, 저자가 여기에서 도출한 다음과 같은 관찰도 또한 우리의 관심과 관련해서 극히 중요하다.

타자의 주시가 우리를 부끄럽게 하는 것은 우리가 남들에게 숨기고 싶은 우리의 열등한 부분이 드러나는 것을 두려워하기 때문이기도 하다. 베네딕트가 강조했던 것은 세간에 근거한 일정한 우열기준에 비추어 우리가 열등하다고 믿고 있는 자아의 어떤 부분이 백일하에 드러나는 상황이었다. 그러나 수치가 일어나는 근거인 우열기준이란 언제나 소속 집단의 공통적인 기준에 국한되지 않는다. 소속집단을 넘어선 더욱 넓은 집단(예를 들면 계급이나 인류)를 모태로 하는 우열기준도 있고 그 기준이 소속 집단의 기준과 다를 경우에는, 전자는 자주 **사적인** 우열기준으로 자각된다. 이러한 종류의 우열기준이 충분히 내면화되면 사람은 소속집단의 기준에서 볼 때 특별히 경멸할 만한 행위가 아닐 때에도, 그에 대한 수치심에 홀로 괴로워하는 것이다. …… 공적인 부끄러움과 대조적으로 소위 사적인 부끄러움이라고도 이름 붙일 수 있는 이 측면은 그 성립 사정으로 말미암아 필연적으로 '지향의 엇갈림'을 내포하기 쉽다. 자기와 타자가 다른 입장에 서 있기 때문이다. 그리고 베네딕트가 '지향의 엇갈림'이란 측면을 무시했기(neglect) 때문에, 사적인(private) 부끄러움은 그녀에게 문제시되지 못했다.[11]

우열을 다투는 경쟁사회인 근대 서양이 '공적인 부끄러움'의 레벨에서 일본과 크게 다르다고는 생각할 수 없다. 따라서 베네딕트가 일본문화를 '부끄러움의 문화'로서 규정하려고 한다면, 오히려 '사적인 부끄러움'의 측면이야말로 주목해야 할 것이었다고 사쿠타는 말한다. 그리고 일본 사회에서 이러한 '사적인 부끄러움'이 발생하기 쉬운 이유는, "사회와 개인의 중간에 위치하는 집단의 자립성이 약하기" 때문인 것 같다. "레지스탕스 투사를 교회가 숨겨 주는 이탈리아 영화 등을 보거나 할 때, 우리 사회의 이미지와는 상당히 멀다는 것을 발견하지 않을 수 없다"고 그가 말할 때, 일본군의 전쟁범죄의 비참한 상태에 대해서 탁월한 연구를 행했던 이 사회학자의 가슴속에는 국가의 전쟁정책에 대해 저항다운 저항을 거의 하지 못했던 일본 사회에 대한 괴로운 좌절감이 있었음에 틀림없다. 그러나 사쿠타 세대의 많은 근대주의적 지식인들이 동일한 전쟁체험에서 '부끄러움의 문화'를 전근대적이고 봉건적인 에토스로 간주하고, 일본이 자율적인 개인으로 구성되는 근대사회로 다시 태어나기 위해 극복해야만 할 질곡이라고 생각했던 데 비해, 사쿠타는 오히려 경쟁에서 개인의 업적이 사람을 평가하는 유일한 기준인 사회, "공업화가 현저하게 진행된 대중사회"에서야말로 수치는 미래에 대한 어떤 적극적인 의미를 가

---

11) 作田啓一, 『恥の文化再考』, 筑摩書房, 1967, 11~12쪽. 강조는 원저자. 또한 베네딕트와 사쿠타의 통찰을 이어받아 니클라스 루만(Niklas Luhmann) 등에 근거해 일본 사회의 커뮤니케이션 구조를 정밀하게 기술한 작품으로는 正村俊之, 『秘密と恥』, 勁草書房, 1995가 있다.

질 수 있다고 생각했다. 우리의 시도는 시장만능주의가 모든 저항을 물리치고 관철되고 있는 어떤 냉전 후의 세계에서, 『국화와 칼』과 가장 정면에서 마주했던 일본 지식인 한 명의 이런 착상이 지닌 내재적인 가능성을 몇 가지 별도의 이론적 전망을 통해서 가능한 한 도출하려는 것이라고 말할 수 있다. 그는 이 논고의 끝에서 이렇게 쓰고 있다. "자기 내부의 열등한 부분이 사방으로부터 투시되고 있는 인간, 집단이라는 딱딱한 등딱지[甲羅; 보호막] 일체가 벗겨진, 존재로서의 자기를 주장할 수 있는 근거를 상실한 인간. 그러한 인간들끼리의 연대는 집단이라는 성채를 넘어선 연대"다. 우리가 알고 싶은 것은 여기에서 여전히 일본의 '전통'이라고 말해지고 있는 이 '수치의 공동체'가 국가(nation)라는 집단의 '성채'도 넘어설 수 있을지 여부이다.

3.

지금까지 우리는 『국화와 칼』에 대해서 그 연구대상이 되었던 사람들 쪽에서 나온 반응 몇 가지를 검토해 왔다. 각각의 반응 자체에 주목하기보다는, 『국화와 칼』이라는 텍스트가 불러일으켰던 사건의 윤곽을 이후에 보다 보편적인 전망으로 검토하기 위해서 그려 내는 것이 목적이었다. 너희의 문화는 '부끄러움의 문화'라고 단정하는 승자의 시선 앞에서, 당사자는 어떻게 응답할 수 있을까? 야나기타처럼 행동하는 것은 자신의 식견에 대한 상당한 자신 없이는 불가능하다. 그런 경우는 오히려 예외적이며 와쓰지 같은 반응이 일반적이지 않을까? 요컨대, 해당 명제를 부인하는 것을 통해서 응답하고, 동시에 내면화해 버리는 편 말이다. 그리고 이것은 미일관계에서뿐 아니라 역사상 반복해서 발생되어 온 것이다. 그에 대해 사쿠타는 단순한 부인에 빠지는 것, 따라서 타자의 명제를 그대로 무의식적으로 내면화하는 것을 주도면밀하게 회피해 가면서, '부끄러움의 문화'라고 불리는 것의 내용을 자세히 검토함으로써 이 대결에서 또 하나의 출구를 찾아낸 것이다.

이러한 사건 속에서 다시금 또 하나의 사건이 발생했다. 사건이라고 불린다 해도 과언이 아닌 탁월한 개입이 외부로부터, 다른 곳도 아닌 미국으로부터 이루어진 것은 전후 일본어의 사상공간에서 의외의 행운이었다고 해야 할 것이다. 찰스 더글러스 러미스(Charles Douglas Lummis)는 미국 해병대의 일원으로서 1960년 오키나와를 방문했다. 그후 그는 일본에서 베트남 반전운동에 참여했고, 2000년 현재 대학교원으로서 일본에 정착해 살고 있다. 러미스의 베네딕트론 「일본문화에 대한 묘비명 : 『국화와 칼』재고」(1981)는 그 자신의 일본관에 결정적인 영향을 주었던 인류학자의 작업으로부터 저자 자신이 자기를 해방시키기 위한 시도다.

러미스의 접근방법의 특징은 『국화와 칼』을 일본이라고 불리는 역사적 현상과의 관계와 맞먹을 정도로, 혹은 그 이상으로 루스 베네딕트라는 이름을 가진 저자와의 관계 속에서 독해하려 한 점에 그 특징이 있다. 러미스는 우선 베네딕트가 인류학자로서 자신을 형성시킨 배경이 되었던 미국 인류학의 성립을 언급한다. 무엇보다도 그녀의 스승이었던 프란츠 보아스(Franz Boas)의 작업에 대해서 간결하지만 중요한 지적을 한다. 1880년대 독일에서 미국으로 왔던 보아스는 당시 미국에서 지배적이었던 진화주의에 반대해, 여러 문화가 지닌 내재적 의미의 구조에 대한 연구에 종사했다. 각각의 문화가 "**어떠한** 성격인가를 이해하는 것"(강조는 원저자), 그들 문화의 객관적인 측면의 조사를 소홀히 하지 않고, 그러나 "이러한 사항이 거기에 사는 사람들 자신에게 어떠한 의미를 갖고 있는가를 이해하는 것". 보아스에겐 이것이 바로 인류학 제1의 관심사이어야 했다.

러미스는 여기에서 두 개의 논점을 도출한다. 하나는 베네딕트 작업의 이론적 전제는 스승인 보아스의 이러한 문화상대주의 속에서 찾을 수 있다는 것이다. 다른 하나는 개별 문화를 하나의 전체를 이루는 작품처럼 연구하는 보아스의 수법은, 시인이자 인류학으로 전환하기 전에는 문학연구자였던 베네딕트에게 매우 친화적이었다는 점이다. 러미스는 앤 싱글턴(Anne Singleton)이라는 필명의 시인이기도 했던 베네딕트가 쓴 인류학 이외의 문장에도 관심을 기울인다. 러미스가 그 문장들에서 찾아냈던 것은 어머니가 그녀에게 반복해서 들려준, 베네딕트가 1년 9개월 때 사망했던 아버지에 대한 사모이며, 베네딕트가 그 아버지가 사는 죽은 자들의 세계의 조용함과 아름다움에 대해 가졌던 동경이었다. 죽음을 향한 이러한 매혹은 그녀가 인류학으로 전환했을 때 어떤 동기로 작용했던 것일까? 러미스의 가설은 다음과 같다.

앤 싱글턴이라는 시인은 왜 인류학으로 방향전환을 했을까? 이것 또한 추측의 영역을 벗어나진 못하지만, 베네딕트의 영향 하에서 인류학과 씨름하겠다고 결심했던 마거릿 미드(Margaret Mead)는 자신이 그렇게 결심한 이유를 극히 명료하게 말하고 있다. 미드는 당시 미국 인류학의 주요한 과제는 "죽어가고 있는 아메리카 인디언의 문화를 아는 사람들로부터, 사라져 가는 자료를 대량으로 수집하는 것"이었다고 생각했었다는 것이다. …… 죽어가고 있는 문화! 앤 싱글턴이 이러한 기획에 얼마나 아름다움을 느꼈을까를 상상하긴 어렵지 않다. 바로 인류학이야말로, 그녀가 은밀히 '산 저편에 있는 나라'(죽음의 나라)를 탐색해, 죽은 자가 지닌 아름다움에 대해 깊이 생각하는 것을 가능하게 한 분야는 아니었을까? 그리고 그녀에게 이 나라—내 아버지의 나라—를 가르쳤던 남성이 그녀가 "아빠 프란츠"(보아스)라고 부르게 되었던 남성이었다는 것은 우연의 일치일까.[12]

이렇게 해서 베네딕트가 말하는 '문화의 유형'이란 현존 문화의 규범으로서 실제로 기능하고 있다기보다는, 이미 죽어 버린 문화의 수많은 '단편'으로 시인-인류학자가 구성한 것이란 점이 분명해진다. "문화의 죽음이야말로 인류학자가 아름다움과 영예와 존경을 담아 그에 대해 쓰는 것을 가능하게 해준다."[13] 달리 말하자면, 베네딕트가 기술한 것과 같은 '문화의 유형' 속에서 살아갈 수 있는 인간 따위는 존재하지 않는다. 오늘날 '문화의 유형'이라는 개념에 대해서 그 개념의 비역사적 성격을 지적해 그것을 본질주의적 오류로서 폐기하는 것은 쉬운 일이다. 그런데 러미스는 더 나아가 이 개념이 거의 시체애호(Necrophillia)적이라고도 말할 수 있는 욕망에 의해 떠받쳐지고 있다는 것에 주의를 촉구한다. 그리고 『국화와 칼』이라는 책의 매력 중 일부는 그것으로부터 유래한다는 것조차도 시사하고 있다.

러미스의 개입이 지닌 또 하나의 포인트는 베네딕트의 정치적 입장,

---

12) C. ダグラス・ラミス,『内なる外国』, 加地永都子 訳, ちくま学芸文庫, 1997, 144~145쪽.
13) 같은 책, 147쪽.

특히 전쟁에 대한 태도의 변천을 상세히 추적한 것이다. 앞서도 언급했듯이 베네딕트의 스승인 보아스의 인류학은 서양의 자민족 중심주의를 비판하고, 타문화의 독자성과 차이에 대한 관용을 강조하는 것으로, 후에 문화상대주의라고 불리게 된 조류에 속해 있다. 독일에서 히틀러가 등장하자 베네딕트는 보아스와 함께 반인종주의·반파시즘 선전활동에 참여했다. 베네딕트의 상대주의가 현재 그 이름을 들으면 상상하게 되는 것처럼 미온적인 상식이 아니라 당시로서는 가장 급진적인 사상이었음을 러미스는 「카니발리즘(cannibalism)의 효용」(1925)이라는 베네딕트의 짧은 에세이를 인용하여 보여 주고 있다. 1차 대전 후의 시대적 환경 속에서 베네딕트는 "매년 한 구의 쓸모없는 시체"를 먹음으로써 '폭력에의 갈망'을 만족시키는 공동체 문화를 자칭 문명인의 파괴적인 전면 전쟁과 대치시킨다. 여기서 들리는 것은 관용을 권유하는 정도를 훨씬 뛰어넘는, "니힐리즘에 가까운 격렬한 괴로움"이 담긴 '문명'에 대한 탄핵의 어조이다. 즉 적어도 2차 대전 이전의 베네딕트는 현대 서양 여러 국가들이 일으킨 전쟁에 대해 그 전쟁을 수행한 국가들이 선전한 대로의 정당성이 있을 턱이 없다고 생각했던 것이고, 그녀의 문화상대주의는 필시 당시 가장 철저한 반전사상과 연결되어 있었다. 그랬던 베네딕트가 미국 국가의 전쟁정책과 타협했던 결과 산출된 저작이 바로 『국가와 칼』이었던 것이다.

이런 변모의 이유에 대해서 러미스는 그다지 상세히 논하지는 않는다. "그녀에게 미국의 전쟁기구에 협력하도록 확신을 준 원인은 …… 파시즘에 대한 공포였을 것이다"라고 추측하고 있을 뿐이다. 1981년에는 필시 이 언급으로 충분했을 것이다. 그러나 냉전의 종언 이후, 걸프 전쟁에서 코소보 분쟁에 걸친 새로운 타입의 전쟁, 다시 말해 새로운 세계질서의 형성과 유지를 목적으로서 내걸고 '인도적 개입'이라는 미명하에 수행된 전쟁을 목도해 온 우리는, '민주주의 대 파시즘'이라는 도식을 받아들여 전쟁 협력의 길로 기울어져 갔던 평화주의자 베네딕트에게서, 최근 들어 이런저런 동기를 들며 '다국적군', '국제연합군', '나토 군'의 개입을 긍정한 많은 좌익 지식인의 원형을 보는 듯한 기분이 든다. 이것은 또한 일본이 일찍이 현재의 이라크나 유고슬라비아의 입장에 놓여 있었던 시대를 일본인에게 상기시킨다. 그것과 동시에 **그것을 현재 어떻게 상기해야만 하는가를 생각할 책임**을 부과한다. 이렇게 해서 『국화와 칼』을 새롭게 읽기 위한 새로운 각도가 발견된다. 러미스가 말했듯이 이 책은 실로 "기묘한 상황에서" "고전으로서의 지위를 획득하고", 그리고 새롭게 다시 획득되기를 그치지 않는 것이다.

루스 베네딕트의 미국 사회 및 미국 권력과의 화해가, 그녀의 사상 구조에 큰 변화를 수반하지 않고 이루어졌다고는 믿기 어렵다. 이 사회로부터의 소외가 어린 시절부터 그녀 인격의 근본에 존재했었던 것은 확실하다. 소외가 어린 소녀에게 '산 저편의 어느 나라'를 꿈꾸도록 했으며, 소외가 성숙한 여성에게 두 가지 인격을 부여했다. 문화의 상대성을 추구하는 인격(이것이 극단적이 되면, 모든 문화로부터의 소외가 된다)과 인간적 조건 그 사제가 지닌 한계에 대한 반항을 시적 선언으로 표현하는 또 하나의 인격이 그것이다. 이러한 소외에 종지부를 찍는 것이 베네딕트에게 어떻게 작용하게 될까? 그녀가 중대한 변혁을 겪었음을 시사하는 증거는 있다. 예를 들면, 생애의 마지막 순간이 다가옴에 따라, 그녀는 처음으로 '루스 베네딕트'라고 서명한 시를 발표하기 시작했다. 또한 앞서 인용했던 미드의 증언에 따르면, 『국화와 칼』은 베네딕트가 자신의 모든 것을 투입해서 썼던 최초의 작품이며, 거기에는 앤 싱글턴과 루스 베네딕트의 목소리가 일체되어 있다고 한다. 그것이 사실일지 모르겠지만, 우리들의 과제에서 보다 중요한 점——또한 논증하기도 쉬운 점——은 『국화와 칼』 에서는 문화의 상대성이라는 자기 비판 정신이 완전히 소실되었고, 그 대신 자신감에 가득 찬 정복자의 태도, 즉 관용이 표면에 드러났다는 사실이다.[14]

관용의 개념에도 유럽 종교전쟁기까지 거슬러 올라갈 만큼 복잡하고 오랜 역사가 있다. 그러나 『국화와 칼』이란 텍스트 속에서 기능하고 있는 관용의 개념, 즉 이 텍스트가 미국인에게 발휘할 것을 요구하는 관용의 개념이 일종의 자민족 중심주의와 양립 가능하다는 것은 명백하다. '죄의 문화'와 '부끄러움의 문화'라는 대립적 개념이 더 이상은 상대주의적이지 않으며 거의 공공연한 위계(hierarchy)에 입각해 형성되고 도출되었던 것도 의심할 나위 없다. 점령 당국에 대한 베네딕트의 제안은 "너무 많이도 말고, 너무 적게도 말고, 낡고 위험한 침략적 성질의 유형을 타파해 새로운 목표를 세우기에 가장 적합한 양(정도)의 엄격함을 사용하는 것"이었으며, 그 '엄격함'의 척도를 정립하기 위해서야말로 '부끄러움의 문화' 라는 개념이 요청되었던 것이다.

그러나 베네딕트라는 특이한 개성이 복잡하고 오랜 경력의 종착점에 이르렀을 때 이 책이 쓰어지고, '죄의 문화/부끄러움의 문화'라는 대립

---

14) C. ダグラス・ラミス, 『内なる外國』, 194~195쪽.

개념이 제출되었다는 것은 동시에 이 텍스트가 언어행위로서의 직접적인 컨텍스트를 넘어선 또 다른 독해를 요구하고 있음을 의미한다. 러미스가 주로 일본인 독자를 향해서, "일본문화의 유형이라는 미(美)에 대한 베네딕트의 감각적 기쁨 속에서는 이 문화의 존속을 인정해야만 한다는 결론에 이르도록 하는 것은 아무것도 없다"고 경고할 때, 그의 의도는 지금까지 일본학이나 일본문화론의 컨텍스트에서 한결같이 읽혀 온 이 문서가 지닌 정치적 성격을 폭로한다는 점에서 정당하다. 그러나 베네딕트가 '부끄러움의 문화'에, 또는 그것을 '기조'로 하는 사회에 접근할 때, 어떻게 "'부끄러움'의 경험 일반을 이해했던 것일까" 하는 것은 텍스트의 또 다른 레벨에서 천착하지 않으면 안 된다. 근년 베네딕트가 난청이었으며, 덧붙여 동성애자였다는 것이 누차 강조되고 있다.[15] '부끄러움'이 '죄'와 같은 정도로 깊이 규정되는, 그러나 [죄와는] 다른 양상인 신체적 조건, 젠더 및 섹슈얼리티에 의해서 규정된 경험이라는 것은 말할 필요도 없다. 이 대립 개념을 제출한 것이 한 명의 여성이었다는 사실 역시 무시되어선 안 되지 않을까? 전쟁 협력의 길을 걷기 시작하고 나서, '죄의 문화'를 인간의 '자유'나 '자연적 발로'와 동일시하기에 이르기까지, 그녀는 어떻게 자기 자신의 '부끄러움'과 마주하고, 격투하고, 그것을 '극복'했으며, 동시에 부인하기에 이르렀던 것일까? 『국화와 칼』에서 그러한 것들을 말할 수 있는 또 다른 독해가 요구된다.

---

15) 베네딕트의 『日本人の行動パターン』 및 『人種主義その批判的考察』(筒井淸忠·寺岡伸悟·筒井淸輝 訳, 名古屋大學出版會, 1997)에 실린 폴린 켄트(Pauline Kent)의 두 개의 해설을 참조.

4.

『흔적』에 기고할 글로 이 테마를 골랐을 때, 나는 다음과 같이 생각했다. 이 장에서 주목할 것은 두 가지인데, 하나는 제2차 세계대전 후 반세기 동안 각 언어-문화권에서 생겨난 정치적·사상적 사건들을, 그 단독적인 성격(singular character)을 가능한 한 훼손하지 않은 채 제시하는 것이며, 다른 하나는 그 사건들을 몇 가지 형태의 '보편'적인 물음으로 변형시켜, 이 다섯 개의 언어[『흔적』이 발행된 나라의 언어]로 생활하고 사유하는 사람들의 공동 토론을 위한 새로운 토포스(topos)를 만들어 내는 것이다. 이러한 첫번째 작업으로부터 두번째 작업으로의 전환은 이미 있는 기존의 개념 장치를 이용한 단순한 적용으로는 이루어질 수 없다. 그것은 이미 번역 노동 이외에 아무것도 아니다. 즉 '원문' 속에서 이미 '번역'이 시작되고 있어야 한다.

승자에 속하는 타자가 내린 '부끄러움의 문화'라는 판정에 대해 패자에 속하는 사람들의 반응이 어떠했었다면 그리고 어떤 회로를 거쳤다면, 번역 가능하고 나누어 공유할 수 있는[分有] 경험이 될 수 있었을까? 이 글 앞부분에서 살펴본 것처럼 번역의 경험 그 자체가 죽음 그리고/또는 부끄러움의 불안, 그것도 심리학적인 차원을 초월한 어떤 '불안'에 이미 침투되어 있다면, 이 장면은 일견 보이는 것처럼 단순하지 않다. 부끄러움의 경험은 본성상 어디까지나 '고유'하다는 점을 주장할 것이다. 그것이 외부에서 관찰되고 독해되고 번역될 수 있다는 것을 알았더라면, 그 경험은 더 한층 '고슴도치'처럼 자신의 몸을 경직시킬 것이다. 따라서 문제는 '고슴도치'의 경직을 풀어내는 것이 아니라, 그 경직이 결코 '전체화하는 개체성'을 형성하지 않으면서, 경직되면 될수록 반대로 더 한층 번역이라는 '사고'(事故)에, 즉 '우연'에 몸을 맡기게 될 '필연'을 보여 주는 것이리라. 그러나 정의상 이러한 '필연'을 보여 주기 위한 '방법'은 없다. 몇 가지 징후에 주의하는 것으로부터 시작해, 더듬더듬 나아갈 수밖에 없다.

　'죄의 문화'와 '부끄러움의 문화'라는 대비가 미국과 일본이라는 관계를 넘어서 서양/비서양이라는 거대한 대립 도식으로 겹쳐진 것은 제2차 세계대전 이후의 세계에서는 마치 저절로 전개된 과정처럼 보인다. 그러나 물론 그런 일은 있을 수 없다. 하루투니언이 예리하게 지적하고 있듯이 『국화와 칼』, 그리고 '부끄러움'을 '죄'에 대립시키는 사유방식은 냉전을 배경으로 근대주의적 발전론을 정당화하는 논거로서 일종의 헤게모니를 획득하고 있었던 것이다.[16] 에드워드 사이드는 이미 『오리엔탈리즘』 끝부분에서 여러 아랍 국가들의 보수파를 비판하면서 다음과 같이 말한다. 오늘날 심각한 문제는 서양에 의한 '오리엔트'의 '표상'이나 '창조'와 같은 정도로 혹은 그 이상으로, 거기서 '표상'되는 사람들이, 그 중에서도 특히 지배층이 스스로 나서서 오리엔탈리즘과의 공범성을 심화시켜 가는 점이라고 말했다.[17] 이 구도는 전후 일본에도 타당하다. 그런 식으로 미국 측도 타자에 의한 부분적인 승인을 조달함으로써, '죄의 문화'로서의

16) Harry D. Harootunian, "'Ambiguous Silhouette': Ideology, Knowledge and the Shaping of Japanese Studies in the United States"(ハリー・ハルトゥーニアン, 遠藤克彦 訳, 「曖昧なシルエット――イデオロギー, 知, そして米國における日本學の形成」, 『みすず』, 1998年 5, 7, 8 月号) 참조.

17) Edward W. Said, *Orientalism*, Peregrine Books, 1985, pp. 322~323; エドワード・W・サイード, 『オリエンタリズム』, 今澤紀子 訳, 板垣雄三・杉田英明 監修, 平凡社, 1986, 326쪽 참조 [에드워드 사이드, 『오리엔탈리즘』, 박홍규 옮김, 교보문고, 2007, 442쪽 참조].

자기 표상을 한층 더 강화하는 동시에 '부끄러움의 문화'의 적용 대상을 비서양 세계 전체로 확대시켜 나갔다고 할 수 있을 것이다.

그리고 현재의 상황은 어떠한가. '죄의 문화'는 그런 자기 표상에 대한 의심을 제기하는 일이 적어지면 적어질수록 타자의 시선에 무감각해지고, 인권이나 기술적 근대의 '보편'성을 전 세계로 밀어붙이면서도 부끄러워하지 않게 된다. 자신의 섹스 스캔들을 호도하기 위해 테러리즘 박멸을 명목으로 아프가니스탄과 수단에 미사일 공격을 명령한 미국 대통령의 모습이야말로 이 상황에 대한 가장 웅변적인 표현일 것이다.[18] 한편 '부끄러움의 문화' 측은 '부끄러움의 문화'라는 표상을 내면화함으로써, ①자기상을 원리주의적으로 고정시키고 부끄러움을 내부화해 '죄의 문화'뿐만 아니라 모든 타자의 시선 앞에서 부끄러워할 일이 없어지든가, ②'부끄러움의 문화'임을 부끄러워해 '죄의 문화'에 동화되려는 노력 속에서 한층 더 부끄러움을 심화시켜 가든가 하는 기로에 서게 된다. 현대 세계의 정치적 장면에서 확실히 관찰되는 이런 악순환을 어딘가에서 단절시켜야 한다. 이를 위해서라도 이런 이분법에 의한 문화표상의 헤게모니에 대해 다시금 질문하는 것이 긴급한 요청으로 등장한다.

이미 현재 미국과 중국 간의 현재적(顯在的)이자 잠재적(潜在的)인 갈등 속에서, '죄의 문화/부끄러움의 문화'의 대립을 반복하는 양상이 누차 나타나고 있다. 그리고 이런 대립은 굳이 말하자면 구미의 여러 나라

---

18) 1998년 8월 20일, 당시 미국 대통령이었던 빌 클린턴은 케냐와 탄자니아의 미 대사관이 폭파된 것에 대한 복수로, 아프가니스탄과 수단을 순항 미사일로 공격하여 수많은 사상자를 냈다. 이 공격은 클린턴이 모니카 르윈스키와 성적 관계를 공식적으로 인정했던 며칠 후에 실시되었다.

에서 누가 핵을 소지해야 하는가를 결정하는 기준에서도 비슷한 형태로 나타나고 있다. 그들 입장에서는 '부끄러움의 문화'에 속하는 중국이라는 대국(大國)이 국제연합의 상임이사국이며 핵 보유국이라는 사실이야말로, 구미의 각 국가가 가장 골치 아파하는 냉전의 유산이기 때문이다. 이런 좁디좁은 길에서 인류가, 그 중에서도 특히 아시아에 사는 사람들이 어떻게 탈출할 수 있을 것인가? '죄의 문화/부끄러움의 문화'라는 대립에 대해 다시금 근본적으로 고쳐 묻지 않고서는 그 방도를 발견하기란 어렵기 그지없다.

5.

바로 이러한 의미에서 20세기 후반인 포스트 쇼와(昭和)기의 유럽에서 정치와 사상의 양 측면에서 '부끄러움'을 둘러싼 사유가 다양하게 발전했다는 사실의 중요성은 아무리 강조해도 지나치지 않을 것이다. 그러나 이러한 사유의 계보는 제2차 세계대전 이전, 앞서 서술했던 막스 셸러를 넘어서 니체에까지 거슬러 올라갈 수 있다. 전 세계를 한눈에 감시할 수 있는 정찰 위성에 기반을 둔 신세계 질서의 방위가 인류의 '보편'적 책임이라는 미명하에 강요되고 있는 지금, 우리는 니체가 1886년에 던졌던 말을 다시 한번 떠올리는 것으로부터 시작해야 할 것이다.

> "신이 어디서든 보고 있다는 게 정말이야?"라고 어린 소녀가 어머니에게 물으며 말했다. "그건 너무 무례한 짓이잖아."──이것은 철학자들에게 시사점을 준다! 우리들은 **수치**(Scham)를 좀더 존중해야 한다.[19]

제2차 세계대전 후, 부끄러움이라는 주제를 최초로 선명한 형태로 제기했던 것은 사르트르였다. 『존재와 무』에는 잘 알려진 부끄러움(honte)에 대한 현상학적 분석이 있다. 제3부인 '대타존재' 서두에서, 부끄러움은 내가 나를 의식할 때 타자의 존재가 구조적으로 필수 불가결하다는 점을 증명하기 위한 주요한 예로서 기술되고 있다.

부끄러움은 부끄러움으로서의 자기(에 대한) 비정립적인 의식이며, 그러한 한에서 그것은 독일인이 '체험'(Erlebnis)이라고 부르는 것의 일례다. 부끄러움은 반성이 다다르는 곳에 있다. 또한 부끄러움의 구조는 지향적이다. 부끄러움은 무언가를 부끄러움으로 파악하는 것이며, 그 무언가는 나이다. 나는 내가 그것이라는 사실에 대해서 부끄러워한다. …… 그러나 부끄러움에서 파생된 일종의 복합적 형태는 반성적 차원에서 나타날 수 있다 해도, 원래 부끄러움은 반성 현상이 아니다. …… 부끄러움은 그 최초의 구조에서는 **누군가 앞에서의** 부끄러움이다. …… 타자는 나와 나 자신 간의 불가결한 매개자이다. 다시 말해 나는 내가 타자에 의해 드러나고 있는 그러한 나에 대해서 부끄러워하는 것이다. 타자의 출현 그 자체에 의해 어떤 대상에 대해서 판단을 내리는 것과 마찬가지로, 나 자신에 대해서 판단을 내릴 수 있게 된다. 왜냐면 내가 타자에 의해서 드러나는 것은 대상으로서이기 때문이다. …… 그렇기 때문에 부끄러움은 타자 앞에 선 자기에 대한 부끄러움이다. 이런 이중 구조는 분리될 수 없다.[20]

19) ニーチェ, 「華やぐ智慧」, 永上英廣 訳, 『ニーチェ全集』 第10卷(第一期), 白水社, 1980, 19쪽[니체, 『즐거운 학문/메시나에서의 전원시/유고』(니체전집 12), 안성찬·홍사현 옮김, 책세상, 2005, 31쪽을 참고해 번역 일부 수정].

사르트르가 든 예는 예를 들면 열쇠 구멍을 통해서 방안을 엿보고 있는 현장을 뒤에서 포착당하는 경우다. 나를 향한 타자의 시선을 알아채는 것은, 세계 속에서 시선이라는 현상을 지각하는 것이 아니라, 보여지고 있음을 의식하는 것이자, 타자의 시선 아래서 대상이 된 자기 존재를 승인하는 것이다. 전후 사르트르를 움직인 것은 어쩌면 전쟁 중에 경험한 이러한 부끄러움의 기억과 무관하지 않을 것이다. 그런데 이 시대에 정치적·사상적으로 가장 큰 영향을 미쳤던 철학자가 『존재와 무』에서 예고했던 논리학을 끝끝내 완성할 수 없었다는 것은 우리에게 무언가를 시사해 준다. 여기에서 우리는 '부끄러움'이라는 감응(affect)——사르트르는 오히려 감정(émotion)이라는 용어를 사용한다——에는 대타존재의 논증이라는 현상학적 과제로도, 그리고 윤리학이라는 구성으로도 완전히 포괄되지 않는 어떤 영역이 있다는 것을 예감할 수 있지 않을까.

사르트르가 『존재와 무』를 집필한 것은 1940년 6월의 '기묘한 패배' 뒤부터 수용소 생활을 벗어나 귀환한 직후[1941년 4월]에 걸친 시기이다. 그러나 최근의 연구에 따르면, 이 책 자체 내에서 참전 이전에 씌어진 부분과 전쟁 체험이 뒷받침된 부분이 상당 정도 구별될 수 있다고 한다. 부끄러움의 현상학이 수용소 체험 전에 성립되었던 것일까, 아니면 수용소 체험 뒤에 성립된 것일까를 아는 것은 우리에게 흥미 깊다. 개인적인 부끄러움의 경험에 대한 깊은 관심은 이미 『구토』(1938)에서 볼 수 있지만, 『존재와 무』와 같은 시기에 독일 점령기 및 대(對) 독일 저항에 대해 사르

---

20) Jean-Paul Sartre, *L'être et le néant*, Gallimard, 1943, pp. 265~266; サルトル, 『存在と無』, 松浪信三郎 訳, 人文書院, 1999, 397~399쪽.

트르가 썼던 문장에서는 이런 체험이 집단적인, 더욱이는 국민적인 차원에서 문제시되고 있기 때문이다.

> 우리는 어떤 양심의 가책(une mauvaise conscience)을 느끼는 듯했다. 우리를 번민하게 한 이 비밀스러운 부끄러움(cette honte secrète), 우리는 우선 이 기분을 포로였을 때 경험했다. 포로는 불행했지만, 자기 자신을 연민하는 데까지는 이르지 않았다. …… 그들은 프랑스 앞에서 부끄러움을 느끼고 있었다. 그러나 프랑스는 세계 앞에서 부끄러움을 느끼고 있었다. 내 몸을 다소 가련하게 여기는 것은 감미로운 것이다. 그렇지만 사방에서 타인의 경멸을 받을 때, 우리는 어떻게 자기 자신에 대한 연민의 정을 가질 수 있을 것인가?[21]

병사는 프랑스의 시선 앞에서 부끄러워하고, 프랑스는 세계의 시선 앞에서 부끄러워한다. 제1차 세계대전 때에는 있을 수 없었던 상황이 여기서 발생하고 있다. 사르트르가 여기서 그려 냈던 상황은, 시선에 대한 강박이라는 이미 그에게 고유한 사유방식으로 환원되지 않는다. 부끄러움의 경험은 제2차 세계대전을 계기로 하여, 유럽에서도, 아시아에서도, 이른바 전쟁 체험과 떼려야 뗄 수 없는 중요한 요소가 된 것이다.

6.

그러나 인류의 종적 통일성을 가장 철저하게 부정하려는 시도가 행해졌던 시기, 바로 그 장소에서, 부끄러움의 감각이 가장 격렬하게 타올랐던 것은 우연일까? 나치가 자행한 유대인·신티[Sinti; 독일어권에 사는 로마인 집시]·집시·정신'장애'자·동성애자·공산주의자·저항자에 대한 조직적인 말살, 강제 수용소·절멸 수용소의 가공할 만한 현실은 그곳에서 살아 돌아온 소수의 삶에, 지금까지 인간이 경험해 본 적 없는, 수수께끼 같은 부끄러움의 흔적을 새겨 놓았다. 이 물음에 정면으로 맞서 고투했던 것은 프리모 레비(Primo Levi)의 여러 작품들일 것이다. 츠베탕 토도로프(Tzvetan Todorov)는 레비에게서 보이는 부끄러움의 모티프를 세 가지 요소로 범주화한다.[22]

제1요소는 '추억으로서의 부끄러움'이다. 수용소에서 살아남기 위해서는 아무리 본의와 다르더라도 간수의 명령에 따를 수밖에 없다. 징벌, 본보기로 삼는 처벌, 고문의 압력 하에서 의지의 붕괴를 경험했던 자는 자신이 가해자 이상으로 비인간적이라고 느끼게 된다. "살인을 범하는 사람은 인간이다. 그러나 시체와 침대를 함께 쓸 정도까지 스스로 타락한 자는 인간이 아니다."(『이것이 인간인가』*Se questo è un uomo*)

제2요소는 '살아남은 것의 부끄러움'이다. 살아서 돌아온 자들은 수용소에서 죽은 사람들 대신에 살아 있다는 생각을 떨쳐 버릴 수 없다. 부족한 물이나 식량을 내 손에 넣는 것은, 그 양만큼 다른 누군가가 부족해지는 것을 의미한다. 물론 제3자라면 살아 돌아온 자들이 그러한 자책감을 떠안을 필요까진 없다고 말할 것이다. 그러나 살아 돌아온 자들의 입장

---

21) サルトル, 「占領下のパリ」, 『シチュアシオン III』, 小林正 訳, 人文書院, 1964, 22쪽. 번역문 일부 변경.

22) ツヴェタン・トドロフ, 『極限に面して―強制收容所考』, 宇京頼三 訳, 法政大学出版局, 1992, 300~314쪽.

에서 볼 때 제3자는 이 문제에 끼어들 자격이 없다. "사람들은 타자가 자신 대신에 죽은 것이며, 자신은 남들이 갖지 못한 특권이나 죽은 자에게 행했던 옳지 못한 짓 덕분에 까닭 없이 살아 있다는 생각이 드는 것이다. 살아 있는 것은 잘못이 아니다. 그러나 우리들은 이것을 잘못이라고 느끼고 있었다."(『지금이 아니라면 언제?』*Se non ora, quando?*)

제3요소는 '인간이라는 사실에 대한 부끄러움'이다. 살아 돌아온 자들은 희생자임에도 불구하고 스스로가 가해자인 사람들과 마찬가지로 인간이라는 종에 속해 있다는 것에 부끄러움을 느낀다. 아우슈비츠는 뭐라 해도 인간이 만들어 낸 것이며, 우리는 그것을 막을 수 없었다. "올바른 자가 타인이 범한 잘못에 대해서, 그 잘못이 존재했다는 사실과, 또한 그것이 현존하는 사물의 세계로 회복 불가능하게 들어와 버렸다는 생각에 괴로워하면서 느끼는 부끄러움."(『휴전』*La tregua*)

토도로프는 이 최후의 '극히 추상적인 부끄러움'을, 카를 야스퍼스가 『전쟁 죄책론』(*Die Schuldfrage*)[23]에서 제출했던 '형이상학적인 죄'라는 개념과 비교하고 있다. 실제의 범죄 행위자가 법 앞에서 짊어져야 할 '형법상의 죄', 행위자와 같은 공동체에 속하는 자가 전승국의 의지 앞에서 짊어져야 할 '정치상의 죄', 법적 차원의 유죄·무죄를 떠나 행위자가 자기의 양심 앞에서 짊어져야 할 '도덕상의 죄'에 대해서, 이 '형이상학적인 죄'는 인간이 범하는 모든 죄이다. 그리고 그 중에서도 특히 자신이 마침 그 자리에 있었을 때 행해진 죄에 대해 우리가 가지는 '관계'이고, 야스퍼스에 따르면 그에 대한 "심판자는 오직 신뿐이다". 그러나 토도로프는 갑

---

23) カール・ヤスパース,「責罪論」,『ヤスパース選集』第10卷, 橋本文夫 訳, 理想社, 1965.

자기 '인간이라는 사실에 대한 부끄러움'은 형이상학적인 것과는 무관한 사람들도 느낀다고 한다. 다시 말해, 이러한 '부끄러움'은 어떠한 의미에서도 관념이 아니라 감정이며, 보다 정확히 말하자면 감응이다. 그리고 이 구절의 맨 처음에서 살아 돌아온 자들의 "부끄러움 혹은 죄책감"이라는 표현을 사용했던 토도로프는, 이 부분에서는 '죄책'이라는 개념이 포괄할 수 있는 모든 범위를 넘어서 불거져 나오는 '부끄러움'이라는 차원에 주의를 기울이고 있는 듯이 보인다.

그렇다고는 해도 아우슈비츠에서 살아 돌아온 사람들(生還者)의 실감 속에는 '죄'의 감정과 '부끄러움'의 감정이 서로 깊이 융해되어 있다는 점에 우선 주목할 필요가 있다. 이런 점을 확인할 때 우리들의 관심에 거대한 전망의 전환이 일어난다. 태반이 유대-그리스도교 문화에 속하는 나치 수용소에서 살아 돌아온 자들은 비서양 세계에서 같은 상황에서 살아 돌아온 생존자들에 비해 보다 '죄책감'이 강하며 그만큼 '부끄러움'에 대한 감수성이 약하다고 운운하는 것은, 레비를 필두로 한 작가들의 작품에 익숙한 우리들에게는 도저히 믿기지 않는 일이다. 사르트르의 철학적 저작과 상황적 발언의 접점에서 발견되는 '부끄러움'의 모티프, 그리고 수용소 체험에 대한 대부분 불가능한 표상작업 속에서 반복해서 회귀하는 '부끄러움'의 모티프는 뭐라 해도 『국화의 칼』을 낳았던 것과 '동일한' 전쟁의 흔적인 것이다. 이 시대에 '인간이라는 사실에 대한 부끄러움'이라는 궁극의 표현이 등장한 것은, 번역에 저항하는 많은 차이를 포함하면서 여러 문화, 여러 지정학적 조건을 횡단하여, '부끄러움'의 역사에 획기적이라고 부를 만한 것, 어떤 전대미문의 새로운 사유를 갈구하고 있다는 사실의 징후가 아닐까.

7.

'인간**이라는 사실에 대한** 부끄러움'이라는 표현은 어떤 점에서 충격적인 것일까? 그것은 얼핏 보기엔 비슷해 보이지만, 그것과 대극에 있음에 틀림없는 또 하나의 표현 '인간**으로서의** 부끄러움'과 비교해 보면 명확해진다. '인간으로서의 부끄러움'은 인간주의의 언표이다. 이 언표가 말하려는 것은, 자기 혹은 타자가 이 부끄러움의 대상인 한, '인간'으로의 귀속이 문제시되는 사태이다. 그러나 이 언표행위의 주체 자신은 '인간'으로의 귀속을 문제 삼지 않고 긍정하고 있다. '부끄러워하는' 것에 의해, '부끄럽다'고 타인에게 말함으로써, 이러한 인간으로의 귀속을 오히려 재확인하고 강화한다. 비록 그것이 자기의 부끄러움이라고 해도, 부끄러움의 대상이 되는 '인간'의 자격을 의심받는 것은 언표의 주체(주어)이지 언표행위의 주체가 아니다. 따라서 언표를 발화하는 것이 상황에 따라 극히 곤란한 경우가 있다고 해도, 이런 곤란은 원리적으로 극복될 수 없는 것은 아니다.

이에 반해, '인간이라는 사실에 대한 부끄러움'은 인간주의에 대한 **극한**(limit)의 언표이다. '인간'의 극한이 될 수밖에 없는 언표행위이다. 그것은 '인간'으로 귀속되는 것 자체에 대한 위화감, 저항감을 표명한다. 이러한 귀속을 명백하게 문제화한다. 이 경우 언표의 주체와 언표행위의 주체는 "인간으로서 부끄럽다"고 말할 때처럼 확실히 다른 장소에 위치하는 것은 불가능하다. 일본어의 고유 표현을 사용한다면, 자신을 서가에 얹어 놓는 것은 불가능하다[자신의 일을 모른 체하고 젖혀 놓는 것은 불가능하다는 의미]. 그런 점에서 이 표현에는 마치 부끄러움에서 도망가려면 '인간'

으로부터 탈출해야만 할 것 같은 충동이 내포되어 있다. 그러나 그때 인간은 누구의 시선 앞에서 부끄러워하게 되는 것일까? 누구를 향해서 말하는 것일까?

이러한 함의는 '인간'보다 하위의 집합, 가령 '국민'으로 귀속되는 경우와 비교해 보면 한층 더 명확해진다. 예를 들면 '일본인으로서의 부끄러움'이라는 언표와 '일본인이라는 사실에 대한 부끄러움'이라는 언표는 각각 무엇을 말하려고 하는 것일까? 전자는 자기건 타자건 '일본인'이라면 본래 가져야만 한다고 관념화된 덕이 결여되어 있는 자에 대해서 말한다. 그리고 그 언표행위의 주체는 가령 자기를 부끄러워하는 경우에도, 사실상 그 당사자성(當事者性)을 부정하고 '일본인'에의 귀속을 긍정한다. 후자의 경우에는 '일본인' 전체가 부끄러워해야 할 존재라는 점이 이야기되고 있다. 그런 한에서 언표행위의 주체는 자신의 '일본인'으로의 귀속을 긍정하지 않으면서 당사자성을 부정하기 위해서, 이 귀속의 외부로 나가지 않을 수 없다. 이때 귀속은 문제로 떠오르고 동일화는 불완전해진다.

그러나 '국민'적 귀속의 경우, 이 후자의 언표에서조차 항상 발화가 곤란한 것은 아니다. 사람은 이 귀속에 대한 저항을 비'일본인' 앞에서 표명할 수 있으며, '일본인' 중에서 동일한 저항을 느끼고 있다고 상정되는 사람들 앞에서 표명할 수 있다. 보다 곤란하긴 하지만, '일본인'으로의 귀속을 믿어 의심치 않는 사람들 앞에서노 표명할 수 없는 건 아니다. 오히려 그러한 경우에야말로, 이런 후자의 언표는 발화행위로서 온전한 의미를 가질 수 있다고도 할 수 있다. 그것은 유적 존재로서의 '인간'의 내부에 '일본인'의 외부가 존재하기 때문이며, 누구라도 그 사실을 알고 있기 때문이다. 그런데 동시에 그것은 '**~로서의 부끄러움**'과 '**~라는 사실에 대한**

부끄러움'이 '국민'의 경우 반드시 양립 불가능하지 않으며, 오히려 그 둘이 다양한 조합을 형성하는 사태까지도 발생시킨다는 것을 보여 준다. 왜냐하면 '일본인이라는 사실에 대한 부끄러움'은 '일본인' 전체가 '인간'이 본래 갖고 있어야 한다고 여겨지는 덕을 결여하고 있다는 확인을 함의하지만, '일본인으로서의 부끄러움'의 전제인 '일본인'이 본래 갖고 있어야 한다고 여겨지는 덕 또한 자세히 살펴보면 '인간' 일반이 본래 갖고 있어야 한다고 여겨지는 것인 경우가 대부분이기 때문이다. 예를 들면, 『국화와 칼』에 도착적으로 공명하는 일본의 보수파가 "일본문화는 부끄러움의 문화다"라는 베네딕트의 명제를 내면화하는 경우를 생각해 보자. 그들의 담론에는 대부분 반드시 '부끄러움의 문화' 쪽이 '죄의 문화'보다 '인간'적이며, 동물과 달리 옷을 입는 '인간'의 본질에 근거하는 데 반해서 서양인은 부끄러움을 모르고 덜 '인간'적이라고 운운하는 타입의 논리 내지는 뉘앙스가 드러날 것이다. 반대로 어떤 국민적 공동체에 '고유'하다고 여겨지는 성질을, 어떤 인간주의적 담론으로도 번역될 수 없는 형태로 규정하는 것은 극히 어렵다. 이런 구조적 이유 때문에, 국민주의는 항상 인간주의이며, 내셔널리즘은 언제든 글로벌리즘과 타협할 수 있다.

8.

프리모 레비는 '인간이라는 사실에 대한 부끄러움'을 말했을 때, 이미 이러한 국민주의적이자 인간주의적인 공간의 주인이 아니었다. '인간이라는 사실에 대한 부끄러움'에는 '어떤 국민이라는 사실에 대한 부끄러움'이 쉽사리 상정할 수 있는 외부가 없다. 신학적 견지에서 본다면, 그것은 신의 시선 앞에서의 '부끄러움'으로서 이해될 수 있을지도 모른다. 그러나 그러한 회귀——원리주의——가 불가능할 때 '인간이라는 사실에 대한 부끄러움'은 도대체 어떠한 감응일 수 있을까?

레비의 고찰을 '부끄러움'이 '죄'와 이미 결코 교환되지 않는 각도로 철저하게 끌어당길 때, 우리는 질 들뢰즈의 눈에 띄지 않지만 중요한 사유의 일면과 마주하게 된다. 들뢰즈와 '부끄러움'. 어딘가 궁합이 맞지 않는 듯이 보일지 모르지만, 그것은 단지 외견일 뿐이다. 그가 이 모티프를 언급한 것은 우리가 아는 한, 안토니오 네그리와의 대담「통제와 생성변화」가 최초이다. 『천의 고원』의 긍정적인 주조(主調)에 때때로 섞여드는 '비극적인 어조'에 대해 네그리가 지적하자, 들뢰즈는 이렇게 답한다.

당신은 이들 모두에 비극적인, 혹은 멜랑콜리한 성조가 없지 않다고 말했는데, 저는 그 이유를 알 것 같습니다. 저는 프리모 레비가 나치 수용소가 우리들 내부에 '인간이라는 사실에 대한 부끄러움'을 주입했다는 사실을 설명하는 모든 페이지마다 큰 충격을 받았습니다. 그는 말합니다. 그것은 사람들이 우리에게 믿게 하려고 하듯이 우리 모두가 나치즘에 책임이 있다는 것이 아니라, 우리가 나치즘에 의해 더럽혀졌다는 것입니다. 수용소에서 살아 돌아온 자들도 살아남기 위해서였지만 타협하지 않을 수 없었습니다. 나치와 같은 인간이 있다는 것에 대한 부끄러움, 그것을 막을 수 없었고 그 방도를 알지 못했다는 것에 대한 부끄러움, 타협해 버린 것에 대한 부끄러움, 이러한 것을 프리모 레비는 '회색지대'(gray zone)라고 부릅니다. 그리고 우리들 또한 이 인간이라는 사실에 대한 부끄러움을 극히 사소한 상황에서 느낄 때가 있습니다. …… 이것은 철학에서 가장 강

력한 모티프의 하나이며, 그래서 모든 철학을 명백하게 정치철학으로 만들어 버립니다.[24]

『안티오이디푸스』의 저자들은 『철학이란 무엇인가』에서 이 점으로 돌아가, 이 '인간이라는 사실에 대한 부끄러움'을 '건강하지 못한 죄책감'(une culpabilité malsaine)과 분명히 구별한다. 이런 점에서 그들에게 부끄러움이란 요컨대 니체적인 모티프라는 점을 알 수 있다. 그들은 다음과 같이 쓴다. "우리는 희생자에게 책임이 있는 것이 아니라, 희생자 앞에서 바로 그 앞에서 책임이 있다."(Nous ne sommes pas responsables des victimes, mais devant les victimes) 여기서 전치사 'devant'의 용법을 이해하는 건 쉽지 않다. 그러나 이 미묘한 말은 들뢰즈와 가타리의 사상과 정치적·역사적 투쟁이 접속하는 모습이 그 대목에 관련되어 있다고 할 수 있을 정도로 중요하다. 두 페이지 뒤에서, "글자를 못 읽는 사람들을 위해 쓰기──실어증환자를 위해 말하기, 머리가 없는 사람을 위해 생각하기"라는 아르토(Antonin Artaud)의 말이 인용되고 있다. 그리고 이 '~을 위하여'(pour)는 '~에 향해서'(à l'intention de)도 '~에 대신해'(à la place de)도 아니라, '~의 앞에서', '~의 전방에'(devant)라는 의미이다. 그것은 "생성변화의 문제인 것이다"라고 이야기된다. 그것은 사유하는 자가 '글자를 못 읽는 자', '실어증 환자', '머리가 없는 자'가 됨으로써 이들이 그 이외의 존재가 되는 이중의 생성변화이다. 이런 의미에서는 우리는 동물을 위해서 쓰고, 생각하기조차 한다. 이러한 생성변화만이 "현재

---

24) Gilles Deleuze, *Pourparlers 1972~1990*, Minuit, 1990, p. 233.

에 저항하며", "전력을 다해 미래를 부른다". 들뢰즈(와 가타리)가 인간주의의 극한인 '인간이라는 사실에 대한 부끄러움'에서 보려 했던 것은 원한(ressentiment)과는 이미 무관한 이러한 생성변화를 위한 기동력 바로 그것이었다.[25]

9.

물론 들뢰즈도 부끄러움을 단순히 긍정적인 감응이라고 간주하는 것은 아니다. 그는 부끄러움에 대한 저항, 부끄러움으로부터의 탈출에 대해서도 말한다. 그러나 어느 경우든 부끄러움이라는 감응의 단순히 부정적이지만은 않은 또 하나의 기능, 그 감응과는 다른 종류의 관계방식을 시사하고 있음에 틀림없다. 베네딕트와 들뢰즈 사이의 거의 기하학적이라고 할 대조로부터 우리는 무엇을 생각해야만 하는 것일까? '죄'와 '부끄러움'을 양립 불가능한 단절의 양상으로 포착한다는 점에서, 두 사람은 두 가지 양태를 인접한 양상으로 이해하려고 하는 사람들과 동일한 편에 위치하고 있다고 할 수 있다. 그러나 베네딕트의 도식이 막스 베버의 『프로테스탄티즘의 윤리와 자본주의 정신』, 그리고 정신분석의 오이디푸스 콤플렉스 이론을 평면화시켰던 근대주의, 서양 중심주의에 입각해서 '죄의 문화'의 우위를 단정하는 데 반해, 들뢰즈는 제2차 세계대전의 죄책을 둘러싼 담론에서 중요한 초점이 되는 '아우슈비츠'에서 이 도식을 확연히 전도시킨

---

25) Gilles Deleuze et Félix Guattari, *Qu'est-ce que la philosophie?*, Minuit, 1991, pp. 102~105.

다. 그렇다고 해서 죄책감이 아니라 부끄러움의 감응이야말로 생성변화를 기동시킨다고 할 때도, 그는 물론 어떠한 '부끄러움의 문화'를 찬양하고 있는 것은 아니다. '인간이라는 사실에 대한 부끄러움'은 정의상 어떤 고유문화의 속성도 될 수 없다. 그것은 '보편'적인, 굳이 말하자면 '보편'적인 것 이상의, '보편'성을 넘어선 무엇일 수밖에 없다. '죄의 문화'를 자랑하는 사람들에게도 '부끄러움의 문화'에 틀어 박혀 있는 사람들에게도 그것은 거북한 일이다. 정확히 그러한 한에서 이 감응은 미래에 속한다.

조금 전부터 우리는 감응이라는 말을 쓰고 있다. 그러나 현상학적인 접근에서는 셸러든 사르트르든, 부끄러움은 더구나 감응 일반은 인간적 의식구조로서 의미작용한다. 들뢰즈가 이해하는 '인간이라는 사실에 대한 부끄러움'은 필시 인간적 타자와의 관계성에 의해서 현상학적으로 기술되는 부끄러움의 경험 일반으로부터 무엇인가 변양(變樣)되어 도출될 수 있는 것은 아니다. 부끄러움을 감응으로서 사유할 필요성은 여기에 있다. 이미 알고 있듯이, 들뢰즈의 철학에서 감응이란 개념은 스피노자로부터 유래한다. 스피노자에게 감응(affectus)은 촉발(affectio)[26]과 다르고 촉발을 불러일으킨 외부체의 본성을 포함하는 것이 아니라, 촉발된 신체 내지 정신의 활동능력의 증대 혹은 감소와 관련된다.[27] 『철학이란 무엇인가』에서는 이 능력으로서의 감응이 한층 더 예리하고 새롭게 포착된다.

---

26) 원문은 변용(變容)이지만, 이는 affection 혹은 affectio의 일본어식 표현이므로, 여기서는 '촉발'이라는 한국어로 번역하였다. 감응(affect, affectus)이라는 번역어를 선택한 것에 대해서는 1장의 각주 1번을 참고.—옮긴이

27) Gilles Deleuze, *Spinoza, philosophie pratique*, Minuit, 1981, p. 69 sqq[질 들뢰즈, 『스피노자의 철학』, 박기순 옮김, 민음사, 2001].

따라서 감응적 변화란 두 가지 상태 사이의 양적 이행이 아니라 '인간이 인간이 아니게 되는'(devenir non humain de l'homme) 식의 생성변화이다.[28] 들뢰즈에 따르면 부끄러움은, 그 중에서도 특히 '인간이라는 사실에 대한 부끄러움'은 분명히 이런 [촉발이 일어나는] 감응 중 하나이다. 아니 그것은 어쩌면 수많은 감응 중 하나가 아니라, 감응 일반이 지닌 본질에 관련된 어떤 특수한 지위를 가진 감응이다. 이렇게 해석된 감응이 인간 공동체가 지닌 의미의 세계로부터 불가피하게 벗어날 수밖에 없는 벡터를 포함하고 있다면, '위대한 소설가들', '미지의, 혹은 오인되어 온 감응의 발명자들', 카프카, 프루스트, 멜빌, 로렌스, 그리고 장르를 초월해서 프랜시스 베이컨까지도, 들뢰즈는 부끄러움 혹은 그것에 근접한 감응을 발명한 자들의 계열로 보고 있었던 게 아닐까?[29]

우리 또한 부끄러움을 감응으로서 사유하는 입장을 선택한다. 그것은 우리들 관심의 초점의 하나인 내셔널리즘, 특히 그 동력(dynamism)을 분석하기 위해서 이 개념이 불가결하다. 부끄러움, 치욕, 굴욕 같은 감

---

28) Deleuze et Guattari, *Qu'est-ce que la philosophie?*, p. 163.
29) *Ibid.*, p. 165. 들뢰즈에겐 '부끄러움'이란 말을 표제로 쓴 논문이 단 하나 있다. 『비평과 진단』에 실린 T. E. 로렌스 론인 「수치와 영광」(La honte et la gloire: T. E. Lawrence)이 그것이다. 여기서 '부끄러움'이란 더욱 깊은 층위에서는 타자 관계에 선행하는 '성격'에 기인하는 것, '존재와 공통 실체적인'[불가분의] 것(consubstantielle à l'être)이 된다. "로렌스는 거짓말을 하고 있지 않다. 그리고 쾌락이 한창일 때조차 그는 아랍인에 대해서 온갖 부끄러움을 느낀다. 변장하고 있는 것, 그들의 비참을 나누어 가지고 있는 것, 그들을 지휘하는 것, 그들을 속이는 것에 대한 부끄러움. …… 그는 아랍인 앞에서 부끄러워하고, 아랍인을 위해서 부끄러워하고, 아랍인에 대해서 부끄러워한다. 그러나 로렌스는 부끄러움이라는 것을, 자기 속에서, 항상, 태어났을 때부터, 성격의 심층적 구성요소처럼 가지고 있었다.……" Gilles Deleuze, *Critique et clinique*, Minuit, 1993, p. 156[질 들뢰즈, 『비평과 진단』, 김현수 옮김, 인간사랑, 2000, 219쪽 참조].

응의 계열이 내셔널 어펙트(국민적 감응)라고 불릴 만한 것의 주요한 성분이기 때문이다. 그와 동시에 이러한 내셔널리즘의 '피안'도 오늘날 감응의 단순한 부정에 의해서 즉 이념의 레벨에서만이 아니라, 감응의 레벨에서도 탐구되고 추구되고 사유되어야 하기 때문이다. '인간이라는 사실에 대한 부끄러움'까지도 발견되어 버린 시대이기 때문에 비로소 감응이 '국민'과 '인간'의 외부로 동시에 표출될 가능성 또한 처음으로 그 틈새를 보여 주고 있는 것이 아닐까? 혹은 그런 예감이 점점 짙어지고 있는 것은 아닐까?

10.

이제 제3의 이론적 전망으로서 정신분석을 언급하려고 한다. 이 분야에서도 또한 부끄러움을 감응으로서 취급하는 입장이 시민권을 얻었던 것은 겨우 최근 수년 사이의 일임을 확인할 수 있다. 그러나 이 '내재적' 원인을 다루기 전에, 여기에도 어떤 역사적 컨텍스트에 따른 과잉결정을 참조할 필요가 있다. 세르주 티스롱은 그의 저서 『부끄러움: 어떤 사회적 연관에 대한 정신분석』을 이렇게 시작하고 있다.

이 책의 표지에 쓸 삽화를 찾아낼 필요성이 다가왔을 때, 나는 사랑이나 분노, 희망이나 회한이라는 얼마든지 도상학적 표상을 찾을 수 있지만, 부끄러움에 대한 것은 극히 드물다는 사실을 발견했다. 부끄러움은 자신을 말하지 않고 자신을 드러내지 않고 자신을 표상하지 않기 때문이다. 더욱이 부끄러움을 논한 저작도 별로 없다. 정신분석가들을 보면 그들의 입장 또한 애매함을 면하지 못한다. 정신분석가인 베텔하임(Bruno Bettelheim)과 라퍼포트(Louis J. Rappaport)는 그러한 현상을 쓸쓸하게 인정했다. 모두 수용소 체험자인 이 두 사람은 귀환 후 동료들에게 수용소 체험, 특히 그들이 경험한 굴욕과 부끄러움을 이해시키려고 했다. 그러나 당시의 정신분석가들에게 어떤 외상의 격렬한 효과는 항상 개인이 어떻게 그 최초의 심적 갈등을 완전히 해소하지 못하는가와 관련되었다. 다시 말해 프로이트 이래 '유아신경증의 핵심적 콤플렉스'라고 불려온 것과 결부되어 있었다. 따라서 베텔하임과 라퍼포트의 동료들에게 수용소 체험자가 경험했던 부끄러움이나 그들에게 강요된 굴욕의 중대성을, 그들이 수용소에서 받았던 신체적·심적 폭력과의 관계 속에서 이해하는 것은 불가능했다.

대략 반세기가 지난 오늘날에도 정신분석가들은 변함없이 부끄러움의 상황을 다룰 준비가 되지 않은 듯하다. 대독(對獨) 협력이 공공의 장에서 논의되기에 이르러서야 비로소 앞선 전쟁 중 자신들이 속한 단체의 오점이 된 부끄러워해야만 하는 상황을 검토하기 위해서 겨우 무거운 엉덩이를 들었다는 점이나, 또 알제리 전쟁 중 자신들의 태도에 대해서는 그것을 되물으려는 자세가 적어도 집단적 수준에서는 여전히 눈에 띄지 않는다는 점 등을 보면 알 수 있다.[30]

티스롱에 따르면 이러한 기묘한 '결락'(缺落)에는 세 가지 이유가 있다. 첫째로, 이 인용에도 암시되어 있듯이 성인이 부끄러움을 느끼게 된

---

30) Serge Tisseron, *La honte: psychanalyse d'un lien social*, Dunod, 1992, pp. 1~2.

케이스를 검토할 때, 정신분석은 프로이트 이래, 부끄러움을 느끼게 만든 상대를 유년기에 형성된 양친의 이마고(imago)와 동일시해 왔다는 점이다. 그러나 부끄러움의 상황은 극히 다양하며 반드시 가족 환경의 반복에 한정되지 않는다. 그러한 가족주의적 경향이 수용소에서 당한 폭력을 유년기의 외상으로 환원하려는 논리적 태만을 정신분석에게 허용해 왔던 것이다. 둘째로, 부끄러움은 무엇보다 감정이며 그것도 이름 붙이기 어려운 감정이어서, 피분석자의 부끄러움을 감지해 내고, 그 또는 그녀에게 그 감정을 말하도록 하기 위해서는 분석가 쪽의 특수한 감수성이 요구된다. 그러나 분석가 양성 과정에 이러한 감수성을 도입하는 것은 정신분석의 '언어론적 전회' 이후의 이론적 경향과는 공존하기 어렵다. 즉 담론의 분석에 집중한 나머지 피분석자의 감정 표출을 경시하고 감응에 독자적인 이론적 지위를 부여하지 않았던 그러한 경향과는 공존하기 어렵다.[31] 셋째로 정신분석은 베네딕트처럼 부끄러움을 죄에 대립시키기는커녕, 부끄러움의 감정과 죄책감을 그렇게 확실히 구별하지 않았다. 이 경향이 부끄러움의 고유한 구조를 분석하는 작업을 지체시켰다. 그러나 현재는 차츰 많은 분석가가 부끄러움이 인격의 해체를 불러일으키는 요인이며 죄책감보다 훨씬 더 가공할 만한 것이란 점을 인정하고 있다.

프로이트는 부끄러움의 발생을 항상 억압에 의해 설명한다. 처음에

---

31) 정신분석 이론에서 감응이 어떻게 위치하고 있는가에 대해서는 『살아 있는 담론』(André Green, *Le discours vivant*, PUF, 1973)을 참고해야만 한다. 이 문제를 둘러싼 그린과 라캉의 논쟁에 대해서는 다른 기회에 다시 논하고 싶다. 또한 라캉은 부끄러움을 항상 내셔널리즘과 관련시켜 고찰했고 '대상 a'로서의 시선과 결부시키고 있다. Jacques Lacan, *Les quatre concepts fondamentaux de la psychanalyse*, Seuil, 1973, p. 166 참조[자크 라캉, 『세미나 11: 정신분석의 네 가지 근본 개념』, 자크-알랭 밀레 편, 맹정현·이수련 옮김, 새물결, 2008 참조].

는 쾌락의 대상이었던 것이 억압을 받아 수치, 혐오, 부끄러움의 대상으로 전화된다. 항문기의 아이는 처음에 양친에게 과시하던 분변(糞便)을 숨기는 것을 배워야만 하고, 그것이 부끄러움의 기원이 되고, 신체상의 인접성에 의해 그 부끄러움이 성기에까지 미친다(「플리스에게 보낸 편지」, 1896년 1월 1일). 또한 분변과 성기를 둘러싼 최초의 경험에서 시각이 중요한 역할을 한다. 이때부터 부끄러움이 사건과 특권적인 관계를 맺게 된다. 원형적인 부끄러움이란 이처럼 신체와 그 욕망을 침입자의 시선으로부터 숨기는 것이다. 분변을 그리고 성기를 쾌락의 대상으로 하는 활동에 대한 양친의 금지는 이윽고 내면화되어 제2 국소론(局所論)에서 초자아라 불리게 되는 심적 심급을 형성한다. 프로이트는 초자아에 '도덕의식, 자기관찰, 이상의 형성'이라는 세 가지 기능이 있다고 봤다. 즉 자아이상을 초자아에 포함시킨다.[32] 창시자의 이러한 입장이 정신분석이 부끄러움을 죄로부터 충분히 구별하지 않았던 간접적인 원인이다. 그러나 현재는 자아이상을 초자아로부터 독립시켜 죄책감을 자아와 초자아의 갈등으로, 부끄러움을 자아와 자아이상의 불일치로 설명하는 사유방식이 지배적이다. 죄는 선악의 기준에 관련되는 데 반해, 부끄러움은 우열의 기준에 관련된다. 환언하자면 부끄러움은 나르시시즘과의 관련 속에 위치지어지게 된 것이다. 베네딕트는 죄를 초아자라는 '내적인 눈'에 대한 두려움에, 부끄러움을 타자의 '외적인 눈'에 대한 두려움에 결부시켰던 것이다. 그러나 그녀의 견해는 이 양자를 심적 장치 내부의 상이한 심급과의 관련 속에 위치짓는 현재 정신분석이론의 현상과는 양립될 수 없다.

---

32) Sigmund Freud, *Das Ich und das Es*, Internationaler Psychoanalytischer Verlag, 1923.

이러한 주류의 동향과는 별도로 정신분석이 부끄러움을 경시해 온 상술한 세 가지 원인을 극복한 다음, 새롭게 주목할 만한 귀중한 업적을 남긴 분석가 두 사람이 있다. 산도르 페렌치(Sándor Ferenczi)와 임레 헤르만(Imre Hermann)이다. 페렌치는 ①부끄러움의 원인이 되는 외상은 프로이트가 생각했던 것처럼 항상 성적인 것이 아니라, 성적인 것 이외에 폭력이나 병에 의해서도 발생할 수 있다는 것, ②인간은 자신의 부끄러움만을 느끼는 것이 아니라, 타자의 부끄러움도 느낀다는 점을 주장했다(「어른과 아이 사이의 언어혼동」, 1933). 또한 헤르만은 '매달림 본능'(l'instinct de cramponnement)이라는 독자적인 개념에 의해 부끄러움의 사회적 성격을 해명하려고 시도했다. 그에 따르면 인간은 몸에 난 털[體毛]의 상실에 따라 유인원과 구별되었다. 이것은 인간의 신생아가 어미에게 매달리는 손잡이를 상실한 것을 의미하며, 인간이 형성하는 사회적 끈은 이미 모두 이러한 상실된 끈의 대리물이다. 그러나 이 끈의 형성 배후에는 '매달림 본능'을 실현할 수 없는 신생아의 날카로운 불안이 잠재되어 있다. 그것은 질투, 부끄러움, 회한의 형태로 나타난다. 부끄러움은 "지배당했던 종속 상태이며, 거기에 포함되어 있는 속박 현상이 매달림을 통해 보호를 추구하는 것을 방해한다. 그것은 또한 사회적 불안이며 공동체에서 배제되는 것은 아닐까라는 공포이다"(『아이의 본능』, 1943).[33] 우리가 앞서 관심을 기울였던 부끄러움과 귀속의 관계란, 헤르만에 따르면 이 감응에 고유한 근원적인 '사회적 불안'이란 성격으로 설명된다. 가족, 민족 혹은 계급과 같은 집단, 상실한 어미의 대리물인 이들 집단에 대

---

33) Imre Hermann, *L'instinct filial*, Denoël, 1972.

한 귀속감이란, 뒤집어 보면 거기로부터의 배제, '매달리기'가 불가능해 진 사태에 대한 불안이다. 페렌치의 주장 중 ②, 즉 인간은 타자의 부끄러 움도 느낄 수 있다라는 구조도 역시 여기에 뿌리박고 있다. 티스롱은 이런 '사회적 불안'의 극한에, 피해자가 가해자의 부끄러움을 느낀다고 하는 수용소 경험, 즉 프리모 레비가 말하는 저 '인간이라는 사실에 대한 부끄 러움'을 위치짓고 있다.[34]

11.

이리하여 정신분석은 점차 부끄러움을 '사회적 감응'으로서 그 이론적· 실천적 과제의 중심에 위치시키고 있다. 티스롱은 부끄러움을 올바르게 다루기 위해 분석에서 고려해야 할 요소를 다섯 가지 들고 있다. ① 감응. 단지 부끄러움이 분노의 가면 하에 은폐되는 경우도 있고, 또한 부끄러움 이 증오를 숨기는 가면이 되는 경우도 있다. ② 이러한 부끄러움에 동반되 는 피분석자의 현재의 지각, 심상 및 그들의 기억 흔적. ③ 이런 부끄러움 에 대해서 피분석자가 자신에게 부여하고 있고 또는 경우에 따라서 언명 할 수 있는 언어표상. ④ 부끄러움이 동원하는 행동, 혹은 부끄러움으로부 터 탈출하기 위한 행동의 가능성. ⑤ 이들 네 가지 요소를 통합할 '정신분 석적 상징'.[35]

　이 마지막 개념은 니콜라 아브라함(Nicolas Abraham)의 것이다. 형

---

34) Tisseron, *La honte: psychanalyse d'un lien social*, p. 28.
35) *Ibid.*, p. 4.

가리 유대인인 아브라함은 또한 페렌치, 헤르만과 마찬가지로 수용소에서 살아 돌아온 사람이기도 하다. 우리가 관심을 기울이고 있는 부끄러움과 내셔널리즘의 관계에 관해서, 그(와 함께 마리아 토로크Maria Torok)가 '지하묘지'(crypte)라고 불렀던 구조는 많은 시사점을 제공해 준다. 내가 반응하는 부끄러움은 반드시 나 자신의 부끄러움만은 아니다. 그것은 또한 동시대의 다른 사람들의 부끄러움에 국한된 것도 아니다. 그것은 선행 세대의 부끄러움일 수도 있다. 그리고 세대를 넘어서, 누차 언어에 의한 전달을 거치지 않고 물려받게 되는 경우조차 있다. 그러한 부끄러움은 우리들 자신 속에 '생매장'되어 있다. 그런 부끄러움을 은폐하기 위해 사람들은 '부끄러움을 느끼지 못하게'(無恥) 되는 경우도 있을 수 있는 것이다.

나치즘, 스탈린주의, 미국 제국주의라는 20세기의 세 가지 파괴적인 이데올로기 운동을 지도자의 선민(選民) 환상과 그것의 대중적 분유(分有)라는 관점에서 분석했던 르네 마조르(René Major) 또한, 예기치 않게 부끄러움이란 모티프와 아브라함·토로크의 작업을 참조하게 된다. 예를 들면 제2차 세계대전 후 독일에서 일어난 전쟁 기억의 구성을 보자. 1985년 4월 21일 서독의 콜 수상은 예전에 수용소가 있었던 베르겐-벨젠(Bergen-Belsen)에서 독일의 역사적 책임을 확인하고, 독일이 세계 앞에서 느끼고 있는 '시효(時效) 없는 부끄러움'을 언급했다. 이러한 부끄러움의 고백이 왜 국가 지도자의 입에서 나오게 되었을까? 이제 우리는 마조르와 함께 그것이 자신의 부끄러움이 아니라 타인의 부끄러움이며, 선행 세대의 부끄러움이기 때문이라는 점을 이해할 수 있다. 예전의 독일인, 그리고 그들의 자아이상이었던 인물(히틀러)의 모습을 부끄럽다라고 공언하는 것을 통해서, 이 자아이상에 대한 동일화의 잔재를 단절시키는 지점,

바로 그것이 이런 언어행위가 노리는 과녁이었다.

　우리는 이제까지 서양에서도 제2차 세계대전 후에는 '죄'보다도 '부끄러움'을 축으로 사상이 전개되어 왔던 사정을 보아 왔다. 마조르의 작업은 좁은 의미의 정치적 담론에서, 그것도 콜과 같은 보수파의 담론 속에서조차, '부끄러움'을 적극적 계기로서 통합하려는 경향이 드러나고 있음을 보여 준다. 역사에 한 획을 그었다고도 형용할 수 있을 이런 변화 속에서, 베네딕트적 이분법은 이제 그 형식 그대로는 이론장치로서 통용되지 않고 있다. 우리를 불안하게 하는 것은 오히려 콜의 발언에 대적할 만한 공적 언어행위가, 1999년 오늘에 이르기까지 '부끄러움의 문화' 쪽인 일본에서는 오히려 전혀 보이지 않는다는 점이다. 그러기는커녕 종군 위안부 문제를 필두로 한 아시아 여러 나라로부터 새롭게 제기되는 전쟁책임에 대한 추궁에 대해서 표면적으로는 "부끄러움을 알지 못한다"고 말할 수밖에 없을 만한 부인(否認)의 담론이 공공 공간의 전역에 만연해 있다. 도대체 우리는 왜 이처럼 부끄러움을 느끼지 못하는(無恥) 상태에 빠진 것일까? 이 현상의 배후에 '부끄러움'은 어떻게 작동하고 있는 것일까? 마조르의 논의는 우리의 이후 작업을 위해서 몇 가지 유용한 시점을 제공해 준다.

　고백되는 부끄러움──사랑스러운 부끄러움──이 있고, 고백되지 않는 부끄러움──야심이 삼켜 버린 부끄러움──이 있다고 한다면, 고백 불가능한 부끄러움도 있다. 그것은 모든 의식(儀式)의 근원이 되는 더러움에 대한 부끄러움이고, 무력한 격앙을 만행(蠻行)의 맹목적 폭발로 변화시킬 정도의 선망에 대한 부끄러움이다.

부끄러워한다는 사실에 대한 부끄러움이 있고, 또한 부끄러워하지 않았던 사실에 대한 부끄러움이 있다. 모욕당하는 아버지 앞에서 느꼈던 감정을 자식은 부끄러워할 수밖에 없다. 우리가 부끄러워하는 것을 방해하는 정념의 맹목을 인정하는 것이 불가능했었음을, 우리는 부끄러워할 수밖에 없다. 우리의 이상이 그런 소외의 영역을 벗어났을 때, 이런 부끄러움은 여지없이 드러난다. 공산주의자라면 스탈린을 부끄러워하지 않았다는 것에 대해 부끄러워한다. 하이데거주의자라면 하이데거가 히틀러를 부끄러워하지 않았던 것에 대해 부끄러워한다. 정신분석가라면 독일의 정신분석가들이 국가사회주의 체제에 연루되었다는 사실에 대해 부끄러워한다. 어떤 경우에건 문제는 분명히 죄책감이 아니라 사상의 공동체에 결합하는 굴레의 단절이며, 구성원 상호 간의 집단적 자아이상의 레벨에서, **그들을 통합하는 대문자 이름의 미명 아래**(au nom du Nom qui les réunit) 이루어져 왔던 동일화의 단절이다.[36]

우드로 윌슨이든 스탈린이든 히틀러이든, 자신이 선택된 인물이고 구세주라는 환상에 빠졌던 인물은, 자신이 타자로부터 보여지고 있다는 것은 더 이상 보지 않는다. 그리고 그들 대부분은 이 환상을 품은 채 죽어간다. 그러므로 부끄러운 것은 늘 그들의 가족, 측근, 그들을 숭배했던 동시대인, 후세대인이다. 그런데 그런 부끄러움이 언제 어떻게 나타나는가, 혹은 나타나지 않고 의식되지 않은 채 작동을 계속하는가는 일정한 역사적 조건에 의해서 규정되기도 한다. 일본도 분명히 반세기 전까지, 의심할

---

36) René Major, *De l'élection*, Aubier, 1986, pp. 162~163.

바 없는 선민 이데올로기인 '신국사상'(神國思想)에 의해 지배되어 왔다. 패전과 전후 헌법에서 이런 이데올로기는 표면상으로는 부정되었다. 그러나 일찍이 이런 '사상의 공동체'에 속하고 있었던 사실에 대한 부끄러움은 개인의 사상 형성에서는 누차 강력한 동인이 되었다고 하더라도, 그것이 사회화되어 공적으로 승인된 것은 결코 아니었다. 이 과정이 개시되는 것을 방해한 주요한(유일한 것이 아니라) 요인은 아시아·태평양 전쟁의 최고 책임자이자 그 이름 아래 전쟁이 수행된 당사자인 쇼와 천황 히로히토가 1989년까지, 즉 거의 냉전 기간 내내 상징천황으로서 살아남았던 데 있다. 그것도 단지 헌법상 지위의 변경과 '현인신'(現人神)으로서의 성격 부정을 받아들이는 것만으로 말이다. 때문에 이 나라에서는 패전에도 불구하고, '정당한' 상(喪)을 치르는 일은 시동(始動)되지 않았다. 그리고 마조르가 분석했던 것과 같은 포스트 군주제 시기의 여러 사례와 달리, 만세일계(萬世一系)의 신화를 공적으로 부인하지 않은 채 차기 세대로 이어졌던 천황제 아래에서는, 당사자인 천황의 죽음조차 곧 "이상(理想)이 그런 소외의 영역을 벗어나는" 것을 의미할 수 없었다.

이러한 역사적 규정 하에서 일본 민중의 부끄러움은 우선 패전 시에 천황에 대한(그 가치에 걸맞는 작업이 불가능했다라는 것에 대한) 부끄러움으로 나타나고, 이어서 비합리적인 전쟁 이데올로기를 믿었던 것에 대한 ('1억총참회'적인) 부끄러움으로 바뀐다. 이 두번째 부끄러움은 본질적으로 승자 서양, 특히 미국의 시선 앞에서의 부끄러움이며, 『국화와 칼』은 이 감응 속에서 수용되었다고 말해도 좋다. 그러나 일본인은 지금까지도 공공연하게 천황을 부끄럽게 여기는 일은 없었다. 천황 자신은 겨우 선조 앞에서 계승된 국토를 황폐하게 한 것을 부끄러워했다고 하지만, 일본

'국민'이나 특히 타국의 전쟁 희생자 앞에서 자신을 부끄러워했다는 흔적은 없다. 이렇게 해서 천황 자신의 개인적 부끄러움을 느끼고 사유하고 논하는 것은, 개인적인 차원[37]을 넘는 공적 수준에서는 계속해서 일본의 사회적·역사적 상상력 테두리 밖에 남겨졌다. 즉 그것은 '고백 불가능한 부끄러움'이었던 것이다. 천황을 바보로 만드는 것, 천황을 무시하는 것, 그런 행동들에 대해 무관심해지는 것은 불가능하지만, 그것은 부끄러움의 부인 형태에 지나지 않는다. 히로히토의 죽음, 냉전의 종언, 아시아 여러 국가들의 민주화와 함께 1990년대 처음 아시아·태평양 전쟁의 희생자들로부터 사죄와 보상에 대한 요구가 직접 일본 국가에 제기되었을 때, '보이는 것을 보지 않고' 지내는 것은 더 이상 불가능해졌다. 아시아에 사는 타자의 시선 앞에서, 새로운 부끄러움의 경험이 시작되었다. 그리고 현재 이러한 부끄러움은 전쟁책임을 명확하게 하기 위한 여러 가지 새로운 활동의 원동력이 되는 것과 동시에, 다른 한편으로는 '부당한 치욕', '국치'(國恥)라는 코드로 변화되어 역사 수정주의적인 우파 담론의 구동력으로서도 작동하고 있다. 이러한 천황제의 역사적 규정성, 그 중에서도 특히 전쟁의 사회적 기억을 규제하고 구조화하는 그런 기능을 정확하게 파악하기 위해서는, 다음과 같은 마조르의 분석을 역사적·문화적 조건의 차이에 유의하면서 능동적으로 변화시킬 필요가 있을 것이다.

---

37) 개인의 레벨에서도 천황에 대한 부정적 감응의 필두는 부끄러움이 아니라 옛 일본 군인이 품을 법한 증오였다. 문학자 사이에서도 '천황의 부끄러움'이라는 물음에 접할 수 있었던 것은 나카노 시게하루(中野重治, 『다섯 잔의 술』五勺の酒)와 미시마 유키오(三島由紀夫, 『영령의 소리』英靈の聲)뿐이었던 듯하다.

현실적으로 자아이상은 특히 의사(疑似) 미끼 같은 심급이다. 그것은 추하고 역겹고 꺼림직한 것을 아름다움이나 고귀함, 또는 영광의 가면을 통해 나타낸다. 그것은 기만을, 즉 부끄러움으로 막다른 골목까지 몰려, 자기를 감시하는 시선을 속이기 위해 끝없이 의상을 갈아입는 주체의 상상적 동일화들을 덮는다. 궁극적인 기만은 누구든 자신이 갖지 못한 것 때문에 자신을 사랑하게 만들 수 있거나 두렵게 만들 수 있는 것이 아버지 신으로부터 부여받은 사명을 띠고 있기 때문이라고 믿게 하는 것이다. 어머니가 남근적 야심을 실현하기 위해 선택되어, 어머니 같은 조국의 사람들 속에서 자기를 연장하는 '위대한 인물'은 오류가 없다는 신적 확신의 가면을 쓰고 걸어 나온다. 그리고 그 '사명'이 그에게 부여하는 절대적 신뢰 때문에 그는 어떤 양심의 가책에서도 해방된다. 도대체 누가 이 나약하고 가련한 형상에, 윌슨, 스탈린 혹은 히틀러에 의해 다양한 형태로 체현된 형상에 정말로 속아 버리고 이용당한단 말인가? 몇백만이나 되는 사람들이다. 그것은 그 말 그대로이지만, 그들이 스스로를 동일화하는 것은 누군가가 둘러싸고 어르고 달래주고 응석을 받아 주고 안심시켜 주고 지켜 주어야 할 필요가 있는 그런 하잘것없는 인물들은 아니다. 그들이 어떤 형상에 동일화하려고 한다면, 그것은 오히려 무죄라는 환상 속에서 그 인물의 부끄러움을 완전히 가시게 해주리라고 안심시키는 약속을 끝내 자신의 신체에서 수행하고 있다고 상상하는 어머니의 형상이지 않을까.[38]

---

38) Major, *De l'élection*, pp. 166~167. 단지 마조르는 그의 이론에서 감응을 적극적으로 위치시키지 않은 듯하다. 『살아 있는 담론』(*Le discours vivant*)을 발표할 당시의 그린에 대한 마조르의 비판과 그린의 반론은 Green, *Le discours vivant*, pp. 344~346에 언급되어 있다.

신 내지 신의 아들과 동일화된 타자의 부끄러움을 덮고 은폐할 필요
가 이 부끄러움을 '먹는다', '삼킨다'는 환상을 불러일으킨다. 아브라함과
토로크가 '체내화'(體內化)라고 부르는 이러한 환상이 형성되는 것은, 사
랑의 대상(인물, 공동체, 사상)이 상실된다는 사실을 인정하길 거부할 때
이다. 즉 상실된 대상에 투사되어 있던 자신의 일부를 자기 속으로 회수하
고, 그것에 의해 마음의 국소론적 구조를 수정해 가는 고통에 가득찬 과
정, 요컨대 애도의 작업이 회피될 때이다. 이러한 사태는 상실이 돌연 찾
아올 때, 더구나 그 상실이 대상의 부끄러움에 기인하기 때문에 전달 불가
능한 경우에 일어난다. 말은 그 발생부터 유아기의 구강 내 공허를 환상적
으로 충족시키며, 그 의미에서 음식물의 은유다. 그러나 상실이라는 사실
자체가 부인되고, 대상을 은유적으로 먹을 수 없을 때, 즉 자아에 받아들
여지지 않을 때, 이 관계는 반전되고, 언어는 원래 뜻 그대로 음식물로서
개체화된다. 그리고 이 원래적 의미로 환원된 음식물의 섭취나 배설에 얽
혀 있는 표현이 '지하묘지'에 대상을 보존하는 자에 의해, 대상에서 부끄
러움을 제거하려고 하는 자를 따돌리기 위해서 이용된다. 음식물로서의
말을 공공연히 혹은 은밀히 탈은유화하고 원래 의미로 받아들이는 것을
통해, 그 혹은 그녀는 부끄러움의 효과를 지우려고 하는 것이다.[39] 전후 일
본의 정치적 담론에서는 여러 차례 보란듯이 '무치'(無恥)를 과시하는 것
이 관찰된다. 그것은 누구의 어떤 부끄러움을 액막음하려는 것일까? 또한
일본 정치가들이 하는 사죄의 담론에서 전혀 '부끄러움'의 감응이 느껴지

---

39) Nicolas Abraham et Maria Torok, "Deuil ou mélancolie", *L'écorce et le noyau*, Aubier-
    Flammarion, 1978, pp. 259~275 참조.

지 않는 것은 왜일까? 근래 네오내셔널리즘의 담론에서 보이는, 거의 노출증에 가까운 '무치'도 이처럼 다른 시기, 다른 타입의 담론과의 관련 속에 놓고 분석할 필요가 있을 것이다.

12.

'부끄러움'을 논하는 것은 어렵다. 이미 살펴본 것처럼, '부끄러움' 그 자체가 은폐되길 원하기 때문이다. '부끄러움'을 백주 대낮에 끌고 나오는 것은 정신분석에 대한 집요한 저항이 말해 주는 것처럼, 그 자체로 부끄러워해야만 할 행위로 간주될 것이다. 그리고 정신분석 자체가 나 자신에게 저항하듯이, 부끄러움이라는 주제에 대한 검토에 소극적이었던 사정 또한 우리는 보았다. 그러나 또한 '부끄러움'이라는 말이 분석의 어휘에서 공격의 어휘로 쉽사리 미끄러지는 말 중 하나인 것도 곤란함의 일부일 것이다. 이런 점에서도 또한 '부끄러움'을 다루는 것은 신중해야만 한다. '부끄러움'을 논하는 것은 여러 가지 의미에서 논자 자신을 시련에 걸려들게 하고, 그 또는 그녀가 자신의 부끄러움과 마주하는 방식으로 반사된다.

　그러나 여태까지 우리는 갖은 어려움을 헤치고 드디어 '부끄러움'을 논하지 않을 수 없는 [이유, 그것도] 최선의 가능성과 최악의 가능성이 동거하고 있는 가장 번기로운 '사회적 감응'으로서의 '부끄러움'을 고려하지 않고서는 사회적 굴레의 분석을 이 이상 진전시킬 수 없다고 생각하는 이유를 명백하게 하려고 해왔다. "젊은이들에게는 이제 더 이상은 부끄러움이 없다"라는 저 부끄러움을 둘러싼 영원의 묵시론적 어조에도 불구하고, 그리고 "바야흐로 이제야말로 전통적인 부끄러움의 규범으로 돌아가야 한다"라는 최근의 원리주의적 어조에 대항해서, 우리는 정보기술의 발전, 시장 경제의 관철, 생의 모든 영역이 정치화된 결과 공적 영역과 사적 영역, 내셔널리즘과 글로벌리즘의 경계가 격렬하게(drastic) 붕괴되고 있는 지금이야말로 '보편'적인, 혹 성 규모의 '부끄러움' 시대의 시작이라고 생각한다.

분석의 영역은 광대하다. 우선 말할 수 있는 부끄러움의 레벨에서도 ① 각 고유 언어에서의 '부끄러움'이라는 말을 포함한 관용의 함의, 특히 성(gender)·연령 등에 의한 이중 기준의 분석, ② 공적인 부끄러움[公恥]/사적인 부끄러움[私恥]의 구별 (불)가능성의 조건과 다양한 결합 양태의 분석, ③ 정치 언설에서 '부끄러움'에 관련된 어휘 기능의 분석 등이 필요할 것이다. 또한 의식되고는 있지만 말해지지 않는, 혹은 말할 수 없는 부끄러움에도 상상 이상으로 다양한 동기와 형태가 있을 수 있을 것이다. 그리고 무의식적인 부끄러움에 대한 분석은, 우리가 보았듯이 정신분석 분야에서도 이제 막 시작되었을 뿐이다.

그렇지만 학제적으로밖에 할 수 없는 이러한 공동연구는, 동시에 어떤 이중의 근원적인 물음으로 늘 불안에 떨지 않을 수 없다. 감응은 존재론에 속하는 것일까, 객관화 가능한 존재로서 과학의 대상이 될 수 있을까라는 물음, 그리고 감응은, 그 중에서도 특히 부끄러움의 감응은 인간에게 고유한 특성인 것일까라는 물음이 그것이다. 예를 들면 우리가 이제껏 해왔던 것처럼 감응에 이름을, 예를 들어 '부끄러움'이라는 이름을 부여할 때, 이름을 부여함으로써 감응을 어떤 단수의 감응으로 객관화할 때, 그 근원적 다수성(多數性)[40]을 환원시킬 때, 우리는 무엇을 하고 있는 것일까? 정말 이러한 행위[所作]에 의해 우리는 감응을 '인간'화하기 시작하고 있는 것은 아닐까? 부끄러움이 오늘날 인간주의의 극한으로 사유되어야만 하는 필연성에 대해, 우리는 들뢰즈 사상의 어떤 계기를 통해서 검토했다. 그것은 또한 최근 데리다의 작업에서 전제가 되는 인식이기도 하다. 그는 자신의 동물론을 다음과 같은 경험 이야기로 시작하고 있다.

유사 이래 동물이 우리를 보고 있다고 말할 수 있을까?

어떤 동물? 다른 동물이.

종종 나는, 이 나는, 시험 삼아 자문해 보는 것이다. 나는 누구인가——그것도 어떤 동물의 시선으로, 예를 들면 한 마리 고양이의 눈으로, 침묵 속에서, 벌거벗은 채로 불시에 기습을 당했을 때, 어떤 거북함을 극복하기 위해 고역을, 그래, 고역을 치르고 있는 순간의 나는 누구인가? 라고.

왜 이런 고역을 치러야 하지?

나는 어떤 부끄러움의 운동을 억누르는 데 고역을 치른다. 내 속의 무례함에 대한 항의의 목소리를 침묵시키기 위해 고역을 치른다. …… 마치 나는, 그때, 고양이 앞에서 벌거벗은 채 부끄러워하고 있는 듯하다. 그러나 또한 부끄러워하고 있다는 사실을 부끄러워하고 있는 듯하다. 부끄러움의 반사, 내 자신을 부끄러워하는 부끄러움의 거울, 거울상인 동시에

---

40) 티스통도 자신의 저서 마지막 부분에서 이 점에 대해 주의를 환기하고 있다. "마지막으로 부끄러움의 기원에 있는 상황의 복잡성을 생각한다면, 어떤 부끄러움의 감정도 **아프리오리**(a priori)**에는 아무런 의미도 없다**고 상정할 수밖에 없다고 우리는 생각한다. 그 원인에 대해서도 그 기제에 대해서도 그 귀결에 대해서도. …… 따라서 '단수형'으로 부끄러움을 말하는 것이 아니라 오히려 항상 '복수형'으로 부끄러움(hontes)을 말해야 하며, 혹은 아예 '죄의 모든 감정'(sentiments de culpabilité)이 이야기되듯이 '부끄러움의 모든 감정'(sentiments de hountes)이라고 말해져야 할 것이다."(Tisseron, *La bonte: psychanalyse d'un lien social*, p. 182. 강조는 원저자)

정당화할 수 없고 고백 불가능한 듯한 부끄러움의 [거울]. 이런 반사의 시각적 중심에서 '사물'(la chose)[41]이 발견될 것이다——그리고 나의 눈에는 벗었다고 불려지는 저 비할 수 없는 경험의 초점이. 그리고 이런 경험은 인간에게 고유한 것이라고 믿고 있다. 즉 동물들과는 무관하다고. 그때 사람은, 동물은 발가벗었다. 그리고 그 점을 조금도 의식하지 않는다고 생각하고 있다.(「나는 동물을 쫓는다, 고로 나는 존재한다/나는 동물이 된다」)[42]

이리하여 우리는 다시금 동물 앞에 있다. 이 '고양이'에게는 눈이 있다. 시선이 있다. 우리를 응시하고 있다. 그것이 인간적 타자의 시선은 아니라고 해도. 그것에 대해서 (이 글 맨앞의) 「시란 무엇인가」의 '고슴도치'는 스스로 맹목이 되었다. 그렇지만 저 '고슴도치'는 우리를 응시하고 있지 않다고 말할 수 있을까? 눈이 없기 때문에 시선도 없다고? 이보다 더 불확실한 것은 없다. 오히려 그것은 더할 나위 없이 조심성이 많고 동시에 벌거벗은 듯한 생의 형상으로서, 보지 않는 것을 통해 보고 있는 것은 아닐까? 자신의 부끄러움을 반사함으로써 우리를 응시하고 있는 것은 아닐까? 그리고 그렇게 함으로써 다시 한번 시의 알레고리인 것은 아닐까?

시는 도래한다. 타자로부터. 늘.

---

41) 영어로는 'this thing'으로 번역되어 있다. 영어 번역본은 다음을 참고했다. Jacques Derrida, *The animal that therefore I am*, ed. Marrie-Louise Mallet, trans. David Wills, Fordham University press, 2008.

42) Jacques Derrida, "L'animal que donc je suis (à suivre)", *L'animal autobiographique*, Galilée, 1999, pp. 253~254[Jacques Derrida, *L'animal que donc je suis*, ed. Marie-Louise Mallet, Galilee, 2006].

부끄러움과 그 부끄러움을 수줍어하는 감각은 밖에서 보이는 것처럼 부정적인 이미지만을 갖는 건 아니다. 부끄러움이라는 것은 자신의 내부에 그 비밀스러움, 내밀함을 부둥켜안음으로써, 반대로 살아가는 생의 의미를 느끼는, 그러한 유일하고 최종적으로 남아 있는 절박한 극한의 '장'이다. 그런 공간을 빼앗는 어떠한 사상이나 원리 혹은 이데올로기 같은 것도 있어서는 안 되며 있을 수도 없다.(이정화, 『중얼거림의 정치사상』)[43]

'수줍어하는'(はにかむ) 것은 '수줍어하고 싶어 하는 것', '수줍은 듯한 내색을 하는 것'이다.[44] 요컨대 그것은 '부끄러워하는 것'(恥じること)의 유의어, 파생어, 부끄러움을 표출하는 하나의 양태이다. "수줍어 눈을 맞추지 못하게 된다든가"(모리 오가이, 『기러기』), "그래그래, 그 수줍어하는 미소, 그게 장래성 있는 예술가 특유의 표정인 거야"(다자이 오사무, 『인간 실격』), "허락을 받았다면 식을 올려도 좋겠지. 하쓰에는 대답 없이 수줍어하면서 웃었다"(미시마 유키오, 『파도 소리』).[45] 근대 일본문학의 대표적 작품에서 뽑아낸 사전의 이 예문들은 '일본문화'의 '내부'에서 이 말의 전형적인 용법을 가르쳐 준다. 그러나 우리가 아는 한 이 말은 '부끄러움'을 경험하는 소용돌이 속으로, 다시 말해 그것에 본질적으로 있는 정지할 수 없는 반사운동 속에 내던져진 적은 일찍이 없었다.

---

43) 李靜和, 『つぶやきの政治思想―求められるまなざし・かなしみへの, そして秘められたものへの』, 青土社, 1998.
44) 金田一春彦・池田彌三郎 編, 『学研国語大辞典』(第二版), 学習研究社, 1988.
45) 森鴎外, 『雁』(『スバル』, 1911年 9月~1913年 5月). 太宰治, 『人間失格』, 筑摩書房, 1948. 三島由紀夫, 『潮騒』, 1953~1954.

'수줍어하다'가 '부끄러워하다'의 유의어라곤 해도, '부끄러움을 수줍어하는' 일은 '부끄러움을 부끄러워하는' 것과는 매우 이질적인, 거의 반대의 몸짓이다. '수줍어하는 것'은 '부끄러움'을 '받아들이는 것'도, '극복'하는 것도 아니다. 그것은 '부끄러움'을 긍정하는, 바로 그것을 통해 '부끄러움'에 저항한다. 이 표현을 아니, 오히려 이 감응을 발명했던 여성에게, 삶[生]이라는 것은 그렇게밖에 말할 수 없는 무엇이었다. 그것을 그녀는 일찍이 일본군 위안부로서, 성노예로서의 삶을 강요당한 조선의 할머니들, 반세기의 시간을 지나면서 나서서 증언한 여성들의 표정에서 발견했던 것이다.

　　"부끄러움을 수줍어한다." 일본어라고 불리는 고유언어에 도래한 이 시적 사건(événement poématique)은, 그러나 일본어가 모어이고 일본어로 학교 교육을 받았던 자들에게는 도래하지 않았다.[46] 그것은 아마도 불가능했을 것이다. 이 표현의 번역 불가능성은 따라서 더 이상은 일본이라고 자기를 부르는 문화의 고유성에 속하지 않는다. 부끄러움에 대한 사유에, 번역의 경험에, 그리고 '흔적'(Traces)을 위한 말들에 혹시 '고유의 장소'가 있을 수 있다면, 그것은 이제 더 이상 고유언어와 고유문화가 겹쳐지지 않는, 바로 이러한 '장소'일 수밖에 없다.

---

46) 정치사회학자 이정화(李靜和)는 1988년 일본에 왔다. 모어는 한국어이며 일본어는 일본에 온 뒤에 습득했다.

3_콜로니얼리즘과 모더니티

무엇이 일어난 것일까? 무엇이 계속해서 일어나고 있는 것일까? **그것**은 언제 시작된 것일까? 언제 끝난 것일까? 아니면 끝나지 않은 것일까?

이 '그것'에 콜로니얼리즘(colonialism)과 모더니티(modernity)를 각각 대입해 보면, 우리들의 마음에 어떤 감정이 생기고, 어떤 상념[思念]이 떠오를까? 그리고 그 각각의 경우에 우리들의 마음속에 생기는 감정, 떠오르는 상념은 어떻게 겹쳐지고 어떻게 빗나가는 것일까?

그러나 여기서 '우리들'이란 누구인가?

이때 마음에 생기는 감정, 머리에 떠오르는 상념, 그 내용, 그 질, 그 강도, 감정들끼리 상념들끼리 겹쳐지는 방식, 그리고 빗나가는 방식 그 자체가 오히려 '내'가 누구인가를 알려 주는 것은 아닐까? 이러한 검증을 거치지 않고서는 여기에서는 그 누구도, 어떤 앎[知]도 불가능하지 않을까? 무엇보다 자기 자신에 대한 앎을 손에 넣는 것은 불가능하지 않을까?

포스트콜로니얼리즘이라고 불리는 학문('studies')은 많은 경우 무의식적으로 언제나 이러한 물음의 주변을 돌고 있다. 계속해서 그 주변을 돌고 있기 때문인 것일까? 학문으로서의 생산성을 유지할 수 없는 숙명을 짊어지고 있다고도 말할 수 있다. 왜냐면 콜로니얼리즘과 모더니티란 처음과 끝을 확정할 수 있거나 대상화할 수 있는 '시대'라고 보긴 어렵기 때문이다. 그보다는 본성상 끝나는 것이 금지된 사상, 강한 의미에서 '사건'이라고 불리기에 적합한 사상이다.

둘이면서 하나인 이 '사건'도 모든 사건과 마찬가지로 고유하다. 그것은 우선——그리고 아마도 영원히——하나의 고유명으로 연결되어 있다. 그 고유명이란 물론 유럽이라는 이름이다. 즉 겉보기와는 달리, 콜로니얼리즘과 모더니티라는 단어도 **완전히** 보통명사인 것은 아니다. 다시 말해 완벽하게는 번역 불가능하다. 예를 들면 이 두 가지 라틴어계 언어는 일본에서 '식민지주의'와 '근대'라고 번역되었다. 그러나 번역된 뒤에도 여전히 잠재적 의미의 축적이 남아 있다. 거기에는 유럽이라는 것의 수수께끼가 잠재되어 있는 것은 아닐까? 즉 유럽이라는 그 비동일적인 동일성이, 비동일적인 것을 동일성으로 하는 그 자체가, '본질'이 아닌 것을 본질로 하는 '본질'이 잠재되어 있는 것은 아닐까?

그것은 유럽이라는 이름을 둘러싸고 일어나는 모든 이미지를 떠나, 반복해서 질문해야 할 물음이다. 혹은 세계의 어디에서 무엇을 물어야 하는가라는 모든 질문 속에 항상 그림자처럼 따라다니고 늘 머릿속에서 떠나지 않는 질문인 것이다. 이 질문에 응답하려는 것, 최소한 이 물음의 필연성을 승낙한다는 것은 결코 '유럽인'만의 로컬한 관심이 아니다. 더구나 그 자체가 유럽 중심주의적인 행동인 것도 아니다. 이 물음을 동시에 묻지 않고서 어떻게 콜로니얼리즘을 사유할 수 있을까? 예컨대 50년 전 어떤 비유럽의 국민국가에서 좌절한 근대 경험의 원인을 손끝으로 더듬어 갔던 한 사람의 문학자, 그가 지녔던 사유의 지평에도 이미 이 물음이 있었다. 다케우치 요시미(竹內好)는 다음과 같이 쓰고 있다.

유럽이 동양을 침입했던 것은 자본의 의지에 의한 것일까, 투기적인 모험심에 의한 것일까, 청교도적인 개척 정신에 의한 것일까, 혹은 뭔가 좀더 특별한 자기 확장의 본능에 의한 것일까? 우리는 알 수 없다. 그러나 어쨌든 유럽에는 그 욕망을 지탱하고 동양을 필연적으로 침입하도록 만든 근원적인 무엇이 있었음에 확실하다. 틀림없이 그것은 '근대'라고 불리는 것의 깊은 본질과 관련되어 있다고 생각한다. 근대라는 것은 유럽이 봉건적인 것으로부터 자기를 해방하는 과정(생산 면으로 말하자면 자유로운 자본의 발생이며, 인간으로 말하자면 독립되고 평등한 개인으로서의 인격 성립이다) 속에서, 그 봉건적인 것과 구별된 자기를 자기로서 역사 속에서 조망했던 자기 인식이었다. 애초에 유럽이 가능했던 것은 그러한 역사에 의해서였다고 할 수 있으며, 또한 그러한 역사 자체가 가능했던 것은 그러한 유럽에 의해서였다고도 말할 수 있으리라. 역사는 공허한 시간의 형식은 아니다. 자기를 자기답게 하기 위해 어려움과 싸우는 무한한 순간이 없다면, 자기를 잃고 역사도 잃을 것이다. 유럽이 단지 유럽인 채로 있는 것은 유럽으로 있는 것이 아니다. 부단히 자기를 갱신하는 긴장에 의해서 그는 다행히노 자기를 보존하고 있다고 할 수 있기 때문이다. 역사상의 모든 사실이 그것을 알려 주고 있다.(「중국의 근대와 일본의 근대」, 1948)[1]

---

1) 竹內好, 『日本とアジア』, ちくま学芸文庫, 1993, 12~13쪽[다케우치 요시미, 『일본과 아시아』, 소명출판, 2004 참조].

제목이 보여 주는 것처럼 이 글의 주제는 중국의 근대와 일본의 근대가 지닌 질적 차이를 제시하는 것이다. 그 경우 유럽에 대한 태도 즉 '저항'의 유무(有無)가 평가기준이 된다. 이 시기의 다케우치 요시미는 아직 중국과 일본을 포함한 비서양 세계를 '아시아'라고 부르지 않는다. '동양'이라고 부른다. 그리고 어떤 문명사적인 관점에서 유럽에 대한 '동양'의 '저항'과 '패배'의 필연성을 표현한다. 이에 따라 그는 역사적 필연으로서 있어야만 할 '저항'의 자세를 루쉰에게서, 또한 루쉰을 통해 중국에 투시(透視)하려고 했던 것이다. '동양'이 진실로 '근대'에 도달하기 위해서는 '꿈에서 깨어나도 가야 할 길이 없다는 것'을 자각한 '저항'을 거치는 것 이외에 다른 길이 없다. 물론 그 전망은 당시 다케우치가 파악했던 일본의 상태를 역으로 비춰 보여주기 위해 요청되었던 것이다. 그 일본의 상태란 이런 '저항'을 거치지 않고 근대화의 길을 계속해서 달려 '8·15'라는 파국을 맞이하고, 그랬음에도 여전히 '저항'이 없었기 때문에 '패배'라는 사실도 깊게 파고들 수 없었던 그런 상태이다.

일본은 근대의 전환점에서 유럽에 대한 결정적인 열등의식을 가졌다(그것은 일본문화의 우수성에 의해서 그렇게 되었던 것이다). 그 이후 맹렬하게 유럽을 쫓아가기 시작했다. 자신이 유럽이 되는 것, 유럽보다 더 훌륭하게 유럽이 되는 것이 탈각(脫却)의 길이라고 믿어 버렸다. 즉 자신이 노예의 주인이 됨으로써 노예로부터 벗어나려고 했다. 온갖 해방의 환상이 그 운동의 방향성에서 생기고 있다. 그래서 오늘날에는 해방운동 그 자체가 노예적 성격을 벗어날 수 없을 정도로 노예근성이 깊이 배어들고 말았다.[2]

장기간 대규모의 식민지 지배를 실시했던 세계사상 최초의 비유럽 국민국가인 일본. 그 일본의 한 지식인이 식민지 제국이 붕괴하기 직전에 기록한 이 말은 그후의 시대에 일어났던 수많은 사건들을 볼 때, 현재의 콜로니얼리즘과 모더니티의 상호규정성을 둘러싼 물음에 무언가 빛을 던져 주는 게 아닐까? 특히 그 중에서도 유럽의 식민지였던 아시아, 아프리카, 라틴아메리카 지역에서 전개되었던 독립 없는 혁명투쟁과 그후의 곤경에 처했던 각각의 모습에 비추어 볼 때 더욱 그렇다. 나는 이 글에서 일본 및 동아시아 근대라는 구체적인(그러나 한정된) 컨텍스트 속에서 많이 논의되고 있는 다케우치의 이 텍스트를 콜로니얼리즘과 모더니티라는 일반적인 물음 속으로 던져 넣어 보고 싶다. 그리고 극히 예비적인 고찰을 위해 앞서 든 인용에서 두 가지 지표를 채택하려고 한다. 한 가지는 처음 언급했던 텍스트에서 나타난 '유럽 파악의 성격'이며, 또 한 가지는 '주인'과 '노예'라는('자기', '주체' 등 그 외의 개념과 구조적으로 연관되어 있다) 대개념(對槪念)의 기능이다. 제1절에서는 전자의 지표[유럽 파악의 성격]에서 출발해 금세기 유럽 지식인들의 유럽론을 (유럽 및 일본의) 식민주의사 연구와 대조한다. 제2절에서는 '주인'과 '노예'라는 대개념이 반식민지 투쟁의 이론화 작업에서 달성했던 역할을 독립투쟁기 식민지 측 지식인의 언설을 통해서 분석한다. 그리고 제3절에서는 이 두 가지의 지표에 대한 검토를 토대로 콜로니얼리즘과 모더니티의 물음, 그리고 유럽의 본질에 관련된 물음이, 주인/노예라는 이분법에 의한 사유를 동요시킬 수밖에 없는 필연성을 시사해 보일 것이다.

---

2) 竹內好, 『日本とアジア』, 43쪽.

콜로니얼리즘이란 무엇인가?

"유럽이 단지 유럽인 채로 있는 것은 유럽으로 있는 것이 아니다."

    다케우치 요시미의 글에서 발췌한 이 한 문장은 저자의 의도를 넘어서 여러 가지 상황을 보여 준다. 저자가 말하려고 했던 것은 다음과 같다. '[서양의] 동양 침입'이란 자기 확장을 본질로 하는 유럽이 자기 실현을 하기 위한 필연적 과정이었다는 것이다. 그러나 이 문장은 유럽이 외부로 확장했다는 것만을 의미하진 않는다. 그뿐 아니라 유럽이 갖고 있는 본질적인 내적 차이를 시사한다. 유럽은 여러 가지 한계를 포함해 역사의 방향을 변화시키는 힘은 끝끝내 가질 수 없었다. 그러나 그렇다고 하더라도 유럽에는 언제나 안티콜로니얼리즘의 사상이 존재했다. 예를 들면 프랑스 혁명의 와중 프랑스 국민공회에서는 노예제와 식민지 폐지를 둘러싸고 찬반양론이 격렬하게 대립했다. 프랑스 혁명가들의 식민지 폐지론에 큰 영향을 주었던 것은 밀이나 애덤 스미스를 필두로 한 영국 공리주의 사상이었다.[3] 또한 19세기 초, 본래 식민지를——국민국가조차도——갖지 못했던 독일의 사상가들에게 콜로니얼리즘은 아직 '타자의 악덕'이었다. 그 중에서도 특히 칸트와 피히테가 강한 반(反)식민주의적인 사상의 소유자였다라는 것은 주목할 만하다.[4]

    '콜로니얼리즘을 백인'이 짊어져야 할 '문명화의 사명'으로 긍정하는 사상이 현대적 의미와 같이 대중적인 합의를 얻었던 것은 의외로 늦었다. 말하자면 에드워드 사이드가 『오리엔탈리즘』에서 분석했던 것처럼 지적

---

3) Yves Bénot, *La révolution française et la fin des colonies*, la Découverte, 1987.

담론의 틀을 넘어서 의무교육, 대중 미디어의 확립을 전제로 한 그런 의미의 콜로니얼리즘이 대중적 합의를 얻었던 것은 의외로 늦었던 것이다. 그시기는 제국주의 단계에 들어서고 제1차 세계대전을 거친 1930년 전후라고 생각된다. 1930년 프랑스는 알제리 점령 100년을 축하한다. 그 이듬해엔 국제 식민지 박람회를 개최한다. 식민자 측의 콜로니얼리즘 표상은이때 가장 전형적인 담론형태를 드러낸다.

콜로니얼리즘의 첫번째 '가치'는 '진보'이다. '세계의 진보', 즉 잠재적부의 개발이란 식민활동의 가장 정당한 이유가 되었으며, "식민사상은 인류 진보라는 사상과 동일시되었다". 국제 식민지 박람회의 역사 부문에는십자군에서 시작해 20세기 초엽까지의 식민활동이 하나의 연결된 현상으로서 표상되어 있다.

콜로니얼리즘의 두번째 '가치'는 '도덕'이다. 이 관점에서 볼 때 식민

---

4) "그런데 우리 대륙의 문명화된 여러 국가, 특히 상업 활동이 성행한 국가들의 **비우호적인** 태도를 이것[영구 평화를 위한 제3확정조항인 보편적 우호의 의무—인용자]과 비교해 보면, 그들이다른 토지나 다른 민족을 **방문**할 때에(방문하는 것은 그들에게 거기에서 **정복**하는 것과 같은 것을 의미하지만) 보이는 부정(不正)은 두려워할 정도에 이른다. 아메리카, 흑인 지방[수단], 말루쿠 제도, 희망봉 등은 그것들이 발견되었을 때, 그들에게 그 토지는 그 누구에게도 속하지 않은 듯했다. 그러나 그렇게 보였던 것은 그들이 그 토지의 주민들을 없는 것처럼 간주했기 때문이었다." カント, 『永遠平和のために』, 宇都宮芳明 訳, 岩波書店, 1985, 48~49쪽. 강조는 원저자[카트, 『영구 평화론: 하나의 철학적 기획』, 이한구 옮김, 서광사, 2008, 40쪽 참조].
"독일 국민은 다행스럽게도 몇 세대에 걸쳐 다른 세계에 대한 약탈행위에 직접 가담하지 않을수 있었습니다──이 약탈이라는 사건이야말로 근대 세계사의 발전 방식과 여러 민족의 운명, 그리고 각 민족의 개념과 사유를 정초해 온 것입니다만. 이때까지 그리스도교적 유럽은 이와같은 명확한 자기 의식을 갖지 않았어도 일체를 이루어 무수한 공동 기획을 벌였지만, 이 약탈행위로 인해 비로소 분열하기 시작했습니다. 이 사건 이후 공통의 약탈물이 생겼는데, 모든 나라가 이것을 똑같이 이용할 수 있을 듯했기에 한결같이 탐을 냈습니다.……" フィヒテ, 「ドイツ国民に告ぐ」, 細見和之・上野成利 訳, エルネスト・ルナン ほか, 『国民とは何か』, インスクリプト, 1997, 150~151쪽[피히테, 『독일 국민에게 고함』, 황문수 옮김, 범우사, 1997, 239쪽 참조].

지의 획득이란 권리이자, 그 이상으로 의무가 된다. 식민지 획득에 대한 이러한 도덕의식이 '문명화의 사명'이란 형태를 취할 때, 그것은 이중의 종교성을 띠게 된다. 그리스도교 선교사의 활동이 항상 식민활동에 앞서 활약했던 것에 덧붙여, 정복과 지배 당사자였던 군인이나 식민지 관료, 즉 '제국의 건설자들'은 식민 신비주의(神秘主義)라고 부를 만한 사상을 깊이 간직한 소유자들이 되었다. 그리고 이 사상은 항상 '행동'으로 표현되어야 했다. 이 '행동'은 "프랑스라는 에너지의 대지에서 온 에너지의 창조자"인 식민자의 노력에 의해 실현되어야만 했다. 이 시기의 담론 속에서 '행동', '에너지', '노력'은 항상 남성적인 미덕과 결부되었다. 식민지화라는 것은 침입이며 정복이었다. 당시의 수상 피에르 라발(Pierre Laval)에 의하면, "식민지 박람회는 프랑스의 모든 어린이들에게 가장 남성다운 교훈을 주었"던 것이다.[5]

이 박람회는 제3공화제 하의 공산당을 제외한 모든 정치세력에게 환영받았다. 쉬르레알리스트를 제외하면, 대부분의 작가나 예술가 사이에서도 반론이 없었다. 시인이자 비평가였던 폴 발레리(Paul Valéry)도 '훌륭한 조직'이라고 찬사를 보냈다.

그러나 발레리가 바로 이 시기에 썼던 문명비판이나 유럽론을 보면, 그가 결코 콜로니얼리즘을 무조건 긍정한 것은 아니었음을 짐작케 하는 페시미스트적인 울림이 있다. 프랑스에서 이 시기에 콜로니얼리즘을 둘러싼 합의가 성립할 수 있었던 큰 이유는, 제1차 세계대전 때 식민지의 전

---

5) 위 두 절의 인용은 Catherine Coquery-Vidrovitch, "La colonisation française: 1931~ 1939", *Historie de la France coloniale III: Le déclin*, Armand Colin, 1991, pp. 9~26에서.

략적인 중요성이 세간에 널리 인식되었기 때문이었다. 전략적 자원, 무엇보다 병사의 공급지로서의 식민지……. "식민지는 조국에 필요한 역할을 다했다." 이 말은 수많은 식민지 병사가 전장에서 생명을 잃은 후 프랑스 저널리즘의 상투어가 되었다.[6]

콩고에서 강제노동의 실태를 눈으로 직접 보고 반(反)식민주의에 경도되었던 지드(André Gide)와는 달리, 폴 발레리가 지녔던 콜로니얼리즘에 대한 회의는 이른바 인도주의적인 동기에 의한 것은 아니었다. 제1차 세계전쟁을 유럽의 '위기' 혹은 유럽 몰락의 시작으로 보았던 그로서는, 콜로니얼리즘의 귀결이 장래 유럽에게 단지 밝기만 하다고는 도저히 생각할 수 없었다.

폴 발레리는 19세기 말 청일전쟁과 미서(美西)전쟁이 일어났을 때, 유럽이 발명한 제도와 기술에 의해서 유럽과는 별도의 독립적인 이해를 추구하는 국민국가가 세계 역사상에 등장했음을 감지한다. 이 사건을 통해 이후 도래할 시대를 재빨리 예감한 그는 1931년 『현대세계의 고찰』 '서문'에서 다음과 같이 쓴다.

이 유한한 세계, 그 각 부분들을 연결해 주는 유대의 수가 끝없이 계속해서 증가하는 세계란 동시에 점차 장비를 증가시켜 가는 세계이기도 하다. 유럽은 과학을 확립시켰고 그 과학은 생활을 변화시켰다. 그것을 소유한 자들의 힘은 증대했다. 그러나 과학은 그것이 지닌 본성 자체의 성격상

---

6) Charles-Robert Ageron, "L'exposition coloniale de 1931: Mythe républicain ou mythe impérial?", *Les lieux de mémorie I. République*, dir. Pierre Nora, Gallimard, 1984 참조.

본질적으로 이전 가능하다. 필연적으로 과학에서 방법이란 보편적인 방식이 된다. 그것이 어떤 사람들에게 부여했던 수단은 그 이외의 모든 사람들도 손에 넣을 수 있다. …… 이리하여 과거 3세기 이래 유럽의 우위가 근거했던 인공적인 힘의 불평등은 급속히 사라져 가고 있다.[7]

제국주의 단계에 이른 유럽 국민국가(열강) 간의 세계 분할 경쟁에는 유럽의 이념에 걸맞는 단일한 '정치'가 빠져 있다. 따라서 이제 유럽은 콜로니얼리즘 즉 유럽의 세계화에 의해 명확한 윤곽을 지닌 지리적·정신적 실체로서는 소멸을 향해 가고 있다. 발레리의 인식에서는 유럽 각 국민국가의 개별적이고 물질적인 이해를 넘어선 '정신의 정치'가 빠져 있는 한, 콜로니얼리즘은 유럽에서 치명적인 오진이 될 수밖에 없다고 생각했다. '유럽인'으로서 발레리는 이미 그러한 '정치'를 할 수 있는 기회가 영원히 사라져 버렸음을 고통스럽게 확인했던 것이다.

보편성이란 이름으로 타자를 지배하는 자는 원리상 그 지배관계를 영원히 지속시킬 수 없다. 타자를 동화시켜 자기와 동등하게 만든 뒤에는 지배에 종지부를 찍든가, 혹은 보편성이란 간판을 내리고 이미 정당화의 근거를 잃은 지배를 그칠 수밖에 없기 마련이다. 콜로니얼리즘의 경험은 실제로 어느 쪽의 길도 선택하지 않았다. 그리고 동화와 배제라는 이중의 압력으로 피식민자를 분열시켰다. 따라서 우선은 피식민자의 정치적 해방의 길 또한 이 압력의 이중성 때문에 필연적으로 굴절을 피할 수 없었다.

---

7) Paul Valéry, *Regards sur le monde actuel*(1931), *Œuvres* II, Bibliothéque de la Pléiade, Gallimard, 1960, pp. 925~926; ポール・ヴァレリー, 『現代世界の考察』(ヴァレリー全集 12), 筑摩書房, 1968.

알제리의 예를 보기로 하자. 1834년 7월 왕령에 의해 프랑스가 알제리에 대한 점령를 선언한 이후 이 국가의 주민, 아랍인 혹은 베르베르인인 무슬림과 유대교도는 눈 깜빡할 사이에 종교법의 관할하에 놓였다. 1864년, '원주민'은 겨우 '프랑스인'이 되고 병역 등의 공무에도 종사할 '권리'를 얻었지만, 참정권을 비롯한 각 권리는 박탈당한 이급 시민인 채였다. 1870년 당시 식민지상의 이름으로는 크레미유(Crémieu)령이라고 불렸던 정치령[政令]에 의해 '원주민' 중 유대교도에게만 프랑스·시민권이 부여되었다. 제1차 세계대전 후인 1919년, 많은 알제리인 병사가 전사하자 마치 그 보상인 듯이 그 뒤에야 겨우 무슬림에게 프랑스 시민권의 길이 열렸다. 그러나 그 시민권을 획득하려면 종교적인 권리를 버리는 것이 수반되어야 했다. 그 탓에 실질적인 변화는 거의 일어나지 않았다. '보편'으로 들어가는 것은 '특수'라고 간주되는 피식민자 측의 '문화'를 버리는 것을 조건으로서만 허가된 것이다. 그리고 인민전쟁의 시대에는 병역이나 직업상의 자격을 가진 사람들처럼 충분히 동화되었다고 상정된 무슬림에 한해서만, 비로소 종교적 권리를 포기하지 않고서도 시민권을 부여하도록 제안되었다. 그러나 이윽고 제2차 세계대전이 시작되어, 다시금 많은 알제리인 병사가 프랑스 해방투쟁에 참가한다. 그 후인 1944년의 정치령은 드디어 출신, 인종, 언어, 종교의 구별 없이 알제리에 살고 있는 사람(즉 식민자와 '원주민')에게 평등한 참정권을 보증하게 되었다. 그러나 이것 또한 비무슬림과 무슬림을 이중의 선거 모체(母體)로 구별함으로써 식민지에 이주해 온 식민자의 권리를 보호하는 것을 목적으로 한 차별적인 제도였다. 이 상태는 1954년 11월 알제리 전쟁 개시까지 계속된다. 식민지 알제리의 시민권의 역사는 동화주의를 원칙으로 하는 프랑스에 의해 1

세기가 넘는 지배 속에서 전개되었다. 프랑스의 알제리 지배가 파탄을 향해 갔던 것은 식민지 상황에서 민족 간의 정치적·사회적 평등이 원리적으로 실현 불가능하다는 것을 그 무엇보다 잘 보여 주는 예이다.[8]

일찍이 야나기하라 다다오는 일본의 식민주의와 프랑스의 식민주의 사이에 적지 않은 공통점이 있다는 점에 주목했다.[9] 영국과 달리, 지중해를 낀 맞은편 북아프리카에 광대한 식민지를 영유하고 있던 프랑스. 이러한 프랑스는 동해를 끼고 조선을 점령하여 '만주국'을 속국으로 했던 당시의 일본과 마찬가지로 식민지를 내지(內地)와 일체화시키는 블록(연합) 정책을 취하고 있었다. 이는 내지연장주의라는 동화주의를 원칙으로 했다. 영국형의 식민지 지배는 현지문화를 존중하고 '원주민'에 대해서 일정 정도의 자치를 인정한다는 점에서 프랑스와는 다른 유형에 속한다. 야나기하라는 프랑스의 동화주의를 관세, 참정권, 교육의 세 가지 점에서 검토하고, 관세와 교육에 대해서 일본과 프랑스의 정책은 기본적으로 유사하다고 생각했다. 단지 참정권에 대해서는 "일본은 이 문제는 해결하지 않은 채 방기했다"고 쓰면서 동화와 시민적 평등의 교환을 강조했던 프랑스형 이념과 비교해 일본 식민주의가 지녔던 편차를 지적한다. 그렇지만 앞서 본 것처럼 프랑스 또한 적어도 알제리에서는 참정권 문제를 해결하지 못했던 것이다.

일본의 식민지 정책, 그 중에서도 특히 교육정책을 동화주의라고 간주한 야나기하라의 이 견해는 오랜 기간 정설로 받아들여졌다. 그러나 최

---

8) Louis-Augustin Barrière, "Le puzzle de la citoyenneté en Algérie", *Plein Droit*, no. 29~30, novembre 1995 참조.
9) 矢内原忠雄,「植民政策より見たる日仏」, 『矢内原忠雄全集』 第五卷, 岩波書店, 1963, 303~308쪽.

근 고마고메 다케시는 『식민지제국 일본의 문화통합』[10]에서 이 점을 근본적으로 재검토하고 있다. 그가 주목하는 것은 1894년의 타이완 점령과 그에 연속해서 통치방침을 확정하는 과정 속에서 일본 정부 내부에서 생겼던 원리적인 의견 대립이다. 1897년 당시 타이완 총독이었던 노기 마레스케(乃木希典)는 타이완에 헌법을 적용하는 것에 반대하는 '건의서'를 제출한다. 이에 반해 법제국장 우메 겐지로(梅謙次郎)는 타이완을 오키나와나 홋카이도와 구별하려는 근거를 인정하지 않는다. 그리고 조만간 타이완에도 참정권이나 징병제를 실시하길 예정하는 정책을 채용하자고 주장했다. 이 대립에는 양쪽 모두 당시 사법성 고문이었던 영국인 커크우드 (William Kirkwood)와 프랑스인 르봉(Michel Revon)의 의견이 반영되어 있었다. 그러나 당시 채용되었던 것은 커크우드의 의견서에 근거했던 노기의 방침이었다.

종종 일본과 프랑스의 식민지 통치는 '동화정책'이란 점에서 단순히 비교되곤 한다. 그러나 입헌제의 실질적 부분을 타이완에 적용하지 않는다는 선택은 사실상 커크우드와 노기의 노선이 채용되었음을 의미한다. 또한 이러한 통치방침을 정당화하는 논거가 원래부터 보편주의적인 자연법 사상이 아니라 천황제 이데올로기였다는 점에 유의해야 한다. 노기의 주장에서도 드러나듯 천황제 이데올로기는 일본이라는 **국민국가의 '안'과 '밖'을 엄격히 구별해 유동화를 방지하는 논리**로서 기능했던 것이다.[11]

---

10) 駒込武, 『植民地帝国日本の文化統合』, 岩波書店, 1996[고마고메 다케시, 『식민지제국 일본의 문화통합: 조선·타이완·만주·중국 점령지에서 식민지 교육』, 오성철·이명실·권경희 옮김, 역사비평사, 2000].

확실히 야나기하라가 지적한 것처럼 식민지 교육정책에서 '국어'(일본어) 교육의 위치는 프랑스의 식민지주의 문화정책 중 프랑스어 교육의 위치와 통하는 요소가 있다. 그렇지만 일본의 경우 호즈미 야쓰카[12]로 대표되는 '혈족 내셔널리즘'에 의한 배제 논리가 극히 강하게 작동했다. 따라서 제도상의 '내지연장주의'의 지표인 참정권을 예로 들자면, 타이완이나 조선 양쪽 모두에서 중의원 선거법의 적용은 아시아·태평양 전쟁 말기인 1945년 4월, 징병제를 강행하는 것에 대한 담보물(보상물)로서 간신히 실시되었을 뿐이었다.[13]

고마고메의 작업은 일본의 식민지 정책의 추이 속에서, 언어를 이민족에 대한 '포섭의 원리'로 하고 혈통을 '배제의 원리'로 하는 이 양쪽의 원리 중 후자를 우위로 해서 작동했던 보완적 관계를 치밀하게 추적하고 있다. 따라서 콜로니얼리즘과 모더니티의 상관성을 해명하려는 우리의 과제에도 매우 풍부한 실마리를 부여해 준다.[14] 단지 여기에서는 앞서 봤던 알제리의 예와 대비해 볼 경우, 일본 식민주의가 지닌 동화주의의 내적 모순이란 '반드시' 일본인에게 특수한 문제라고는 단언할 수 없을 듯하다는 점을 지적해 두고 싶다. 한편에서는 너희들은 '일본인'과는 다르다라는 논리를 명확히 하면서도 다른 한편에서는 '황국신민'이 되어라라고 하

---

11) 駒込武, 『植民地帝国日本の文化統合』, 38쪽. 강조는 원저자[고마고메 다케시, 『식민지제국 일본의 문화통합』, 59쪽을 참고해 번역함].
12) 호즈미 야쓰카(穗積八束, 1860~1912). 도쿄제국대학 법과대 학장을 지낸 법학자로서 '천황주권설'을 주장하며 일본의 국체 논의를 이끈 인물이다.—옮긴이
13) 같은 책, 42쪽.
14) 이 책에서 고마고메가 도입한 '문명으로서의 근대'와 '사상으로서의 근대'의 구별은 이 글의 테마와 관련해서 중요한 또 하나의 논점이지만 여기서는 논할 수 없다. 같은 책, 370쪽 이하를 참조.

는 '이중구속'(double bind) 상황을 피식민자에게 강요했던 엄청난 모순 말이다. 이 모순은 환원 불가능한 많은 차이를 내포하면서도, 프랑스의 식민지 정책이 한창일 때에도 작동했다. 이 모순은 필시 프랑스형과 영국형을 불문하고 식민지 상황이 지닌 일반적이고 보편적인 성격을 품고 있지 않았을까? 그리고 이 '이중구속' 상태는 **지배자 측도 비대칭적인 방식으로 '공유'하지 않을 수 없었을 것**이다. 그것이야말로 발레리가 '유럽인'으로서의 첨예한 '위기'의식 속에서 감지했던 것이 아니었을까?

탈식민지화의 아포리아

물론 발레리는 비대칭적으로 '공유'되었던 이 '이중구속'[15] 상황을 지배자와 피지배자, 식민지 종주국과 피식민지 쌍방의 측면에서 고찰하는 것은 불가능했다. 그는 이 컨텍스트 속에서 자신을 지배자로서 운명 지으면서 '책임'을 다하는 것이 불가능했던 자기 자신을 비난하는 유럽식 자기의식의 멜랑콜리한 증인으로서만 역할을 했을 뿐이다. 건너편[対岸]과 '외지'(外地)에서 이 상황이 피식민자의 정신을 구체적으로 어떻게 분열시켰는가는 50년대 이후의 식민지 해방투쟁의 진전 속에서 겨우 명확해져 간다. 이 시기에 일어났던 일들 속에서 프란츠 파농(Frantz Fanon)의 저작은 일종의 범례가 되었나. 이는 프랑스 식민지 마르티니크(Martinique) 출신 정신과 의사였던 파농이 인종차별에 직면했던 자신의 '실존'적 위기를 유럽의 이론적 담론을 통해서, 더구나 그것을 독창적으로 변형시켜 분석

---

15) 같은 책, 231쪽.

한 자기분석을 통해서, 식민지 상황에서 규정된 민족·인종 간 관계를 변혁하기 위한 전망을 깊이 있는 통찰력으로 추구했기 때문이었다. 그리고 파농이 이 작업의 과정에서 동시대인 사르트르를 넘어서 헤겔『정신현상학』에서 기술된 인정을 구하는 자기의식의 운동, 이른바 '주인'과 '노예'의 변증법에 착목했던 것은 우연이 아니다.

『검은 피부, 하얀 가면』의 제7장 「흑인과 인정투쟁」의 끝부분, '흑인과 헤겔'이란 제목이 붙은 부분에서 파농은 헤겔의 텍스트를 발췌해 직접 주석을 붙이고 있다.

> 인간은 그 자신을 타인에게 승인받기 위해서 스스로를 타자에게 노출한다는 점에서만 인간적이다. 자신이 타자에 의해 실제로 승인받지 못하는 한, 그의 행동의 테마(주체)는 타자가 된다. 그가 인간적 가치와 현실을 의탁하는 것은 이 타자이며 타자에 의한 승인이기 때문이다. 그의 생의 의미는 이 타자 속에서 응축된다.
>
> 백인과 흑인 사이에 투쟁은 존재하지 않는다.
>
> 어느 날 '백인인 주인'이 투쟁도 없이 흑인인 노예를 승인했다.
>
> 그러나 옛날의 노예는 그 자신이 **인정받기를** 바란다.
>
> 헤겔의 변증법의 기초에는 절대적인 상호성이 있다. 이것은 강조될 필요가 있다.[16]

---

16) Frantz Fanon, *Peau noire, masques blancs*, Seuil, 1952, p. 176; フランツ・ファノン, 『黒い皮膚・白い仮面』, 海老坂武・加藤晴久 訳, みすず書房, 1970, 135쪽. 강조는 원저자[프란츠 파농, 『검은 피부, 하얀 가면』, 이석호 옮김, 인간사랑, 1998, 272~273쪽을 참고해 번역문 일부 수정].

여기에서 파농이 말하고 있는 구체적인 상황은 노예제가 투쟁을 거치지 않고 종주국에 의해서 폐지되었던 프랑스의 흑인, 즉 그 자신의 상황이다. 그러나 보다 일반적으로는 식민지화, 그 중에서도 특히 동화주의적인 식민지화에 의해 형성된 지배와 종속의 관계가 헤겔이 말한바 상호 승인으로 전화한다는 것이, 원리적인 곤란함에 직면했다고 말할 수도 있다. 헤겔의 시나리오와 달리 승인이 투쟁의 결과로 주어진 것이 아니라 지배자에 의해 일방적으로 주어졌을 경우, 주인이 노예를 승인하는 것일 뿐 노예 측에서 승인을 욕구하지 않는 경우, 노예의 승인에 대한 욕구는 어떻게 되는 것일까? 그것이야말로 바로 동화와 배제의 '이중구속'에 의해 몰릴 대로 몰린 피식민자의 상황은 아닐까? 이런 상황에 놓였을 때 노예는 어떻게 자신의 의식에 도달할 수 있을까? 또한 파농의 변증법에서 노예는 헤겔의 변증법에서처럼 대상에 몰입함으로써 노동에서 자기해방의 계기를 찾아내는 것도 불가능해 보인다. 만약 그렇게 된다면 그때 노예는 '주인과 똑같이 되는 것을 바라는' 것 외에는 불가능해져 버리는 게 아닐까?

식민자와 피식민자의 관계에 초점을 맞추고 있는 이 헤겔 독해에 대한 부분보다 앞서 서술된 부분인 '흑인과 아들러'에서 파농은 마르티니크 섬 사람, 즉 피식민자 동료 간의 관계를 분석하고 있다. 마르티니크에서는 누구든지 백인을 중심으로 타자를 따돌리려고 하기 때문에 상호승인이 성립될 수 없으며 동포가 '인간적 교류'의 목적이 되는 것도 불가능하다. 그것은 정신분석가 옥타브 마노니(Octave Mannoni)가 주장하는 피식민자에게 고유한 '의존 콤플렉스' 같은 게 아니라 마르티니크 섬 사람들을 정신적 백인으로 변화시켜 버린 동화교육의 결과이다. "마르티니크 섬 사람들은 십자가를 진 사람들(순교자)이다. 그들을 길러 낸(그러나 그가 길러 낸 것은 아니다) 환경이 그들을 무참히도 분열시켰던 것이다."[17] 파농은 스스로도 그 소산에서 자유로울 수 없는 동화주의 교육의 본질을 헤겔을 통해서 해명하려고 했던 것이다.

그러나 '역사적으로' '비본질적인 예속성 속에 매몰되어 왔던' 흑인에게는 노동을 매개로 그 부정적 존재양태를 부정하고 지양할 가능성이 닫혀져 있었다면, "내가 자기 자신의 가치에 대해서 품어 왔던 주관적 확실성을 보편타당한 객관적 진리로 바꾸는" 길로서 남아 있는 것은 무엇일까? '생을 뛰어넘어' 투쟁 속에서 자신의 '찢어진(決裂) 타자성'을 주장하는 것만이 가능하지 않을까? 그러나 그때 이 투쟁은 '절대적 상호성'이라는 헤겔 철학의 전제 및 목적을 더한층 공유하고 있는 것은 아닐까? 우리는 여기서 나중에 알제리 해방투쟁에 참가했던 파농이 『대지의 저주받은 사람들』(1961)에서 전개했던 식민지 해방론과 혁명적 폭력론의 때 이른 맹아를 볼 수 있다.

원주민이 사는 지대는 콜론[이주민들]의 거주지대를 보충하는 것은 아니다. 이 두 개의 지대는 상호 대립한다. 그러나 이것은 더 높은 차원의 통일을 만들기 위한 대립은 아니다. 순수한 아리스토텔레스적 논리학의 지배를 받는 두 지대는 상호 배제의 원칙을 따르고 있다. 화해는 있을 수 없다. 둘 중 하나는 불필요하기 때문이다.[18]

---

17) Fanon, *Peau noire, masques blancs*, p. 175; ファノン, 『黒い皮膚·白い仮面』, 134쪽.

18) Fanon, *Les damnés de la terre*, Gallimard, 1991, p. 69; ファノン, 『地に呪われたる者』, 鈴木道彦·浦野衣子 訳, みすず書房, 1967, 25쪽[프란츠 파농, 『대지의 저주받은 사람들』, 남경태 옮김, 그린비, 2004, 59쪽을 참고해 번역문 일부 수정].

식민지 세계에 대한 원주민의 부인이란 다양한 관점을 이성적으로 대결
시키는 것이 아니다. 그것은 보편적인 것에 관한 설교가 아니며, 절대적
인 것으로 간주되는 하나의 독창성을 무턱대고 주장하는 것이다.[19]

파농에게 탈식민지화란 "식민지화된 '대상'인 원주민이 스스로를 해
방하는 과정 그 자체에 의해서 인간이 되는" 것을 의미한다. 혁명적 폭력
은 '새로운 인간'을 만들어 내고, "인간 즉 전인적[全的] 인간을 세계 속으
로 다시금 도입하려 한다." 이러한 탈식민지화 투쟁은 필시 『검은 피부,
하얀 가면』의 '흑인과 아들러'에서 분석했던 피식민자 간의 분단 상황을
해소하고, 매일의 투쟁 그 자체인 '민족문화'의 생성을 통해서 적어도 해
방투쟁을 벌이는 동안에는 인민의 통일을 실현하는 것이다. 그러나 그것
은 주인(=식민자)과의 관계에서 이루어지는 '절대적 상호성'의 지평을 재
건하는 일을 일단 버려 두고, '일면적인 승인'을 거부하고 화해적이지 않
은 '찢어진 타자성'을 선택하는 것을 통해서만 얻어질 수 있는 전망이다.
파농의 폭력론이나 '새로운 인간주의'의 함의, 문제설정 및 가능성을 재
검토하는 것을 여기에서 우리의 주요한 과제로 하는 것은 불가능하다. 그
러나 이 작업을 향한 예비적인 확인으로서, '절대적 상호성'이라는 헤겔
적 전제의 중요성을 그토록 강조했던 파농이 『대지의 저주받은 사람들』
에서 보여 준 사상적 변모 속에서, 피식민자가 탈식민지화의 과정에서 불
가피하게 부딪히게 되는 곤란한 위상을 지적해 두고 싶다.[20] 식민주의가
피식민자에게 부과했던 '이중구속', 아포리아, '길 없음'의 상태를 돌파하

---

19) *Ibid.*, p. 71; 같은 책, 26쪽.

려고 했던 파농의 시도는 이후 사람들에게 걷기 쉬운 '길', 적용 가능한 방법, 물음에 대한 '해답'을 남겨 주진 않는다. 다른 한편 파농의 걸음 뒤에 다시금 '절대적 상호성'을 전제나 목적으로서 '복권'(復權)하고 근대의 논리에 의해 포스트 식민지 시대의 '민족문제'를 '해결'하려고 하는 발상 또한 이론적·실천적으로 이미 파탄이랄까 자기기만을 약속하고 있는 퇴행일 뿐이리라. 파농의 텍스트는 이런 의미에서 콜로니얼리즘의 극한적인 귀결을 그리고 모더니티의 한계를 극히 범례적인 '질문'의 형태로 노출시키고 있다. 바로 그런 까닭에 항상 반복해서 되물어야 할 더할 나위 없이 소중한 논리적 증언인 것이다.

반복강박으로서의 콜로니얼리즘

노예는 자신이 노예라는 의식을 거부한 존재다. 그는 자신이 노예가 아니라고 생각할 때에 정말로 노예인 것이다. 노예는 그 자신이 노예의 주인이 되었던 때에 완전한 노예성을 발휘한다. 왜냐면 그때 그는 주관적으로는 노예가 아니므로……[21]

　　루쉰의 우화 「현인과 바보와 노예」에서 다케우치 요시미는 이러한 인식을 이끌어 낸다. 물론 여기에서 '노예의 주인'이라는 것은, 우선 첫번

---

20) 이상의 논점에 대해서는 Lou Turner, "On the Difference between the Hegelian and Fanonian Dialectic of Lordship and Bondage", *Fanon: A Critical Reader*, eds. Lewis R. Gordon et al., Blackwell, 1996 참조.

21) 竹內好, 『日本とアジア』, 43쪽.

째로는 근대 일본을 가리킨다. 특히 일본 중에서도 특히 식민지 지배와 침략 전쟁을 일으켰던 정신상태를 지시한다. 일본의 근대에 절망적으로 결여되어 있다고 생각했던 것을, 다케우치는 유럽 근대의 '휴머니즘'을 해방의 기준으로서 갖지 않은 루쉰의 '저항' 속에서 구했다. 그 시도의 귀추는 어떤 것이었을까? 파농의 '새로운 인간주의'에 관한 질문과 함께, 이 질문도 여기에서 제기해 두고 싶다.

콜로니얼리즘과 모더니티라는 우리의 문제설정에서 이 지점에서 주목해야 할 것은 다음과 같은 점이다. 다케우치는 이 문장에서 그 자신이 서술한 것의 논리적 귀결 하나를 보여 주지 않는 듯하다는 점이다. 다케우치는 앞서 인용했던 부분의 바로 다음에서 루쉰을 인용하면서 계속해서 이렇게 말한다.

루쉰은 "노예와 노예의 주인은 같은 것이다"라고 말하고 있다. "폭군치하의 신민은 폭군보다도 더 난폭하다"라고도 말한다. "자신이 주인일 때 모든 타인을 노예로 취급하는 자는 주인을 모시게 되면 스스로 노예임을 감수한다"라고도 말한다. 노예가 노예의 주인이 되는 것은 노예의 해방이 아니다.[22]

이 밀의 끝 부분에서 다케우치는 서두에 들었던 '스스로 유럽이 되는 것'을 '해방'이라고 착각했던 '일본문화의 성질'을 날카롭게 지적한다. 이 컨텍스트를 보면, 여기에는 유럽이 '주인'으로서 상정되어 있음에 명백하

---

22) 같은 책, 43쪽.

다. 그러나 루쉰이 말한 것처럼 '노예와 노예의 주인은 같은 것'이라고 한다면, 일본의 '주인'인 유럽도 단지 주인인 것만이 아니라 '노예'이기도 한것이 아닐까? 만일 그렇다고 한다면 이 인식은 "유럽이 단지 유럽인 채로 있는 것은 유럽으로 있는 것이 아니다"라는 다케우치의 유럽 인식과 어떤 일치점 혹은 어긋남이 있는 것일까? 또한 한편으로는 유럽에 세계의 주인으로서 적합한 '정신의 정치'가 결여되어 있음을 발견했을 때의 발레리가 느낀 '위기'의식과 관련해서, 더구나 다른 한편으로는 유럽의 콜로니얼리즘이 야기했던 모순이 '주인'과 '노예'의 변증법이라는 유럽적 논리에 의해서는 해석 불가능하다는 것을 간파했을 때 파농이 봉착했던 아포리아적 의식과의 관계 속에서, 이 인식은 어떠한 위치관계에 있는 것일까? 프랑스인과 마르티니크인과 일본인──그리고 이 일본인이 인용하는 중국인──의 목소리, 그 제각각 깊은 울림이 교차하는 지점에 알제리 태생 유대인의 목소리를 섞여 들게 한다면 사태는 더 한층 착종될 뿐일까? 아니면 어떤 해명의 실마리가 보이기 시작할까? 자크 데리다는 스스로의 언어 경험을 말하는 최근의 저작『타자의 단일언어』에서 이렇게 쓰고 있다.

어떤 사람이 대체로 믿고 싶어 하는 것과는 달리, 주인은 아무것도 아니다. 그리고 그는 그 무엇도 자신의 것으로 갖고 있지 않다. 왜냐면 그가 자신의 언어라고 부르는 것을 **자연스럽게** 자신의 것으로서 소유할 수 없기 때문이다. 그가 원하는 어떤 것을 하려고 할 때, 그는 그 언어와 자연적인 소유 혹은 동일성의 관계를 유지하는 것이 불가능하기 때문이다. 그가 이전유[我有化, appropriation]에 신용을 부여하는 호언장담이 가능한 것은 정치적-환상적인 구축이라는 비자연적인 과정 속에서일 뿐이다. 언어는 그의 자연적인 재산이 아니라, 바로 그 [비자연적] 과정에 의해 그는 역사적으로 문화적 찬탈이라는 것, 즉 식민지주의적 본질이 언제나 지니고 있는 폭행을 통해서, 그 언어를 자신의 것인 척해서, '그의 언어'로서 그것을 타자에게 강요하는 게 가능하다. 이것이야말로 그의 신앙이며, 그는 이 신앙을 힘이나 책략으로 공유시키려고 한다. 수사학, 학교, 혹은 군대를 통해서 기적처럼 그것을 믿도록 하는 것이다.[23)]

데리다는 다언어 사용자가 아니다. 그가 자유롭게 말할 수 있는 언어는 '모어'인 프랑스어뿐이다. 그렇지만 이 프랑스어는 그가 태어나고 자란 도시 알제리에서는 언제나 본국 프랑스의 규범을 지키는 타자의 언어였다. 이 점에서부터 다음의 명제가 태어났다. "나에게는 하나의 언어밖에 없고 게다가 그것은 나의 언어가 아니다." 앞서 살펴본 것처럼 1870년 크레미유령에 의해 프랑스 시민권을 부여받은 이후, 급속하게 프랑스 문화에 동화되어 갔던 알제리 유대인에게는 프랑스어 이외에 역사적인 정통성을 주장하는 다른 언어를 발견하기란 어렵다. 히브리어도 아랍어도 보통의 일상언어로서는 부자연스럽다. 그러나 데리다는 더 깊이 생각한다. 어떤 언어와의 관계도 자연이라고 말할 수 없는 자신의 커뮤니티적 상

---

23) J. Derrida, *Le monolinguisme de l'autre*, Galilée, 1996, p. 45. 이와 관련해서 일본의 조선 식민지 지배의 언어정책을 분석한 이연숙은 다음과 같이 지적하고 있다. "언어는 단순한 '사회적 형식'일 수는 없지만, 그렇다고 해서 오로지 토착적이며 이식 불가능한 습속일 수도 없다. 아무리 천황에 대한 충성심이 일본인의 마음에 나면서부터 깃들어 있었다고 해도, 나면서부터 일본어를 말하는 일본인은 한 사람도 없다. 게다가 언어는 다른 민속적 습속과 달리, 교육을 통해서 외국인도 배울 수 있다. 언어는 '내면'과 '외면'을, '자연'과 '인위'를 매개함으로써 비로소 언어다울 수 있는 것이다." 『「國語」という思想』, 岩波書店, 1996, 261쪽[이연숙, 『국어라는 사상』, 고영진·임경화 옮김, 소명출판, 2006, 305쪽을 참고해 번역문 일부 수정].

황은 과연 그렇게나 예외적인 것일까? 실제로는 누구도 언어, 심지어 '모어'조차도 자연적으로 태어난 그대로의 '우리 것'으로 하는 것은 불가능하지 않을까? 따라서 오히려 그 역으로 '모어'에 대한 사랑이나 긍지가 그렇게까지 격렬하고 숭고해지는 게 아닐까? 그래서 그것은 언어만이 아니라 아이덴티티를 구성하는 어떤 요소로도 이야기될 수 있는 것은 아닐까? 식민자가 피식민자에게 동화를 강제하는 문화, 그러나 그것은 식민자의 문화일까? 식민자 자신이 원래 동화되었던 자이며 그들 자신이 겪은 동화 과정의 고통을 망각하기 위해, 혹은 그것을 상기하는 것을 회피하기 위해, 그들은 그 문화를 '우리 문화'로서 타자에게 강제하려고 하는 것은 아닐까? 식민주의 폭력의 기원에는 식민자 자신과 그 문화 간의 근원적인 비동일성이 있다. 바로 그 심연에서 애써 눈을 돌리기 위해서 다양한 언어행위를 통해, 실제로 그 언어행위를 성립시켰던 각 조건을 힘을 다해 만들어내는 것을 통해, 그들은 이런 문화와의 일체성을 타자에게 믿게 만들고 그 타자의 신앙을 통해서 자신도 믿어 보려고 하는 것은 아닐까?

데리다의 이 가설은 "노예와 노예의 주인은 같기 마련이다"라고 했던 저 루쉰의 언어가 멀고 상이한 경험의 사유회로를 거쳐 번역된 것이라고도 말할 수 있지 않을까? 아니, 오히려 이 두 개의 경험과 사유가 어떤 의미에서는 같은 것을 말하면서도 상호 간에 완전히 번역될 수 없다는 그 점에 필시 이른바 '저항'의 가능성이 잠재되어 있는 게 아닐까? 어차피 데리다의 사유 속에서 콜로니얼리즘은 유럽과 그 외부 사이에서 시작된 것이 아니다. 유럽의 그 지리적 경계인 '외부'에서 또한 그 역사의 한복판에서 항상 이미 시작되고 있었다(그리고 또한 끝나지 않는다). 유럽 자체가 어떤 의미에서는 식민지이며, 콜로니얼리즘이 유럽의 본질을 이룬다는 것은 그 때문이다.

실제 프랑스의 식민지 정책에서 동화주의가 어떠한 논거로 결정되었는가를 보는 것은 흥미로운 일이다. 1890년대부터 1930년대까지, 장기간에 걸쳐 프랑스의 식민지 법제의 주요한 이론가로서 많은 정책 결정에 관여했던 아르투르 지로는 1894년 다음과 같이 쓰고 있다.

> 식민지화를 실행하는 국민의 기질과 적성을 고려하지 않을 수 없다. 자치는 앵그로색슨인에게 적합하다. 우리 프랑스인은 라틴인이다. 로마의 영향이 몇 세기를 걸쳐 우리의 정신을 만들어 왔다. 우리는 이 고정관념(obsession)에서 도망칠 수 없다. 또한 그 관념이 이끄는 길에서 벗어나는 것은 우리의 본성(nature)에 강제를 가하는 것이다. 우리에게는 동화만이 가능할 뿐, 따라서 해야 할 것은 동화밖에 없다.[24]

여기에서 동화주의적 식민주의는 그 자체가 일찍이 갈리아·스페인·북아프리카를 정복해, 그 언어·종교·관습을 넓혀 갔던 로마인의 전통을 계승하는 것으로 간주되고 있다. 즉 프랑스의 프랑스인 '본성', 즉 아이덴티티가 고대의 식민주의——로마에 의해 나중에 서유럽이라고 불려진 지역과 각 민족의 식민지화——에 의해 설명되고, 근대의 식민주의가 이 고대의 식민주의의 계승, 모방, 아니 오히려 **반복강박**으로서 정의되고 정당화되고 있다.

---

24) Arthur Girault, *Principes de colonisation et de législation coloniale*, tome I, 1894, p. 107; Jacques Thobie, *Histoire de la France coloniale, II: L'apogée*, Arman Colin, 1991, pp. 299~300에서 재인용.

여기에서는 틀림없이 "유럽이 단지 유럽인 채로 있는 것은 유럽으로 있는 것이 아니다"라는 말로 다케우치 요시미가 의미했던 것이 그 이면에서 드러나고 있다. 유럽의 '자기'는 끊임없이 '자기'를 유지한다. 그것과 동시에 그것을 넘어선 '자유'라고 불리는 그 운동은, 지로에 의하면 수세기에 걸쳐, 그리고 식민지화에 의해 심어진 '고정관념'을 동인으로 하는 것이다. 그리고 이제야말로 그것은 '우리의 본성'이며, 그 본성에 '강제를 가한다'는 것이 불가능해진 이상, 동화에 의해서 타자에게 '강제를 가할' 수밖에 없다는 것이다. 이것이 식민지 정책이 확정된 바로 그때에 언명되었던 것은 분명 우연은 아니다. 바꿔 말하면, "근대라는 것은 유럽이 봉건적인 것에서 자신을 해방하는 과정으로, …… 그 봉권적인 것과 구별된 자기를 자기로서 역사 속에서 조망했던 자기 인식이다"라고 하는 다케우치의 언급은, 내 생각에는 시대적 제약 때문에 지금까지도 지나치게 근대 유럽의 공식적인 자기 표현으로만 이해되는 데 그쳤던 게 아닐까 생각된다. 그래서 그것은 전진과 후퇴를 반복하는 참을성 있게 재차 고쳐 질문하는 운동성에 의해서, 문자 그대로 암중모색을 통해 등장한 농밀한 텍스트성을 지닌 특출난 이 문장에서의 '자기'나 '주체'라는 개념의 내용에도 영향을 미치지 않을 수 없다. 왜냐면 "노예와 노예의 주인은 같은 것이다". 때로는 '자기' 통제, '자기' 지배, 즉 '자기'의 '주인'으로서의 '주체'라는 규정도 진지하고 근본적인 재고가 필요하기 때문이다. 다케우치가 근거했던 이러한 개념은 내셔널리즘이나 일본과 아시아의 관계를 둘러싼 그의 사유에서 한 진폭을 규정하는 것이 아니었을까? 그리고 '저항'을 둘러싼 그의 사유 또한.

다케우치 요시미와 루쉰, 발레리, 파농, 데리다──여기에서 들고 있는 이들 사상가는 모두 콜로니얼리즘과 모더니티를 고유의 특정한 장소와 시간에서 어떤 고유한 입장에서 경험하고 사유했다. 그 누구도 사태의 전체를 조감할 수는 없었다. 콜로니얼리즘과 모더니티의 관련성을 둘러싼 물음은 틀림없이 다른 어떤 질문에서도 더한층 복수의 목소리 사이에서 사유될 수밖에 없지 않을까? 그리고 지금 '우리'가, 그리고 '내'가 사유한다는 것은, 단적으로 콜로니얼리즘과 모더니티라는 두 개이자 동시에 하나인 것의 끝없는 '사건'이 한창인 때에, 우리의 귀 속에서 이 복수의 소리가 울리는 것에 맡기는 것이다. 또한 이 암중모색을 통해 우리에게 '고유'의 장을 규정해 주려고 하는 무한한 발걸음인 것은 아닐까?

4_시민 캘리번
—에르네스트 르낭의 철학극에 관하여

'우리 문헌학도들'

니체, 바그너, 쇼펜하우어, 레오파르디 이 모두를 문헌학자로 포괄할 수 있는 카테고리란 과연 어떤 것일까? 훗날 니체는 이렇게 묻게 된다. 이 문헌학자라는 말은 언어를 정신적으로 날카롭게 통찰할 수 있는 재능을 지님과 동시에 미적·역사적인 표현력을 갖춘 작품을 만드는 능력을 지닌 사람이라고 생각한다.[1]

에드워드 사이드가 니체에 대해서 말한 가장 흥미로운 언급 중 하나가 『오리엔탈리즘』 중 에르네스트 르낭(Ernest Renan, 1823~92)을 논한 장에서 발견된다는 것은 분명 우연이 아니다. 여기에서 사이드는 르낭

---

1) Edward W. Said, *Orientalism*, Vintage, 1979, p. 131; エドワード·W·サイード, 『オリエンタリズム』, 板垣雄三·杉田英明 監修, 今澤紀子 訳, 平凡社, 1986, 135쪽. 번역문 일부 변경[에드워드 사이드, 『오리엔탈리즘』, 박홍규 옮김, 교보문고, 2007, 236쪽을 참고해 번역문 일부 수정].

이 살았던 시대에 문헌학이라는 학문이 가졌던 의미를 1875년 니체가 쓴 「'우리 문헌학도들'을 위한 노트」에 의거해 기술하고 있다. 니체에 의하면 문헌학적인 학문은 고대부터 존재했지만, 근대적인 의미에서 그것이 쓰이기 시작한 것은 프리드리히 아우구스트 볼프(Friedrich August Wolf)가 "나를 일컫기 위해 문헌학도라는 말을 발명했다"고 한 1777년 어느 날부터이다. 근대적 의미에서 '문헌학도'라는 용어는 그리스·로마의 고전을 연구하는 학자뿐만 아니라 문헌학의 실천을 통해서 획득된 '현대와의 심원한 관계성'에 의해 특징지어질 수 있는 어떤 특이한 정신유형이다. 문헌학도, 그들이야말로 진정한 현대의 유럽인이다. 왜냐면 '다른 시대' 및 '이질적인 문화'와의 이중 관계를 그들만큼 래디컬(radical)하게 살아온 자들도 없기 때문이다. 쉽게 예상할 수 있듯이 사이드의 요약과 주석에서는 시간적·공간적인 이 이중 관계 중에서도 후자의 예, 즉 유럽인과 '이질적인 문화' 사이의 관계 쪽으로 약간 중점이 이동하고 있다. 그렇지만 사이드가 이렇게 한 것에 대해, 가끔씩 그의 주장이 단순화되어 전해져 온 것처럼 [그런 식으로] 파악해선 안 된다. 다시 말해, 문헌학자로서의 오리엔탈리스트가 타자('다른 시대', '이질적인 문화')를 자신을 비추는 거울의 위치, 즉 타자를 자신의 동일성을 정립시키기 위한 수단으로 고정시켜 버리는 것에 대해, 사이드가 성급히 비판한 것이라고 파악해선 안 될 것이다. 왜냐하면 이 단락 끝부분에서 사이드는 다음과 같이 말하고 있기 때문이다. "문헌학이란 위대한 예술가가 그러하듯이 스스로를 자신이 속한 시대나 그에 근접한 과거로부터 역사적으로 단절시키는 방법이다. 이는 역설적이며 모순되는 것처럼 느껴질 테지만, 인간이란 바로 그렇게 함으로써 자신의 현대성(modernity)을 실질적으로 특징지을 수 있다." 사이드가

이렇게 말할 때, 이 문장에서 감지되는 것은 결코 일면적인 탄핵의 어조가 아니다.[2]

자신의 문화와 시대에 귀속되는 것을 단절함으로써 자기 긍정을 시도하는 것. 니체가 '반시대적'이라고 형용했던 이 역설적인 현재와의 관계를 르낭 또한 그 나름의 방식으로 살았다고 할 수 있다. 서두에서 인용한 니체의 말을 빌려 사이드는 필시 르낭과 니체를 모두 '문헌학자로 포괄할 수 있는 카테고리'의 수수께끼에 몰두했던 것 같다. 이것은 극히 민감한(delicate) 장면이다. 여기에서 문제는 문헌학이라는 동일한 전통의 내부에서 '분석하는 담론'과 '분석되는 담론'의 경계선을 정하는 일과 같기 때문이다. 더구나 언뜻 보아도 알 수 있듯이 이 경계선이 니체와 르낭 사이에서 명쾌하게 그어질 리도 없다. 겨우 몇 쪽에 지나지 않는 기술임에도 불구하고 매우 함축적으로 느껴지는 것은, 사이드가 적어도 직감적으로라도 이 선긋기 작업이 곤란하다는 것을 깨닫고 있었기 때문이지 않을까? 어쨌든 르낭과 니체의 동시대성이라는 이 컨텍스트에서 제기되고 있는 물음은, 문헌학의 형태를 취한 오리엔탈리즘이 언제, 어떻게 '오리엔트'를 '표상'하고 '창조'하는가라는 문제만이 아니라, 때로는 자신의 의도와 반대로 언제, 어떻게 스스로를 분석하고 해체하는 것마저 가능하게 되었는가 하는, 유럽의 자기 표상의 극한(limit)에 관한 문제이기도 하다.

그런데 르낭과 니체라는 이 두 사상가는 다시 한번, 또 다른 훨씬 더 정치적인 컨텍스트에서 만난다. 보불전쟁(Franco-Prussian War)이 그것이다. 주지하다시피, 이 전쟁은 니체의 인생에서 일대 전환기가 된다. 이

---

2) Edward W. Said, *Orientalism*, p. 132; 『オリエンタリズム』, 136쪽.

경험에서 『비극의 탄생』이 태어났고, 무엇보다 『반시대적 고찰』이 이때 구상된다. 한편 르낭에게 이 독일과 프랑스 간의 전쟁은 그가 '유럽 문명'이라고 불렀던 것을 파멸로 이끌어 간 심각한 위기였으며, 그 결과 프랑스의 패전과 그에 이어진 파리코뮌을 경험한 것은 그의 만년의 사유를 결정적으로 방향짓는 것이 되었다. 『예수의 생애』(Vie de Jésus)의 저자에 대해 오늘날에도 우리가 관심을 갖는 까닭은 그가 1882년 소르본에서 행했던 강연, 즉 현재에도 여전히 프랑스 공화정의 기본 문서로서 참조되는 강연인 「국민이란 무엇인가」[3]가 지닌 기묘한 현실성(actuality) 때문이지만, 이 텍스트는 1870년 프랑스의 패배라는 컨텍스트를 빼놓고는 이해할 수 없다.[4] 또 이에 앞서 같은 제목의 저서 『예수의 생애』(Das Leben Jesu)의 저자로서 일찍이 헤겔 좌파 내부 논쟁에 불을 댕겼던 독일의 문헌학자 다비트 슈트라우스(David Friedrich Strauß)——그를 선배로서 존경한 르낭은 지식인들 사이의 대화를 통한 국민 간의 화해를 꿈꾸면서 그와 편지를 교환하기도 했다——야말로 니체가 『반시대적 고찰』의 서두에서 승리의 도취를 부추겨 '독일 정신'에 파멸적인 해악을 끼친 속물적인 학자라고 가차없이 비판했던 인물이기도 하다. 무엇보다도 이 두 문헌학도[르낭과 니체]는 스무 살이라는 나이 차에도 불구하고, 둘 다 모두 거의 동시에

---

3) 르낭의 이 글은 한국어로는 '국민이란 무엇인가'가 아니라 '민족이란 무엇인가'라고 번역되어 있다(에르네스트 르낭, 『민족이란 무엇인가』, 신행선 옮김, 책세상, 2008). '민족'이라고 번역하는 게 좋을지 '국민'이라고 번역하는 게 좋을지에 대해서는 다양한 입장 차이가 있겠지만, 여기서는 지은이의 의도를 따라 '국민이란 무엇인가'로 번역했다. 160쪽의 각주 2번은 이 두 번역어에 대해 논의할 때 참고가 되리라 생각한다.—옮긴이

4) Ernest Renan, "La guerre entre la France et l'Allemagne", *Revue des Deux Mondes*, 15 septembre 1870 참조.

개인·민족·문화의 '건강'에 대한 '역사의 폐해'를, 또한 '망각'의 효용성을 얘기했다. 그리고 19세기적 역사주의에 대해 근본적인 비판을 개시했던 것이다.

1980년대에 프랑스에서 르낭을 재평가하려는 움직임이 있었을 때, 르낭은 헤르더나 피히테와 대비되어 지극히 프랑스적인 사상가로 평가되었다. 그러나 지금 우리가 여기서 굳이 르낭과 니체를 비교해야 할 의미가 있는 것은, 19세기 프랑스 지식인 중에서 르낭만큼 독일 사상에 지대한 영향을 받은 이도 없기 때문이다. 『유년시절·청년시절의 추억』에 수록된 1845년의 한 사적인 편지에는 이런 말조차 쓰어 있다.

나는 독일을 연구하면서 마치 사원에 들어간 기분을 맛보았다. 내가 거기서 발견한 것은 모두 정결하고 고상하고 도덕적이고 아름답고 감명 깊은 것들뿐이었다. 정말로 그것들은 얻기 힘든 보물로, 예수 그리스도를 계승하고 있는 것들이다. 독일인의 도덕은 나를 그 속에 푹 빠지게 했다.[5]

르낭은 문헌학의 방법을 주로 독일 학자로부터 배웠고, 칸트, 헤르더, 피히테, 헤겔, 쇼펜하우어를 탐독했다. 특히 그의 역사사상은 청년 시절 빅토르 쿠쟁(Victor Cousin)에 의해 도입되었던 헤겔 철학의 영향을 짙게 받았음을 알 수 있다.[6] 이것은 「국민이란 무엇인가」를 논할 때 충분히 염두에 두어야 할 점이다. 한편 칸트, 피히테, 헤르더를 비롯한 독일 철학자

---

5) Renan, *Souvenir d'enfance et de jeunesse*, in *Œuvres complètes* II, Calmann-Lévy, 1948, p. 915; エルネスト・ルナン, 『幼年時代青年時代の思ひ出』, 杉捷夫 訳, 創元社, 1940, 379쪽. 현대어로 변경.

들에게 미친 루소나 프랑스 계몽사상의 깊고 복잡한 영향을 고려하더라도, 프랑스의 일부 논자가 독일과 프랑스의 '국민 개념'을 너무나도 단순하게 양자택일적으로 대비시킨 것은 극히 제한적인 해석이었다고 하지 않을 수 없다. 어쨌든 르낭과 니체라는 우리의 컨텍스트 배후에는 르낭과 19세기 독일 사상이라는 보다 넓은 컨텍스트가 자리 잡고 있음을 잊어선 안 된다.

하지만 오늘날 우리는 1930년대의 유럽 평화운동 속에서 시도되었던 것처럼, 헤르더-피히테와 르낭으로 각각 대표되는 독일과 프랑스의 '국민 개념'을, 예를 들면 사회민주주의의 입장에서 양자에 공통되는 보편주의적 기도(企圖)를 기반으로 단순히 조정하고 지양할 수 있을 것인가?[7] 그러나 그것은 이 두 가지 이외의 가능성을 미리 배제하는 셈이 되지 않을까? 최선의 결과가 나온다고 하더라도(그러나 이것이 최악의 결과를 초래하지 않는다는 보장은 없다) 그것은 분열된 적이 있는 유럽의 과거에서 통합적인 미래를 약속하는 새로운 유럽 시민권을 구상하는 것밖에 되지 못한다. 그러므로 우리가 해야 할 것은 오히려 이 두 개의 개념이 그 위에서 대립하고 있는 공통의 전제를 찾아, 이 컨텍스트를 둘러싼 형상에 대해 질문하는 것이지 않을까? 그런 의미에서 우리 시대에서 이 컨텍스트의 중요성을 최초로 알아챈 사람이 다른 누구도 아닌 바로 사이드라는 점에 다시 한번 주목할 필요가 있다. 환언하자면, 르낭/니체라는 한 쌍의 고

---

6) Jean-Louis Dumas, "La philosophie de l'histoire de Renan", *Revue de Métaphysique et de Morale*, janvier 1972, pp. 100~128 참조.

7) Hedwig Hintze, "Nation et humanité dans la pensée des temps modernes", *Revue d'histoire moderne*, VIII, 1933, pp. 1~35 참조.

유명사가 시사해 주는 문제군은 오늘날 이미 유럽의 경계 내부에만 한정될 수 없다. 좁은 식견이지만 조사한 것에 의하면, 「국민이란 무엇인가」라는 글이 『오리엔탈리즘』 내지는 사이드의 다른 저작에서 명시적으로 다루어지는 것은 아니다. 그렇지만 이 텍스트가 포스트 식민지기에 들어선 제3세계의 현실에 대해 가질 수 있는 문제적 관점도 프랑스에서의 재평가와 같이 십수 년간 천천히 부상해 왔다고 생각한다.[8] 이런 식으로 말할 수 있다면, 여기에서 우리의 관심을 끄는 것은 르낭의 텍스트 그 자체라기보다 이 사이, 유럽의 '안'과 '밖'에서 르낭의 작업 중 어떤 측면을 상기 혹은 발견하게 하는 '힘'에 대한 것이다.

이 글에서 우리의 목적은 그 '힘'에 접근할 수 있는 하나의 통로를 여는 시도에 한정된다. 르낭의 작업 속에서, 오늘날의 포스트콜로니얼 비평과 일종의 간(間)텍스트성을 지닌 작품으로는, 1878년에 발표된 희곡 「캘리번」[9]이 있다. 부제가 『템페스트』 후일담'이라고 되어 있듯, 이것은 셰익스피어의 최후 작품에서 힌트를 얻어 그 속편이라는 형태로 씌어졌던 것이다. 여기에서는 이 작품 속편의 속편인 「젊어지는 물」(1881)[10]을 함께 소개하면서 이들 작품을 당시의(바로 「국민이란 무엇인가」와 동시대의) 역사적 컨텍스트 및 르낭의 정치·역사철학과의 관련성 속에서 위치 짓고, 「국민이란 무엇인가」만으로는 이해하기 어려웠던 몇 가지 물음을 도출해

---

8) Homi K. Bhabha, "DissemiNation: Time, Narrative and the Margins of the Modern Nation", *The Location of Culture*, Routledge, 1994, pp. 139~170 참조; ホミ・K・バーバ, 「国民の散種 —時間, 語り, そして近代国家の周縁」, 大野真 訳, 『批評空間』 九号, 1993. 4, 52~83쪽.
9) Renan, "Caliban: suite de 'la Tempête'", *Renan : Histoire et parole*, Robert Laffont, 1984, pp. 681~710.
10) Renan, "L'Eau de jouvence: suite de 'Caliban'", *Renan*, pp. 711~754.

보려 한다. 이때 우리가 부딪히게 되는 문제는 훗날 발레리가 '정신의 정치'라고 부르게 되는 현상의 생성 과정이다. 그러나 이 분석을 통해 1세기 후, 식민지를 잃은 유럽이 통합을 향해 가고 구 식민지 지역의 사람들이 물질적·정신적 고난과 격투를 벌이는 우리들의 오늘날 이 '정치'가 유럽의 '안'과 '밖'에서 예상 외의 형태를 취하며 그치지 않고 집요하게 회귀하는 이유가 무엇인지, 그 이유에 조금이나마 다가설 수 있었으면 한다.

'진보'하는 캘리번

「캘리번」의 서두에서 작가는 독자를 향해 다음과 같이 서술한다.

> 프로스페로는 밀라노의 공작이지만 그 어떤 역사가에게도 알려져 있지 않다. 캘리번은 생김새가 흉측한 데다가 거친 야성 그대로의 모습이지만, 이제 막 인간이 되는 도중에 있다. 에어리얼은 공기(空氣)의 자식이며, 관념론의 상징(symble de l'idéalisme)이다. 이 셋은 셰익스피어의 가장 심원한 창조물이다.[11]

『템페스트』의 무대인 섬을 떠나 프로스페로는 밀라노 공국으로 되돌아왔다. 에어리얼은 이전처럼 그를 섬겼으며, 캘리번도 여전히 반항적인 노예인 채로 있다. 그러나 프로스페로는 군림하되 통치는 거의 하지 않고, 파피아의 수도원에 있는 실험실에 틀어박혀 연구에 몰두하고 있다. 흠뻑

---

11) Renan, "Caliban", *Renan*, p. 681.

취해서 욕설을 퍼붓는 캘리번과 원작 이상으로 주인에게 충성을 다하는 에어리얼 사이에 오고간 대화로 희곡의 막은 열린다. 그 한 부분.

캘리번 : 무엇이든 아름다웠지! 섬은 나의 것이었어. 그놈보다 먼저 내가 있었어. 내 어머니인 시코락스로부터 받은 거야. 경작 가능한 들판, 샘물, 질 좋은 나무. 이 모든 것을 프로스페로란 놈에게 가르쳐 준 것은 이 몸이 아닌가. 그에 대한 보답으로 나에게 종복짓이나 하라고 하다니!

에어리얼 : 섬이 네 것이었다고 언제나 너는 말하곤 하지. 그래, 그렇다. 섬은 네게 속해 있었어. 사막이 얼룩말에게, 정글이 호랑이에게 속해 있는 것처럼 말야. 너는 사물의 이름조차 몰랐어. 너는 이성이 뭔지도 몰랐던 거지. 발음조차 불분명한 네 말은 기분 나쁜 낙타의 울음소리와도 같았어. 소리가 네 목구멍에 걸려 빠져나오지 못했고, 넌 그걸 토해 내려 온 힘을 썼지만 어떤 소리도 낼 수 없는 그런 그런 꼴이었지. 프로스페로는 그런 너에게 아리아인의 말을 가르쳐 주었어. 이 신적인 말과 함께 그 말과 떼려야 뗄 수 없을 만큼의 이성이 네 속에 들어갔어. 조금씩 조금씩 말과 이성 덕분에 보기에도 흉측했던 너의 몸은 조화롭게 되었어. 물갈퀴처럼 붙어 있던 손가락도 떨어지게 되었고, 지독한 비린내가 나는 어류였던 네가 인간이 되어 지금은 마치 아리아인의 자식인 것처럼 말하고 있지 않은가.

캘리번 : 이봐, 입 닥치지 못해. 말 같은 거 못해도 불편할 거 하나 없었어. 프로스페로 그 자식은 자기가 내게 준 말을 내가 그 녀석을 저주하기 위해 쓸 거란 걸 왜 생각지 못했던 거지? 프로스페로는 바보야. 누구든지 자기 자신이 사랑스러운 법이잖아. 그 녀석이 내게 무엇이든지 다 가르쳐

주었단 건가? 녀석은 실수한 거야. 내가 녀석이었다면 그렇게 하지 않았을걸. 녀석에게 그렇게 해줄 의리가 어디 있냔 말야. 나는 아무것도 부탁한 적이 없다구.

에어리얼: 너무 심한 거 아냐. 그럼 보다 높은 곳에 있는 자가 다른 자들을 끌어올려선 안 된다는 건가?

캘리번: 내가 정부(政府)라면 그런 짓은 하지 않도록 조심할걸. 아아 그렇지. 예를 들어 볼게. 한번 인격을 높일 수 있었던 놈이 자신을 위해서만 존재하려고 하는 건 당연지사지! 사람은 모두 은혜를 잊는 법이야. 타인을 키우려고 하는 노력은 전부 교육자에게 맡겨 두라구. 누구든 자기가 갖고 있는 힘은 다 써먹으려고 하는 거야. 악어 입이 큰 건 쓰기 위해서가 아니라고 말할 셈이야? 저주는 나의 본성이야. 난 욕설을 퍼붓지 않고선 참을 수가 없어. 내게 말을 주다니, 저주를 위해 무기를 준 것과 마찬가지지. 아리아인의 말에서 나는 오물과 모독만을 취했다. 나보다 그쪽이 더 강해. 나는 저주하지 않곤 참을 수 없어.[12]

그러나 이 극에서 캘리번은 단지 불평을 토로하거나 광대들과 손을 잡고 헛된 반역만을 시도하거나 하는 것은 아니다. 밀라노에서 그는 점차 인간에 의한 인간착취의 현실을 깊게 인식하게 된다. 그리고 프로스페로가 부재한 시이에 일어났던 민중 봉기에 참가해, 주인이 가진 힘의 비밀인 책을 소각하자고 제창하며 반란을 성공으로 이끈다. 수도사 한 명이 그를 가리키며 이렇게 외친다. "어떤 혁명이건 영웅을 만들어 낸다. 이 혁명의

---

12) Renan, "Caliban", *Renan*, pp. 683~684.

위인은 캘리번, 위대한 시민 캘리번이다." 그러나 일단 실권을 장악한 캘리번은 급속히 '성숙'하고 사유재산을 '사회의 바닥짐[底荷; 배의 균형을 잡아주기 위해 바닥에 놓는 무거운 짐]'으로서 인정해 부르주아들을 안심시키고 귀족들도 당분간 반항을 단념토록 하는 데 성공한다.

이 '정치의 극(劇)'과 겹쳐지면서 프로스페로를 주인공으로 하는 '정신의 극(劇)'이 진행된다. 프로스페로가 실험실에서 탐구하고 있는 것은 자연에 활력을 주는 힘의 비밀이며, 이 비밀이 발견되는 날에는 인간은 '가장 슬픈 예속, 죽음에의 예속'으로부터 해방된다. 그것은 단순히 인간의 수명을 늘리는 것만이 아니다. 인간이 영원히 죽지 않는 것은 있을 수 없지만, 그 대신 고통 없는 죽음을, 그뿐 아니라 쾌락에 가득 찬 죽음을 맞이하는 게 가능해지는 것이다. 거의 파우스트를 생각나게 하는 프로스페로를 종교재판소는 이단으로 단정하고 교황청[法王庁]에 심판을 구한다. 그러나 프로스페로에게 다행스럽게도, 밀라노에서 권좌에 오른 캘리번은 '반(反)교권주의자'였다. 왕좌는 박탈당했지만 실험실은 건질 수 있었던 프로스페로는 약간 주저한 끝에 이렇게 말한다. "망명을 하면 도처에서 성직자들과 부딪히겠지. 그렇군. 캘리번 만세!" 그러나 에어리얼은 "더러움보다는 죽음을"(Prius mori quam foedari) 선택하고, "나는 자연의 간헐적인 정령(l'esprit intermittent de la nature)이 되리라"라는 말을 남기고 대기 속으로 사라져 버린다. 프로스페로가 기절해 쓰러지면서 극의 막이 내린다.

이 작품은 어느 행에서나 당시의 정치·사회적 컨텍스트에 대한 암묵적 참조가 나타나 있다. 또한 등장인물의 말이 그대로 작가의 말이 아닌 이상, 텍스트를 어떤 단순한 사상에 환원하는 데에는 신중하지 않으면 안 된다. 우선 첫째로, 이유야 어찌되었건 캘리번의 권력 탈취를 긍정하는 줄거리를 갖춘 이 극에서, 보불전쟁과 파리코뮌을 거친 작가의 정치사상의 변화가 기록되어 있는가 하는 것을 살펴보고 싶다. 1869년 '프랑스의 입헌군주제'에 대해 르낭은 다음과 같이 서술하고 있다. "프랑스 혁명은 너무나 특별한 사건이기 때문에, 우리의 시대가 안고 있는 문제에 대한 고찰은 모두 거기서부터 시작하지 않으면 안 된다."[13] 그러나 당시의 그는 1789년의 '자유주의' 사상에는 호의적이었어도 평등의 원칙은 결코 인정하지 않았다. 이러한 태도는 어떤 의미에서 일평생 그의 계급관이나 인종 사상을 규정하고 있었다. 그에게 생득적인 능력의 차이는 교육이나 교양에 의해서 완전히 극복될 수 있는 것이 아니었다. 또한 루이 16세의 처형에 대해서도 비판적인 자세로 일관했다. "왕의 목을 친 날 프랑스는 자살한 것이다"라고까지 잘라 말할 정도였다. 이러한 사상의 소유자에게 입헌군주제가 유일한 선택항이었음을 상상하긴 그리 어렵지 않다.

그러나 파리코뮌 진압 후의 정계는 오를레앙파와 정통왕조파(부르봉 옹립파)의 끝없는 대립으로 날을 지새우다 결국 1875년이 되어서야 대통령제 공화국 안이 한 표 차이로 가결되어, 프랑스 제3공화제는 불안한 첫 행보를 내딛게 된다. 「캘리번」은 이러한 추세를 주시하면서 집필되었던 것이다. 그것은 대중이 공공 공간에 등장하는 것을 더 이상 되돌릴 수 없게 된 시대의 흐름이라고 깨달았던 저자가 새로운 정치 원리를 모색하는 장이었던 것이다. 그런 의미에서 「캘리번」은 「국민이란 무엇인가」에서 확실히 내세웠던 주의주의(主義主義)적이자 정치적인 '매일매일의 인민투

---

13) Renan, "Monarchie constitutionnelle en France", *Œuvres complétes* I, p. 478.

표'라고 한 '국민 개념', 즉 르낭의 독자적인 공화제 민주주의 사상이 형성되는 과정을 증언하는 작품이라고 생각한다.

두번째로 주의를 요하는 것은 에어리얼의 대사에서 드러나는 인종 및 언어 사상이다. 여기서는 제2차 세계대전 후 사이드 이외에도 세제르,[14] 폴리아코프,[15] 토도로프,[16] 올랑데르[17] 등이 격렬하게 비판해 온 인종 차별주의자, 반셈족주의자로서의 르낭의 사상이 그 맨 얼굴을 드러내고 있다고 할 수 있다. 르낭은 그치지 않고 계속 성장·변화하고 유기적 구조를 갖춘 살아 있는 언어인 '아리아인의 언어'에 비해 비아리아계의 언어는 성장을 멈춘, 비유기적인 죽은 언어이며, 특히 셈계의 여러 민족의 정신은 셈어의 '경직된' 언어 구조에 의해 결정되어 있다고 말한다.[18] 또한 '일신교'를 세계에 퍼뜨린 유대인의 정신은 그들의 고향인 사막의 풍토에 의한 것이라고 영구히 규정하기도 한다. 1890년 『과학의 미래』의 서문에서, 또다시 르낭은 다음과 같이 말하고 있다. "인종 간의 불평등은 확인이 끝난 것이다. 진보의 역사 속에서 적건 많건 좋은 평가를 얻었던 각 혈족의 칭호는 결정되어 있다."[19] 따라서 「국민이란 무엇인가」에서 행한 독일

14) Aimé Césaire, *Discours sur le colonialisme*, Présence africaine, 1989.
15) Léon Poliakov, *Le mythe aryen: essai sur les sources du racisme et des nationalismes*, Calmann-Lévy, 1971; レオン・ポリアコフ, 『アーリア神話』, アリーア主義研究會 訳, 法政大学出版局, 1985.
16) Tzvetan Todorov, *Nous et les autres: la réflexion française sur la diversité humaine*, Seuil, 1989; ツヴェカン・トドロフ, 『われわれと他者』, 小野潮·江口修 訳, 法政大学出版局, 1991.
17) Maurice Olender, *Les langues du paradis. Aryens et Sémites: un couple providentiel*, Gallimard/Seuil, 1989; モーリス・オランデール, 『エデンの園の言語』, 浜崎設夫 訳, 法政大学出版局, 1995.
18) Renan, *Histoire générale et système comparé des langues sémitiques*, 1855.
19) Renan, "Préface de *l'Avenir de la science*", *Renan*, p. 812.

의 종족주의적 내셔널리즘에 대한 비판이나 캘리번에게 부여했던 '진보'의 가능성이라는 것도, 정신적 독창성이 가능한 '인종'과 그렇지 못한 '인종'의 구별에 관한 그의 신념을 뿌리째 흔들어 놓는 것은 아니었다. 이러한 사상은 에어리얼의 대사 속에서는 약간 희극화되어 있고 미묘한 거리가 느껴지기도 한다. 그러나 그것을 작자 르낭의 사상적 변화를 보여 주는 확정적인 징후로 간주하긴 무리일 것이다.

세속주의와 '정신의 정치'

그렇다면 군주제와 공화제, 인종차별주의와 인권사상 등 르낭 사상의 일단을 대표하는 이들 상반되는 요소의 공존, 공존이라고 말하기보다 한편에서 다른 한편으로의 놀랄 정도의 진폭은 어떤 원리에 의해서 뒷받침되는 것일까? 이 물음에 대해 해답의 실마리를 주는 것이 '정치의 극'과 함께 이 작품의 다른 한 극을 구성하는 '정신의 극'이다. 제3공화제 초기, 드레퓌스 사건이 일어나기 직전, 만년의 르낭이 사회적으로 무엇을 실현하고 있었는가는 명백하지 않다. 그래서 나는 르낭 스스로가 품고 있던 자아상이 「캘리번」에 나오는 프로스페로에게 꽤 명확하게 투영되어 있다고 보고, 그것으로부터 당시 그의 사상과 사명감을 읽어 내는 작업을 하게 되었다. 마르그 쒸마볼리에 의하면 『지적·도덕적 개혁』의 저자로서 아카데미 회원이자 콜레주 드 프랑스의 교수였던 만년의 르낭은, "순수하면서도 고차원적인 독립을 위해, 로마에 대항하여 제3공화제에 그 학문적 정통성과 권위를 부여해 준 정신적 권력(pouvior spirituel ; 영적인 힘, 본래는 '세속권'pouvoir temporel에 대비되는 교권敎權을 의미한다)"이었다고 한다.[20]

로마에 대항하는 '정신적 권력'인 지식인의 계보는 중세로 거슬러 올라가는데, 19세기의 컨텍스트 속에서 이 문제를 부활시켰던 것은 오귀스트 콩트이다. 1826년 생시몽파의 잡지 『생산자』(Le Producteur)에 「정신적 권력에 대한 고찰」(Considérations sur le pouvoir spirituel)이라는 제목으로 발표한 일련의 논문에서 콩트는 우선 중세의 교권과 세속권의 균형을 다룬다. "중세에 조직된 교권과 세속권의 근본적인 분할에 의해, 인간사회는 보다 확대되는 동시에 보다 잘 조직되었다. [확대와 조직이라는] 이 두 가지 조합은 고대의 입법자나 철학자조차도 불가능하다고 단정지었던 것이었다."[21] 요컨대 고대 민주제와 근대 민주제 사이에는 중세 그리스도교의 '정신적 권력'에 의한 지배가 광역화된 시기가 있었다. 이때 고대 그리스의 폴리스 모델로 단순히 복귀하는 것으로 이 원격 지배를 보충하기란 도저히 불가능했다. 그 때문에 19세기의 "가장 문명화된 여러 국민의 사회상태는 오늘날 굉장한 힘으로 새로운 정신질서(un nouvel ordre spirituel)의 형성을 요구하는 것이었다."[22]

대략 에라스무스에서 볼테르, 콩도르세에 이르는 '문인 공화국'(la République des Lettres)은 로마의 신학적 정통파와 싸우고 개명(開明)한 전제 군주와 동맹을 맺어, 종교적 미신을 극복하는 데 공헌했다. 그러나 그들의 '비판적 교의'는 본질적으로 소극적이며 부정적인 것이었다. 이미 구체제는 타도되었고, 낡은 '정신적 권력'은 몰락했다. 그러나 봉건적·군

---

20) Marc Fumaroli, "De Renan à Valéry : la politique de l'esprit", *Revue d'histoire littéraire de la France*, No. 5, 1993, p. 149.

21) Auguste Comte, *Du pouvoir spirituel*, le Livre de poche, 1978, p. 279.

22) Fumaroli, "De Renan à Valéry : la politique de l'esprit", p. 149, n. 5.

사적인 군주제의 세속권은 산업사회에 기반을 둔 민주제가 대신한 데 반해, 로마를 대신할 '정신적 권력'의 자리는 비어 있는 상태였다. 분할과 균형 위에 성립된 유럽의 조화는 붕괴하고 말았다. 그렇기 때문에 이제 새로운 기반 위에서 "여론이 이끄는 정부를 근거지로 하는" '정신적 권력'이 재건되어야 했다. 그것이 '적극적–긍정적인'(positif) 원리로 "확립되고 유지될 때에만 다양한 사회관계를 지배"할 수 있었다. 모든 정치는 신빙성(crédibilité)을 필요로 한다. 그리고 그 신빙성의 조건을 수립할 수 있는 것은 이러한 권력뿐이며, 이런 권력 없이는 유럽에서 공공적 질서도 통일도 안정도 도덕도 끝끝내 태어날 수 없을 것이라고 말하는 것이다.

퓌마롤리에 의하면 르낭은 콩트의 이 제언을 잘 알고 있었던 듯하다. 다만 그는 휴머니스트로서 유럽 규모의 '문인 공화국'의 전통에 맥을 같이하면서도, 콩트가 묘사한 중세 이후 양 권력의 항쟁을 좀더 프랑스사에 밀착시켜서 이해했다. 프랑스의 궁정에는 르네상스 이전의 13세기부터 교권과 투쟁하는 과정에서, 로마 교회의 법학자에게 이의를 제기하고 왕권의 정신적 권위를 정당화하려는 학자 집단이 형성되어 있었다. 우선 프랑스 교회독립주의(gallicaniste)의 법률가와 신학자들이, 이어서 르네상스기에는 역사학과 철학 분야에서 '박학다식한 자유사상가'들이 등장했다. 다시 말해 유럽에서 '철학하는 자유'(Libertas philosophandi)는 항상 이 두 가지의 권력에 의해 구성되는 울타리 속에서만 가능했던 것이다. 그리고 르낭은 제3공화제 창설기에 자신에게 부여되었던 권위의 역사적 원천을 그 누구보다도 훤히 알고 있었던 것이다.

그렇다면 르낭은 새로운 근대적인 '정신적 권력'을 위한 적극적인 원리를 어디에서 찾았을까? 답은 적극적–실증적 진리(vérité positive)

를 진정으로 낳을 수 있는 과학적 이성 속에 있었다. 그것은 초기 『과학의 미래』가 나온 이후 만년까지 계속되었던 화학자 마르셀랭 베르틀로(Marcellin Berthelot)와의 교우를 보더라도 쉽게 알 수 있듯이, 이러한 관계는 르낭의 오랜 경험 속에서 시종일관 변하지 않았다. 그는 문헌학의 정의 또한 자연과학의 실증성과 유비를 통해서 부여하고 있다.

문헌학이라는 것은 정신적 사물을 대상으로 하는 정밀 과학이다. 문헌학이 여러 인문과학과 갖는 관계는, 물리학 및 과학 즉 물체에 관한 여러 철학적 과학에 대한 관계와 마찬가지이다.[23]

르낭의 '정신의 극'은 여기에서 시작한다. 르낭에 의해 캘리번적 존재의 해방 조건은 과학적 이성이 정통 신앙의 멍에를 벗어나는 것에 의해 비로소 가능하며, 과학의 진전이 사회의 진보를 영도할 수 있을 뿐 결코 그 반대는 없다. "근대적 국민도, 근대 민주주의도, 유럽의 귀족제와 정신적 통일을 와해시킨 학문적 비판의 산물이다. 그러나 비판적이건 적극적-실증적이건 과학의 본질은 귀족적이며, 그 객관성이야말로 통일과 문명을 가져 올 새로운 신앙의 씨앗을 품고 있는 것이다."[24] 희곡 「캘리번」의 기저를 이루는 프로스페로의 고독과 불안은, 이처럼 자신이 이루어 낸 진보 속에서 자기 자신이 설 자리를 찾지 못하는 귀족주의적 학자의 모습 바로 그것이다. 그러나 맨 마지막에 그는 낡은 '정신적 권력'의 박해로

23) Renan, *L'Avenir de la science: Pensée de 1848*, Calmann-Lévy, 1980, p. 149.
24) Fumaroli, "De Renan à Valéry : la politique de l'esprit", p. 157.

부터 벗어나, 캘리번 공화국의 한 구석에 맞아들여진다. 르낭이 「국민이 란 무엇인가」라는 강연을 했던 1882년에는 정교 분리와 세속적 의무교육 이 법률로 정해졌다. 그렇게 본다면, 희곡 「캘리번」이 과학적 진보를 소위 '국가 종교'로 하는 제3공화제 이데올로기의 기원을 그린 극(劇)이라고 파악하는 데엔 충분한 근거가 있을 것이다.

안락사하는 '정신'

「캘리번」의 마지막 장에서 프로스페로가 얻었던 것은 소극적인 '학문의 자유' 이상은 아니었다. 그러나 그 속편인 「젊어지는 물」에서는 프로스페 로의 '정신적 권력'이 이 사회에 미치는 적극적인 의미, 즉 '정신의 정치' 의 본질이 한층 더 선명해진다. 정부 일에서 해방된 프로스페로는 파피아 의 사원 안에 있는 실험실에서 오로지 연구에만 몰두해, 마침내 포도주에 서 '정'(精, esprit)을 분리·추출하는 데 성공한다. 그것으로 그는 '생명수' (eau de vie; 보통은 브랜디 등의 증류주를 의미함)라는 불로장생의 묘약 을 만든다. 그러나 이 묘약은 양에 따라서 인생의 달콤한 종말을 선사하는 '죽음의 물'이 되기도 한다. 「캘리번」에서처럼 이 극에서도 '정치의 극'과 '정신의 극'은 밀접하게 뒤얽힌다. 그러나 이 작품에서 '정치의 극'은 1막 말미에서 캘리번을 타도하고 왕정복고를 꾀하려는 밀라노 보수파 귀족 들의 요청을 프로스페로가 단호히 거절하는 시점에서 급히 끝나 버린다. 그후 주요한 등장인물은 교황 클레망과 그 애인인 브뤼니상드 드 탈레이 랑, 그리고 프로스페로이다. 이 세 사람이 펼치는 '정신의 극'이 완전히 무 대의 전면을 점하게 된다. 아르노 박사라는 가명으로 여러 나라를 편력하는 프로스페로는 연금술사이자 의술사로 명성을 날리게 된다. 그러나 '신성한 파리대학 신학부'는 그를 이단으로 단정하고 그들의 뜻을 받아들인 교황은 프로스페로를 교황청으로 소환한다. 그러나 교황에게는 소문으로만 듣던 '젊어지는 물'을 손에 넣어 젊은 애인을 기쁘게 해주려는 속셈이 있었다.

4막에 들어서면 프로스페로의 실험실에 방랑의 기사이자 늙은 시인인 레오랑 드 브르타뉴와 게르만 왕의 대사이자 선제후인 시프로바가 나타난다. 둘은 '생명수'를 서로 밀치고 빼앗아가면서 다 마셔 버린다. 르낭은 브르타뉴 트레기 출신이므로, 그런 의미에서 레오랑은 작가의 분신임에 분명하다. '생명수'를 마신 레오랑은 유년 시절의 추억에 끌려 죽은 여동생을 만나게 된다. 정신을 차린 레오랑의 대사는 거의 네르발(Gérard de Nerval)을 연상케 하는 것으로 다음과 같다. "꿈은 우리의 인생을 최고의 순간으로 만드는 가장 달콤한 부분이다. 그것은 누구든 바로 가장 자기 자신인 순간이다. 아, 나는 지금 앞으로 20년을 더 살 수 있는 힘을 얻었다." 한편 '생명수'를 너무 많이 마셔 버린 시프로바는 망상 속에서 허우적대다 죽어 버린다. 독일은 '정신'의 처방에 실패했다는 것이다. 자초지종을 알게 된 교황은 브뤼니상드를 상대로 다음과 같이 속삭인다. "저 남자의 물은 사람을 되살려 내지 못한다. 죽은 자의 추억을 몸 속에 지니고 있는 자만이 죽은 자와 재회할 수 있다. 젊음도 불로장생도 얻을 수 없어. 하지만 이 물에는 풍부한 생명력이 있다. 그것은 내 몸의 힘을 불러일으켜, 잃어버렸다고 생각했던 상상력의 쾌락을 맛보게 해주었다."[25]

---

25) Renan, "L'Eau de jouvence", *Renan*, p. 743.

마지막인 5막에서는 밀라노의 민중과 귀족, 종교재판소, 심지어 신성로마제국까지도 프로스페로의 목을 원한다. 그러나 교황과 대심문관은 그를 보호하기로 결심하고 사태를 무마시키려고 한다. 낡은 '정신적 권력'의 수호자였던 이들의 변모를 눈앞에서 보면서, 프로스페로는 자신이 목적했던 바가 모두 이루어졌다고 생각해, 스스로 자신이 만든 묘약을 먹고 감미롭게 죽으려 한다. 그러나 그의 죽음을 안타깝게 생각한 대심문관은 프로스페로에게 이렇게 말한다. "절망해선 안 돼. 인생에는 항상 행복한 마음의 동요가 있는 법. …… 다시 한번 브뤼니상드와 얘기해 보고 싶지 않아? 우리한테는 어떤 수녀원장이 우리를 즐겁게 해주려고 각별히 신경 써서 보내 준 젊은 계집들이 있지. 기다려. 인생을 포기하기 전에 그것들이 아직 네가 모르는 쾌락을 갖고 있는지 아닌지 보는 게 좋겠어."[26] 그가 눈짓을 하자, 젊은 수녀가 나타난다. 그 중 한 명인 세레스틴이 프로스페로와 말을 주고받는다. 여자의 목소리는 그에게 에어리얼의 기억을 불러일으킨다. 그러자 묘한 음악이 들리고 공중에서 에어리얼이 나타난다. 되살아난 공기의 정령은 '그 매력과 아름다움으로' 그의 '여동생'인 수녀와 서로 바라보는 순간, 갑자기 몸을 얻어 지상의 존재가 된다.

이 작품에서는 캘리번의 모습은 거의 보이지 않는다. 그러다가 에어리얼이 몸을 얻은 후, 극의 대단원에서 처음으로 등장한다. 그리고 프로스페로는 이 두 사람에게 유언을 남긴다. "캘리번아, 에어리얼의 자만을 힐난하지 말아라. 이 자만이 그 아이의 존재 이유이고, 그건 또 그것 나름대로 옳기 때문이다. 성질이 까다로운 놈도 없어선 안 되지. 에어리얼아, 너

---

26) Ibid., p. 749.

는 아직 나 같은 정도의 무한(無限)에는 접근하지 못했다. 캘리번을 무시하는 것을 그만둬라. 캘리번이 없으면 역사도 없다. 캘리번이 울부짖는 소리, 주인의 자리를 빼앗으려는 격렬한 증오야말로 인류 운동의 원리인 것이다." 프로스페로는 캘리번에게 에어리얼과 세레스틴의 앞날을 부탁한다. 캘리번은 "선생님, 말씀대로 하겠습니다"라며 요청에 응한다.[27]

이렇게 해서 프로스페로의 '정신의 정치'는 그의 죽음과 함께 달성된다. 이런 결말에는 일종의 희생 관념이 강하게 표명되어 있다. 그러나 프로스페로의 죽음은 문자 그대로 안락사이며, '생명수'에 의해서 철저하게 그 비극성이 환원된 희생이다. 르낭에게 캘리번의 시민권은 이러한 '정신의 귀족'이 자기 희생을 통해서만 정통성을 부여받고 새로운 시대의 원리로서 등장할 수 있었다. 르낭은 캘리번적 존재의 해방을 단순히 체념하며 허용한 것이 아니라, 이제야말로 적극적으로 긍정한 것이다. 그러나 이 죽음과 재생의 숨겨진 의미 속에 캘리번의 장소는 없다. 캘리번의 지배란 "언뜻 보기에 정반대의 수단으로 자신을 실현하는" "이성의 교활한 지혜"이며, 캘리번은 바로 그 자격에 의해서만 '정신의 정치'에 참여하는 것이다.

르낭의 위험한 '사랑'

사이드는 젊은 날의 르낭이 문헌학이라는 학문을 선택한 것을 『유년시절·청년시절의 추억』에 자세히 서술된 르낭의 성직 포기와 관련지어 설명한다.[28] 확실히 『예수의 생애』의 저자에게 예수는 평생 마음에서 떠나지 않는 인물이었다. 그렇기에 르낭의 프로스페로는, 셰익스피어는 생각지도 않았던 성자(聖者)의 풍모를 띠게 된 것이다. 그러나 이 성자는 그의 실험실 없이는 살아갈 수 없다. 사이드는 여기에서 우리가 살펴보았던 희곡에 대해서는 구체적으로 언급하고 있지는 않다. 그러나 '문헌학적 실험실'(philological laboratory)이라는 제목의 이 장에서 '실험실'이라는 은유를 전략적으로 자주 사용해 르낭의 학문방식을 기술하는 것을 볼 때, 그가 「캘리번」 및 「젊어지는 물」의 프로스페로를 염두에 두고 있다는 것은 거의 확실할 것이다.

르낭의 학풍, 오리엔탈리스트이자 학장다운 그의 경력, 그가 전달하는 내용을 둘러싼 환경, 동시대 유럽의 학술적·일반적 문화……에 대해 그가 지닌 독자적인 친밀한 관계, 이 모두를 묶어서 나는 [여자를 멀리하는] **독신자적**이고 동시에 과학적인 것(*celibate* and scientific)이라고 부르고 싶다. 르낭에게 자손을 낳는 일 따위는 그가 한 유명한 선언 속에서 과학과 결부시켰던 저 어떤 **미래**의 영역에나 바쳐질 법한 일이다. …… 르낭의 역사와 학문의 세계는 이상하리만치 황량하고 거칠 정도로 남성적인 세계(peculiarly ravaged, ragingly, masculine world of history and learning)인 것이다. 실제로 그것은 아버지와 어머니 그리고 자신이 있는 세계가 아니라 예수, 맑스, 아우렐리우스, 캘리번 그리고 (그의 『철학적 대화』의 「꿈」에서 묘사하고 있는) 태양신처럼 남성들의 세계인 것이다. …… 내가 아는 한, 공개적으로 간행[公刊]된 르낭의 저서에서 은혜를 베푸는 역할이 여성에게 할당되었던 경우는 극히 적다. 일례로 이국의 여인들

---

27) Renan, "L'Eau de jouvence", *Renan*, pp. 752~753.
28) Said, *Orientalism*, p. 134; サイード, 『オリエンタリズム』, 138쪽.

(유모나 하녀)이 정복자 노르만인의 아이들을 교육시켰음에 틀림없다든가, 거기서 우리는 언어 내부에 생기는 변화를 설명하는 것이 가능하다든가 하는 의견을 르낭이 설명할 경우가 있을 뿐이다. 그러나 여기서 도움이 되는 여성의 기능은 [자손의] 생산성도 확장도 아니다. 그것은 내적인 변화, 그것도 부차적인 변화를 초래한다고 한 것에 주목해 주길 바란다. 그는 같은 논문[「문헌학의 역사학에 대한 책임」]의 말미에서 다음과 같이 말하고 있다. "남성은 자기의 언어에도, 자신의 인종에도 속하지 않는다. 그는 무엇보다도 먼저 자기 자신에게 속한다. 왜냐면 남성은 무엇보다도 먼저 자유로운 존재이며, 도덕적인 존재이기 때문이다."[29]

여기에는 "자기를 자신이 속한 시대 및 근접한 과거에서 단절"시키기 위한 르낭적 방식에 대한 사이드의 진단이 집약적으로 표현되고 있다. 처음에 살펴본 것처럼 이 시대의 문헌학의 기도 그 자체에 대해서 그는 깊이 있고, 어느 쪽이냐면 호의적인 이해를 보이고 있다. 그런 후 이 기도에 대해서 르낭이 초래했던 회답, 정신-남성 중심주의적인 대답을 비판했던 것이다. 또한 이 인용문 속에서 프로스페로가 아니라 캘리번이 르낭적인 남성적 형상의 계열의 장을 점하고 있다는 점은, 우리가 보아 왔던 것처럼 이 작품이 기본적으로는 프로스페로를 중심으로 한 극인 만큼 매우 흥미롭게 느껴진다. 사이드는 분명 셰익스피어의 텍스트와 비교해서 볼 때 르낭의 손에 의해 프로스페로보다 캘리번 쪽이 한층 더 남성화되었

---

29) Said, *Orientalism*, pp. 146~147; サイード, 『オリエンタリズム』, 149~150쪽. 강조는 원저자, 대괄호는 인용자.

다고 생각했던 것이 아닐까? 피터 흄(Peter Hulme)이 날카롭게 시사하고 있듯이[30] 『템페스트』의 캘리번은 '알제리에서 망명한 어머니' 시코락스의 아들로서 섬의 주권을 주장한다. 그리고 프로스페로 역시 고국에서 추방당한 마술사인 이 마녀와 번거로운 유사성을 끊으려고 한 나머지, 캘리번에게 불필요할 정도로 감정적으로 대한다. 캘리번이라는 카리브해적 존재[31]에 의한 섬의 주권 주장은 이 작품에서 다이드나 메디아 등 지중해 세계 여성들의 문학적 기억에 의해서 유지되는 것이며, 그런 의미에서 유럽적인 주권의 논리로부터 벗어나 있다고 할 수 있으리라. 그렇지만 르낭의 손에 의해 씌어진 후편에서는 캘리번은 이 모계적이고 모권적인 환경으로부터 멀리 동떨어져 있다. 여기에서 그의 '진보'와 '해방'은 유럽 도시의 지배자가 되는 것에 의해서 실현되는 것이다. 단지 이런 한 가지 점에 의거해 보아도, 여기에서는 캘리번 쪽이 위험할 정도로 프로스페로에게 유사해져 가고 있다고 말할 수밖에 없다.

물론 우리가 여기서 다루는 두 개의 희곡에 실제로 사이드가 말한 정도로 [심하게] 여성적 형상이 부재하는 것은 아니다. 「캘리번」에 등장하는 매춘부 앙페리아, 「젊어지는 물」의 브뤼니상드나 세레스틴은 『템페스트』에서 어머니들이 부재하면서도 발휘되는 은연한 힘에는 비할 수 없을 테

---

30) ピーター・ヒューム, 『征服の修辞学 — ヨーロッパとカリブ海先住民, 1492~1797年』, 岩尾龍太郎・正木恒夫・本橋哲也 訳, 法政大学出版局, 1995, 146~159쪽.

31) "…… 그리고 물론 캘리번이 있다. 유럽인이 신세계에서 처음으로 기록한 민족의 이름인 '카니발'에서 문자의 위치를 전환한 것(음위전환, metathesis)인 동시에, 이 모든 신세계에 대한 언급을 카리브 제도라는 초기 식민활동의 도가니로 삼아 이문화와 조우하는 역사적 원형을 이루는 장으로 근거 짓는 이름."(같은 책, 146쪽) スティーヴン・J・グリーンブラッド, 『シェイクスピアにおける交渉 — ルネサンス期イングランドにみられる社会的エネルギーの循環』, 酒井正志 訳, 法政大学出版局, 1995, 218~252쪽도 볼 것.

지만, 르낭 자신의 이전 작품과 비교해 보면 확실히 눈에 띄게 중요한 역할을 하고 있는 것이다. 한마디로 말해, 문헌학자가 아닌 제작자로서의 르낭이 처음으로 말한 주제가 있다면 그것은 '사랑'이라는 주제이다.

앙리 구이에는 이 주제의 기원을 1863년 8월에 화학자 베르테르에게 부친 편지로부터 찾고 있다.[32] 르낭에게 있어 자연과학의 대상과 역사과학의 대상에는 궁극적인 구별이 없다. 자연철학은 거대한 우주사이며 그것을 르낭은 '존재의 역사'라고 부른다. 동시에 헤겔적이면서도 반헤겔적인 그의 생성의 철학은 분자에서 시작해 인간에게 이르기까지의 '역사'를 '의식으로 향하는' 진보라고 생각했다. 그리고 이 과정 자체를 '점차 존재의 심도를 더해 가는 경향'(tendance à être de plus en plus), '애매한 의식'(conscience obscure)이라고 보고 있다. 이 '애매한 의식'을 그는 '신적인 의식'이라고 하며, 더욱이는 우주에 내재하는 자연의 운동을 무한히 진보시키는 '신'이라고 새롭게 부르기조차 서슴치 않는다. 구이에는 르낭적인 '사랑'도 이 '신'의 다른 이름이며, 그 연극상의 이름에 지나지 않는다고 생각했다. 사실 「캘리번」에서 프로스페로는 신과 대화를 나누었는가라고 묻는 에어리얼에게 다음과 같이 설교하고 있다.

그렇지는 않다, 에어리얼. 영원한 신은 우리에게 보이는 형태로 모습을 명확하게 드러내지 않는단다. 그분은 물질적인 출현 속에서는 드러나지 않아. 신이 몸을 갖고 있다는 말은 의심스러워. 신이란 천재적인 인간의 천재이며 덕망 있는 인간의 덕이며, 아름다운 영혼의 선량함이며, 존재하

---

32) Henri Gouhier, *Renan, auteur dramatique*, Vrin, 1972, pp. 103~120.

기 위해서 점차로 존재의 심도를 더해 가기 위한 우주적인 노력인 거야. 그것의 진정한 정의는 사랑이지.……[33]

프로스페로에 의해 제기된 이 사랑의 주제는 계속해서 제2막에서 앙페리아에게로 이어지고 다음과 같이 노래된다.

어떤 것이 덧없다고 해서, 그것이 공허한 것은 아닙니다. 모든 것은 덧없는 것이죠. 그러나 덧없는 것은 때로는 숭고합니다. 나비를 보세요. 그건 어떤 특별한 동물이라기보다 나비가 아닌 다른 동물이 꽃을 피운 것이지요. 꽃이 식물의 일시적인 계기인 것처럼 나비는 곤충의 한때인 것입니다. …… 묵묵히 땅을 기고 있던 곤충이 날개가 돋고, 이데아적으로 됩니다. 그 생명은 공기처럼 완전히 가벼워지지요. 기분 나쁜 체액으로 한 줌의 흙에서 생긴 존재가 공기의 손님으로서 햇빛의 자식이 되는 것입니다. 누가 이 기적을 일으켰단 말인가요? 사랑입니다——나비는 사랑의 시기의 것이죠. …… 나비의 눈은 모두 황금으로 되어 있습니다. 나비에게 있어서는 모든 것이 만물의 아름다움을 이루는 타오르는 대기 속을 유영하고 있는 것입니다.[34]

이 나비가 보여 주는 일순간에 응축된 생의 고양은 「젊어지는 물」의 브뤼니상느가 말하는 "가능한 모든 강도를 어떤 순간에 갖는" "영원한 쾌

---

33) Renan, "Caliban", *Renan*, p. 686.
34) Ibid., pp. 688~689.

락"과도 같은 것이다. 이 '아름다움'을 '순간' 속에서 나타나는 '영원'이라고 바꿔 말할 수 있다면, 앙페리아·브뤼니상드·세레스틴이라는 여자의 계열은 구이에가 말한 것처럼, "플라토닉한 것이 아니라 플라토닉화된 사랑의 우아한 형상"[35]이 되지 않을까.

그런데 이러한 우주론적 힘인 이 '사랑'은 다른 텍스트에서는 르낭스스로가 '세계의 혼'(l'âme du monde)[36]이라고도 불렀던 것으로, 우리는 「젊어지는 물」에서 에어리얼이 부활하고 몸이 생긴 것을 '정신'과 '혼'이 일체화되는 의식이라고도 해석할 수 있다. 한번 잃어버렸던 '정신적 힘'——에어리얼이 '관념론의 상징'임을 상기하자——은 프로스페로의 자기 희생에 의해 되살아나고, 게다가 세레스틴의 '사랑'에 의해 이 세상에서 육신을 부여받는다. 에어리얼은 외친다. "아아. 이상할 정도로 기분이 좋다! …… 나는 몸을 얻었다(Je deviens chair)."[37]

'정신'과 '혼'의 결혼, 르낭은 이것과 완전히 똑같은 말로 그의 '국민'(nation)에 대한 한 가지 정의를 내린다. 지금이야말로 「국민이란 무엇인가」를 다시 읽어야 할 때이다.

국민이란 혼이며 정신적 원리입니다. 실은 한 몸이면서 두 개인 것이, 이 혼을, 이 정신적 원리를 구성하고 있습니다. 한쪽은 과거에 있고, 다른 한쪽은 현재에 있습니다. 한쪽은 풍부한 기억의 유산을 공유하고 있고, 다

---

35) Gouhier, *Renan, auteur dramatique*, p. 108.

36) Renan, *L'Abesse de Jouarre*, préface de la 21ᵉéd., p. 407; Gouhier, *Renan, auteur dramatique*, p. 113.

37) Renan, "L'Eau de jouvence", *Renan*, p. 751.

른 한쪽은 현재의 동의, 함께 생활하고자 하는 갈망, 공유물로서 받은 유산을 계속해서 운용하고자 하는 의지입니다. 인간이라는 것은, 여러분, 하루아침에 완성되는 것은 아닙니다. 개인도 마찬가지로, 국민도 노력과 희생, 헌신이 만들어 내는 기나긴 과거의 결실인 것입니다.……[38]

이러한 '국민', 그 중에서도 특히 르낭에게 범례적인 '국민'이었던 프랑스 국민은 더 이상 르낭-프로스페로의 실험실 안에서 분해되고 조립되고 생기를 넣어 주어야 하는 존재가 아니다. 르낭에게 [국민은] 셈계의 여러 민족처럼 '죽은' 민족이 아닌 것이다. 그것은 프로스페로의 죽음 뒤에 실험실의 주인이 스스로의 몸을 희생물로 바친 뒤에 에어리얼과 세레스틴의 결혼으로 생겨날 것이다. 다른 시각에서 보자면, 이 극은 「국민이란 무엇인가」에서 르낭이 '국민 창조의 본질적 인자'라고 불렀던 '망각'이, 제3공화제 창설기의 프랑스에서 한 번 더 기능하기 위해 이루어진 조건에 대한 탐구였다고도 말할 수 있다. 극 중에서 밀라노는 프랑스이며 프로스페로는 일찍이 이 국가의 군주였기 때문에, 그는 이제 다시 퇴장해야 할 때를 맞은 군주제를 체현하고 있기도 하다. 따라서 프로스페로의 희생에서는 그 정신사적 가치가 '국민' 속에서 영속화되기 위해서는 군주제는 스스로 무대를 떠날 수밖에 없다는 의미가 포함되어 있다. 그렇지만 캘리번과 에어리얼이 과거의 고집을 '망각'하기 위해서는 이 죽음에는 조금의

---

38) Renan, *Qu'est-ce qu'une nation? et autres essais politiques*, textes réunis et présentés par Joël Roman, Presses Pocket, 1992, p. 54; エルネスト・ルナン, 「国民とは何か」, 鵜飼哲 訳, エルネスト・ルナンほか, 『国民とは何か』, インスクリプト, 1997, 61쪽[르낭, 『민족이란 무엇인가』, 80쪽을 참고해 번역문 일부 수정].

비극성도 섞여선 안 되었던 것이다.

이리하여 캘리번의 지배를 싫어해 한 번 죽었던 에어리얼이 부활하고 몸을 얻는 이야기는 콩트가 말했던 '새로운 정신질서' 실현의 서곡이 된다. 르낭-프로스페로의 사명은 몰락했던 종교적인 '정신적 권력'이, 과학적 이성으로 인도되는 '정신적 권력'으로 향해 갈 때, 그 과도기에 있는 것이다. 또한 그 사명은 '언어의 사제'로서 '이미'와 '아직'의 사이를 매개하며, 진리와 정치에 대한 '신빙성'을 보증하고 있는 셈이었다. "1871년 이후 그[르낭]가 체현한 학자로서의 세속적인 사제직은 …… 우선 언어의 사제직이다. 정신의 정치학 그 자체도, 르낭이 여러 종교의 유산, 과학과 역사비판의 진보를 떠맡고 있었을 때에도, 무엇보다도 그것들을 종합하는 시학(詩學), 대중을 위한 유혹적이면서 감동적인 베일에 싸인 시학인 것이다. 진리라 할지라도 '믿게 하지' 못하는 데에는 어쩔 도리가 없다. 1876년의 『대화』(Dialogues et fragments philosophiques), 그리고 1888년의 『극』(Drames philosophiques)은 이 시기 이후 르낭이 받아들였던 일종의 과도기에 있는 '정신적 권력'을 가장 설득력 있게 표명한 것이다."[39]

그러나 마지막으로 큰 의문이 남는다. 르낭의 세속적인 '사랑'에 대한 설교와 '정신의 종교' 그리고 국민 개념은, 계속해서 인격신을 신앙하는 자에게는 두려워해야 할 무신론적인 어떤 것으로 비칠지 모른다. 그러나 그럴 때에도 그 기본적인 구조에 있어서는, 그야말로 너무나 그리스도교적인 것이 아닐까? 르낭의 프로스페로가 동시에 프랑스 왕이고 문헌학자이며 과학자일 수 있는 것은, 르낭적으로 해석되었던 예수의 운명을 그

---

39) Fumaroli, "De Renan à Valéry : la politique de l'esprit", pp. 159~160.

가 진전시키고 받아들이는 한에서만 가능하다. 또한 이제야말로 '몸을 갖게 된' 정령 에어리얼이 『템페스트』의 캘리번과 똑같이 비유럽세계의 존재였던 것을 상기해 보면, 르낭의 붓 아래에서 펼쳐진 그의 변모에서 우리는 무엇을 읽어 낼 수 있을까? 르낭이 상기되고, 세속주의적 공화제의 기초가 새롭게 주목받기 시작했던 1980년대 이후, 예를 들면 1990년의 이른바 베일 사건[40] 등을 계기로 프랑스 사회에 대항하는 이슬람 부흥운동의 등장에 대한 반응 속에서는 이 세속주의에 깊이 뿌리내린 불관용성이 종종 엿보였다. 결국에는 "세속주의야말로 우리의 종교이다"라는 주장까지도 들려왔다. 이 '종교성'의 본질은 무엇인가? 오늘날 우리는 르낭에게 무엇을 구하고 있는 것일까? 프랑스 이외의 지역에서 르낭이라는 '사례-증례'[41]는 오늘날 무엇을 의미하는 것일까?

제3공화제의 관객들 앞에서 르낭이 반(反)그리스도교도의 역할에 흥미를 느껴, 예를 들면 젊은 클로델(Paul Claudel)의 미움을 샀을 때, 유럽 사상계에 군림한 이 정신적 지도자의 세속주의 배후에 잠재해 있는 그리스도교적인 신학의 그림자에 날카롭게 반응했던 인물이 있었다.

르낭──신학, 혹은 '원죄'에 의한 이성의 부패(그리스도교). 그 증거가 르낭이다. 이 남자는 비교적 일반적인 종류의 긍정이나 부정을 거침없이 말하자마자 지나칠 정도로 언제나 어긋난 싯을 한다. 예를 들면 그는 과학과 고귀함을 하나로 묶으려 하지만, 과학이 민주주의에 속한다는 것은 명

---

40) 1989년 가을 프랑스 크레이 중학교에서, 교내에서도 베일(히잡) 착용을 고집한 두 여학생을 퇴학시킨 사건.──옮긴이
41) André Suarès, "Cas de M. Renan", *Qu'est-ce qu'une nation?*, pp. 265~277 참조.

백한 것이지 않은가. 그는 적지 않은 야심을 갖고 귀족주의를 보이려고 하지만, 그러나 동시에 그 반대의 가르침인 '마음이 가난한 자의 복음' 앞에서 무릎을 꿇는다. 더구나 무릎을 꿇는 것만이 아니다. …… 만약 어떤 사람의 오장육부가 여전히 그리스도교도, 가톨릭 신자, 성직자라고 한다면, 그런 자들 모두가 자유 정신인 양하는 태도나 근대성, 비웃는 버릇, 개미잡이새 같은 융통성 좋은 민첩함이 도대체 무슨 소용이란 말인가! 르낭은 예수회나 고해 신부와 똑같이 유혹 수단을 고안해 내는 능력이 있다. 그의 정신성(seiner Geistigkeit)에는 뻔뻔스럽고 세속적인 성직자의 간사스런 웃음이 떠나질 않는다. 사제라고 하는 자는 누구나 다 그렇지만, 르낭은 사랑을 보일 때(wenn er liebt) 비로소 위험한 존재가 된다. 목숨을 걸고 예배를 드리는 것에서 이 남자를 능가할 자는 없으리라. …… 르낭의 이 정신(Dieser Geist), 즉 **정기를 빼내어 약화시키는 정신**은, 불쌍하고 병들고 의지력이 떨어진 프랑스에겐 치명적인 것이 아닐 수 없다.[42]

『우상의 황혼』의 저자에게는 르낭의 희곡이 보여 주는 배덕자 풍의 관능(官能)도 일종의 여성성과 떨어질 수 없는 그리스도교적인 유혹과 교태의 다른 형태에 불과했다. 여기서는 '정신의 정치'에 대한, 특히 그 중에서도 그 자기 표상에 대한 매우 심각한 불신이 드러난다. 이런 니체의 비판은, 르낭의 작업 특히 「국민이란 무엇인가」가 지금까지도 경시할 수 없

---

42) Friedrich Nietzsche, *Götzen-Dämmerung*, in *Nietzsche Werke* VI 3, W. de Gruyter, 1969, pp. 105~106; ニーチェ, 「偶像の黄昏」, 西尾幹二 訳, 『ニーチェ全集』第四巻, 白水社, 1987, 87~88쪽. 강조는 원저자, 번역문 일부 변경[니체, 『바그너의 경우/우상의 황혼 등』(니체전집 15), 백승영 옮김, 책세상, 2002, 141~142쪽을 참고해 번역 일부 수정].

는 현실성(actuality)을 갖고 있는 만큼, 한층 더 중요해진다. 그것은 우리에게 르낭의 세속주의가 그리스도교적 인간주의의 가장 완성된 형태의 하나라는 것, 그런 공화주의가 '정치적인 것'의 그리스도교적 해석이며, 바꿔 말하면 정치신학의 울타리 속에 더욱 깊숙이 붙박혀 있음을 사유의 과제로 제시해 준다. 언뜻 근대적으로 보이는 것 배후에서 종교적인 것을 맡아 내는 니체의 예리한 후각은, 유럽의 '안'과 '밖'에서 관찰되는 모든 종류의 '종교 회귀' 현상에 정신을 빼앗겨 즉각적으로 반발하느라 정작 자기 발밑의 사회 시스템에 숨겨져 있는 종교성에 둔감하기 쉬운 오늘날의 우리들에게 그 무엇보다 필요한 것이다. 그것은 또한 포스트콜로니얼 비평가들, 오늘날의 '지(知)의 캘리번'들에게도, 그들의――우리의――일상 속에 숨어 있는 종교를 향한 충동을 직시하고, 그 원인의 근저[測鉛]로 한층 더 사유의 깊이를 더해 가는 데 없어서는 안 될 참고로서 존재할 것이다. '정신의 정치'는 결코 유럽에 국한된 지역적인 과제가 아니다. 그것은 유럽의 '안'과 '밖'의 모든 캘리번들을 먹어치우고――카니발리즘의 환상에 투영되어 있는 것은 '정신'의 자기상일 뿐이다――소화시키고 자기의 피와 살로 바꾸어 연명하는 거대한 동화(同化)의 운동이다. 그러나 캘리번은 저항한다. 화해의 제단에 모든 것을 바치는 '정신'의 마법에, 저 달콤한 목소리에.

이제 그만둡시다. 우리의 추억 위에 지나가 버린 슬픔의 무거운 짐을 지우는 일은.[43]

---

43) シェイクスピア, 『テンペスト』, 第五幕 第一場, 프로스페로의 대사.

5_르낭의 망각 또는 '내셔널'과 '히스토리'의 사이

기억과 망각의 통사법

일반적으로 믿고 있는 것처럼, 기억과 망각은 단순히 대립하고 서로 부정하는 두 항이 아니다. 망각은 기억의 단순한 부정이 아니고 기억은 망각의 단순한 부정, 즉 부정의 부정이 아니다. 망각은 기억을 전제로 한다. 그러나 최초의 기억, 기원의 기억은 그 자체가 형태를 이룬 하나의 기억으로 나타나기 때문에 이미 기억해야만 할 것과 그렇지 않은 것을 선별하고 있다. 따라서 기억해서 안 될 것은 기원의 기억이 출현하기 이전에 '망각'된다. 그때 무엇이 '망각'되었는가는 그것이 어떠한 기억에도 앞선 '전(前)-기원적인 망각'인 이상 결코 상기되지 않는다.

그러나 이 '전-기원적인 망각'에 대해서 그것은 "결코 상기되지 않는다"라고 말할 때, 또 그것에 대해 부정형으로 이야기할 때, 이야기되지 않으면 안 될 때, 우리는 이미 어떤 특정의 기억방식을 긍정성으로서 전제하고 있는 것은 아닐까? 다시 말해 오늘날 우리는 별개의, 아마 복수의 기억

방식을 망각함으로써, 기억과 망각을 경험하고 또 이 경험을 이차적으로 표상하고 있는 것은 아닐까? 그렇다면 이와 같은 경험과 표상의 질서에서 벗어난 것으로 기억과 망각이 논해질 때마다, 어떠한 형태로든 **기억의 망각**이라고 불려야 할 것이 문제시되어야 하지 않을까? 우리는 이때 기억과 망각에 대해서 무엇을, 어떻게 상기하게 될 것인가?

그러나 그 전에 잊어서는 안 될 것이 있다. 그것은 **망각의 망각**과 **망각의 기억**의 차이이다. 그도 그럴 것이 어느 개인 혹은 사회 역사에 있어서 과거 특정 사건에 대한 망각은, 그 자체가 망각될 경우와, 망각이 일어난 것 자체는 기억하고 있는 경우가 있기 때문이다. 전자의 경우에는 과거에 대한 전반적인, 제3자의 눈에는 종종 이상하게 보이는 무관심이 발생한다. 후자의 경우에는 어떤 어색함이나 불안이 독특한 감응의 형태로 나타나 개인 혹은 사회의 분위기를 규정한다. 무엇을 잊었는지 불분명한 채 잊었다는 것만이 기억되고 있기 때문이다. 사회적 차원에서 생각하면, 메이저리티의 기억에는 전자의 경향이, 마이너리티의 기억에는 후자의 경향이 지배적이라고 말할 수 있으리라. 그러나 또 어떤 역사적 국면에서, 하나의 사회 전체가 전자에서 후자의 상황으로 이행하기도 한다. 제2차 세계대전의 기억에 대해, 1980년대 이후 독일뿐 아니라 유럽의 모든 나라에서 발생한 사태는 이와 같았을 것이다. 그리고 일본 역시 1990년대 초 이후 분명히 이러한 이행기에 접어들었다. 이에 동반해 '자유주의 사관' 등 갖가지 징후가 사회적 표면에 나타나고 있다.

그러나 **망각의 망각**에는 또 한 가지 다른 의미가 있다. 『반시대적 고찰』의 제2편 「삶에 대한 역사의 공과」에서 니체는 대략 다음과 같이 기술한다. 동물의 행복은 망각의 능력에 있다. '순간이라는 말뚝'에 매어진 동

물은 쾌도 불쾌도 곧 잊어버리고, 과거에 구애되는 일도 미래를 고민하는
일도 없다. 그러나 인간은 이 망각 능력을 상실했다. 다시 말해서 망각을
망각해 버리고 만 것이다. 19세기 유럽, 특히 독일의 역사 숭배는 이 인간
이라는 병든 동물이 다다른 말로이다. '망각의 망각'이라는 것은 이 경우
단적으로 말해 인간을 정의하는 것에 불과하다.

　　여기서 니체는 거대한 전도(轉倒)를 감행하고 있다. 왜냐면 여태까지
인간에게 기억이야말로 능력이고, 망각은 이 능력의 결여로 생각되어 왔
기 때문이다. 또한 기억은 능동적인 노력이고, 망각은 수동적인 타성으로
보여 왔기 때문이다. 그러나 니체가 후일 『도덕의 계보』에서 말한 바와 같
이, 기억이란 사건의 각인을 받은 채 내버려 두는 것이므로 오히려 수동적
이다. 이에 반해 이 각인을 지워 없애고 무구의 상태를 회복하는 망각이야
말로 능동적인 삶의 활동인 것이다.

'범례적' 망각

물론 니체가 단순히 역사와 기억을 부정한 것은 아니다. 그것들이 '삶'을
압박하지 않고 삶에 봉사할 가능성을 찾기 위해 이 전도를 행한 것이다. 그
러나 니체가 말한 '삶'이란 무엇일까? 『반시대적 고찰』에서는 '삶'을 사는
것을 개인으로서의 '인간', '민족'(Volk) 및 '문화'(Kultur)라고 한다. 이 '민
족'은 고대 그리스를 모범적인 형태로 삼은 것인데, 근대적인 의미의 '국
민'(nation)은 아니다. 그러나 특히 20세기에 들어서 니체의 논리가 수용
된 방식은 '민족'을 '국민'과, 더욱이 '인종'과 혼동함으로써 그를 파시즘
의 선구자로 간주하는 당치도 않지만 필연적인 오해를 하기에 이르렀다.

니체의 동시대인으로, 망각의 사회적 작용을 긍정적으로 이야기한 또 한 명의 인물이 있다. 니체보다 20살 위인 프랑스의 역사가이자 문헌학자 에르네스트 르낭이다. 1882년 행했던 강연 「국민이란 무엇인가」에서 그 는 니체보다 좀더 명확히 망각을 '국민'의 본질에 결합시켰다. 그러나 르 낭은, 최소한 「국민이란 무엇인가」의 저자로서는, 파시즘은커녕 문화적 귀속에 의거한 '국민'이라는 관념을 개인의 정치적 선택에 기초한 것으로 전환시킨 인물로서 유럽 안팎의 자유주의파 정치학자들로부터 높은 평 가를 받아 왔다. 가령 마루야마 마사오는 다음과 같이 기술하고 있다.

> 우선 첫째로 지적하고 싶은 것은 일본 내셔널리즘의 정신 구조에 있어 서 국가는 자아가 그 안에 매몰되어 있는 것과 같은 제1차적 그룹(가족 과 부락)의 **직접적인 연장**(延長)으로서 표상되는 경향이 강하고, 그에 반 해 조국애는 특히 **환경애로서의** 향토애로 발현된다는 점이다. 그것은 원 래 모든 내셔널리즘의 기원인 트라이벌리즘[tribalism, 부족주의]의 공통 된 요소인데, 근대 내셔널리즘, 그 중에서도 특히 "프랑스 혁명의 아들" (George P. Gooch)로서의 **그것**은 결코 **단순한** 환경에 대한 정서적 의존 이 아니라, 오히려 다른 면에서 "국민의 존재는 매일매일의 일반투표이 다"라는 에르네스트 르낭의 유명한 말에서 드러나는 것과 같이 고도의 자발성과 주체성을 동반한다. 이것이야말로 내셔널리즘이 인민주권의 원리와 결부됨에 따라 얻은 가장 귀중한 역사적 수확이었다(그러므로 일 본에서도 메이지 초기 자유민권운동을 주도한 내셔널리즘에는 불철저하나 마 이러한 측면이 나타나 있다).[1]

그러나 「국민이란 무엇인가」를 당시의 문맥에 비추어 읽어 보면, 그것이 극히 양의적인 함의를 가진 언어행위였다는 것을 알 수 있다. 수년 전 이 텍스트를 번역한 이래[2] 나는 몇 번이나 「국민이란 무엇인가」에 대해 언급해 왔다. 이 일련의 작업을 계속하게 된 것은 1980년대 재일조선인을 중심으로 한 지문날인 반대운동과 그후 공생론의 등장, 그리고 뉴커머(new-comer) 외국인 노동자의 증가와 함께, 일본에서도 바야흐로 이른바 '선진국'형의 '국민'론이 도입되는 시점에 이른 게 아닐까 하는 예측 때문이었다. 그리고 프랑스에서도 누차 그러했듯, 강연의 일부·내용이 일본에 거주하는 외국인에 대해 배외적인, 그리고/또는 동화적인 압력을 강

---

1) 丸山眞男, 「日本におけるナショナリズム」, 『現代政治の思想と行動』(増補版), 未來社, 1964, 161~162쪽. 강조는 원저자[마루야마 마사오, 「일본에서의 내셔널리즘」, 『현대정치의 사상과 행동』, 김석근 옮김, 한길사, 1997, 206~207쪽을 참고해 번역문 일부 수정].

2) 鵜飼哲, 『批評空間』 九号, 福武書店, 1993; エルネスト・ルナンほか, 『国民とは何か』, インスクリプト, 1997에 일부 수정한 뒤에 수록. 이후 「국민이란 무엇인가」의 인용은 이 후자의 것을 따름. '국민'은 프랑스어 'nation'의 번역이다. 이 번역어에 많은 문제가 있다는 것을 결코 잊어서는 안 된다. 우선 첫째로, nation에는 국가로서의 '국'(國)을 의미하는 요소가 포함되어 있지 않다. 이 말의 어원은 라틴어 동사 'nasci'로 '태어난다'는 의미이다. 현재에 이르기까지 개인의 정치적 귀속, 즉 국적을 결정하는 근거가 되는 것은 출생에 관한 두 가지 규정, **누구에게서 태어났는가**'와 '**어디에서** 태어났는가'이다. 전자는 혈통주의(血統主義) 또는 속인주의(屬人主義)라고 불리는 원리에, 후자는 생지주의(生地主義) 또는 속지주의(屬地主義)라고 불리는 원리에 따른다. 이처럼 현재 nation의 의미는 국가의 제도와 결부되어 있다. 그러나 그것은 원래 탄생의 자연성을 핵심으로 한 말이고, nation은 그 인공적·제도적 측면을 증명하는 많은 사실에 대항하여 이 자연성을 주장하길 그치지 않는다. 따라서 국가 없이도 nation은 있을 수 있고, 국가와 nation은 다른 기원을 갖는다. 이 양자는 정의상 확실히 구별되어야 하는 존재이다. 국민국가(État-nation)는 역사적으로 보면 국가의 한 변종에 지나지 않는다.
둘째로, 프랑스어 nation은 원래 집합명사이므로 개인을 지시할 수 없다. "나는 nation française이다"라고는 말할 수 없다. 프랑스 국적을 갖고 있는 개인을 지시하는 말은 citoyen이고, 이것은 대개 '시민'이라고 번역된다. 하지만 이 경우 이미 '시민'이란 특정 도시의 거주자는 아니다. 한편 일본어의 '국민'은 집합과 그 구성원을 함께 지시한다. 후쿠자와 유키치(福澤諭吉)가 『학문의 권장』(学問のすすめ)에서 "무릇 국민이라는 것은 한 사람의 몸에 두 개의 임무를 갖는다"[남상영·사사가와 고이치 옮김, 『학문의 권장』, 소화, 2003, 95쪽을 참고해 번역문 일부

화하게 되는 일, 요컨대 망각을 강제하는 일에 원용되지 않도록, 그 문제점을 명시하면서 좀더 앞서 소개할 필요가 있다는 판단 때문이었다.

그러나 이 텍스트를 이용해서 강의할 때마다 이 나라에서 이와 같은 의도를 전하기 위해서는 거의 축어적인 해설이 필요하다는 것을 통감했다. 그리고 지금까지 일본에서 경시되어 온 경향이 있지만, 이런 주석의 시도는 이 작은 텍스트로부터 아주 현실적인 질문 몇 가지를 시도하는 작업이 될 것이라고 생각했다. 언뜻 보기에는 정당한 명제가 얼마나 도착적인 이론적 전제 위에 성립할 수 있는가를 이 정도로 확실히 보여 준 예는 드물다.[3] 그리고 이 명제가 현실에 적용될 경우 드러나는 것은 이른바 왕왕

수정]라고 썼을 때, 이 '국민'은 물론 개인을 말한다. '국민'이 개인을 지시할 수 있게 됨에 따라서 비로소 그 부정태로서 '비국민'(非國民)이라는 말이 만들어질 수 있었다. '비국민'이란 물론 외국인을 말하는 것은 아니다. 이러한 용법은 nation이나 그 파생어로부터는 만들 수 없다. 이처럼 nation에 그 불가피한 구성요소로서 자연성과 집합성이 내포되어 있다면, 일본어 번역어로는 '국민'보다 '민족'이라고 하는 쪽이 더 알맞다고 생각한다. 사실 nationalisme의 번역어로서는 '국민주의'보다 '민족주의' 쪽이 역사적으로 더 많이 사용되어 왔다. 그런데 분명 르낭의 「국민이란 무엇인가」가 노렸던 것은 nation의 정의로부터 가능한 한 자연적 요소를 제거하는 것이었다. 그런 측면은 프랑스어의 역사적 용법에서 보다 자연적이라고 간주되는 민족적 귀속을 나타내는 말은 오히려 'peuple'이며, nation에는 언어 등 문화의 공유를 강조하는 경향이 있다는 것과 대응한다. peuple뿐만 아니라 'ethnie', 'race'와 같이 nation과 구별되어야 할 다른 카테고리와 관련해서도 이 텍스트에서 nation을 '민족'이라고 번역하는 것은 많은 곤란을 초래한다. 이런 소극적인 이유에서 나는 nation을 '국민'이라 번역할 수밖에 없다고 판단한 것이다. 여기에는 번역자로서 감수해야 하는 일정한 위험이 있다. 어쨌든 여기에서 번역의 물음이란 다른 경우 이상으로 문제의 핵심과 관련된 것이며, 수많은 정치적 귀결을 낳는다.

3) 르낭 사상의 차별주의적 측면을 상세하게 분석한 사람은 츠베탕 토도로프이다. 토도로프는 근대 서양에서 발생해 많은 편견의 근원이 된 과학주의적인 '인종'이론을, 다른 집단에 대한 초역사적인 증오나 적대 행동을 의미하는 인종주의(racisme)와 구별하여 인종본질주의(racialisme)로 칭하고, 고비노(Joseph-Arthur Gobineau), 귀스타브 르봉(Gustave Le Bon)과 함께 이 이론의 대표적인 제창자로 르낭을 들었다. 르낭에게는 아프리카의 흑인, 오스트레일리아의 원주민, 미국의 인디언은 '개선 불가능한 인종'(『과학의 미래』), 중국인, 일본인, 타타르인, 몽골인은 문명화가 가능하지만 일정한 한계가 있는 '중간인종'이며(『이스라엘 민족의 역사』Histoire du peuple d'Israël), 아리아인과 셈인만이 '우등인종'이다(『셈어의 일반사와 비교체계』

숨겨진 이론적 전제이다. 이런 의미에서도 르낭의 논의[小品]를 가능한 한 상세히 독해하는 작업은 앞으로의 시대를 살아가는 사람들에게 요구되는 비판정신을 함양하기 위한 연습 중 하나로서도 의미가 있을 것이다.

그와 같은 주석을 전체에 걸쳐 논하기에는 지면이 부족하다. 여기에서는 독해의 실마리를 '망각'이라는 모티프에 한정하려고 한다. '르낭의 망각'이라는 제목에는 사실 삼중의 과제가 포함되어 있다. 첫번째 과제는 「국민이란 무엇인가」에서 르낭이 주제로 삼아 논하고 있는 망각의 구조를 이 텍스트에 의거해 해명하는 것. 두번째는 이 텍스트 안에서 르낭 자신이 빠져 있는 망각의 징후를 분석하는 것. 세번째는 문헌학자이자 이 텍스트의 저자인 르낭 자신이 20세기 후반 당시 프랑스에서 망각되었다가 1980년대 중반에 다시 상기되었던 사정을 검토하는 것이다. 어떤 내셔널한 공간에서 실제로 작용하는 '망각'에 대한 이해는 이 삼중의 과제를 교차시키는 과정에 의해서만 가능하다고 생각하기 때문이다.

「국민이란 무엇인가」는 머리말과 이에 이어지는 세 장, 즉 전부 네 부분으로 구성되어 있다. 세 장은 각각 '국민'의 생성에 이르는 역사과정 서술(제1장), 잘못된 '국민' 원리 비판(제2장), 올바른 '국민' 원리 제시(제3장)라는 형태로 정리할 수 있다. 머리말에서 르낭은 역사상 다양한 사회형태를 열거하고, 그것들을 혼동할 수 있는 위험에 대해 경종을 울린다.

Histoire générale et système comparé des langues sémitiques). 여기서 알 수 있는 것처럼 르낭에게 아리아인과 셈인 사이의 차별화는 아주 심각하고 사실 20세기 반유대주의의 원천의 하나가 되었지만, 르낭의 인종사상 전체에서 보면 이는 '우등인종' 내부의 차별화이다. Tzvetan Todorov, *Nous et les autres : La réflexion française sur la diversité humaine*, Seuil, 1989, pp. 129~136; ツヴェタン・トドロフ, 『われわれと他者—フランス思想における他者像』, 法政大学出版局, 2001.

그러나 사회 형태를 잘못 이해하는 것이 왜 위험한 것일까? 이는 르낭의 관심이 주권을 부여받을 만한 것은 어떠한 사회 형태일까라는 물음에 집약되어 있기 때문이다.

프랑스 혁명 시대에 사람들은 스파르타와 로마 같은 독립된 소도시의 여러 제도가 인구 3,000만에서 4,000만에 달하는 근대의 대민족에게도 적용될 수 있다고 믿었습니다. 더욱이 오늘날 사람들은 중대한 오류를 범하고 있습니다. 종족(race)을 국민과 혼동하고 있으며, 민족지학적(ethnographique)이라기보다 언어학적인 인간 집단에, 실제로 존재하는 민족(peuple)과 동일한 주권(souveraineté)을 부여하고 있는 것입니다.[4]

이 '오류'를 범한 사람들은 독일인이다. 1870년 보불전쟁에서 독일에게 패한 프랑스는 동부의 알자스와 로렌이라는 두 개의 주(州)를 빼앗겼다.「국민이란 무엇인가」라는 강연을 한 목적 중 하나는 이 두 개 주의 반환을 독일에게 요구할 수 있는 정당한 근거를 제시하려는 것이었다. 독일 측의 근거는 주로 세 가지이다. 첫째는 라인강을 자연적 경계로 하면 라인 동쪽에 있는 이 두 개 주는 독일에 속한다. 둘째, 이 두 개 주 주민의 모어(母語)는 게르만어 계열이고, 프랑스어보다 훨씬 더 독일어에 가깝다. 셋째로 독일에게 이 두 개 주는 군사적으로 중요한 곳이다. 이 세 가지 근거에 의해 알자스와 로렌(독일어로는 엘자스와 로트링겐)에 대한 주권 행사

---

4) エルネスト・ルナン,「国民とは何か」,『国民とは何か』, 42쪽[르낭, 『민족이란 무엇인가』, 신행선 옮김, 책세상, 55쪽을 참고해 번역문 일부 수정].

를 정당화한 독일에 대해서 프랑스는 무엇을 대치하는 것이 가능했을까? 르낭은 스스로에게 이 같은 물음을 부과했다. 그러나 여기에서는 머리말의 마지막 부분인 다음 한 구절에 주목하고 싶다.

> 우리가 하려는 작업은 미묘한 것입니다. 그것은 거의 생체 해부에 가까운 것입니다. 우리는 생체(生體)를, 인간이 보통 사체(死體)를 다룰 때와 같은 방식으로 다루게 될 것입니다.[5]

르낭이 자신의 일을 해부학과 비교한 것은 이것이 처음은 아니다. 그가 과학으로서의 문헌학을, 해부학을 본보기로 삼아 표상하고 있었다는 사실을 강조한 이는 에드워드 사이드이다. 사이드는 『오리엔탈리즘』에서 다음과 같이 쓰고 있다.

> 르낭이 아랍어, 히브리어, 아람어(Aramaic), 또는 고대 셈어에 대해 기록한 글 어느 한 페이지만 읽어 보아도 된다. 그러면 오리엔탈리즘의 문헌학자가 그 권위를 가지고 도서관에서 마음대로 인간 언어의 실례를 끄집어내어, 이를 정렬하고 부드러운 유럽적 산문으로 감싸, 그 언어와 민족과 문명이 지닌 단점과 장점, 야만성과 결점 등을 기술하는 역학적 사실을 이해할 수 있을 것이다. 이러한 전시(展示)에는 그 어투[聲調]와 시제(時制)가 거의 균일하게 동시적인 현재에 맞춰져 있기 때문에 우리는 마치 눈앞에서 교육적 실험 수업이 이루어지고 실험용 교단에(강연 때에)

---

5) ルナン, 「国民とは何か」, 『国民とは何か』, 42쪽.

과학자(학자)가 서서 그 논의의 소재를 창조하고, 한정하고, 판단하는 과정을 직접 체험하는 듯한 인상을 받는다.

실험 수업이 현실적으로 이루어지고 있다는 감각을 전하고 싶은 기분이 르낭에게도 더욱 커질 때가 있다. 그것은 해부학이 안정적이고 가시적인 기호를 이용해 사물을 상세히 분류하는 것과는 달리, 언어학으로는 그것이 불가능하다는 것을 그가 확실히 진술할 경우이다.[6]

사이드는 이 글에서 「국민이란 무엇인가」에 대해 언급하고 있지 않다. 그러나 머리말의 마지막 한 문장은 이 강연도 역시 해부학에 비길 만한 '실험 수업'의 시도였음을 드러내고 있다. 사이드는 『셈어의 일반사와 비교체계』를 검토하여 이 해부학이라는 패러다임이 르낭의 문헌학에서 '유기적 언어'와 '비유기적 언어'라는 '엄격한 이항대립'을 초래했던 사정을 밝혔다. 르낭의 오리엔탈리즘, 그 핵심에는 이 이항대립에 따라서 인도-유럽어를 '유기적 언어'로 간주하고, 이와 달리 셈어(아랍어, 히브리어 등)를 '비유기적 언어'로 보는 사고방식이 포함되어 있다. 요컨대 인도-유럽어는 살아 있고 '자기증식 능력'이 있지만, 셈어는 성장이 멈춰 버린 퇴화된 것으로 '자기증식 능력'이 없는 언어라는 것이다. 이 도식은 사실상 「국민이란 무엇인가」에도 눈에 띄지 않는 형태로 작동하고 있다. 제1장의 역사 서술은 한 세기 이후의 현대 세계를 어떤 방식으로 조명할 수 있는 시각[射程]을 갖추고 있는 것이지만, 이와 동시에 르낭적 오리엔탈리즘이 응축된 표현이기도 하다. 아무튼 이 텍스트는 신중히 읽어야 한다.

---

6) サイード, 『オリエンタリズム』, 146쪽[사이드, 『오리엔탈리즘』, 253쪽을 참고해 번역문 일부 수정].

첫 단락은 유럽에 대한 정의를 논하고 있다. 7세기에 샤를 마뉴의 서로마제국이 해체된 이래, 유럽은 본질적으로 여러 '국민'의 힘 균형 위에서 성립했다. 이 '국민'의 복수성을 해소하려는 시도는 유럽의 본질에 어긋나므로 필연적으로 실패할 운명에 처할 수밖에 없었다고 르낭은 말한다. 여기에서 주의해야 할 것은「국민이란 무엇인가」는 '국민'론임과 동시에 유럽론이기도 하다는 점이다. 즉 르낭에게는 '국민'과 인류 사이에, 나중에 칼 슈미트가 '광역'(Raum)이라고 부르는 것과 같은 이웃[近隣] 질서의 체계로서 유럽이 존재하고 있다. '국민'은 단독적으로는 존재하지 않는 셈이다.[7)]

이와 같이 유럽의 본질에 대한 르낭의 깊은 통찰은 동시에 일반적으로 가장 자민족 중심적인 견해와는 표리관계를 이룬다. 르낭에 의하면 '국민'은 서유럽에서만 생겨날 수 있었다. 거기에는 어떤 역사적인 이유가 있었을까?

---

7) 슈미트의 '광역'(廣域) 개념은 시기에 따라 변천이 있는데, 여기서는 유럽 공법으로 복귀할 것을 주장한 전후의 『대지의 노모스』(『大地のノモス』上·下, 新田邦夫 訳, 福村出版, 1976)를 참조. 슈미트의 이름과 함께 끊임없이 상기되는 것은 이 유럽이 르낭 이후의 시대에 무엇을 경험했는가 하는 것이다. 현재의 유럽은 르낭의 인식을 한편에서는 증명하고, 다른 한편에서는 반박하고 있다. 냉전을 포함한 20세기 세 번의 전쟁은 모두 유럽 내부의 '야심가 국민'에 의한 패권 확립의 시도를 실패로 끝나게 했다. 스탈린 이후 러시아 볼셰비즘도, 파시즘도 유럽의 '보편적 지배'에 성공하지 못했다. 하지만 그것이 명확해질 때까지 그 대가로 얼마나 거대한 파괴를 치렀던가! 그 결과 유럽 밖의 패권국가(미합중국)가 출현하고, 그 외압을 받은 유럽은 르낭의 예상보다 빨리——르낭 자신이「슈트라우스에게 보내는 편지」(Lettre du 15 septembre 1871 à Strauss)에서 이미 '유럽 합주국(合州國)'에 관해 말하고 있는데——통합의 길을 걷게 되었다. 유럽사의 이러한 곡절, 유럽의 어떤 '국민'으로 동일화해 그 시점에서 보는 것이 아니라 총체로서 이해하는 노력으로부터, 마침내 국민국가 병존의 시대를 맞이하게 된 아시아는 중요한 교훈을 끌어낼 수 있을 것이다. 이것은 "어떤 장소에서 배우게 된 억압에 대한 교훈이 다른 곳이나 시대에서 잊혀지거나 무시되는 것을 막는다"(サイード, 『知識人とは何か』, 大橋洋一 訳, 平凡社, 1995, 76쪽)는 것에 다름 아니며, 따라서 이는 유럽을 모범으로 삼는 것과는 전혀 다르다.

우선 '국민'이 아닌 사회 형태가 다시 한번 논의된다. 그러나 이번에는 이들 사회 형태 속에서 '국민'과 전혀 무관하게 보이는 것과 그 선행 형태로 보이는 것으로 구별된다. 고대 이집트, 고대 중국, 고대 카르디아, 로마 영토가 되기 이전의 갈리아, 스페인, 이탈리아, 그리고 아시리아, 페르시아 및 알렉산드리아 제국은 모두 '국민'과는 가까운 관계도, 먼 관계도 아니었다. 같은 그룹에 속하면서도 아테네, 스파르타, 시돈(Sidon), 티루스(Tyrus)와 같은 '찬탄할 만한 애국심을 갖춘' 도시국가는 영토가 작아 '국민'과는 구별되지만 이 강연 전체의 논지에서 보면 명확히 '국민'의 선행 형태로 간주되고 있다.

이들 지중해 동부 해안 지역의 고대 도시국가를 선구로 해서 로마제국으로부터 '국민'의 생성이 진행되기 시작했다. 결정적인 사건은 5세기부터 10세기에 걸친 게르만인의 침공이다. 이것은 세계 역사상 헤아릴 수 없이 많은 다른 정복 활동과는 전혀 다른 결과를 서유럽에 초래했다. 그것은 정복자와 피정복자의 융합이다. 이 융합으로 '국민'이 만들어졌다.

실제로 이 여러 국가들을 특징짓는 것은 무엇입니까? 그것은 이들 국가를 구성하고 있는 주민 간의 융합입니다. 우리가 열거한 국가들에는 터키에서 보이는 바와 같은 사태는 전혀 일어나지 않습니다. 오늘날에도 터키는 터키인, 슬라브인, 그리스인, 아르메니아인, 아랍인, 시리아인, 쿠르드인이 정복된 날과 마찬가지로 서로 뚜렷이 구분되어 살아가고 있습니다. 이와 같은 결과가 초래된 데에는 두 가지 중요한 사정이 있었습니다. 첫째는 게르만 여러 종족이 지속적으로 그리스인, 라틴인과 접촉하면서 점차 그리스도교를 받아들였다는 것입니다. 승자와 패자가 같은 종교를 신

봉할 때, 아니 오히려 승자가 패자의 종교를 채용할 때, 사람들이 종교에 따라 절대적으로 구별되는 터키의 시스템은 더 이상 생길 수가 없습니다. 두번째 사정은 정복자 측에서 생긴 것으로 자신들의 고유 언어를 망각하는 것입니다. 클로비스(Clovis), 알라릭(Alaric), 공드보(Gondebaud), 알보앵(Alboïn), 롤롱(Rollon) 등의 손자 세대는 이미 로망스어를 사용하고 있었습니다.[8]

정복자 게르만 측의 종교와 언어의 망각, 르낭에 의하면 이것이야말로 서유럽을 서유럽답게 한 근원적 사건이었다. 이 망각은 곧바로 르낭이 이 명제의 형태로 표현한 '국민 창조의 본질적 인자'로서의 망각 일반에 대한, 말하자면 범례적 위치를 차지하고 있었다. 베네딕트 앤더슨(Benedict Anderson)은 르낭적 망각을 비유럽 여러 나라의 '국민' 형성을 설명하기 위해 원용했지만, 「국민이란 무엇인가」라는 텍스트의 내적 구조에서 입각해 말하면, **실로 생산적인** 망각은 유럽의 기원으로부터 생기고, 유럽의 '국민' 형성은 무의식적으로 그 선례를 모방하는 것을 역사의 '대법칙'으로 삼음으로써 실현되었다는 줄거리이다. 반대로 말하면 기원으로부터 생기는 것과 마찬가지로 망각이 반복되는 것은 유럽 '국민'에게조차 자동적으로 보증되어 있지 않다. 이 지점에서 망각을 둘러싼 르낭의 발언이 언어행위로서 지닌 양의성, 즉 **사실 확인적인 동시에 행위 수행적인** 성격이 나타난다.

---

8) ルナン, 「国民とは何か」, 45쪽[르낭, 『민족이란 무엇인가』, 59쪽을 참고해 번역문 일부 수정].

다른 지역과 비교·대조해 보면 서유럽 역사의 이 대법칙을 잘 알 수 있을 것입니다. 프랑스 왕이 어느 부분은 압정(壓政)으로, 어느 부분은 정의에 호소하여 그토록 훌륭히 완수한 기획을 많은 국가들은 완수하지 못하고 좌절했습니다. 성이슈트반[생테티엔]의 왕국[헝가리]에서도 마자르인과 슬라브인은 800년 전과 전혀 변함없이 각각 다른 존재입니다. 합스부르크 가(家)는 그 영지의 다양한 요소를 융합시키지 않고 그들을 별개로, 종종 대립상태로 유지시켜 왔습니다. 보헤미아에서는 체코계와 독일계가 한 컵 안의 물과 기름처럼 병치되어 있을 뿐입니다. 터키에서의 종교에 따른 민족(nationalité) 분리 정책은 한층 중대한 결과를 야기하고 있습니다. 이 정책이 오리엔트가 몰락한 원인이 되었던 것입니다. 살로니카[테살로니키]나 스미르나 같은 도시를 보면, 거기에는 다섯 내지 여섯 개의 공동체가 발견되지만 그것들은 각각 독자적인 기억을 갖고 있으며 서로 간에 거의 공유하는 것이 없습니다. 그런데 국민의 본질이란 모든 개인들이 많은 사건을 공유하고 또 많은 것을 잊고 있다는 점입니다. 어떠한 프랑스 시민도 자신이 부르군트인, 알라니인[흑해 연안에서 기원한 이란계 유목민], 타이파인[11세기 이베리아 반도의 무슬림], 서고트인 중 어떤 후예인지 모릅니다. 어떠한 프랑스 시민일지라도 성 바르톨로메오 축일의 학살[1572년], 13세기 남부 프랑스에서 일어난 학살을 잊어야 합니다.[9]

동유럽, 더 나아가 오스만투르크, 즉 오리엔트에서는 서유럽에서 일어난 것처럼 승자 측의 종교 및 언어의 망각에 의한 주민 간의 융합은 일

---

9) ルナン, 「国民とは何か」, 47~48쪽[르낭, 『민족이란 무엇인가』, 62쪽을 참고해 번역문 일부 수정].

어나지 않았다. 이 지역의 정체와 퇴화는 거기에 기인한다. 이 주장은 앞서 우리가 사이드와 함께 본 문헌학자 르낭에 의해 인도-유럽어와 셈어 사이에 상정된 유기성과 비유기성의 이항대립과 구조적으로 동일하다. 르낭적인 문명사의 관점에서 볼 경우, 서유럽 기원의 '국민'만이 '자기증식 능력'이 있는 '살아 있는' 공동체인 것이다. 다만 그 유기체의 '삶'은 유한하고 그 '건강'에는 주의가 필요하다. 이 문장의 마지막에서 르낭은 청중을 향해 프랑스의 '건강'을 위해서, 그 '지적·도덕적 개혁'을 위해서 망각을 권장한다기보다는 명령하고 있다. 이처럼 니체의 경우와 마찬가지로 르낭에게도 망각은 '삶'과 결부되어 있다. 그러나 르낭의 경우에는 그것이 훨씬 더 확고하게 '국민'의 '삶'과 결부되어 있다는 점에 주의해야 한다.[10]

1882년의 프랑스에서 「국민이란 무엇인가」를 묻는 일은 사실상 '국민적 화해'의 구상과 이중의 의미에서 불가분의 관계에 있다. 하나는 프랑스 혁명 이후 왕당파와 공화파의 분쟁에서, 왕당파의 역사적 정통성을 인정하면서 그들에게 민주 공화제가 시대의 필연임을 설득하여 분쟁의 종지부를 찍은 점이다. 또 하나는 파리코뮌에서 드러난 자본주의 사회의 계급적 단절을 인민주권과 '국민'의 원리를 조화시켜 극복한 점이다. 이를 위해서는 프랑스의 과거, 유럽의 과거를 본떠 이 가까운 과거의 '내전'을

---

10) 마루야마 마사오가 앞의 인용[『현대정치의 사상과 행동』] 몇 군데에서 참조하고 있는 유명한 구절도 생기론적 발상과 무관하지 않다. "개인의 존재가 **생명의 끝없는 긍정**인 것과 마찬가지로 국민의 존재는(이러한 은유를 용서해 주시길) 매일매일의 인민투표입니다."(ルナン, 「国民とは何か」, 62쪽. 강조는 인용자) '매일매일의 인민투표'도 '은유'이다. [르낭의] 이 글은 전체가 레토릭한 구조를 이루고 있어 보다 상세한 독해가 요청된다.

'성 바르톨로메오 축일의 학살'이나 '13세기 남부 프랑스에서 일어난 학살'과 마찬가지로 망각하지 않으면 안 된다고 르낭은 말하는 것이다.[11]

브르타뉴의 상기와 망각

알자스·로렌의 영유를 정당화하기 위해 독일이 주장한 자연 경계론, 군사적 필요론, 언어 경계론에 대해 르낭은 충분히 설득력 있는 논거를 제시하여 반박하였다. 자연 경계론에 대해 말하자면, 산과 강이 역사상 중요한 역할을 수행한다는 것은 부정할 수 없지만, 그렇다면 센강과 루아르강이 라인강과 같은 역사적 성격을 갖지 못했던 이유를 어떻게 설명할 것인가? 군사적 필요론에 대해서도 각자가 그 군사적 편의를 무제한으로 주장하면 끝없는 전쟁 외에 다른 출구가 없다.

그렇다면 언어 경계론은 어떤가? 동일 언어를 모어로 하는 사람들은 반드시 동일한 '국민'을 형성해야 한다는 주장에는 과연 근거가 있을까? 미국과 영국은 같은 언어를 사용하고 있지만 같은 '국민'을 형성하고 있지는 않다. 반대로 스위스에는 레토로망스어를 포함하면 네 가지 언어를 말하는 사람들이 공존하고 있다. 언어는 사람들을 '집합하도록' 하는 것이긴 해도 '강제'하지는 못한다.

르낭이 믿을 수 없는 발언을 한 것은 다음의 지극히 정당한 논의를 전개한 직후이다.

---

11) '국민' 형성이 이루어진 후 사후적인 관점에서 구성된 '내전' 표상의 문제에 대해서는 ベネディクト·アンダーソン,『増補 想像の共同体—ナショナリズムの起源と流行』, 白石さや·白石隆 訳, NTT出版, 1997, 11章「記憶と忘却」참조.

프랑스에서 명예로운 것은 언어의 통일을 결코 강제적인 수단으로 추구하지 않았다는 점입니다.[12]

이것은 이중적인 의미에서 놀라운 문장이다. 르낭 정도의 대역사가가 1539년 빌레코트레 칙령에 의해 공문서를 프랑스어로 작성하도록 한 일로부터, 혁명 권력이 모든 지방에 프랑스어를 강요한 사건에 이르는 지극히 폭력적인 역사 과정을 몰랐을 리 없다.[13] 게다가 트레기에 출신인 르낭의 모어는 브르통어(브르타뉴어)였고, 브르타뉴 지방이 프랑스에서 프랑스어화에 가장 심하게 저항한 지역 중 하나였다는 사실을 당연히 알고 있었을 것이다.[14]

이 실수는 단순히 망각 때문일까? 자신의 모어를 상실한 것에 대한 망각, 망각의 망각일까? 그렇지 않다면 확신범이라고 할 만한 역사에 대한 위조일까? 같은 강연 속에서 르낭은 로마 시대에 브르타뉴가 완전히 프랑스화되지 않았다는 점을 명기하고 있다.[15] 아무튼 이 점에 주목할 때 「국민이란 무엇인가」에서의 망각에 관한 모든 말이 갑자기 자전적 색채를 띠게 된다.

르낭에게는 『유년시절·청년시절의 추억』이라는 아름다운 자서전이

---

12) ルナン, 「国民とは何か」, 56쪽[르낭, 『민족이란 무엇인가』, 73~74쪽을 참고해 번역문 일부 수정].

13) Marcel Cohen, *Histoire d'une langue: la français*, Editions Sociales, 1947; Michel de Certeau, Dominiques Julia et Jacques Revel, *Une politique de la langue: La Révolution française et les patois*, Gallimard, 1975 참조.

14) 브르통어 옹호 운동에 대해서는 原聖, 『周縁的文化の変貌ーブルトン語の存續とフランス近代』, 三元社, 1990 참조.

15) ルナン, 「国民とは何か」, 46쪽.

있다. 이 책의 전반부에서는 브르타뉴의 자연, 문화, 역사가 지극히 매력적으로 그려져 있다. 그러나 같은 책에 들어 있는 「아크로폴리스 언덕에서의 기도」에 따르면, 그가 과거를 되돌아보게 되었던 것은 아크로폴리스 신전을 방문하여 이성과 미가 동일한 것일 수 있음을 알았을 때부터라고 한다.

> 내가 추억을 가지기 시작한 것은 훨씬 나중의 일이었다. 청년 시절 몇 년 동안은 나 자신을 위해서, 관조자의 돼먹지 못한 태도가 아니라 생활을 위해서 싸우는 열의를 가지고, 철학과 종교의 가장 고원(高遠)한 문제를 나에게 강제했던 가차없는 의무가 있었다. 따라서 뒤를 돌아볼 불과 15분의 시간조차도 나에게 허락되지 않았다. …… 정말로 기묘한 일이었다! 내가 처음으로 왔던 길을 되돌아가고 싶은 격한 감정을 느낀 것은 1865년 아테네에서였다. 그것은 아주 먼 곳에서 불어오는 상쾌한 바람, 몸에 사무쳐 들어오는 바람의 효과와도 비슷한 효과였다.[16]

'그리스의 기적' 앞에서 르낭은 지금까지 눈으로 본 모든 것, 근대 도시 파리도, 중세의 고딕 교회도 모두 똑같은 야만으로 느낀다. 그때 처음으로 프랑스가 아닌 브르타뉴가 낭만주의적인 시적 추상의 대상으로 떠오른 것이다. 그것은 지극히 복잡한 마음의 작용에서 비롯된 것이었다.

---

16) エルネスト・ルナン, 『幼年時代青年時代の思ひ出』, 杉捷夫 訳, 創元社, 1940, 73~74쪽. 현대어로 변경.

[아크로폴리스의] 이 근엄함, 이 강직함은 훨씬 더 순수하지 못한 이상(理想)에 정신을 잃고 있었다는 사실을 [깨닫게 해] 나의 얼굴을 붉게 물들였다. 이 신성한 언덕 위에서 보낸 몇 시간은 기도와 같은 시간이었다. 나의 전 생애가 전반적인 고해와 같은 형태로 내 눈앞에 펼쳐졌다. 하지만 아주 신기했던 점은 나의 죄를 고해하면서도 어느새인가 그 죄를 사랑하게 되었다는 것이다.……[17]

이 기도에서도 어떤 상기를 통해, 결국 사랑으로 바뀐 수치스러운 감정과 함께 르낭은 켈트인으로서의 의식을 (다시) 획득한 것이다. 그러나 그는 그것을 프랑스라는 '국민'이 형성되는 과정에서, 아니 오히려 그 자신이 프랑스인이 되는 과정에서 망각했던──망각되었던──**프리(pre)내셔널(national)한 것**으로 상기한 것은 아닌가? 그때 아마 그는 '국민' 형성에 있어서 본질적인 망각의 역할 또한 이해했을 것이다. 아무튼 그가 망각을 단순히 역사가로서가 아니라 자기의 경험에 의거하여 고찰했음에는 틀림없다. 이때 「국민이란 무엇인가」는 '동화'(同化)된 주변 민족 출신 지식인에 의해 처음으로 씌어진 텍스트라는 점이 명확해진다.[18]

---

17) ルナン, 『幼年時代青年時代の思ひ出』, 77~78쪽.

18) 르낭의 그리스관에 주목하여 「아크로폴리스 언덕에서의 기도」를 분석한 것으로 피에르 비달-나케의 「르낭과 그리스의 기적」(Pierre Vidal-Naquet, "Renan et le miracle grec", *La démocratie grecque vue d'ailleurs*, Flammarion, 1990, pp. 245~265)이 있다. 또한 질 들뢰즈와 펠릭스 가타리는 『철학이란 무엇인가』에서 자신들이 '철학지리학'이라고 부르는 것과 관련해서 횔덜린과 비교하면서 주석에서 이 텍스트를 언급한다. ジル·ドゥルーズ, フェリックス·ガタリ, 『哲学とは何か』, 財津理 訳, 河出書房新社, 1997, 147쪽. 또 이 장 전체는 「国民とは何か」의 졸역에 대한 다나카 가쓰히코(田中克彦) 씨의 코멘트에서 많은 도움을 얻었다. 이 자리를 빌려 감사드린다.

르낭의 망각과 상기

그러나 역사적 폭력 안에서 강제된 망각이 『반시대적 고찰』에서의 니체나 「국민이란 무엇인가」에서 르낭이 말한 것처럼, 항상 '삶'에 봉사하는 것일까? 그렇다면 망각을 지나치게 목적론적으로 이해한 것이 될 것이다. 특히 르낭의 경우, 망각의 작용은 자칫하면 헤겔 역사철학에서의 부정성의 작용과 비슷한 것이 되어 버린다. 르낭이 "만인에게 있어 잊어버릴 수 있는 것은 좋은 일입니다"라고 썼을 때, 거기에는 일반론으로서는 올바른 인식과 그 자신의 동화의 경험에 대한 합리화가 구별하기 어렵게 서로 얽혀 있다고 생각한다.

> 망각—역사적 오류라고 해도 좋을 것입니다—, 그것이야말로 하나의 국민 창조의 본질적 요소입니다. 따라서 역사학의 진보는 때때로 국민성에 위험한 것이 됩니다. 역사적 탐구는 모든 정치 구성체, 가장 유익한 결과를 가져온 정치 구성체의 기원에서조차 발생한 폭력적인 사건을 재조명해 버리기 때문입니다.[19]

오늘날 이 문장을 읽고 놀란 것은 르낭에 있어서 역사학이 여전히 '국민'에게 위험한 학문으로 간주되고 있다는 섬이다. 마치 내셔널 히스토리라는 표현 자체가 형용모순인 것처럼. 다시 말해 역사로서의 '히스토리'와 '내이션' 이야기로서의 '히스토리'의 낙차에서야말로 르낭적 망각이

---

19) ルナン, 「国民とは何か」, 47쪽[르낭, 『민족이란 무엇인가』, 61쪽을 참고해 번역문 일부 수정].

작용한다.

그러나 르낭적 망각이 그 범례적 사례에 있어 정복자가 종교와 언어를 방기함으로써 나타난 승자와 패자의 융합의 소산으로서 이야기된다면, 반대로 승자가 패자에게 종교와 언어 혹은 문화 일반을 강제한 다른 모든 사례에서의 망각은 항상 상대적인 것에 머물 수밖에 없을 것이다. 그리고 이와 같은 망각은 프랑스에서도 일본에서도 오늘날 전에 없이 그 기능이 떨어지고 있다. 이러한 때 프랑스에서 르낭에 대한 관심이 커지고 「국민이란 무엇인가」가 특히 상기되는 것은 도대체 무엇을 의미하는 것일까?

인민주권 이론('매일매일의 인민투표')이건, 망각의 이론이건 르낭이 한 세기 전에 써서 제3공화제 시기 프랑스에서 훌륭히 상연된 시나리오가 프랑스 또는 다른 나라에서 앞으로 똑같이 재연될 수 있다고는 생각하지 않는다. 생각해 보면 「국민이란 무엇인가」는 기묘한 작품이다. 망각을 명명한 이 텍스트가 '국민'적 기억의 일부인 한, 그 '국민' 공간이 항상 몇 가지 망각으로 구성되어 있다는 것을 독자들은 반드시 상기해야 할 것이다. 그와 같은 망각을 망각하는 기제가 작용했기 때문일까? 르낭과 「국민이란 무엇인가」는 수십 년 동안 프랑스 본국에서 일반인에게는 거의 잊혀져 있었다.

이에 반하여 오늘날 르낭을 상기하는 것은 적어도 다음과 같은 내용을 의미할 수 있다. 즉 '국민' 공간이 본질적으로 수없는 망각으로부터 발생한다는 것을 절대 잊어선 안 된다는 것, 이들 망각과는 다른 관계를, 아마 '국민'적이지 않은 다른 사회적 기억을 발명해야 한다는 것. '국민'적 기억과 마찬가지로 혹은 그 이상으로, **그것과는 다른 생생한** 기억을. 이러한 것을 지금, 이제는 '국민'이라 부를 수 없는 '우리'의 '삶'이 요구하기 시작한 것은 아닐까?

이 '우리'의 '삶'도 살아가기 위해서 호흡이 필요하듯이 기억과 망각을 필요로 한다. 전통적인 기억의 특권화를 비판하고 '삶'에 불가결한 기제로서 망각의 창조적·능동적 성격을 발견한 점은 니체와 르낭의 커다란 공적이었다. 그러나 르낭은 이 점을 말하기 위해서 니체의 『반시대적 고찰』에 대해서조차 여전히 어떤 목적론을 가지고 볼 필요가 있었다. 그리고 특히 르낭의 경우 이 목적론의 목적-종언은, 예를 들어 그것이 잠정적인 것이었다고는 해도(왜냐하면 르낭은 유럽과 인류를 장래의 과제로서 항상 의식하고 있었으므로) '국민'이었다.

이 목적론 외부에서 망각을, 따라서 기억을, 따라서 '삶'을 생각하는 것이 가능할까? 어쨌든 나중에 니체가 시도한 것은 바로 이것에 다름 아니었다. '우리'에게도 바로 그것만이 요구되고 있다. '국민'이 깊이 자기를 망각하고 '외국인'의 기억을 받아들이는 날을 꿈꾸어 본다면——'우리'는 그때, 무엇을, 어떻게 생각하게 될 것인가?

6_복수의 폭력, 화해의 폭력

법과 폭력의 관계가 물어지는 지점에, 문학이 개입하는 건 어떤 의미가 있을까? 문학은 폭력이나 법과는 다른 어떤 관계를 맺을 수 있을 것인가? 먼저 들고 싶은 예는 유럽의 법과 정치의 역사 속에서 한 극한에 위치한 텍스트이다. 이 텍스트는 그것 자체가 문학과 법, 혹은 문학과 정치의 경계에서 태어났다. 사드 후작(Marquis de Sade, 1740~1814)이 쓴 「프랑스인이여, 공화주의자이고자 한다면 조금만 더 노력을」은 그의 소설 『규방철학』(1795)의 일부로 발표되었던 것이다. 그러나 이 글은 사드가 죽은 뒤인 1848년 2월 혁명 때, 혁명가들에 의해 독립된 선언문·팸플릿으로서 배포되어 정치사상사 속에서도 특이한 위치를 점하게 되었다.

이 텍스트에서 사드는 사형에 반대한다. 그 이유의 절반은 그가 18세기의 계몽주의적인 형법관을 공유하고 있기 때문이다. 나머지 절반은 그의 독자적인 자연철학에 근거해, 살인 그 자체를 긍정하고 범죄로 간주하지 않았기 때문이다. 자연은 인간의 성격을 극히 다양하게 만들어 냈다. 개중에는 같은 인간에 대한 연민의 정을 갖지 않은 자도 있다. 보편적인 법률로 이러한 사람을 재판하는 것은 명백하게 옳지 못하다. 그것은 "병사들에게 같은 치수로 재단된 군복을 입히려고 하는"[1] 것과 다름없는 부조리이다.

이 최초의 원리에 이어 즉시 발생하는 것은 말할 것도 없이 관대한 법률을 만들 필요성과 그 중에서도 특히 저 잔혹한 사형을 영구히 폐지할 필요성이다. 생각건대 인간의 생명을 훼손하는 것과 같은 법률은 아무리해도 운용하기 어렵다. 옳지 않을 뿐 아니라 법으로서도 부적절하다. 확실히 나중에 언급하려 했던 것처럼 인간이 자연[적 본성]을 위반하지 않으면서 …… 타인의 생명을 훼손할 자유를, 우리 인류 공통의 어머니인 이 자연에서 전면적으로 향유해도 좋은 경우가 없는 것은 아니다. 그러나 법률이 그것과 같은 특권을 획득해선 안 된다. 왜냐면 법률은 본래 냉정한 것이며 살인이라는 잔학행위를 인간에게 합법화하는 격정과는 전혀 무관한 것이기 때문이다. 인간은 자연에서 이러한 행위를 너그럽게 봐줄 듯한 다감한 성질을 누리고 있지만, 법률은 이와는 반대로 자연과 대립하고 자연에서는 무엇 하나도 받아들이고 있지 않기 때문에, 따라서 인간과 같은 과실을 스스로에게 인정하는 것은 용납되지 않는다. 즉 법률은 인간과 같은 동기를 갖지 않으므로 같은 권리를 갖는 것도 불가능한 것이다.[2]

---

1) Sade, "Français, encore un effort si vous voulez être républicains", *Philosophie dans le boudoir*, Gallimard, 1976, p. 208; サド, 「フランス人よ！共和主義者たらんとせばいま一息だ」, 『閨房哲学』, 渋澤龍彦 訳, 河出文庫, 1992.
2) Ibid., pp. 208~209[D. A. F. 사드, 『규방철학』, 이충훈 옮김, 도서출판b, 2005, 215~216쪽을 참고해 번역문 일부 수정].

그러나 살인을 긍정하고 사형을 부정했던 사드는 논리필연적으로 복수를 긍정한다. "살인은 과연 살인에 의해 억제되어야만 하는 것일까? 의심할 것도 없이 그렇지 않다. 살인에 대해서는 살해당한 사람의 친구 또는 가족의 복수로 인해 그가 입을 공포스런 형벌 이외의 어떠한 형벌도 절대로 가해선 안 된다."[3]

법을 주제로 하는 근대의 담론 속에서 사형이 부정되는 것은 물론 가능하다. 그러나 복수가 긍정되는 것은 드물지 않을까? 주지하는 바와 같이, 사형폐지론은 벡카리아(1738~94)의 『범죄와 형벌』[4]을 효시로 한다. 이 저서는 푸코가 『감시와 처벌』[5]에서 논하고 있는 것처럼 형벌의 목적을 교육으로 재정의함으로써 근대적 법사상을 준비했던 것이다. 벡카리아는 사드와 마찬가지로 사형을 부정하지만 사드와는 달리 복수 또한 부정한다. 이에 대해 벡카리아를 비판하고 엄정한 사형긍정론을 전개했던 칸트는 사형을 긍정할지라도 최소한 사적 행위로서의 복수를 긍정할 리는 없었다. 『규방철학』과 거의 동시대에 나온 『인륜의 형이상학』(Die Metaphysik der Sitten, 1797)에서 칸트가 사형을 긍정했던 논거는 다음과 같다. "단지 **똑같은 정도의 해를 입힐 보복권**(同害報復權, ins talionis)만이 ── 물론 이는 단지 (너의 사적 판단으로 그렇게 인정되는 것이 아니라) 법정에 의해 그렇게 인정되어야만 하는 것이지만 ── 형벌의 질과 양을

3) Sade, "Français, encore un effort si vous voulez être républicains", p. 249.
4) Cesare Beccaria, *Dei Delitti e delle Pene*, 1764; ベッカリーア, 『犯罪と刑罰』, 風早八十二 訳, 岩波文庫, 1938[벡카리아, 『체사레 벡카리아의 범죄와 형벌』, 한인섭 옮김, 박영사, 2006].
5) Michel Foucault, *Surveiller et punir*, Gallimard, 1975, p. 106 sqq[미셸 푸코, 『감시와 처벌』, 오생근 옮김, 나남, 1994, 161쪽 이하].

확정적으로 지시할 수 있다."[6]

프랑스 혁명과 그것의 공포정치로의 변질이 눈앞에서 막을 내리려고 하고 있던 18세기는 이처럼 사형폐지론과, 사형을 필연적으로 동반하는 혁명 이념을 함께 낳았다. 한편으로는 이 시대 이후 복수를 긍정하는 담론은 법을 주제로 하는 담론 속에서 이미 흔적을 찾아볼 수 없게 된다. 사형과 복수에 대해서 사드, 벡카리아, 칸트가 취했던 삼인삼색의 입장을 통해서 우리는 법과 폭력의 관계를 둘러싸고 생각해 봐야 할 많은 문제를 포착할 수 있다. 여기에서는 우선 사드가 복수를 긍정하는 입장을 취했지만, 셋 중에서 가장 문학에 근접했던 인물이었다는 점을 강조하고 싶다. 왜냐면 사드의 복수에 대한 긍정은, 다른 문학자들과 비교했을 때 문학자로서의 사드의 특이성을 보여 준다기보다, 다른 담론형태와 비교했을 때 문학이라는 담론형태의 특이성을 보여 주는 데 보다 많은 도움을 주리라 생각하기 때문이다.

혁명이라는 이념이 생기고 지속되었던 20세기 동안 그 이념에 필시 내재되어 있었을 복수의 관념은 혁명 지도자의 법적이고 정치적인 담론

---

6) カント, 『人倫の形而上学』, 吉沢伝三郎・尾田幸雄 訳, 『カント全集』 第11卷, 理想社, 1969, 204쪽. 칸트의 사형긍정론의 구조는 엄밀한 재검토를 요한다. "그렇지만 만약 어떤 사람이 살인의 죄를 범했다면, 그는 **죽지** 않을 수 없다. 이 경우에는 [죽음 이외에는] 징의를 만족시킬 수 있는 어떤 대리물[代償物]도 없다. 설령 아무리 고통으로 가득 찬 삶이라고 해도, 삶과 죽음 사이에는 어떤 동질성도 없다. 그런 까닭으로 또한 범죄자에 대한 재판을 통해서 집행된 죽음, 더구나 이 고통받는 인격에 내재하는 인간성을 기괴한 것처럼 고통스럽게 할지 모르는 모든 학대로부터 해방된 죽음 이외에는, 범죄는 보복과 어떤 상등성도 갖지 못한다." (같은 책, 205~206쪽) 그러나 공민계약(公民契約)엔 사형이 포함되지 않는다는 벡카리아의 공리주의적 사형폐지론을 비판했던 칸트는, 그가 지지하는 사형에서도 공적 정의의 균형[釣合]을 회복시키는 것 이외에는 어떠한 공리적 목표도 사회의 방위든 피해자 감정의 만족이든, 인정할 수 없다. 이렇게 해서 권리상 사형을 절대적으로 지지했던 칸트는 사실상 사형폐지론자가 된다.

속에서 부인되었음에도 불구하고, 혁명에 관한 문학자들의 글 속에서는, 사주 최고의 숭고한 모습으로 묘사되어 왔다. 복수에는 무언가 숭고한 것이 포함되어 있다. 근대의 법이 법으로 있는 한 인정 불가능한 명제가 있다면, 복수가 그 중 하나일 것이다. 왜냐면 복수의 경우, 법은 그 숭고한 자기 표현을 위협당하게 되기 때문이다. 그러나 혁명의, 그 이념의 숭고함은, 혁명이 체제가 되고 혁명이 법의 이름으로 말해지기 이전에는, 명백하게 복수의 숭고함 그 자체에 뿌리를 내리고 있었던 것이다.

먹으로 쓴 거짓말은 피로 쓴 사실을 감출 수 없다. 피로 진 빚은 반드시 같은 것으로 갚아야 한다.[7]

잘 가거라 辛이여

잘 가거라 金이여

잘 가거라 李여

잘 가거라 여성인 李여

가서 단단하고 두텁고 매끄런 얼음장을 두드려 깨트려

오랜 세월 갇혔던 물줄기를 용솟음치게 하라

일본 프롤레타리아트의 후원자여 앞잡이여

잘 가거라

복수의 환희 속에서 울고 웃을 그날까지[8]

_____

7) 魯迅, 「花なきバラ 二」(1926), 竹內好 編訳, 『魯迅評論集』, 岩波文庫, 1981, 30쪽.

중국과 일본의 두 문학자가 거의 동시대에 썼던 산문과 시에서 이렇듯 단호하게 긍정되었던 복수의 파토스를 나는 완전히 부정할 수 없다. 피의 채무를 되갚는 것은 숭고한 의무이다. 복수는 지고지순한 환희의 원천이다. 그것이 달성되지 않을 때, 담론의 장에서 [적절한] 표현을 찾지 못한 채 근대 세계의 망령처럼 우리의 일상공간과 정치적 공간에, 예를 들면 일본과 조선 사이에 남아 떠돌며 출몰하게 되지 않을까? 셰익스피어의 『햄릿』은 이런 의미에서, '복수'가 살해당한 망령으로 변해 나타난 근대의 기원 그 자체에 대한 극(劇)이라고 말할 수 있다.

내가 복수라는 문제를 진지하게 생각하게 된 것은 두 가지 계기를 통해서였다. 하나는 사형폐지운동이고, 다른 하나는 니체 사상과의 만남이다. 일본에서는 아직 확실히 인식되지 못하고 있지만, 현재 EU 가맹국들은 이미 사형을 폐지하고 있다. 18세기 이후 축적된 사형폐지운동과 '좌'우의 전체주의가 대량으로 사형을 집행했던 20세기라는 암흑기에 대한 반성을 통해서, 유럽은 1980년대 초까지 사형을 '역사의 휴지통'에 버리는 데 성공했다. 그 발걸음은 결코 평탄한 것만은 아니었다. 그러나 한편 우리는 '사형 없는 유럽'을 생각하려고 할 때, 유럽 규모에서 이루어진 사형폐지의 시기가 바로, 유럽의 혁명 이념이 그 영향력을 결정적으로 상실

---

8) 中野重治, 「雨の降る品川驛」(1928), 『中野重治全集』, 思潮社現代誌文庫, 1988, 30쪽. "일본 프롤레타리아트의 후원자여 앞잡이여"라는 한 구절에 조선인 혁명가에 대한 일본인의 이용주의적 발상이 나타나 있는 점은 일찍부터 비판되어 왔다. 이 비판에 대한 나카노의 자기 비판에 대해서는 「雨の降る品川驛のこと」(같은 책, 126~127쪽)를 참조. [이 시의 번역은 김윤식, 「문학적 과제로서의 '민족에고이즘' 비내리는 品川驛」, 『한 · 일 근대문학의 관련양상 신론』, 서울대학교출판부, 2003을 참고했다. 특히 이 글에는 이 시의 원본과 개작 사이의 차이, 여기서 논란이 되고 있는 "조선인 혁명가에 대한 일본인의 이용주의적 발상"에 대해서도 의미 있는 지적이 있다.—옮긴이]

해 가던 시기와 일치했다는 것을 함께 고려하지 않으면 안 될 것이다. 이 점을 뒤집어 생각해 보면, 유럽 근대에서 혁명의 정신과 사형의 정신은 분명 어떤 점인가를 공유하고 있다. 그리고 그 어떤 점이 지금 새삼스레 복수의 본질을 둘러싼 물음을 제기하고 있다.

『도덕의 계보』를 비롯한 니체의 저작은 이 점에서 더할 나위 없이 소중한 빛을 던져 준다. 자주 오해를 받긴 하지만, 니체는 복수와 원한(ressentiment)을 똑같은 것으로 생각한 것은 아니었다. 실은 완전히 반대여서, 니체에 따르면 복수를 할 수 없을 때 원한이 발생한다. 복수가 달성될 수 없을 때 그것은 내면화되고 정신화되며 동시에 반동화되어 원한이된다. 따라서 복수를 실행하는 게 가능한 강자는 원한을 품을 이유가 없다. 니체에게 복수라는 것과 복수의 정신인 원한은 가장 기본적인 대립을 형성하는 대개념(對槪念)이다.

니체는 이러한 사상을 단순히 철학적 사변을 통해서 끄집어낸 것도 아니며, 그의 젊은 시절 전문학교에서 배웠던 그리스 고전문헌학에서 취재한 것만도 아니었다. 크레메르-마리에티(Angèle Kremer-Marietti)는 니체의 착상에 큰 원천이 된 것이 독일 비교법학의 창시자 중 한 명이었던 알베르트 포스트의 저작이었다는 가설을 제시하고 있다. 포스트는 『법의 기원』[9]에서 혈연 공동체에서 지연 공동체로의 이행을 여러 개의 혈연 공동체가 서로서로 타자를 대등한 자로 인정해 가는 과정으로 묘사해 낸다. 개인적 도덕의 기원은 이처럼 개인이 공동체에 완전히 매몰되어 있던

---

9) Albert H. Post, *Der Ursprung des Rechts: Prolegomena zu einer allgemeinen vergleichenden Rechtswissenschaft*, Oldenburg, 1876.

시기로 거슬러 올라간다. 그 당시에 흘린 개인의 피는 무엇보다 먼저 공동체의 힘이 상실되었음을 의미했다. 가해자가 다른 혈연 공동체의 멤버이며 그 공동체가 피해자가 속한 공동체와 대등하다고 인정될 경우에만, 피의 채무는 같은 양의 피로 갚아 줄 것을 요구한다. 니체와 마찬가지로 포스트 또한 이 메커니즘을 19세기 열역학의 용어로 기술했다. 복수가 자연법칙을 생각나게 하는 절대성을 지닌 것으로 추구되어야만 하는 이유는 그것이 잃어버린 힘의 균형을 회복시켜 주기 때문이다. 이렇게 이해될 때 복수는, 개인 사이의 평등에 앞서 공동체의 평등이 실현될 수 있는 결정적인 계기가 된다. 타자란 복수가 가능하다고 여겨질 경우에만 대등한 공동체에 귀속할 수 있으므로, [복수가 가능하다고 여겨질 때에만] '동류'(同類)로서 간주되고 '같은 인간'으로 인정됨을 의미하는 것이다.

니체의 사유 속에서 포스트와 유사한 발상을 찾아내기란 어렵지 않다. 예를 들어 크레메르-마리에티에 의하면, 1883년 이후에 쓴 것으로 추정되는 니체의 유고에는 다음과 같은 견해가 남겨져 있다고 한다.

사회조직이 혈연에 기초를 두고 형성되는 곳이라면 어디에서든 벤데타(vendetta, 피의 복수)의 실천이 관찰된다. 공동체 전체의 삶은 거기서 그 자신의 표현을 발견한다. 그것은 개인의 영역을 넘어서, 종교적 존엄함의 대상이라도 된 듯한 이해 불가능한 힘이다. 기본적 경향. 균형은 두 개의 클랜(clan, 씨족) 사이에서 회복된다. 개인의 죄는 중요치 않으며 전쟁은 클랜 사이에서 일어난다. 국가가 형성되기가 무섭게 벤데타는 불법자에 대한 복수란 의미로 축소되었다.

벤데타의 특징 및 조건은 가족의 문제였다. 가족이 그 속으로 매몰되어 버린 듯한 큰 공동체나 국가에서는 우선 가족의 문제에 골몰하지 않는다. 그러나 벤데타는 이미 상위 조직의 존재를 전제하고 있다. 그것은 동년배인(inter pares) 동지, 즉 같은 전체에 속한 평등한 적대자 사이의 결투이다. 죄인의 가족에게 품는 적의는 공통의 상위 조직에 속하지 않은 모든 것에 대한 적의와는 근본적으로 다르다. 모멸이 없었다면 적이 열등한 인종에 속하건 열등한 본성의 소유자이건 상관없는 것이다. 벤데타에게는 명예와 지위의 평등이라는 기반이 있다.[10]

여기에 서술되어 있는 것은 매우 중요하다. 요컨대 니체는 단지 복수에 의해서만 인류가 '인류'를, 서로 타자를 동류로 간주하는 상위의 공동체로 진전해 갈 수 있었다고 말하고 있는 셈이다. 이 견해는 복수를 동물적이며 인간과는 상반되는 행동이라고 생각했던 고전주의 시대 이후의 근대적인 법사상과 정면으로 대립한다. 예를 들면 『전쟁과 평화의 법』의 그로티우스는 복수의 쾌락을 인간 속에 있는 동물과 공통된 부분에 근거해 설명한다. "희극의 말에서 가로되 '적의 슬픔은 피해자에게는 슬픔에 대한 위로이다', '슬픔은 형벌로 누그러진다'라는 키케로의 말과 플루타르코스가 시모니데스에게서 인용했던 '슬픔, 또는 성난 마음을 구제하기 위해 복수라는 수단을 주는 것은 통쾌하며 고통스럽지 않은 일이다'라는 말은 인간이 동물과 공통적으로 갖고 있는 자연적 본능과 합치된다. 틀림없이 분노는 인간에게도 동물과 마찬가지로 …… '슬픔을 복수하려는

---

10) Angèle Kremer-Marietti, "Nietzsche et la vengeance comme restitution de la puissance", *La vengeance*, tome IV, Cujas, 1984, p. 222.

욕망에서 생긴 심장에서 흐르는 피의 온기'이다. 그러나 이 욕망은 이성을 결여한 것이다. 따라서 해를 입은 야수의 새끼처럼 무해한 것도, 또한 개를 맞힌 돌처럼 감각이 없는 것도 누차 습격한다. 그러나 이런 종류의 욕망 자체를 생각해 보면, 욕망을 지배하는 이성과 합치되지 않는다. 또한 그것은 자연법과도 합치되지 않는다. 생각건대 자연법이란 이성에 의해서 지배되고 사회를 고려하는 한에서의 자연적 명령이기 때문이다. 이성은 어떤 복지(福祉)를 목적으로 하지 않는 한, 타인에게 해 될 만한 것은 어떤 것도 명령하지 않는다.”[11]

옳고 그름에 관계없이 복수를 법으로부터 배제하려고 하는 이 경향은 1세기 세네카(Lucius Annaeus Seneca)의 『분노에 대해서』(De Ira)까지 거슬러 올라간다. 세네카가 부정하려고 했던 것은 아리스토텔레스의 저작 여러 곳에서 드러나는 사상, 즉 한정적일지라도 복수를 확실하게 긍정하려는 사상이었다. 아리스토텔레스는 모멸을 받은 경우, 대등한 동료 사이에서는 폭력행위를 포함해 그에 대한 반격을 가하는 것이 폴리스의 생활에서 불가피하다고 생각했다. 복수는 모멸이 치욕을 낳고 분노를 발생시킨 것에 대한 필연적인 귀결이다.[12] 분노 속에는 복수의 실현에 의해 얻어지는 쾌락에 대한 기대가 있다. 말하자면 그러한 만족을 찾기 위해 모욕당한 자 스스로 실행하는 복수가 바로 중용을 얻는 것이며, 그 복수에서

---

11) Hugo Grotius, *De jure belli ac pacis*, 1623; グローチウス, 『戦争と平和の法』全三卷, 一又正雄 訳, 酒井書店, 1989, 二卷 704쪽. 현대어로 변경.
12) “그러면 분노를 이렇게 정의해 보자. 경멸하는 것은 정당한 대우라고 할 수 없는데, 자기 또는 자기에게 속하는 무엇에 대해서 노골적인 경멸이 있었기 때문에, 이에 대해 노골적인 복수를 하려고 하는 고통을 동반한 욕구라고.” アリストテレス, 『弁論術』, 戸塚七郎 訳, 岩波文庫, 1992, 161쪽.

는 각각의 피해자에게 그 모멸이 무엇을 의미하는가를 끝까지 가려낼 필요가 있었다.[13] 이처럼 아리스토텔레스는 복수의 기호론(記號論)이라고도 말할 만한 이론을 전개한다. 이때 그에게는 복수도, 복수를 구하는 분노나 치욕과 같은 정념도, 이성과 충분히 공존 가능한 것이었다. 복수를 전제로 해 복수와 이성을 짝을 맞춰, 어떻게 그것을 제어할 것인가가 아리스토텔레스의 과제였다.

그에 반해 세네카는 복수나 그 원동력인 분노를 이성과 공존할 수 없는 광기로 간주한다.[14] 법의 목적은 피해자에 대한 물질적·정신적인 보상으로부터 가해자에 대한 교정(矯正)으로, 그리고 과거에 일어난 사건의 처리로부터 미래의 질서를 형성하는 것으로 전환한다.[15] 이 변화는 로마 제정(帝政)으로의 변화에 따라 법의 지배 영역이 폴리스에서 국가로 확대되어 간 과정과 대응한다. 그로티우스에게 전형적인 17세기 고전주의 시대의 법질서로부터 복수를 완전히 배제하는 것은 그리스-아리스토텔레스적 복수관에 대한 제정기 로마 스토아주의의 전면적이자 원리적인 부정과 이에 덧붙여 역시나 복수를 버리는 것을 교의의 중심으로 했던 그리스도교 정신이 결합함으로써 사상적으로 준비되었던 것이다.

니체에게 복수의 복권이란 잘 알려져 있는 '귀족도덕'과 '노예도덕'

---

13) "그럴 만한 사정에 대해 그럴 만한 사람들에 대해, 또한 이에 더해 그럴 만한 방법으로 그럴 만한 때에 그럴 만한 동안만 화내는 사람은 칭송받는다. 이러한 사람은 '온화한' 사람으로 여겨질 것이다. 칭찬받는 것은 그의 **온화함**이기 때문이다. 온화한 사람이란 곧 마음을 흐트러뜨리지 않고 정념에 좌우되지 않고 도리에 맞는 방식으로, 또한 마찬가지로 그러한 사항에 대해서, 그런 시간에만 화내는 사람임을 의미한다." アリストテレス, 『ニコマコス倫理学』(上), 高田三郎 訳, 岩波文庫, 1971, 155쪽. 강조는 원저자.
14) セネカ, 「怒りについて」, 茂手木元蔵 訳, 『道徳論集』, 東海大学出版会, 1989, 121쪽 이하.
15) 같은 책, 137쪽 이하.

의 구별, 그리고 후자의 전자에 대한 역설적이고 도착적인 승리에 대한 니체의 복잡한 가설구조 속에 위치하고 있다. 니체가 '귀족도덕'의 모티프로 제안하는 것은 주로 인류학적인 고대사회 및 그리스-로마 사회이다. 한편 니체가 '노예도덕'의 특권적인 사례로 생각하는 것은 유대-그리스도교이다. 니체의 사유에 따르면 근대법이란 근본적으로 후자의 정신에 규정되고 있다. 복수가 불가능한 인간——근대법이 상정하고 있는 인간은 그런 인간뿐이다——, 그에 따르면 그런 인간은 부채를 갚는 것이 불가능한 인간에 지나지 않는다. 앞서 봤던 포스트-니체적인 '인류'의 기원을 둘러싼 해석에 따른다면, 복수를 피의 부채를 갚는 것으로 간주하는 비유는 전도된 비유이다. 왜냐면 복수야말로 일체의 사회적 계산, 그에 따른 교환·약속·계약·화폐·부채의 그 모든 가능성 자체를 여는 것이기 때문이다. 복수야말로 인간을 '약속할 수 있는 동물'로 형성한다. '피'야말로 화폐의, 그리고 부채의 '원래 의미'(原義)이다. 질 들뢰즈가 서술하고 있듯이 니체는, 그리스도교적인 '속죄'의 관념 속에서 부채-죄로부터의 해방이 아니라 부채의 심화·내면화를 보았다. 예전부터 부채의 관념과 결합되어 있던 책임의 관념은, 그리스도교의 등장 이후 죄책의 관념과 결합되었다. 슬퍼하는 것만으로 이 사람이 이미 부채를 갚은 것은 아니다. 부채에 달라붙어 자기를 영원히 채무자로 느끼고 있는 것이다. 이러한 슬픔은 말하자면, 부채의 '이자'만을 갚아 줄 수 있을 뿐이다. 그때 채무자가 아닌 채권자가 부채의 '원금'을 부담할 것을 신청한다.[16)]

---

16) Gilles Deleuze, *Nietzsche et la philosophie*, PUF, 1962, p. 162[질 들뢰즈, 『니체와 철학』, 이경신 옮김, 민음사, 2001].

이렇게 해서 결국 우리는 순식간에 저 역설적이고 두려워할 만한 미봉책 앞에 선다. 가책을 받은 인간은 저 미봉책에 의해서 ──**그리스도교**의 저 천재적인 일격에 의해서 ──일시적인 위안을 얻었다. 가로되, 신은 인간 의 채무를 위해서 스스로를 희생하셨다. 신은 몸소 스스로를 지불한다. 신은 인간 자신은 갚을 수 없게 된 것을 인간을 위해 갚을 수 있는 유일 한 존재이다──채권자가 채무자를 위해 자신을 희생했다는 것이다. 그 것도 **사랑**으로(제군들은 이것을 정말로 믿는가?), 채무자에 대한 사랑으로 말이다!⋯⋯[17]

이렇게 혁명의 이념 속에서 부인되면서도 포함되어 온 복수의 관념, 그리고 근대의 법사상에서는 배제되면서도 문학 속에서는 그 표현을 찾 을 수 있는 복수의 관념이 왜 때로는 숭고한 인상을 주는가를 이해할 수 있다. 그 이유는 첫번째로 복수가 단순히 감정의 폭도가 아니라 의무라는 것의 원초적인 형태이기 때문이다. 두번째로 복수를 통해서야말로 나중 에 평등이라고 불리는 이념의 원천이 된 '동류'(同類) 감정이 이 세상에 나 타날 수 있기 때문이다. 혁명이 비록 순간적인 것이라고 할지라도 기존의 법질서를 파괴하는 것을 불가피한 계기로서 내포하고 있는 한, [혁명은] 근대적인 표상에서 법 '이전'의 법, 그 법의 '타자'인 복수와 친화적이다.

그렇지만 그렇다면 혁명이 공포정치로 전화하는 것이나, 한번 혁명 적인 전복의 순간을 통과한 권력이 구성되자마자 사형을 포함한 형벌

---

17) ニーチェ, 『道德の系譜』, 木場深定 訳, 岩波文庫, 1964, 109쪽. 강조는 원저자, 번역문 일부 수정
   [니체, 『선악의 저편·도덕의 계보』, 김정현 옮김, 책세상, 2002, 441쪽을 참고해 번역문 일부 수정].

에 의해 복수를 제도화하는 것은 필연적이지 않을까? 그것이 얼마나 숭고하든지 혁명의 이념을 복수의 관념만으로 환원하는 것도 전도된 오해일 것이다. 이 200년 혁명 역사의 양끝에서, 우리는 두 명의 변호사, '법의 사람'과 만난다. 로베스피에르(Maximilien Robespierre)와 넬슨 만델라(Nelson Mandela)이다. 혁명 이전에는 사형폐지론자였던 로베스피에르는 루이 16세의 처형을 거쳐 자코뱅 독재기에는 모든 정치적 적을 단두대에 서게 했고, 자신도 단두대의 이슬로 사라진다. 만델라는 무장투쟁을 지도하던 시기에도, 27년에 걸쳐 옥중생활을 할 때에도, 그리고 포스트-아파르트헤이트(post-apartheid)의 남아프리카공화국 대통령에 취임한 뒤에도, 일관되게 사형폐지론자였다. 아파르트헤이트라는 언어를 넘어서 인종차별제도를 해체하고 어떻게 하면 백인과 유색인종이 평등한 남아프리카공화국 국민을 창출할 수 있을까? 그것을 위해서는 수백 년간 계속되어 온 억압의 희생자인 유색인, 그 중에서도 특히 아프리카인 측이 복수를 포기해야 한다. 인종주의의 극복이 반대로 인종주의를 낳아서는 안 된다. 만델라는 그렇게 생각했다. 여기에 또 하나의 숭고한 이념이 있음을 누가 부정할 수 있을까? 복수의 방기에 의한 인종주의의 극복이라는 미증유의 시도는 '진실·화해위원회'(Truth and Reconciliation Commission, 이하 TRC라고 약칭함)의 설치라는 형태로 현실화되었다.

이 제도의 원리는 다음과 같은 것이다. 1960년에서 94년 사이에 정치적 이유로 저지른 폭력사건의 실행자(perpetrator)는 TRC에 출두해 스스로가 범한 죄를 고백하고, 그 대신 [죄에 대한] 특별 사면(amnesty)을 받을 수 있다. 그러나 그 혹은 그녀는 이 위원회에서 그 죄의 희생자 혹은 연고자를 마주하고 용서를 구해야만 한다. 이 과정을 통해서 양자의 화해를 실현하고 그 화해가 새로운 남아프리카공화국이라는 네이션(nation)의 기초를 형성한다. 덧붙여 말하자면, 여기에서 이야기되는 '정치적 이유로 저지른 폭력사건'은 백인의 흑인에 대한 범죄에만 한정되지 않는다. 흑인 공동체 간의 항쟁이나 흑인의 해방운동 내부에 있었던 숙청과 린치, 백인에 대한 흑인의 정치적으로 정당화될 수 없는 살상도 포함한다.[18]

이러한 폭력을 동일한 원리로 공개적으로 드러내, 동일한 원리에서 화해를 추구하는 것, 여기에 그 시도가 지닌 유일무이한 성격이 있다. 이 제도를 고안했던 만델라의 머릿속에는 금세기의 여러 혁명운동, 1960년대에 그의 국제적 동지이자 그의 활동을 지탱해 주었던(만델라는 망명기에 알제리 해방구에서 무장훈련을 받았던 적이 있다) 사람들의 시도가 모조리 좌절했던 역사에 대한 깊은 성찰이 있었다. 그리고 그의 해방사상의 핵심에는 그리스도교 프로테스탄티즘의 강한 영향이 있었다는 점도 간과할 수 없다. 만델라의 뜻을 받아들여 TRC 위원장에 임명된 사람이 반(反)아파르트헤이트 운동에서 만델라의 변치 않는 동지였던 남아공의 영국 국교회 대주교 데스몬드 투투(Desmond Mpilo Tutu)였다는 것은 이 시도가 그리스도교적인 사상과 무관하지 않다는 것을 명확히 보여 주고 있다고 생각한다. TRC의 활동에 대한 뛰어난 르포르타주 중 하나인 『내 두 개골의 나라』에서 저자인 안트지 크로그[19]는 투투의 사택을 방문했을 때, 식당 벽에 걸려 있는 십자가에서 받았던 인상을 이렇게 말하고 있다. "손수 만든 십자가가 벽에 남아 있다──예수는 희생자라기보다는 특별 사

---

18) 永原陽子,「南アフリカの眞實和解委員會」,『アフリカレポート』28号, 1999.

19) 안트지 크로그(Antjie Krog)에 대해서는 다음을 참조. 장시기,「아프리카 대지와 아프리카인의 '빼앗긴 몸'」,『시인세계』18호, 문학과세계사, 2006.─옮긴이

면을 구하는 자처럼 보였다."[20]

　20세기가 저물고 있는 지금, 200년의 경험을 끝으로 혁명이 그 이념으로 포함하고 있던 사상적 유산을 하나하나 엄밀하게 음미해 볼 것이 요구되고 있는 지금, 이러한 지금, 남아공에서는 TRC라는 시도를 통해서 무엇이 일어나고 있는 것일까? 이 물음에는 지역적 한계를 훨씬 뛰어넘는 시각[射程]이 있다. 통상의 사법 프로세스와 다른 공공 공간을 발명하고, 진실 해명과 화해 실현을 통해서 주변 사람과의 관계를 (재)구축한다는 TRC의 기본 아이디어는 인종 사이나 국민국가 사이와 마찬가지로 한 사회 내부에서 집단 및 개인 사이의 모든 폭력적인 갈등을 해결하는 방법으로서 개인의 대면을 불가피한 계기로 하고 있다는 것만으로도 주목할 필요가 있을 것이다. 그것만으로 이 TRC의 시도를 단순히 숭고한 모델로 칭찬하는 것으로는 불충분하다. 이 시도에 포함된 혹은 그것이 이끌어 내는 모든 물음——시도가 미증유인 이상 물음 또한 미증유인 것이다——이 다양한 각도에서 사유될 필요가 있다.[21] 자크 데리다가 「세기와 용서」에서 하고 있는 것도 그러한 작업의 한 가지이다. 이 인터뷰에서 데리다는 엄밀한 의미에서 순수하게 절대적으로 무조건적으로(즉 죄인의 사죄나 개심改悛을 조건으로 하지 않는 방식으로) 이해될 경우, '용서'(pardon)는 화해나 개인 및 사회치유를 목적으로 하는 어떤 프로세스와도 철저히 이질적일 수밖에 없다고 말한다. 그리고 이러한 '용서', '불가능한 것'으로서 도래할 수밖에 없는 '용서'를 혁명과 비교하고 있다.

---

20) Antjie Krog, *Country of My Skull*, Three Rivers Press, 1998, p. 29.
21) 阿部利洋, 「展開する秩序」 / 松田素二, 「共同体の正義と和解」, 『現代思想』 28卷 13号, 2000.

그 이름에 상응하는 용서, 언젠가 그와 같은 용서가 있을 수 있다면, 그것은 용서할 수 없는 것을, 그것도 조건 없이 용서해야 한다고 계속해서 주장하는 수밖에 없지 않을까요? 그리고 이런 무조건성도 그것과 반대인 개심의 조건과 마찬가지로, '우리'의 유산 속에 기입되어 있는 것은 [아닐까요]? 이 급진적인(radical) 순수성이 과잉으로, 과장으로, 광기로 보여질지 몰라도 [말입니다]. 왜냐면 제가 이렇게 생각하고 있듯이, 용서가 광기라고 해도 그리고 그것이 불가능한 것의 광기에 그칠 수밖에 없는 것이라고 할지라도, 그렇다고 해서 용서를 배제하는 이유가 되거나 용서가 효력을 잃는 이유가 될 수는 없기 때문입니다. 그것은 필시 도래할 유일한 것이기조차 합니다. 그것은 혁명처럼 역사를, 정치를, 그리고 법의 일반적 흐름을 불시에 기습하는 유일한 것이기조차 합니다. 왜냐면 그것은 용서가 통상적으로 이해되는 것과 같은 의미에서의 정치적인 것 혹은 법률적인 것과는 철저하게 이질적인 차원임을 의미하기 때문입니다. 이러한 말의 통상적 의미에서는 용서 위에 정치 혹은 법을 기초 짓는 것은 결코 불가능할 것입니다. 따라서 우리가 앞서 말했던 모든 지정학적인 장면에서 '용서'라는 말은 남용되고 있는 것입니다.[22]

남아프리카공화국의 사례를 두고 말하면, 만델라와 투투가 정말 위대한 지도자이며 고결한 인격의 소유자라고 할지라도, 국가원수나 정신적 권위라는 입장에서 피해자나 그 연고자들에게 가해자를 '용서할' 것

22) Jacques Derrida, "Le siècle et le pardon", *Le Monde des débates*, décembre 1999, p. 12; ジャック・デリダ, 「世紀と赦し」, 鵜飼哲 訳, 『現代思想』 28巻 13号, 2000, 96쪽.

을 명령할 수는 없다. '용서'라는 위로부터의 명령에 따라 화해를 실현하고 새로운 국가(nation)의 기초를 구축하는 것은 불가능하다. '용서'는 어떠한 목적의 수단도 될 수 없다. 데리다는 '반(反)아파르트헤이트 국제미술전'(1983)에 참여한 이후, 남아공의 정세를 항상 주시해 왔다. TRC에 대한 문제제기적인 분석도 이 과정에 대한 기본적인 공감을 전제하고 있으며, 그 고투를 공유하고 그 속에 잠재된 물음을 보편화하려는 의도 속에서 제출된 것이다. 그러나 '용서'와 화해를 절대적으로 분리시키는 데리다의 이 급진적인 입장은 어떠한 이론적 전망으로부터 나온 것일까? 내 생각에는, 이 글에서 살펴본 것처럼 유럽 근대법 정신에 대한 니체적 계보학을 근거로 하지 않고서는 데리다의 이 발언을 충분히 이해할 수 없다. 데리다는 화해 또한 불가피하게 하나의 폭력적인 사태라고 생각하는 것이다. TRC가 목표로 하는 진실과 화해의 교환도 니체적 계보학에 의하면, 복수에 의해 처음으로 가능하게 되었던 사회적 계산 틀 안에서의 조작(전략)이다. 이런 의미에서 화해는 복수의 타자가 아니다. 복수의 폭력, 화해의 폭력——얼핏 보면 전자는 동어반복으로, 후자는 자가당착으로 보인다. 그러나 화해의 시도가 새로운 폭력을 발생시킨다는 것은 우연한 사태가 아니다. 필연적으로 폭력적인 사회적 계산이야말로 화해 가능성의 조건이기 때문이다. 그럼에도 화해는 필요하다. 데리다는 그것을 부정하지 않는다. 단지 아무리 화해가 필요하다고 해도, 화해를 통해 폭력이 종언을 고했다고 스스로 믿고 타자에게도 그렇게 믿도록 하는 기만에는 저항해야만 한다. 데리다의 분석은 그런 저항의 시도이다. 그러한 저항이 없다면 장래에 생길 폭력적인 사태를 분석할 수단을 우리들은 사전에 포기하는 것이 될 것이다. 구 유고슬라비아에서 내전이 시작됐을 때, 국제 사회는 왜 경악했던 것일까? 제1차 세계대전의 빌미가 되었던 발칸반도 여러 민족 간의 화해가 티토(Josip Broz Tito)의 혁명에 의해 이미 완결되었다고 믿어버렸기 때문은 아니었을까?

복수, 화해, 혁명. 이 세 개의 관념은 어떤 시간성을 공유하고 있다. 그것은 원환적인 시간이다. 복수도 화해도 혁명도 시원을 회복하려는 운동이며, 파괴된 균형 회복을 목표로 한다. 그러나 혁명은 순간이기도 하다. 시간의 원환을 절단하고 세계의 의미를 일변시키는 순간. 데리다가 우리에게 생각하도록 촉구하는 복수의 저편, 화해 저편의 '용서'는 이런 또 하나의 시간성에서 혁명과 결부된다. 그러한 '용서'는 법의 공간에서는 결코 나타나지 않는다. 그것은 필시 어디에서나 '나타나는' 것은 아니리라. 용서가 은밀하게 깃들어 있는 것은 문학적 담론 속에서뿐일지도 모른다. 복수가 그러하듯이. 복수와 달리 용서는 결코 숭고한 모습을 보여 주지 않을 것이다. 숭고가 높은 곳으로 표상의 한계를 넘어서 상승하는 운동이라고 한다면, '용서'는 오직 하강한다. 그것은 어디까지나 낮은 곳을 지향한다. 높은 곳으로부터, 위에서부터는 아니다. 그것이 지향하는 것은 '용서할 수 없는' 죄이며, 단지 그것뿐이기 때문이다. 복수의 숭고와 '용서'의 겸양[謙抑]. 그것들이 함께 깃들어 있는 존재로서의 문학. 여기에서 새로운 문학의 물음이 펼쳐져야만 한다. 그리고 문학과 법, 문학과 정치, 문학과 폭력과 같은 또 다른 관계가 사유되어야 할 것이다.

7_섬, 열도, 반도, 대륙
─이웃한 것들에 대한 혹성적 사유

"뉴욕에서 가능한 한 멀리……."

─데리다, 『삶을 배운다, 마침내』

동아시아(정확히는 동북아시아)의 '섬'(島), '열도'(列島), '반도'(半島), '대륙'(大陸). 이들 단수형 보통명사는 손쉽게 고유명사로 치환 가능합니다. 국민국가로 구성되어 있는 '열도'는 한 곳밖에 없습니다. 즉 일본입니다. 유일한 '반도'는 두 개의 국가로 분단된 채입니다. 즉 조선-한국입니다. '대륙'이라는 통일체는 현실이라기보다 개념상의 것이라고 봐야겠지만, 동아시아의 사람들에게 정관사로 붙는 '대륙'이라면 무엇보다 먼저 중국을 의미합니다.

그렇다면 '섬'이란 무엇일까요? 이렇게 병치되어 글을 형성하지 않는 통어관계(統語關係)에 놓여진 이들 일련의 명사들 속에서 이 명사는 어떤 '섬'을 가리키고 있는 것일까요?

이 지역에는 실제로 많은 섬이 있습니다. '열도'라는 것 자체가 섬들의 집합입니다. '반도'는 무수한 섬들——크기도 각양각색이고, 주민의 유무도 각양각색입니다——에 둘러싸여져 있습니다. '대륙'은 그에 뒤처지지 않을 정도로 섬들을 동반하고 있으며, 그들 섬들이 '대륙'과 맺었던 역사적 관계는 실로 다양합니다.

'열도', '반도', '대륙'에 이처럼 고유명이 붙여질 수 있다면, 이때 이름 붙여질 수 있는 유일한 섬이란 타이완(臺灣)이지 않을까요? 국제적인 척도에서 보자면, 이 섬은 주권 없는 최대의 경제적 실체로 성립되어 있습니다. 이 지역의 모든 지역학적 운명은 '타이완' 문제와 크게 연관되어 있다고 말할 수 있을 것입니다.

이 '문제'가 사활이 걸린 것임은 의심할 바 없는 일이지만, 그럼에도 우리는 또 하나의 섬을 거론하지 않고서는 이 '문제'와 올바르게 마주할 수 없을 것입니다. 즉 오키나와(沖繩)입니다. 거기에는 미국 영토 밖에 있는 최대 규모의, 전략적으로 가장 중요한 군사기지가 있기 때문입니다. 타이완 '문제'와 오키나와 '문제'는 서로 강하게 결합되어 있어서 실제적으로 그들은 단일한 '**텍스트**'를 이루고 있는 것입니다.

여기서 우리는 극히 서론적인 것이지만, 이 '텍스트'를 '국제시민사회, 세계통치, 국가'라는 국제 심포지엄의 제목에 비추어 보는 한편, 그것과의 대위법을 통해서 읽어 보려고 합니다.[1] 이들 특별한 보통명사들이 연속적으로 씌어 있는 것 또한 그 각 명사의 배후에 또 하나의 고유명이 숨겨져 있기 때문은 아닐까라고 생각해 볼 수 있습니다.

---

1) 이 글은 지은이 우카이 사토시가 뉴욕 주 맨해튼의 컬럼비아대학에서 열린 국제 심포지엄 '국제시민사회, 세계통치, 국가'(International Civil Society, World Governance and the State)에서 발표한 글이다.——옮긴이

우선 먼저, 근대에 걸쳐 타이완과 오키나와를 독자적인 그러나 차별화된 역사적 성질로 강제적으로 결합시켰던 것은 일본의 식민주의였다는 점을 상기해 봅시다. 오키나와[류큐왕국]는 17세기 초 일본 남부의 봉건 영주였던 사쓰마한(薩摩藩) [시마즈島津 씨]의 침략을 받아 [그 지배 아래 놓였고], 1879년에 일본 제국으로 병합되었습니다. 타이완은 최초의 중일전쟁이라고 할 수 있는 1894~5년에 일어난 청일전쟁에서 쟁탈의 대상이 됩니다. 그에 따라 청조인 중국에서 일본으로 할양되어 1945년까지 일본의 지배하에 놓여졌던 것입니다.

20세기엔 두 번의 큰 전쟁, 즉 태평양전쟁과 소위 냉전으로 인해 두 곳 모두 특수한 지정학적 조건을 할당받았습니다. 오키나와는 무시무시한 지상전을 치른 뒤 일본의 지배에서 미군정으로 바꿔치기 되었고, 타이완은 1949년 이후 공산당과의 내전으로 본토를 잃어버린 국민당의 최후 거점이 되었습니다. 이러한 사건들은 축소시켜 말한다 해도, 두 개의 섬 주민이 [이 두번째 정권들을] 한층 더 식민지적 경험으로 느끼면서 살았음을 의미합니다. 이 대목에서 우리는 이중의——그것 이상이 아니라면 말입니다——식민지화에 대해서 말할 수밖에 없습니다. 그것은 연쇄되고 있는 동시에 덧쓰기 되고 있는 것으로, 그에 따라 우리의 관심을 소개하는 데 있어 '텍스트'와 '독해'라는 개념을 사용하는 편이 올바르게 아는 것을 가능히 힐 것입니다. 이 글의 타이틀인 '섬'. 표면상 단수형으로 보이는 이 말에는 **두 가지의, 이중의 식민지 경험**이 가로놓여 있습니다. 따라서 문학 텍스트의 독해나 정신분석적인 해석과 마찬가지라고 할 정도로 섬세한 취급이 요구됩니다.

만약 '이상적인 독자'라는 개념이 어떤 텍스트에 내재하는 적절한 차이의 모든 것을 기록하고, 그 모든 것의 연관을 고려한 뒤에 분석하는 게 가능한 그런 주체를 의미하는 것이라면, 저는 이 '텍스트'의 '이상적인 독자'일 수 없습니다. 저는 오키나와도 타이완도 사회과학자로서 연구했을 리가 없습니다. 저는 단지 문학비평가이며, 프랑스 문학이나 철학의 번역자입니다. 그렇지만 '열도'-국민국가의 시민으로서 또는 그 식민지 제국주의의 상속자로서, 저는 항상 일본에 의해 식민지화되었고 지금까지도 그 때문에 고통받고 있는 사람들의 역사를 배우고 싶다고 강렬하게 느끼고 있습니다.

이러한 동아시아에서의 '섬-텍스트'에 대한 저의 접근은 그곳으로부터 온 호소(call)에 대한 하나의 응답입니다. 이러한 호소는 정치적 행동으로서, 개인적인 만남으로서, 이론적 반성으로서, 문학 텍스트나 혹은 다른 종류의 예술적 표현이라는 다양한 형태를 취하고 있습니다. 저는 이들 호소를 가능한 한 들으려고 노력해 왔습니다. 또한 서발턴한 영역으로부터 오는 언어 없는 호소(call without speech)를 잊지 않기 위해 노력해 오기도 했습니다. 저의 응답은 고립적(solitary)일 수밖에 없지만, 그러나 그럼에도 집합적인 것이 될 수밖에 없습니다. 그것은 무엇보다도 저의 부족한 언어능력과 그들 문화에 대한 제한된 지식 때문입니다.

이런 까닭에 저는 최근 우리의 응답을 끊임없이 고양시켜 갈 찬스를 얻기 위해, 그리고 우리 한 사람 한 사람에게 주어진 듯한 공간을 열기 위해, 친구들과 도쿄에서 '티치인 오키나와'(Teach-in Okinawa)라는 이름의 일련의 집회를 조직하기 시작했습니다. 제1부에서는 오키나와에서 온 게스트들——건축가, 활동가, 역사가, 영화감독, 포토 저널리스트, 사회과학자, 문학비평가, 작가——로부터 이야기를 들었습니다. 제2부에서는 오늘의 일본에 대해서 가능한 한 자유로운 토론을 시도했습니다. 우리들이 겨냥했던 것은, 가야트리 스피박의 『어느 학문의 죽음』에서 인용하자면, 오키나와'에 대해서 배운다'는 것을 넘어서, "[우리] 자신을 상상하는 것이었다. 보증 없는 채로 타문화에 의해 타문화 속에, [우리] 자신이 상상되는 대로 진심으로 맡겨 버리는 것──그 불가능성을 경험하는 것──이었다. 틀림없이".[2]

우리들이 행한 싸움의 기점에는 2004년 8월 13일에 오키나와 국제대학 캠퍼스에서 일어났던 미 해병대 군용 헬리콥터 추락사고가 불러일으킨 충격이 있었습니다. 이 사고로 한 명의 사망자도 나오지 않았던 것이 얼마나 행운이었는가를 이해하기 위해서는, 미군 후텐마(普天間) 기지가 놀라울 정도로 시가지와 가까이에 이웃하고 있다는 것을 이해해야 합니다. 오키나와 국제대학의 교사들, 학생들, 직원들은 미군 병사들과 문자 그대로 이웃인 것입니다. 양자를 구분하고 있는 것은 단지 하나의 담장입니다. 추락사고가 일어나자마자 미군 병사들은 그 담장을 타고 넘어와 캠퍼스를 점령했고, 헬리콥터의 잔해는 처분되고 말았던 것입니다. 대학에도, 그 지역[地元] 경찰에게도, 오키나와 현에도, 심지어 일본 정부에조차도 어떤 허가도 요청하지 않은 채.

이 사건은 우리들에게 놀랄 만한 형태로 우리 일상생활과 이라크 전쟁이 서로 연속되어 있음을 알려 주었습니다. 왜냐하면 이 사건이 일어났던 때가 이라크 전쟁을 위해서 훈련이 한창 진행되던 때였기 때문입니다.

---

2) Gayatri Chakravorty Spivak, *Death of a Discipline*, Columbia University Press, 2003; G·C·スピヴァク, 『ある学問の死―惑星思考の比較文学へ』, 上村忠男·鈴木聡 訳, みすず書房, 2004, 89쪽. 번역문 일부 변경.

동시에 우리들은 또한 이라크에 대한 연합군의 '중핵'을 구성하고 있는 것이 본질적으로는 유라시아 대륙을 둘러싼 나라들——동쪽으로는 한국, 일본, 필리핀, 오스트레일리아, 타이, 그리고 서쪽으로는 영국——이란 점을 발견하곤 공포를 느꼈습니다. 그 태반이 크고 작은 섬으로 이루어진 도서(島嶼) 국가인 것에 주목해야 할 것입니다. 우리들이 여기서 발견하는 것은 내일의 '세계통치'를 구조화하는 근본적인 대립, 대립하는 두 가지 이론의 스케치가 아닐까요? 칼 슈미트가 제기했던 저 유명한 '육지와 바다'라는 이분법은 이렇게 기본원소와의 역사적 관계에 따라 사람들의 비전을 결정해 왔던 것일까요?

한 가지 명백한 것이 있습니다. 우리는 지금 17세기에 잉글랜드에서 시작된 역사적 프로세스가 귀결되는 한 지점에 참여하고 있다는 것입니다. 슈미트의 자극적인 표현에 따르면, 바다의 국민답게 되려는 결의에 따라 브리튼 섬은 '바다의 일부'로, 한 척의 '배'로, 하나의 '물고기'조차도 되었던 것입니다.[3] 이 독일 법학자에 의해 리바이어던은 최고의 바다괴물이자 대륙과 단절된 것으로 특징지어졌습니다. 슈미트는 이에 더해, "미국 또한 대영제국이 해방시킨 저 자유운동의 상속자로서 또 하나의 섬인 것이다"——우리는 지금 문자 그대로 (맨해튼이라는) 하나의 섬 위에 있지만——라고 말하기까지 했습니다. 이 점에서 우리는 20세기 전반에 걸친 일본의 확장이 이러한 역사의 일부였다고 해석한다고 해도 틀리지 않을 것입니다. 이라크뿐만 아니라 아프카니스탄에서의 연합군이란 유라시아

---

3) Carl Schmitt, *Land und Meer. Eine weltgeschichtliche Betrachtung*, 1942; カール・シュミット, 『陸と海と―世界史的一考察』, 生松敬三・前野光弘 訳, 慈学社, 2006, 106쪽.

대륙의 중심에서 미국의 장기적인 주둔(presence)이 시작됨을 의미하는 것일지도 모릅니다. 그럼에도 불구하고 그것은 동시에 해상에서의 자유로운 이동을 스스로 할 수 있는 단일한 '섬'적 주체를 구성하기 위해서, 이동성을 조직하려는 최후의 시도가 도달한 최종국면의 시작일지도 모릅니다.

우리가 장래에 리바이어던과 육지의 제국인 베헤모스(Behemoth)의 궁극적인 충돌——그것은 칼 슈미트를 공포스럽게 하는 동시에 매료하기도 한 어떤 묵시록적인 비전이었습니다——을 희망하지 않는다면, 이 오싹한 이항대립을 탈구축하는 찬스를 현재 어떻게 생각해야 할까요? 바로 이 문맥에서 '섬', '열도', '반도', '대륙'의 관계를 둘러싼 반성이 지역적 관심의 한계를 넘어서 혹성적인 차원을 획득한다고 우리는 믿고 있습니다.

자크 데리다가 최후에 했던 제안 중 하나는 국제연합의 개혁에 대한 것이었습니다. 그가 죽기 몇 주 전에 발표되었던 인터뷰에서, 그는 '또 하나의 세계주의'(altermondialiste/alter-globalization)의 이념을 제출하고 있습니다. 그는 1993년의 저작 『맑스의 유령들』[4]을 언급해 가면서 이렇게 말합니다.

내가 당시에 …… '새로운 인터내셔널'이라고 불렀던 것은 많은 혁명을 우리에게 강요하려 했던 것입니다. 국제법의 그리고 세계질서를 규제하는 모든 기구의 변혁을(국제통화기금, 세계무역기구, 선진 8개국 정상회의

---

4) Jacques Derrida, *Spectres de Marx*, 1993, Galilée; ジャック・デリダ, 『マルクスの亡霊たち』, 増田一夫 訳, 藤原書店, 2007.

등. 그리고 그 중에서도 특히 국제연합과 그 상임이사회. 적어도 국제연합 헌장을 변화시켜 자율적인 개입력을 창설하고, 상임이사국의 구성을 고칠 필요가 있습니다. 그리고 우선 소재지를 변화시킬 필요가——뉴욕에서 가능한 한 멀리……).[5]

마지막 부분에서는 놀라움을 넘어서 거의 당혹스러움을 느낍니다. 이 동사 없는 글이 여기 뉴욕에서는 어떠한 울림을 줄 것인가, 뉴욕커들에게 국제연합이 없는 뉴욕이라는 것이 상상 가능한 것일까, 어떨까, 저로서는 알 수 없습니다. 제가 간신히 상상할 수 있는 것은 데리다는 여기에서 다음과 같이 말하고 싶었던 게 아닐까 하는 것입니다. 첫째, 미합중국은 이미 국제연합을 존중하고 있지 않기 때문에 미합중국에 국제연합이 있는 것은 터무니없는 일이다. 둘째, 뉴욕에 국제연합이 있는 것이 구미가 중심이라는 심볼이 된 이상, 그것을 이전시키는 것은 이 국제법적 기구에서조차 지금까지 지배적으로 이어져 온 대서양 중심의 세계관(vision du monde)을 토의에 부치는 게 될 것이다.

그러나 이러한 이전(移轉)의 동기를 보는 것은 어렵지 않다고 해도, 그 이전 장소를 말하는 것은 쉽지 않을 뿐 아니라 거의 불가능하기까지 합니다. 왜냐면 이 별 위에서 '뉴욕에서 가능한 한 멀리'에 있는 장소는 어디일까요? 데리다는 어떤 종류의 거리를 생각하고 있었던 것일까요? 예를 들면 예루살렘은 국제연합의 결의가 가장 공공연하게 파괴되어 왔던

---

5) Jacques Derrida, *Apprendre à vivre enfin : entretien*, avec Jean Birnbaum, Galilée, 2005; ジャック・デリダ, 『生きることを学ぶ, 終に』, 鵜飼哲 訳, みすず書房, 2005, 21쪽.

지역이기 때문에, '뉴욕에서 가능한 한 멀리'에 있는 것일까요?

이 수수께끼처럼 보이는 제안에 대한 응답으로, 이제야말로 우리에게 다른 복수의 목소리가 메아리쳐 올 것입니다. "그렇다면 왜 여기에는 없는 것일까?"라고. 예를 들면 왜 더반[Durban, 남아공 동남부의 항구도시]이나 요하네스버그에는 없는 것일까? 왜 사라예보나 포르투알레그레나 뭄바이에는 없는 것일까? 이번에는 이러한 메아리에 우리가 메아리를 되돌려줘 봅시다. 왜 오키나와에 미군기지 대신에 국제연합이 있으면 안 되는 것일까? 라고. 우리는 '뉴욕에서 가능한 한 멀리'라는 제안이 지닌 유토피아적 잠재력이 손상되지 않은 상태로 두기 위해서 '왜', '예를 들면'이라고 계속 말해 봅시다. 저는 데리다가 이러한 형태를 통해서 오늘날 우리가 아직 사유할 수 없는 무언가를 사유하도록 하기 위해, 또 하나의 정치적 사유의 찬스를 부여해 주었다고 돌연 생각하게 되었던 것입니다.

우리에게는 또한 "왜 타이완에 국제연합이 있어선 안 되는가?"라는 소리가 들려옵니다. 현재의 국제 질서의 내외부 양 측면에 놓여 있는 이 섬에? 왜일까요? 저는 항상 타이완과 관련을 가져 왔던 사람이 아니며, 이 섬에서 이야기되는 복수의 언어들을 이해하는 것도 불가능합니다. 저는 단지 영어나 프랑스어나 일본어를 말할 수 있는 타이완 친구들과 토론하거나 독서를 하여 일어나고 있는 무엇인가를 가능한 한 배워 보려고 노력하고 있는 데 불과합니다. 이 섬의 상황에 대해서 제가 말할 수 있는 것은 단지 현재 타이완의 내셔널리즘이 베네딕트 앤더슨이 말했던 의미에서 일종의 크레올내셔널리즘(creole-nationalism)이어서, 거기에 일정한 역사적인 필연성이 있음을 부정할 수 없다는 것입니다. 그럼에도 그 고양[高揚]은 주민들 사이에 심각한 분열을 초래하는 것입니다. 타이완 독립에 대한 열기는 역사적·지역학적인 상황에 의해 부득이하게도, 중국에 대항해서 미국과 일본의 지배를 부탁하는 것이 될 수밖에 없었습니다. 그리고 일본 식민지 통치기에 대한 일종의 노스텔지어적 회귀 또한 타이완 사회에서는 명확하게 인정되고 있습니다. 그것은 매우 신중한 독해를 요구하고 있는 것이지만, 저로서는 그 현상이 아포리아의 징후라고 생각하고 있습니다.

오키나와에도 일본으로부터 정치적으로 독립하길 희망하는 사람들이 있습니다. 왜냐면 그것이 그들의 향토(homeland)에서 미군기지를 없애기 위해 남겨져 있는 유일한 선택지이기 때문입니다. 1995년 9월 4일에 일어났던 사건, 즉 세 명의 미국 해병대원이 12세 소녀를 유괴·강간한 사건이 있은 후, 오키나와에서는 미군기지를 반대하는 대중적 물결이 일어났습니다. 그러나 일본 국가는 활용 가능한 모든 수단, 심지어 헌법을 위반하는 수단까지 사용해서, 이 파도의 고조를 저지하려고 했습니다. 일본 국가 영토의 불과 0.6%에 해당하는 이 작은 섬에 일본 내 미군기지의 75%를 떠맡겨 놓고 있는 현상을 강화해 가면서, 일본 정부는 단지 미국과의 협력관계를 더 한층 긴밀히 유지하는 것을 통해 중대한 국익을 얻어내려 하는 것입니다. 만약 정부가 오키나와에서 기지의 최종적인 이전을 고려한다면, 그 고려는 자동적으로 홋카이도로 향하게 될 것입니다. 홋카이도는 이 열도의 북쪽 섬입니다. 19세기에 아이누인들을 희생시켜 정복한 또 하나의 오래된 식민지입니다. 이처럼 한국도 포함해 동아시아에서 미합중국의 군사적 프로세스의 현실적인 변용은, 지금도 여전히 옛날부터 지속되어 온 식민지적 연장선에서 생각되어야만 합니다.

아시다시피, 타이완인과 오키나와인은 독립을 향한 동기나 추진력이 서로 극히 다릅니다. 그들의 전략적인 선택은 정치적인 관점에서 말하자면, 정확히 정반대일지도 모르겠습니다. 오키나와인에게도 독립주의에 대한 전망은 많은 아포리아와 연관되어 있습니다. 가장 유명한 독립주의자 중 한 명인 일리노이대학 명예교수 코지 타이라는 몇 가지 시나리오를 제시하고 있습니다. 「오키나와의 선택─독립인가 종속인가」[6]라는 제목의 1999년 논문에서 그가 제시하는 선택지는 오히려 에코노미아적으로 보입니다. 거기서 그는 일본에 대한 경제적인 종속을 극복하기 위해서 오키나와 전 지역을 자유무역지역으로 변화시키는 생각에 찬성하고 있습니다. 오키나와가 이러한 경제권 속에서 무엇인가 오리지널한 아이디어를 필요로 하고 있음은 말할 것도 없습니다. 그럼에도 혹시 이 자유무역지역 프로젝트가 홍콩이나 싱가포르와 같은 모델에 기초해서 구성된다면 오키나와의 독립은 글로벌화하는 자본주의 시장경제의 현실적인 위세 속에 포함되어 버리게 될 것입니다. 그러므로 저는 이러한 선택지가 오키나와의 독립주의자들을 단결시키기보다 오히려 분열시켜 버리는 것이 아닐까 생각합니다.

다른 곳에서 코지 타이라는 오키나와의 외교적 잠재력을 검토하고, 오키나와가 중국과 타이완 사이에서 긴장 완화 시도의 결정적인 역할을 할 수 있지 않을까 하는 대담한 가설을 제시하고 있습니다.[7] 이 가설

---

6) Koji Taira, "Okinawa's Choice : Independence or Subordination", *Okinawa: Cold War Island*, ed. Chalmers Johnson, Japan Policy Research Institute, 1999.
7) コージ・タイラ, 「琉球独立の新視点─古琉球から二一世紀へ」, 『EDGE』五号, 1997. 이 제언에 관한 보다 상세한 논의는 이 책의 10장 「독립을 발명하는 것─코지 타이라의 '류큐 독립의 새로운 관점'을 읽는다」를 참조.

이 대담한 이유는 **아직** 독립하지 않은 오키나와가 **이미** 비공식적인 외교상의 이니셔티브(initiative)를 발휘하는 것이 가능하다고 상정하고 있다는 점에 있습니다. 이것은 공식적인 주권국가에서는 생각될 수 없는 것입니다. 이렇게 그는 이러한 **이음매가 어긋난**(out of joint), 예측 불가능한(a contre-temps) 이니셔티브만이 필시 역사적인 아포리아를 돌파할 수 있으리라고 시사하고 있는 것입니다.

일반적으로 말해서 타이완과 오키나와가 직면하고 있는 이러한 아포리아는 국민적 주권, 특히 국가형태라는 시점으로부터 추론하는 한 해결 불가능하다고 말할 수 있습니다. 그리고 이 점은 또한 반대 측, 즉 '대륙'에서도 '열도'에서도 진실입니다. 실제로 이곳에서는 모든 아포리아가 비대칭적으로 분유(分有, partage)하고 있는 것입니다. 한마디로 말해, '그들의' 아포리아는 '우리의' 아포리아인 것입니다. 저는 이런 점에서, 중국의 타이완에 대한 인식을 판단하는 것은 불가능합니다. 단지 제가 말하려는 것은 일본의 좌익이 오키나와인의 아포리아를 일본인의 찬스라고 믿어 버리고 있다는 점입니다. 제 견해로 볼 때, 우리는 잘못하고 있습니다만 그것은 윤리적인 잘못일 뿐 아니라 이론적인 잘못이기도 한 것입니다.

만약 이 지역에 사는 사람들이 미국과 맺는 제한 없는 공범관계를 끝낼 수 있도록 하려고 한다면, 이 지역에 필요한 것은 주권의 윤리를 넘어선 일종의 국제적인 틀을, 여태까지 선례가 없었던 그러한 틀을 발명하는 것입니다. 이러한 발명을 통해서만 하나의 '국제시민사회'가 법의 강제력을 구비한 구체적인 형태로서 이 혹성의 일부에 출현할 수 있지 않을까요.

그렇지만 공범관계는 뿌리가 깊고 심지어 역사적인 것입니다. 현기증이 날 정도의 이 깊이는 어디에서보다도 오키나와에서, 한국에서, 뿐만 아니라 일본에서도 마찬가지로, 미군기지 주변에서 발전되어 온 성산업에서 감지할 수 있습니다. 미군 병사들뿐 아니라 현지의 많은 남성들도 이 상황을 착취해 왔다는 것을 우리는 부정할 수 없을 것입니다. 여기에서 젠더의 문제는 수많은 다른 문제들 중 하나가 아닙니다. 그것은 바로 이 정치적 현실의 핵심을 이루고 있는 것입니다.

오키나와에서 페미니즘 운동은 오키나와 여성에 대한 성적 착취-학대가 놀랄 정도로 영속성을 갖고 지속되고 있음을 가시화하는 데 큰 공헌을 해왔습니다. 그녀들의 작업은 또한, 1995년에 베이징에서 열린 제4회 국제연합 세계여성회의——그 회의가 한창일 때, 앞서 이야기했던 소녀 강간 사건이 일어났던 것입니다——에서 세계 여러 곳으로부터 모인 여성들과의 만남에 의해, 그 중에서도 특히 소위 '종군 위안부' 할머니들—— 아시아·태평양 전쟁 중 일본군에게 성적 노예생활을 강요당했던 여성들——을 지원하는 한국 그룹과의 만남에 의해 자극받고 가속화되었습니다. 그때 국경을 넘었던 남성 동지들의 공범관계가 남김없이 폭로되었던 것입니다.

베이징에서 돌아온 오키나와 여성들이 일련의 반(反)기지 운동을 어떻게 강력하고 신속하게 조직해 갔던가를 저는 잘 기억하고 있습니다. 그때 우리가 느꼈던 것은 단순히 물리적인 급한 전개라기보다, 무언가 완전히 새로운 충동이었습니다. 그것은 '섬'과 '반도'와 '대륙' 사이의, 역사적으로 구성되어 왔던 경계-극한을 통과해 넘어섬으로써 탄생했던 것입니다. 다카사토 스즈요(高里鈴代), 아구니 지에코(粟國千惠子)와 함께 '기지·군대를 허락하지 않는 행동하는 여성들의 모임'의 창설 멤버 중 한 명인 캐롤린 보웬 프랜시스는 다음과 같이 쓰고 있다.

오키나와 여성들의 운동이 토지나 추상적인 군사 정책상의 문제보다도 '사람'에게 초점을 맞춰 왔음을 그녀들은 부정하지 않는다. 그녀들의 관심은 그와 동시에 군사 시스템으로 끌려들어 가는 개개의 미국 젊은이들에게도 향해 있으며, 또한 그 군사 훈련이 이 젊은이들에 대해, 그리고 그들이 최종적으로 돌아갈 그 사회에 대해 지니고 있는 궤멸적인 효과에도 향해 있다. 이 파괴적인 군사 시스템이 또한 포스트 공동체의──즉 오키나와의──사람들에게, 문화에, 환경에도 폭력과 파괴를 초래하고 있는 것이다.[8]

그럼에도 이 10년간, 또 하나의 곤란한 문화적 투쟁이 전개되지 않을 수 없었습니다. 젠더 문제는 언제든 중심에 있었던 것입니다. 1990년대 후반부터, 일본 대중문화의 무대 전체에서 일종의 오키나와 이미지가 만들어져 증식하기 시작했던 것은 누가 보아도 우연으로 보이진 않습니다. 오키나와는 지친 일본인 남녀들에게 치유의 섬이 되었던 것입니다. 그리고 이들 이미지의 중심에는 오키나와의 '오바아'(オバア, 할머니)들의 형상이 있습니다. '오바아'들은 항상 다정하고 포용력이 있고 사랑받아야 할 존재가 되어 있습니다. 그렇지만 신조 이쿠오(新城郁夫)가 지적했던 것처럼, 그녀들과 손자들의 마음 따뜻해지는 커뮤니케이션은 누차 양친의 부재라는 무대 설정에 의한 것입니다. 양친이 있다면 오키나와의 전후 정치상황이 불가피하게 그들에게 초래했던 괴로움이 드러나게 되

---

8) Carolyn Bowen Francis, "Women and Military Violence", *Okinawa: Cold War Island*, p. 203.

어, '기원적 오키나와'라는 목가적인 이미지가 의심스러운 것이 되어 버리겠지요. 신조가 계속해서 서술하는 것은 오키나와의 문학작품 중 몇 가지에서 나타나는 오바아의 형상입니다. 그것은 일견 닮은 듯한 장면을 보여 주지만, 실제로는 전혀 다른 오바아의 형상을 그려 내고 있다는 것입니다. 예를 들면 메도루마 슌의 「평화거리라고 이름 붙여진 거리를 걸으며」(1986)[9]에서는 "거기에 묘사되어 있는 오바아는 전후 상황 속에서 전쟁 기억이 희박해지는 현상에 대한 예리한 비판이 되고 있다. 즉, 대개 안정적으로 보이는 일상에서 가시와 같은 존재성을 발휘하고" 있습니다.[10] 이처럼 어쩐지 섬뜩하고 친숙하지 않은(unfamiliar, 비대칭적인), 기괴한 (unheimliche) 여성적 존재가 탈정치화된 오키나와 이미지의 홍수에 대해서 독립적인 저항을 보여 주고 있는 것입니다.

한 명의 여성으로서의 '섬'. 이 실로 낡은 너무도 고전적인 메타포는 일본과 오키나와 사이의 현실적 갈등이라는 초-정치적인 문맥 속에서, 이렇게 [섬뜩하고 기괴한 독립적 저항으로서] 기능해 오고 있습니다. 그리고 제 생각엔 일본의 문화정치에서 이것이 어떤 역할을 할까 생각해 보면, 서양식 레토릭적 형상화에 회고적으로 호소한다는 것은 다음과 같은 것을 의미하는 것이 아닐까요. 즉 [일본의 문화정치가는] '열도'의 국민국가라는 것을 상상할 때, 여전히 이동(移動)하고 자동(自動, automobile)하기조차 하는 본국의 섬(슈미트에 의하면 '배' 또는 '물고기')과, 부동(不動)하고 때로는 타동(他動, heteromobile)이 되어 버리는 영원히 주변적인 섬,

---

9) 目取真俊, 『平和通りと名付けられた街を歩いて』, 影書房, 2003에 수록.
10) 新城郁夫, 『沖縄文学という企て―葛藤する言語・身体・記憶』, インパクト出版会, 2003, 254쪽.

이러한 둘 사이의 이분법을 통해서 스스로를[즉 일본 열도를] 상상하고 이웃(들)을 상상하고 있음을 보여 주는 게 아닐까 합니다.

그렇지만 이 이분법의 효력이 끝을 맞이하게 된다면 어떻게 되는 것일까요? 혹시 둘 중 어느 쪽의 섬이 능동성과 수동성이라는 이 형이상학적 대립을 넘어서 '움직이기' 시작한다면? 원래 '종군 위안부'에 대한 배상을 요구하는 싸움의 문맥에서 이러한 얼터너티브한 이미지를 제시했던 것은 한국 제주도 출신의 정치학자이자 시인인 이정화가 일본어로 쓴 훌륭한 에세이 『중얼거림의 정치사상―요구된 시선·슬픔으로, 그리고 숨겨진 것으로』입니다.[11]

동아시아에는 실로 많은 섬들이 있습니다. 그 중 몇 개인가는 영토 문제의 대상이 되고 있기도 합니다. 예를 들면 한국어로 독도, 일본어로 다케시마(竹島)라고 불리는 무인도나, 또한 중국어[타이완]로는 댜오위타이 열서(釣魚台列嶼), 일본어로는 센카쿠제도(尖閣諸島)라고 불리는 무인열도도 있습니다. 다른 한편에서는 제각각 본토에서 온 사람들의 평화적인 만남과 문화교류의 장으로서 역할을 다하고 있는 섬들도 있습니다. 예를 들면 진먼 섬(金門島)은 일찍이 냉전 시에는 일종의 전선이었지만, 지금은 타이완과 중국의 관광객이 방문하거나 예술가들이 교류하는 장이 되었습니다. 또한 쓰시마 섬에서는 한국과 일본의 음악가들이 매년 콘서트를 열고 있습니다. 제주도에는 1948년에 엄청난 학살[4·3사건]이 일어났던 섬이었지만, 영구적인 평화의 이념을 추진하기 위한 중요한 이니셔티

---

11) 李靜和, 『つぶやきの政治思想―求められるまなざし·かなしみへの, そして秘められたものへの』, 青土社, 1998.

브를 발휘하려고 하는 듯합니다.

　하나의 섬은 '대륙'이나 '반도'나 '열도'에 영원히 속하도록 운명 지어진 것일까요? 혹은 반대로 하나의 섬이 '본토'에서 분리하려고 하는 욕망은 어떤 것이든 국민적 주권의 언어로 번역되어야만 하는 것일까요? 하나의 섬이 세계적인 군사강대국의 전략상의 '점' 이외의 것이 되는 것은 어떻게 가능할까요? 이 물음들을 사유하기 위해서 부여된 아포리아를 강하게 의식하면서, 섬의 문학 중 몇 가지는 사유 불가능한 채로, 이 지역에서, 즉 세계에서, 오직 도래시켜야 할 것인 채로 머물고 있는 것을 향해 호소한다는 그런 응답책임을 지고 있는 것입니다.

2부

저항의 논리

8_1964년의 '소국민'

강제는 없었다, 라고 그들은 말한다.

그 증거로 강제되었다는 기억이 당신에게는 없지 않은가, 무엇을 증거로 당신은 강제가 있었다고 주장하는 것인가, 라고.

1964년 도쿄 올림픽의 해. 나와 같은 소학생이었던 많은 어린이들이 일본 선수를 응원하고 표창식의 '히노마루(日の丸, 일본국기), 기미가요(君が代, 일본국가國歌)'에 갈채를 보냈다. 그것은 자연스러운 것이었다고 그들은 말한다. 일본의 아이들이기 때문에 그들은 기뻐하면서 '히노마루'의 작은 깃발을 흔들었다고.

그러나 학교가 없었다면 어린이들은 자연스럽게 '기미가요'를 외우지 않는다. '히노마루'의 작은 깃발을 만들지 않는다. 자연 속에는 학교도, 국기도, 국가도 없다. 그것들이 무엇이라고 말하든, 내 기억이 어떠하든, 학교에 가게 되었던 것 자체가 이미 엄청난 강제였던 것이다. '국기·국가'를 알고 있는 것이 일본인의 요건이라면 자연스런 일본인이란 존재하지 않는다.

그러나 학교가 학생들에게 행사하는 폭력의 많은 부분은 망각된다. 뒤집어 말하면 말년까지 기억에 남는 폭력은 가장 나쁜 부류의 폭력인 것이다. 재일조선인 친구들이 말해 주었던 '기미가요'를 불러야 했었던 때의 터무니없는 고통, 혼란스런 졸업식이나 입학식을 경험했던 오키나와 학생들의 마음속에 생생하게 남아 있는 불쾌, '마이너리티'라는 이유로 예외적 사례로 간주되는 경향이 많은 이러한 폭력의 기억을 통해, 나에게 행사되고 망각되었던 폭력의 깊이와 넓이가 투시(透視)되었다. 이러한 망각된 폭력의 총체가 '국민'이 아닌 존재에 대한 '국민'의 본질적인 폭력성으로 발명되는 것이 아닐까. 실제로 자신이 당했던 것을 허심탄회하게 돌이켜 보면, 잊고 있었던 것이 얼마나 '이상'한 것인지를 보게 된다. 그 증거로, 그렇다, 나는 '기미가요'를 알고 있지 않은가!

언제 '기미가요'를 배웠던 것인지 나는 기억하지 못한다. 그리고 언제부르지 않게 되었는가도. 어느 사이엔가 이 노래는 나의 노래가 아니게 되었다. 그때는 초등학교 4학년과 5학년 사이의 어느 때였으리라 짐작된다. 왜냐면 초등학교 4학년 도쿄 올림픽이 있던 해엔 표창식에서 위화감을 느꼈던 기억이 나에게는 없기 때문이다. 기억하고 있는 것은 내가 "힘내라, 일본!"으로 끝나는 작문을 썼던 것과 그 작문으로 선생님께 칭찬을 들었던 것이다.

자유작문이 전전(戰前)까지 '국민' 교육에서 중요한 일환을 담당했고, 그에 반해 '히노마루·기미가요'가 학교에서 한 세트로 강제되게 되었던 것은 오히려 전후였다는 것을, 나는 최근에 들어서야 알게 되었다. 이렇게 나는 스스로 받았던 혹은 받게 되었던 교육의 역사성을 조금씩 자각해 가고 있다. 내가 무엇을 어떻게 망각했던 것인가 더듬어 찾아가기 위해서. 어차피 그들이 본다면 미적지근하게 보일 뿐일 전후 교육도 이처럼 부지런히도 '소국민'을 만들어 냈던 것이다. 도쿄 올림픽은 내 속의 '소국민'이 겪은 굴욕의 기억이다.

그 이듬해인 5학년 때, 학교 1층 창에서 뛰어내리는 순간 선생님에게 들켜 호되게 야단을 맞았다. 지금의 나는 4학년 때의 나와는 불연속적이지만, 그 5학년 때의 나와는 연결되어 있다. 그 사이에 무엇이 일어났던 것일까? 그 무엇도 기억하고 있지 않으며 설명도 불가능하다. 그러나 그 사이에 나는 학교에서 그리고 그들이 요구하는 '국민'으로의 길로부터 '일탈'하기 시작했다.

지금의 나는 이런 느낌을 갖고 있다. 이 사회의 상태와 접해 감에 따라서, [점점 더] 이 사회는 실패라는 직관이 깊어지고 이 태생이 나쁜 국가의 깃발도 노래도 나에게는 불쾌함만을 불러일으키게 할 뿐이라고. 천황제, 식민지 지배, 침략전쟁, 뿌리 깊은 차별구조, 내외의 전쟁 피해자에 대한 보상의 거부 등. 이 나라의 역사와 관련해서 점차로 획득하게 된 지식은 이 직관을 확신으로 변화시켰다. 결국 '히노마루·기미가요'가 법제화되는 국면을 맞이해, 이 확신은 더욱더 깊어질 뿐이다. 그러나 순서대로 말하자면, 내 경우엔 역사를 학습하기 이전에 직관이 있었다. 이 깃발, 이 노래를 사람들이 사랑하지 않기 때문에 이 사회는 실패했다고 그들은 말한다. 이 발상은 내 직관과 180도 나르다.

1994년, 자민당·사회당 연립정권은 '어린이 권리 조약'의 공포와 '히노마루·기미가요' 교육의 모순에 대해 추궁받고 이렇게 대답하고 있다. '국기·국가'의 '지도'는 "국민으로서 필요한 기초적·기본적인 내용을 몸에 익히기 위해 행해지는 것이며, 말할 것도 없이 아동·생도들의 사상·양심을 제약하려고 하는 것이 아니다"(문부사무차관 통지문, 5월 20일). 이것은 1985년 이후의 '히노마루·기미가요'를 둘러싼 교사 처벌[処分]과 그것의 부당함에 대해 제기된 몇 가지 재판 과정에서 반복해서 표명되어 온 문부성다운 '지도'론의 연장선상에 있는 견해이다. 또한 이번 '히노마루·기미가요' 법제화를 둘러싼 국회의 답변에서도 답습된 '속마음[内心]'에 개입할 수 없는 강제'론, 단순한 '강제'가 아니라고 관념 지어진 '지도'적 강제론이다.

그들에 의하면, '국민'이 아닌 존재는 '인간'도 아니라고 하는 듯하다. '인간'이 아닌 존재에게는 '사상'도 '양심'도 '속마음'도 없다. '국기·국가'를 '지도'하기 시작해, 사람은 '국민'이 되고, 따라서 '인간'이 된다. 그들의 기묘한 논리를 나는 이렇게밖에 이해할 수 없다. 그러나 이렇게 이해할 때, 이 '지도'는 교육이라기보다 끝없는 동물 조련[調敎]에 가까워진다. '국기·국가'를 알지 못하는 어린이는 동물이다. 이렇게 그들은 말하고 있는 것이다. 당신이 '인간'이라면 '인간'이 되기 이전의 것은 잊어버려야만 한다. '국기·국가'의 강제는 당신이 '인간'이 되기 위해 망각하지 않으면 안 되는 폭력이며, '인간'이라면 망각하고 있어야 할 폭력인 것이다, 라고.

집단으로서의 '국민' 형성의 기원에는 내전에 대한 망각이 있다고 서술한 것은 에르네스트 르낭이었다. 그러나 개인으로서의 '국민'이 형성된 과정 또한, 많은 강제와 저항으로부터 그리고 그것에 대한 망각으로부터 가능했음에 틀림없다. 오늘날 이미 천 건에 가까운 교사 처벌이 발생했고, 이후에는 학생들에 대한 처벌도 예상되는, '히노마루·기미가요'를 둘러싼 학교 현장의 사태는, 이 과정이 얼마나 폭력적인 것인가를 백일하에 드러내고 있다.

2002년 한일 월드컵의 해, 법제화된 '국기·국가'가 다시금 대량의 '소국민'을 만들어 낼 것을 나는 좌시할 수 없다. 일본의 공교육을 받을 것이 결정되어 있는 모든 어린이들에게 나는 호소하고 싶다. 내 기억 속 4학년 시절에 호소하듯이……. "저 깃발이 걸리면 눈을 감자. 고개를 돌리자. 잡담을 하자. 저 노래가 들리기 시작하면, 땅바닥에 주저앉자. 입을 억지로 열려고 한다면 물어뜯자. 부끄러울 것 전혀 없다. 부끄러운 것은 그들 쪽이다." 저 깃발, 저 노래와 일체화하려는 것에 조련당해 고분고분한 '속마음'을 갖춘 '인간'이 되어, 질서에 '자발적으로' 종속된 '국민'으로서 '주체적으로' '결단'해서 전쟁에 참여할 정도라면, 그렇다, 개가 되어 도망치는 것이야말로 훌륭하다. 그리고 저 법률이 통과된다면 학교는 이미 병영[兵舍]이다.

9_깃발 저편의 회상
―히노마루는 왜 '경사스러운' 것인가

'국기·국가'법이 성립된 지 6개월이 지났다. 그동안 제145회 국회라는 것은 어떠한 사건이었는가를, 악몽을 억지로 반추하듯 회고하지 않은 날이 없다. 저 사건이 정부 속 누군가의 어떤 사상에 의해 구상되어, 정당 간의 어떤 의도에 의해 가능하게 되고, 국회 내외의 어떤 역학에 의해 일어났던 것인가? 그뿐 아니라 저 사건이 일어날 수 있도록 한 우리 사회란 이제껏 어떠한 것이었을까? 저 사건은 이제부터 일어날 어떤 사건을 예비하는 것일까? 이런 물음을 저릴 정도로 아픈 통각과 함께 하나부터 고쳐 생각하지 않으면 안 되는 그런 상황에 우리는 서 있다. 저 사건은 이 사회에 대해, 이 시대에 대해 우리가 여태까지 갖고 있었던 인식이 어떤 것이었든 간에, 그것을 결정적으로 무효로 느끼게 할 정도로 위기의 감각을 불러일으켰다. 누구든 저 사건을 어떤 놀라움을 안고 맞이했다. 아니, 오히려 그 누구라도 이 정도의 놀라움을 어떻게 맞이하면 좋을지 몰랐던 듯이 보인다.

'암흑시대로의 회귀', '시대착오'라고 말했던 상투어는 이러한 경우 놀라움에 대한 방어반응(防禦反應)이다. 이런 말들을 거의 토해 내지 않고서는 견딜 수 없는 사상에는 제거하기 어려운 진보주의의 모반(母斑)이 있다. 전쟁은, 파시즘은, 전체주의는 이 전후의 시공간에서 계속 우리의 인식 대상이었다. 따라서 우리는 이미 이러한 것들에 대한 다음날의 주인 이라는 믿음이 있다. 혹은 오히려 그렇게 믿지 않으면 마음의 안정을 유지 할 수 없는 불안이 있다. 이러한 불안에 머물러 있는 한, 오늘날 정확한 역 사적 비판을 내릴 수 없음은 명백할 것이다. 그렇다면 우리는 우선 이 놀 라움을 맞이하는 방식부터 다시 배워야 할 것이다.

억압된 자들의 전통은 우리가 살고 있는 '비상사태'(예외상태)가 실제로 는 일상적인 상태라는 것을 가르쳐 준다. 이 가르침에 적절한 역사의 개념 에 도달하지 않으면 안 된다. 그것을 손에 넣었을 때야말로 진정한 비상 사태를 출현시키는 것이 우리의 과제라는 점이 우리 머릿속에 뚜렷이 떠 오를 것이다. 그리고 그것을 통해 반파시즘 투쟁에서 우리의 입장을 개선 할 수 있을 것이다. 파시즘에 반대하는 자들이 진보를 역사의 규범이라고 간주하고 이 진보의 이름으로 파시즘에 대항하고 있는 점, 바로 이 점에 파시즘의 찬스가 있기 때문이다――우리가 지금 체험하고 있는 많은 것 들이 20세기에도 '여전히' 가능할 수 있다는 놀라움은 철학적인 놀라움 이 **아니다**. 이러한 놀라움은 인식의 발단이 되는 것이 아니기 때문이다. 무엇보다 이 놀라움이 그 놀라움의 근본에 있는 역사관 자체에 애초부터 근거가 없다는 인식의 발단이 되든가 한다면, 이야기가 다르겠지만.[1]

---

1) Walter Benjamin, *Über den Begriff der Geschichte*, 1940, ch. 8; 淺井健二郎 編訳, 『ベンヤミ ン・コレクション 1. 近代の意味』, さくま学芸文庫, 1995, 652쪽. 강조는 원저자[발터 벤야민, 「역 사의 개념에 대하여」, 『역사의 개념에 대하여 외』(벤야민 선집 5), 길, 2008, 8장 336~337쪽 참고].

'20세기'를 '21세기'로 고치기만 하면, 이 문장은 그대로 '국기·국가' 법 체제하의 지금 우리들에 대한 경고가 된다. 물론 벤야민은 놀라움 대신에 정치적 무관심(apathy)이나 마음의 평정상태(ataraxia)를 권하고 있는 것은 아니다. 그가 말하고 있는 것은 지금까지 다수자 측에 속해 있던 혹은 그렇게 있다고 믿어 왔기 때문에 '비상사태'에 몹시 놀라 평정을 잃어버리는 사람들은, 이 '놀라움'을 통해 '비상사태'가 상시적인 듯 여기는 사람들이 항상 존재해 왔다는 인식으로 나아가게 되므로, '억압되어 있는' 소수자의 '전통'과 결부되지 않을 수 없다는 것이다. 그리고 벤야민에 따르면 이것에 의해서만 우리는 '진정한 비상사태', 즉 지배계급의 '비상사태'를 현실적으로 상정할 수 있으며, 반파시즘 투쟁에서도 입장을 개선할 수 있다는 것이다.

'국기·국가'법의 제정은 저 깃발, 저 노래가 일본에서, 식민지에서, 일본군에게 점령당했던 모든 토지에서, 얼마나 많은 마음과 몸을 괴롭혀 왔고, 때로는 살해해 왔는가를 새삼스럽게 상기하도록 강요했다. 이 상기의 작업은 아직도 여전히 사회적으로는 미약하며, 그런 상기 작업을 강화하기 위해 이를 저해하는 세력과의 대결을 포함해 모든 노력을 기울이지 않으면 안 된다. 그러나 이러한 불가피한 상기의 작업은 벤야민이 같은 텍스트의 다른 장에서 말하고 있는 "위기의 순간에 잠시 반짝하는 듯한 상기" (6장), "그것이 인식 가능하다고 여겨지는 찰나에 잠시 반짝할 뿐 두 번 다시 모습을 드러내지 않는" "과거의 진실한 이미지"(5장)와 그대로 겹치는 것은 아니다. 전자의 끈질긴 작업을 전제로 하면서 후자가 "역사적 주체로 **뜻하지 않게** 출현해 오는"(6장, 강조는 인용자) 순간을 잡지 않을 수 없다. 이 이미지를 확보하지 않는다면, '진정한 비상사태'는 보이지 않는다.

법제화 반대 운동 속에는 두 가지 발상이 있다. 때로는 한 명의 사람 속에서 이 두 가지 발상이 서로 다투고 있기도 하다. 하나는 '히노마루', '기미가요'를 다른 깃발과 노래로 바꾸어야 한다는 발상이다. 다른 하나는 깃발이나 노래에 집약되는 것과 같은 국민적 공동성을 거부해야만 한다는 발상이다. 그리고 어떤 깃발이든 어떤 노래이든, 강제란 헌법 19조에서 보증되고 있는 '사상 및 양심의 자유'를 침범하는 것이라는 확인이 다양한 운동의 최대공약수라고 할 만한 일치점이었다.

　　'국기·국가'법 제정이 명확히 헌법 개악(改惡)의 전(前)단계로 위치 지어져 있는 이상, 현행 헌법과 이 깃발과 이 노래(를 강제하는 것) 사이에 가로놓인 모순에 운동의 역점을 두는 것은 당연하다. 그러나 또한 호헌운동(護憲運動)이 본질적으로 진보주의적 경향과 강한 친화성을 갖고 있는 이상, 이 틀을 고정적으로 생각해 버린다면, 우리는 벤야민의 경고를 받아들이는 것이 진심으로 어려워지게 될 것이다. 법제화 이후의 장기적인 저항을 위해서는 강제 반대를 일치점으로 하면서도, 반대파 내부에 있는 이 합의(consensus)라는 형식주의적 한계를 시원스레 흔들어 놓는 운동, 그러한 운동 속의 운동이라면 좋겠다. 틀림없이 위기의 심각한 순간에 있으면서도 '위기의 순간에 반짝이는 상기를 촉구하는 것'은 아직 착수되지 못한 우리의 긴급한 과제이다.

　　'히노마루'는 차치하더라도 '기미가요'는 ……. [이런 생각을 하는 사람들이] 얼마나 광범위하게 존재하고 있는가는 별개로 하고, 이러한 공기 속에서 운동(법제화 저지 투쟁)의 실마리를 발견하려고 하는 사람들이 많다. '기미가요'의 가사가 노골적인 천황 찬미라는 점, 선율이 오늘날의 음악 감각과 매치되지 않는다는 점, 노래한다는 행위가 강제되는 고통을 손쉽게 상상할 수 있다는 점 등이 그 이유로 제시되었던 듯하다. 사실 '히노마루' 찬성, '기미가요' 반대를 제창하는 농담 같은 중간주의자도 출현했다. 그러나 가노 미키요(加納実紀代) 씨가 어떤 장소에서 발언했던 것처럼 "'기미가요'는 '히노마루'보다 문제다"라는 것은 "'기미가요'는 '히노마루'보다 위험하다"라는 것과 같지 않다. 오히려 반대이다. 식장에서 참가자의 공간적 배치를 한눈에 볼 수 있도록 전시적(展示的)으로 규정되는 것은 국기이지 노래가 아니다. 무엇보다도 '기미'(君)라는 것은 누구인가를 고민할 필요 없는 전후의 감성, 그 감성의 연장선상에서 '히노마루'를 애호하려고 하는 것은 축구경기장 응원단의 모습이 이미 지나칠 정도로 충분히 증명하고 있다. 더구나 전쟁과 침략 사실에 무지하든가 망각하기조차 했다면 말이다. '기미가요'에 대한 위화감에서 대중과의 접점을 찾으려고 할 때, 운동은 스스로도 알 수 없는 사이에 진보주의적 경향을 빨아들이고 만다. 그리고 고풍스런 표현을 빌리자면, 상황을 가장 낮은 부분으로부터 넘어서려고 하는 유혹에 습격당한다. 벤야민이라면, 파시즘의 찬스는 바로 거기에 있다고 말했을 것이다.

바꾸어 말하면, 우리가 필요로 하는 이미지는 히노마루와 싸운다는 곤란을 받아들이는 것 없이는 발견될 수 없지 않을까? 바로 그 지점에서 최초로, 위기의 순간이기 때문에 말해질 수 있었던, 그리고 활자화될 수 있었던 히노마루의 이미지를 일단 찾아보고 싶다.

쇼와 14년 당시, [나는] 중국 산둥성(山東城)에서 살고 있었다. 여름날 남동생들과 셋이서 시내 외곽의 철조망 담장 속으로 들어가 보았다. 직경 10미터도 될 법한 큰 구멍에 검은 뭉치들이 보였다. 죽은 시체의 산 같았다. 검게 보였던 것은 파리떼라는 것을 알았다. 머리를 들자 가까이에 히노마루가 휘날리고 있었다. 60년 이상을 걸쳐 내 기억에 남아 있는 것은 눈부신 하늘을 배경으로 한 히노마루가 무서울 정도로 아름다웠다는 것이다. 그 이후 나는 눈에 보이는 아름다운 것을 솔직하게 믿을 수 없게 되었다. 올해 현지를 여행하고 그곳이 형장이었다는 것을 알았다.[2]

법제화를 둘러싼 공방이 계속되고 있는 매일, 신문에 실린 다양한 투서 속에서 나에게 가장 강한 인상을 남겼던 것은 이 69세 남성의 말이었다. 나는 부지불식간에 히노마루가 아름다운 것은 노래 속에서일 뿐이라고 생각해 왔다. 그리고 윤리적 판단은 미적 경험의 개입을 받아들이면 마비되기 십상인 것이라는 도식적인 통념에 얽매여 있기도 했다. 담담하게 엮여져 있는 이 몇 행은 히노마루가 정말로 '무서울 정도로' 아름다운 순간이 있다는 것, 그럼에도 불구하고 혹은 바로 그런 이유로—히노마루가 이 정도로 아름다운 것은 이러한 상황일 때 외에는 불가능하다는 그런 이유로—그 아름다움의 기억이 윤리의 감각을 잠들게 하기는커녕, 오히려 미적 경험 일반에 대한 절대로 지워질 수 없는 불신의 핵심이 되고 말았음을 말하고 있었다. '눈에 보이는 아름다운 것'을 솔직하게 믿지 않는다는 것은, 이 말을 문자 그대로 철저한 의미로 이해하자면 정말 불행한 것이리라. 한 개인에게 그 정도의 상실을 강요했던 히노마루는 역시 자의적인 기호가 아니다. 그 도안 자체부터 저주스러운 깃발임에 틀림없다. 이 문제에는 그렇게 생각하기에 충분한 점이 있었다. 그것으로부터 나는 전

---

2) 神野洋三, 「"私と日の丸·君か代" 投書から」, 『朝日新聞』 1999. 7. 22.

쟁을 경험한 세대 사람들의 발언 속에 나오는 히노마루에 관련된 미적 판단에 주목하게 되었다.

다음으로 세 지식인의 발언을 제시해 본다. 1920년 전후에 태어난 이 세 사람은 모두 법제화에 반대하고 있다. 그들의 사상적·문학적 작업은 우리가 지금부터 저항의 방식을 구상하는 데 귀중한 유산으로 계속 남아 있다. 이 인용은 비판적인 의도 없이 단지 지표(指標)를 제시하는 것만이 목적이다.

…… 오키나와에서는 히노마루에 특별한 감정이 있다고 이야기하지만, 복귀 전과 후가 다릅니다. 그때그때의 정치상황에 동요하고 있습니다. / 즉 히노마루의 디자인 그것에는 어떤 의미도 없다. 따라서 반대로 얼마든지 의미를 붙일 수 있다. 히노마루에 죄가 있는 것은 아니고, 사용하는 측의 정치자세에 책임이 있습니다. / …… 나는 히노마루의 디자인은 마음에 듭니다. 국기로서는 세계 최고이지 않을까요? 디자인을 바꾸어도 장래에 정치가 나빠진다면 또한 그것은 나쁜 디자인이 되어 버립니다.…… (오시로 다쓰히로)[3]

국회에서 '히노마루'를 법제화하다니, 당치도 않습니다. …… 제 개인적이고 편향된 취향에 따라 말하자면, '히노마루'의 디자인은 비교적 좋아합니다만, '기미가요'는 마음에 들지 않는 점이 있습니다.…… (요시모토 다카아키)[4]

---

3) 大城立裕, 「私と日の丸·君か代」, 『朝日新聞』 1999. 7. 10.

…… 저는 히노마루는 디자인으로서는 싫어하지 않습니다. 오히려 좋아하는 편입니다. 그러나 이번에 국회에서 히노마루·기미가요를 법제화한다는 것, 정말로 불쾌한 일입니다.…… (오니시 교진)[5]

이들의 발언은 미적 판단과 정치적 판단을 엄중히 구별하고 있다는 점에서, 어떤 의미에선 지식인으로서의 범례적인 행동이랄 수 있다. 그럼에도 불구하고 사상도 감수성도 이처럼 이질적인 사상가들이 히노마루의 디자인에 대해서는 똑같이 '개인적인'(요시모토 다카아키는 이 점에 특히 자각적이었던 것처럼 보인다) 의견, 똑같이 긍정적인 의견을 갖고 있음을 보고, 나는 복잡한 기분이 듦을 억제할 수 없었다. 적어도 관료나 체제 측의 정치가라면, 질서를 지탱하는 지식인이든 아니든 이 사람들의 발언을 통해서 이러한 디자인상의 '우수성'을 이용해 '국기·국가'법에 대한 이의신청을 억압할 수 있으리라는 확증을 얻었을 것임에 틀림없다. 여기에 우리가 어떻게 해도 피해 갈 수 없는 과제가 있다. 지배계급의 '비상사태'란 이 나라에서 이 깃발이 지닌 디자인상의 '우수함'이라고 감지되는 것을 회피하지 않고 돌파할 수 있을 때에만 가능하지 않을까?

'기미가요'에 비해 '히노마루'가 수용되기 쉬운 이유는 그것이 도상이며, 오시로 다쓰히로가 말한 것처럼 얼마든지 의미를 부여할 수 있으며, 해석이 한정되어 있지 않다는 사실 때문이다. 그러나 이 해석의 다양성에는 일정한 한계가 있다. 혹은 불변의 핵심이 있다. 그것 없이는 도상 일반

4) 吉本隆明·田近伸和, 『私の「戦争論」』, ぶんか社, 1999, 254쪽.
5) 大西巨人·柄谷行人 對談, 「資本·國家·論理」, 『群像』, 2000年 1月号, 277쪽.

으로서는 어찌되든 간에 국기로서의 '우수성'은 발생할 수 없다. 그 핵심이란 것은 한마디로 말하면 일본이라는 국명(國名)을 구상화한 것으로, 이 구상 이외의 도상을 생각하기 어렵다고 암묵적으로 여겨지고, 혹은 믿어지고 있다는 점이다. 이 깃발이 변해야 한다면 이 국가의 이름도 변해야 한다고 생각될 만한 역사적 유착이 형성되어 있다. 체제 측이 '정착'(定着)이라고 부르는 것이 그것이다. 따라서 '국기·국가'법에 대한 불복종 운동은 '정신의 자유'라는 이름으로 강제에 반대하는 최소한의 강령과, 이 열도의 고유명까지 재고에 붙일 것을 요구하는 최대한의 강령, 이 두 개의 강령을 마치 두 개의 극처럼 떠맡지 않을 수 없다. 그리고 이 두 극단 사이의 긴장을 견디면서, 감성의 레벨에서 이런 깃발(및 이런 노래)과 유격전을 조직하는 것 없이는 깃발로도 노래로도 집약 불가능한 공동성(共同性)을, 그리고 관념을 뛰어넘는 구체성을 획득할 수 없을 것이다.

이런 점에서 아미노 요시히코가 '국기·국가'법에 관련해 행한 몇 가지 발언 속에서 국명도 불변인 것은 아니다라고 반복해서 말한 것에 좀더 주목해도 좋을 것이다.[6] 물론 그 역시도 국명 변경의 기회를 절박한 것이라고 생각하진 않을 것이다. 그러나 여태까지 누구도 진심으로 제기한 적 없었던 이 물음을 오늘날 그가 제기했다. 이 사실은 개인적인 의향으로 환원시키기보다는 이 시대의 어떤 특징으로 보는 편이 생산적이다. 왜냐면 '국기·국가'가 법제화된 오늘날, 법제화되지 않은 것, 다시 말해 부정적인 형태로 그 자연성이나 비제도성이 가정된 채 지속되는 것은 이제는 국명

---

6) 網野善彦, 「花綵列島の歷史のなかに'日の丸·君が代'をおいて視る─'日本'という国名, 天皇の称号, そして'日の丸·君が代'」, 『公論よ起これ! '日の丸·君が代'』(『ひと』別冊), 1999; 網野善彦, 「国旗·国歌法 私は従わない」, 『ストップ! 自自公暴徒』(『世界』緊急増刊), 1999 등.

뿐이기 때문이다. 그리고 이 국명이 동화정책의 명확한 한계라고 확증하는 것이나, 늦건 빠르건 대중 속에서 단일민족국가 환상의 붕괴를 넘어서 연명하는 것이 가능하다라고 확증하는 것은, 사실상 아무런 의미도 없는 것이다.

그렇지만 히노마루에 의해 일본이라는 이름이 구상화되는 구조는 결코 단순하지 않다. 그 이름과 도안 사이에는 기묘한 어긋남이 있고, 그리고 이 어긋남을 전제로 한 보완성이 있다. 이 이름의 기원에는 607년 두번째 견수사(遣隋使) 파견 때, 왕자 우마야도[厩戸, 쇼토쿠 태자聖徳太子]가 수나라 양제(煬帝)에게 "해가 뜨는 동쪽의 천자가 해가 지는 서쪽의 천자에게 글을 보낸다"라고 써 보냈다는 역사적 사실 내지 이야기가 있다. 누구나 그것을 알고 있지만, 상기되는 경우는 드물다. 그러나 오늘날 한번 더 이것을 상기해 보면, 이 이름이 최초부터 타자의 시점에 놓인 자기를 보고 있었다는 것, 그것에 의해 타자의 흔적을 영원히 주시하고 있는 것이 전에 없이 선명하게 느껴지는 것이다. 『고사기』 등에서는 '일본'(日本)이라고 쓰고 '야마토'(やまと)라고 읽든가, 역사적으로 음독(니혼にほん 혹은 닛뽄にっぽん)이 원칙이 되어 훈독(히노모토ひのもと)은 예외가 된 것에서도 중국을 의식한 측면이 있지 않을까? 그러나 이 이름이 히노마루라고 도상화되자마자, 타자의 흔적이나 대륙과의 관계, 즉 7세기 초의 동아시아 권력구조가 깨끗이 지워진다. 이름이 욕망하면서도 실현할 수 없었던 자기중심적인 망각을 도상이 실현시켰던 것이다.

히로마루의 디자인을 '우수'하다고 느끼는 감성, 그리고 이 이름과 도상의 특이한 대응관계, 이 둘은 결코 무관하지 않다. 히노마루가 '상쾌하다'고 느끼는 심성은, 타자로 간주되는 사람들이 생활의식이나 역사의식의 지평으로부터 모습을 감출 때 '상쾌'했다고 느끼는 심성과 자칫 통하게 되는 것은 아닐까? (옴진리교 신자들에게 마치 마귀를 쫓는 부적인 양 히노마루를 들이댄 지역 주민들이 있었다고 한다.) 그렇지만 더욱 그렇기 때문에야말로 히노마루를 도안으로서 혐오하는 감성도 있을 법하다. 그러한 혐오를 표현한 말은 일본어 표현의 역사에서도 소수이긴 해도 없었던 것은 아니었다.

다니가와 간(谷川雁)의 만년 저작에서 히노마루에 관련된 문장 몇 가지가 있음을 발견한 것은 역시 '국기·국가' 법제화를 둘러싼 정치적 공방이 한창일 때였다. 다른 시기였다면 읽었다곤 해도 그 정도로 주목하지 않았을지도 모른다. 그러나 신경이 쓰여 찾아보자, 1920년대 태어난 이 인물에게도 역시나 '히노마루'에 대한 불쾌함은 그의 사상 형성과 뿌리 깊게 관련되어 있음을 알 수 있었다.

달걀이라고 하면 문득 떠오르는 것이 있습니다. 어느 날 밤 사이토 요시시게[7] 씨에게 불만을 쏟아냈습니다. "다키구치 슈조[8]란 사람, 왜 그렇게까지 동글동글한 형태와 인연을 끊을 수 없는 것인지요. 삶은 달걀이 나오더군요. 추석의 하얀 경단도 있어요." 그의 답은 여느 때와 마찬가지로 침착했습니다. "그는 쉬르레알리즘이니까요." 정말이지 열도의 쉬르란 '원형'(圓形, まる)을 매우 좋아합니다. 그 그림에 해나 달처럼 혹은 섬처럼 두둥실 떠 있는 덩어리들만큼이나 제가 일본에 있다는 점에 신경을

---

7) 사이토 요시시게(齋藤義重, 1904~2001). 전후 일본을 대표하는 조형작가.—옮긴이
8) 다키구치 슈조(瀧口修造, 1903~1979). 일본을 대표하는 미술평론가, 시인.—옮긴이

곤두세우게 하는 것은 없습니다. 볼 때마다 이루본[9] 섬의 상징이다라고 마음속에서 소리를 지릅니다. 두부 한쪽만큼의 윤리도 갖지 못한 무의식의 제국주의, 사람을 취하게 하는 현시(顯示). '원형'의 공포, 히노마루라는 요괴. 히노마루는 어떤 점이 틀렸나 하면, 둥글 수밖에 없다는 점이 틀렸어요. 조형으로서 완전한 폐쇄이기 때문입니다. 역사보다도 감성의 문제입니다. 뒤샹의 변기에는 어찌되었든 이음새가 있죠. 이 차이를 미술가 중 어느 한 사람도 발언하지 않는다는 것은, 이 무슨 둔감함입니까?[10]

한국인 미술가 이우환(李禹煥) 앞으로 쓴 공개편지 중 일부이다. 원래 태양을 도상화했던 붉은 원은 국기로서의 히노마루 속에서 '이 국가의 형태', 즉 국민의 정신과 국가의 영토가 서로 변환 가능하다고 상정되었던 상상적 투영물과 융합한다("해나 달처럼 혹은 섬처럼"). "댁 쪽에서 보면 우리 근처에서 태양님이 나오겠군요"라는 중심에 대한 주변의 도발적인 언어행위가, 열도가 지닌 복잡한 형상의 벽을 제거하고 태양과 지상을 떼어놓는 거리를 무화시키는 듯이――천황제의 종교적 가설에 따라서――도상학적으로 번역되었을 때, 이 조작에 내포되어 있음에 틀림없는 폭력성에 대해 다니가와는 역시나 훌륭하게 반응하고 있다. 다니가와에 의하면, 이후 여기에 투영되어 온 심정의 '경사스러움'은 이 국가에서 발생한 전위예술의 구석구석까지 침투하고 있다. 따라서 이 깃발이 지닌 일본 특유의 배외주의적인 관계는 이제는 그것이 사용된 역사적 문맥으로

---

9) '日本'의 조선어 발음. [일본인이 조선어를 발음할 때의 느낌을 살리기 위해 '일본'이 아니라 '이루본'(イルボン)이라고 씌어진 가타카나 표기 그대로 번역함.―옮긴이]
10) 谷川雁, 『極楽ですか』, 集英社, 1992, 92~93쪽.

환원되는 데 그치는 것이 아니라, 내재적·구조적으로 '감성'의 레벨에서 비판되지 않으면 안 되는 것이다.

> 원래 '원형'(まる)은 우주적 유머의 미분화이죠. 만다라의 용기(容器)입니다. 텅빈 타파웨어[Tupperware, 플라스틱 용기]를 붉게 칠해서 "자, 이걸 쓰세요"라고 내미는 것은 애당초 실례 아닐까요? 선종에서 스님이 다실에 걸어 두는 족자까지도 '둥근' 형태에 보풀을 내리려고 신경을 씁니다. 얼어붙은 순수 유머는 유머가 아니죠. 타자가 없다면 자기 규정도 없죠. 단지 무내용(無內容)일 뿐입니다. 그런데 아무리 보아도 쉬르레알리즘 원리에서는 이것을 미술적으로 비판하는 기준이 보이지 않습니다. 심층의식에 닿아 있는 경계[界域], 잠과 깸 사이에서 최고점[至上点]을 구하자면, 유머의 흘러넘침을 인정하지 않을 수 없습니다. 그렇다면 응결되려 하고 폐쇄되려 하는 이것도 유머의 일종이겠죠. 그렇지만 국기는 엄숙한 유머일 것이다라고 끈덕지게 버틴다면, 자폐증에 걸린 어린애처럼 히노마루를 주체할 수 없어 난처해지고 맙니다. 쉬르는 히노마루를 넘어서지 못합니다.……[11]

우주가 유머러스하게 축소된 모습이 '원형'이라면, 그것은 용기일지언정 그 누구의 것도 아니다. 그것을 붉게 칠해 "나입니다"라고 내밀면 상대가 반드시 웃어 주리라고 믿어 의심치 않는 정신의 상태가 히노마루의

---

11) 谷川雁, 『極楽ですか』, 93~94쪽. [원문은 반말과 존댓말이 섞여 있으나 전체적인 논조가 존댓말이므로 이해를 돕기 위해 존댓말로 통일했다.—옮긴이]

'경사스러움'이며, 문자 그대로 '내용 없음'(無內容)의 공포이다. "자기 나라의 국기·국가에 경의를 표하는 것은 외국의 국기·국가를 존중하는 국제적인 매너를 몸에 지닌 것이다"라는 형식적 대칭성에 당치도 않게 기댔던 강제파(強制派)의 억지를 이 인식 옆에 놓아 보자. 다만 비참하기까지 한 이 타자 감각의 결여는 깃발이 문제인 한에서 '미술로서' 비평되어야만 한다. 쉬르레알리즘에서는 발견할 수 없는 이 비판의 기준을, 다니가와는 조선의 민화(李朝民畵, 생활화)를 발생시켰던 익명의 화가들의, 계급의식으로 뒷받침되었던 '계몽작업' 속에서 찾아간다. "열도의 예술가는 번뜩번뜩 아플 정도의 명도(明度)로 마주하는 것엔 서툽니다. 소화 가능한 범위를 벗어나 버리면 일탈이라고 간주하기 때문입니다. 그들의 '탈구축'은 각성(覺醒)을 위한 형식이 아닙니다. 작자 자신의 도취에 대한 고백입니다. 반도의 유랑 화객들의 몽환적 실용(夢幻實用)이라는 각성된 저작의 의미를 알 수 없었던 것은, 전적으로 그 때문일 거라고 생각합니다."

다니가와의 최후의 저작이 되었던 유년시절 회상기 『북(北)이 없다면 일본은 삼각형』에서도 역시 히노마루에 관한 언급이 있다. '손으로 만든 히노마루'라는 장에서는 만주사변을 계기로 '붉은 잉크로 인쇄된 등사판 히노마루'가 배포되었던 소학생 때의 깃발 행렬 장면이 묘사되어 있다. 붉은 동그라미의 크기도 색의 소재도 가지각색으로 아이들의 생활상태를 여실히 반영했던 이 행렬에 대해, 다니가와는 "조금 에스닉하고 살짝 아나키스틱" 했다고 회상하고 있다. 그러나 이우환에게 보낸 편지에 적혀 있던 히노마루론과 훨씬 잘 호응하는 에피소드는, 이 장이 아니라 이 책의 제목과 직접 연관 있어 보이는 '북이 없다면' '동그라미가 삼각형일까'라는 2장에서 볼 수 있다.

1933년 장티푸스가 유행하여 식사도 모기장 속에서 해야 했던 날들, 다니가와 형제 앞에 한 명의 '여자아이'가 나타났다. 식사 중 그녀가 생선을 집으려고 했던 것을 형제 중 한 명이 책망하자, 소녀는 어쩐지 "홱 하고 장난스러운 눈을 하곤", "북이 없다면 일본은 삼각형"이라고 '밝은 목소리'로 응답했던 것이다. 소년 다니가와 간(당시 이름은 다니가와 이와오巖)은 이 말에 강한 인상을 받았다.

북이 없다면 일본은 삼각형. 이 제언에 열 살이 될랑말랑 했던 나는 어떤 충격을 받았던 것일까요. 정확하게 재현하는 것은 물론 불가능합니다. 어떤 추리의 힘을 빌리는 것 외엔 방법이 없습니다.

우선 저는 일본이라는 국가의 본래 모습이 사변형이라는 주장이 거짓말이었다는 건 확실하다고 생각했습니다. 그렇다면 왜 놀랐는가 하면 그때까지 제 머릿속에서 일본이 메아릴칠 때, 그것을 늘 동그라미 형태로 생각해 왔기 때문이지 않을까요?

북동에서 남서에 걸친 열도의 곡선[列島弧], 류큐호(琉球弧). 그 안에는 사할린(樺太)과 지시마(千島)는 겨우 집어넣는다곤 해도, 조선과 타이완을 더한 영토권의 형태를 어떻게 단순화할까, 라고 생각해 보면, 그 중에서도 특히 조선반도가 도상적으로 방해가 됩니다. 그 점에서 이런 모순을 경단처럼 둥글게 해버린 도형. 그것이 일본인에게 내재하는 히노마루라는 것인가라고 상상했습니다.[12]

---

12) 谷川雁, 『北がなければ日本は三角』, 河出書房新社, 1995, 110쪽.

이러한 다니가와 간의 히노마루론은 이 시인의 전기(傳記) 속에서 고유한 사건, 고유한 인물의 기억과 결부된 것으로, 매우 특이체질적인 사유였던 것이다. 이러한 다니가와의 사상행위를 오늘날 '국기·국가'법에 대한 불복종 운동을 벌이고 있는 또 다른 세대가 짊어지고 있는 집단작업으로 '되살리는' 것은 말할 필요도 없이 쉬운 일은 아니다. 다니가와 스스로가 세계와 대치하는 자기와 같은 일개 개인이 꿈의 정치이론을 번역하는 것이 가망 없다고 일찍이 판단하고 단념하여 60년대 중반에 은퇴해 버렸던 것이다. 그러나 당시 은퇴의 중요한 동인으로 이야기되는 것은 다니가와 자신에게 일어났던 상황인식의 전환이었다. 그가 '세계 단일권력의 가설'이라고 불렀던 그 예측은, 99년에 '국기·국가'법이 제정된 것의 의미를 역사적 전망 속에서 다시금 위치시킬 때, 또다시 새롭게 상기되는 듯하다. 왜냐면 현재 '글로벌리즘'의 이름 아래 우리가 목도하고 있는 사태의 본질은, 예를 들면 그의 「우리 조직공간」이란 텍스트에서 이미 대체적인 틀이 투시되고 있는 듯이 보이기 때문이다.

경제단위로서 점점 더 노골적으로 둔화되고 있는 국가 논리가 어떠한 격전을 벌이려고 해도, 일견 열세로 보이는 그 '다극화'의 꼬리는 심각해져 가는 세계시장의 일원화에 의해 완전히 짓밟히고 있다. 이 사실에서 어떤 예감과 추론이 가능할까?
우선 국가를 단위로 분립하거나 연합하는 복수(複數)의 독점체계를 두고, 그것을 사유제의 '빈사상태이자 최고 단계'로 간주하는 게 타당할까라는 의문이 발생한다. 한 봉우리의 정상에 서 있지 않으면 더 높은 정상이 보이지 않는 것처럼, 우리는 아직 사유제의 최고봉을 희망하지 못하고 있는 게 아닐까? ABC……의 일국 혁명은 사유제를 일종의 국가독점체제로 전화시켰다. 그러나 그것에서 즉시 국가 사멸이 시작되는 징조가 없을 뿐 아니라, 국가 이론의 한층 강화된 끝인 세계시장을 원탁회의인 양 둘러싼 국가들의 상보적인 관계로서, 새로운 전 세계적 주박(呪縛) 체계가 발생하고 있다.

이 체계는 어디까지 진행될 것인가? 필시 멀지 않아 중국과 그 주변을 완전히 먹어치우고 시장 쟁탈의 사이에서 전개된 LMN……의 일국 혁명을 먹어치우고, **단일한 세계 권력으로까지** 성장해 버리지 않을까? 아인슈타인을 비롯한 많은 인간들의 꿈을 유혹했던 세계 연방이나 세계 정부야말로, 오히려 사유제의 진정한 최고 형태였다는 것을 깨닫게 될 날이 오지 않는다고 단언할 수 있는 그 무엇이 과연 있는가?

적어도 우리의 내시세계(內視世界)에서는 이 예감과 추론을 저지하는 근원적 장벽은 그 무엇도 없다. 아니, 이미 우리의 육안으로도 94개 국가의 표기(標旗)에 포위되고 얕보여, 단일세계 룰에 지배당해 서로 경쟁하는 남녀의 나상(裸像)이 파악되고 있다. 이 '평화로운' 광경이 말하고 있는 것은 역류해 가는 잔혹한 미래의 수태고지 형상이 아닐까?[13]

이 최후의 일절이 암시하고 있는 것은 도쿄 올림픽이다. 나는 당시 아홉 살이었다. 다니가와가 "북이 없다면 일본은 삼각형"이라는 계시를 받았던 연령과 비슷하다. 내 일상에서 '히노마루·기미가요'가 가장 범람했던 시기였다. 한일 월드컵을 2년 앞두고 '국기·국가'법 체제에 대한 저항

---

13) 谷川雁,「わが組織空間」(1964), 『無の造型』, 潮出版社, 1984, 313~314쪽.

을 조직하려고 하는 우리에게 국기에 대해, 특히 히노마루에 대해 다니가와가 남겨 놓은 말들은 어떤 유산이 될 수 있을까? 벤야민이 말한 '진정한 비상사태'의 이미지와 다니가와의 그것은 어떻게 연결될 수 있을까?

　"순간의 왕은 죽었다." 이것은 다니가와 간이 현대시에 대해 내렸던 유명한 사형선고이다. 그러나 벤야민이 말한 "인식 가능해지는 찰나, 그 일순간의 번쩍임. 두 번 다시는 모습을 드러내지 않는" 이미지는 장르가 아닐지라도 인식 방법으로서 시적인 것의 개입을 어떻게 해서든 필요로 한다. 이 요청은 깃발 및 노래를 둘러싼 투쟁에서 한층 더 강조되어야 할 것이다. 과거 30년 동안 이 나라의 운동이 더욱더 쇠약해져 버렸던 것은 이 수맥(水脈) 때문인 것이다. 이것이 당면한 여론 조사의 숫자 따위보다 우리의 저항의 행방에 한층 더 심각한 불안을 환기시킨다. '정규' 깃발 외에도 그 다양한 부분 이미지(붉은 구술이나 원)를 번식시키는 우리의 일상을 포위하는 것은, 지배계급에게는 문제도 아닌 것이다. 그때 히노마루가 히노마루다운 이유를 '각성된' 눈으로 파악하고, 그 파악을 통해 타자가 결여된 이 상징이 타자를 향해서, 그 미지의 이미지를 향해서 존재의 촉감을 늘려 갈 수 있는 감성만이, 저항의 호흡방식을 가르쳐 줄 것이다.

　또한 다니가와 간의 유년 시절 삽화는, 그가 말한 '내재하는 히노마루'를 일종의 말을 통해 파열시키거나 변형시키는 것이 가능함을 보여 준다. "북이 없다면 일본은 삼각형." 다니가와 시(詩)의 원점 중 하나가 여기에 있다. '국기·국가'법에 대한 투쟁이 일국적 국가권력에 대한 저항일 뿐만 아니라 잠재적으로는 '세계 단일권력'에 저항하는 벡터를 가질 수밖에 없다는 것을, 우리는 오늘날 피부로 느끼고 있다. 비록 60년대 다니가와에게 시의 죽음을 선언하는 것과 '세계 단일권력의 가설'이 밀접하게 관련되어 있다고는 해도, 현재 우리를 공공연히 위협하고 있는 것에 최초로 전율했던 이 인물은 [시의 죽음을 선언했다고 해서] 말에 대한 꿈을 완전히 버렸던 것은 아니었다. 버리기는커녕, 그는 거의 신앙에 가깝다고 말할 수 있을 정도로, 어린아이가 말을 발명하는 능력에 대한 무한한 신뢰를 죽을 때까지 계속 갖고 있었던 듯하다. 벤야민이 최후까지 말에 포함된 구제의 능력, '메시아의 징후적인 힘'에 대한 '믿음'을 놓을 수 없었던 것처럼.

1933년, 1964년, 2000년……. 적은 승리를 멈추지 않았다. 그러나 이 누적된 패배 속에, 기와와 돌의 산더미 속에, 바로 거기에, 일본과 히노마루 즉 이름과 도상의 안정된 보완성이란 것을 기능부전으로 몰아넣을 듯한 말과 이미지도 감추어져 있을 것이다. 히노마루의 '경사스러움'에 물들지 않은 아이의 귀와 눈으로 그것을 찾으러 가지 않을 수 없다.

10_독립을 발명하는 것
─코지 타이라의 '류큐 독립의 새로운 관점'을 읽는다

코지 타이라(Koji Taira)는 오키나와 장래에 관한 자신의 제안을 '잡음'(雜音)이라고 부른다. "5, 6년 또는 10년마다 오키나와 지위에 무언가 변화가 생길 때마다 무언가 잡음을 일으키곤 했습니다. 오늘도 그 전례를 이어서 잡음을 일으켜 보기로 했습니다."[1] 나의 부친과 대략 동년배인 재미 오키나와인 대학교수가 섬에서 살고 있는 동포들, 그 중에서도 특히 젊은 세대에게 주는 메시지를 스스로 '잡음'이라고 부를 때, 이 사람의 가슴속엔 어떤 생각, 어떤 이미지가 오고 갔던 것일까? 나로서는 알 수 없다. 단지 거기에 있는 거리, 필시 공간적으로 있는 동시에 시간적으로도 있을 먼 거리의 감각이 있고, 생각이나 이미지가 성공적으로 그 거리를 넘어서는 것이 가능하다고 해도, 그것이 착지할 지점에 있을 동포들의 귀에 반드시 기분 좋은 울림을 주리라 확신할 순 없다는 각성된 의식이 있음을 상상할 수 있을 뿐이다.

---

1) コージ・タイラ, 「琉球獨立の新視点─古琉球から21世紀へ」, 『EDGE』 五号, 1997, 40쪽.

시마오 도시오(島尾敏雄) 또한 일찍이 류큐호(琉球弧)와 일본의 관계에 대해서 대략 유사한 이미지를 호소한 적이 있다. "조잡하게 말해 일본 역사의 전환점에는 반드시 이 류큐호 쪽이 시끄러워진다고 이야기됩니다만, 류큐호 쪽으로부터 어떤 신호가 본토 쪽으로 보내진 것입니다. 그 때문에 일본 전체가 시끄러워집니다. 그런데도 불구하고 그 웅성거림이 진정되어 버리면, 다시 류큐호는 본토에서 분리되어 버리는 상황이 발생한다는 느낌이 들어 견딜 수 없습니다."[2]

코지 타이라와 오키나와와의 관계를 오키나와와 일본의 관계로 추정해 단순히 비교하려는 것은 아니다. 그러려면 섬의 끝과 일본의 관계를 먼저 묻지 않을 수 없다. 그러나 그가 아마미(奄美)로 이주했기 때문에라도, 섬 끝과 일본의 거리라는 것이 그의 소리를 착지점에서 '잡음'으로 변하게 할 정도로 멀다고는 느껴지지 않았던 것 같다. 아니, 섬 끝의 소리는 확실히 '잡음'이었지만, 그것은 일본인의 귀 속에는 언제까지나 쾌와 불쾌의 경계에서 흔들리고 있는 듯한 희미한 '잡음'이었던 게 아닐까? 매우 고독하고 귀중한 소리. 그러나 그것을 '잡음'으로 듣기 위해서는 어떤 특별한 귀가 필요한 듯한.

2000년 6월 25일, 중의원 선거의 날. 오키나와 서미트[제26회 G8 정상회의]까지 1개월도 남지 않은 시점에서 나는 이 문장을 쓰고 있다. 1995년 9월의 불쾌한 사건[세 명의 미국 해병대원이 12세 소녀를 유괴·강간한 사건]을 계기로 미군기지 철거를 요구하는 오키나와인의 고양된 투쟁은 일본 정치의 끝도 없는 우경화와 일본 안보체제의 경직된 논리 앞에서 또다

---

2) 島尾敏雄, 「アポネシアと琉球弧」, 『海』, 1960年 7月号.

시 억눌려 꼼짝 못하게 되고 있는 듯하다. 오키나와의 지식인들 속에서도 '오키나와 이니셔티브(initiative)'에서 보여지는 것처럼, 현 상황을 추인하는 것이 유일하게 '주체'적이고 '책임' 있는 선택지라고 제창하는 사람들도 나타나고 있다. 이렇게 어필하고 있는 작가들은 그것이 유일한 '현실주의'적 전망이라고 주장하고 있다. 그러나 이러한 선택이 '현실주의'적이라고 보는 것은, 오키나와를 시간적·공간적으로 어떤 특정한 거리에 두고 보려는 데 지나지 않는다. 이렇게 어필하는 작가들이, 또한 그 이상으로 그 작가들 배후에 있는 일본인들이, 오키나와인에게 '선택의 여지가 없는 선택지'로 밀어붙이려고 하고 있는 것은 실제로는 이 '거리'인 것이다. 류큐처분[1879년 일본 제국으로의 병합] 이후 120년의 역사를 류큐처분 이전의 역사적 시간과 분리시키고, 일본과 오키나와의 근대적 관계를 오키나와와 그 주변의 다른 여러 민족의 역사적 관계로부터 분리시켜 특권화함으로써 얻어졌던 '거리'. 그러나 '오키나와 이니셔티브'와 같은 담론이 오키나와 내부에서 나타났을 때, 코지 타이라의 '먼 곳의 소리'가, 이 문장이 발표되었던 3년 전 이상으로 '아주 가깝게' 들리는 듯한 기분이 들었던 것은 왜일까?

3년 전 코지 타이라는 글의 서두에서 가까운 미래에 오키나와에서 일어날 변화의 조건이 될 현재 진행 중인 세 가지 사건을 들었다. 남·북한의 통합, 중국·타이완의 병합, 러시아의 나토(NATO) 가맹이다. 우선 이 서두에 든 사건에 대해서 그는 이렇게 쓰고 있다. "한국에서 학생이나 학자의 정보나 감상을 모아 전체적으로 판단해 보면, 남한과 북한의 통합은 가까워졌다고 생각합니다." 남·북한의 극적인 정상회담을 목격했던 우리는 이 판단이 매우 정확한 것이었음을 사후적으로 확인하는 것이 가능하다. 일미 안보를 부동의 전제로 하고 오키나와를 논하는 오키나와 안팎의 사람들은 무엇보다 우선 이 점에서 코지 타이라보다 정확한 인식을 갖고 있었던 것일까? 만일 그렇지 않다면, 그들이 뽐내는 '현실주의'라는 것은 이미 다소 근거를 상실하고 만다.

중국과 타이완의 관계에 대해서는 물론 예측을 불허하는 요인이 남아 있다. 일본 우익세력으로서는, 지금까지와 마찬가지로 일본이 계속해서 아시아의 패권국가로 위치하게 하기 위해서는, 일미 안보를 중국에 반하는 포위망으로 전환시켜, 스스로 독자의 군사력을 구비하여 중국과 대립하는 것 이외에는 방도가 없다. 요코다(横田) 기지 반환을 제창하는 이시하라 도쿄도 지사도 중국과의 일을 대비하려면, 미국에게 전면적으로 협력한다고 말하길 주저하지 않을 것이다. 코지 타이라의 제언이 지닌 가장 대담한 점은 **아직** 독립하지 않은 오키나와가 국제연합적인 세계질서 속에서, '국가'로서 승인되고 있는 중국과 '국가'로 승인되고 있지 않은 타이완의 화해를 향한 만남의 상을 제공한다는 점이다. 즉 공식적인 국가에서는 불가능하게 보이는 외교를 비공식적으로 **이미** 행한다는 점을 통해서, 오키나와가 '류큐 독립'에서 가장 큰 난제인 일본과 중국의 잠재적인 적대관계를 해소할 조건을 오키나와 스스로 만들어 낼 가능성이 있다고 언급하는 점이다.

그러한 비공식적인 실적을 축적한 위에서 국제적 기관을 오키나와에 유치시키고, 오키나와가 완전 비무장 상태의 국가로서 독립하는 것이 그가 지닌 구상의 기본선일 것이다. 여태까지의 독립론은 혹은 이 논문에서 코지 타이라가 전제하고 있는, 오타 마사히데(大田昌秀) 지사 시대의 후텐마(普天間) 기지 철거지의 국제교류도시 구상이 주로 경제적 측면에 중점을 두고 논해지는 경향이 있었던 것에 반해, 이 아이디어는 정치적 구상력의 크기에서 두드러진다.

작년(1999년) 5월, 도쿄의 일본·프랑스 회관에서 '전후 프랑스·독일 관계와 아시아의 시선'이라는 제목의 심포지엄이 있었다. 이 심포지엄에서는 현재 EU의 견인차가 되고 있는 프랑스와 독일이 어떻게 역사적 화해를 실현했는가, 그리고 아시아는 이 사실에서 어떤 교훈을 끌어낼 것인가를 둘러싸고 다양한 보고와 토론이 오고 갔다. 그 속에서 어떤 프랑스인 저널리스트가 "프랑스와 독일은 이제야 비로소 어른 민족(peuples adultes)이 되었으며, 양국 간에는 이제 두 번 다시 전쟁은 없다"라고 말했다. 이 '어른 민족'이라는 말을 듣고 나는 여러 가지 생각에 사로잡혔다. 우선 이 양국 간에 과거 두 세기 사이에 일어났던 네 번의 전쟁. 즉 이 두 민족이 '어른'이 되기 위해서 지불했던 대가의 크기. 다음으로는 민족은 혼자서는 '어른'이 될 수 없다는 것. 어떤 민족의 '성숙'에는 이웃 민족과의 관계 속에서의 '성숙' 이외에는 방법이 없다는 것. 그리고 마지막으로 이 표현은 일본을 비롯한 아시아 여러 국가가 바로 그런 의미에서 '어린이'라고 말하고 있는 것과 마찬가지라는 것. 그리고 유감스럽게도 그것은 사실이란 것. 거기에 EU라는 형태를 취한 지금 유럽의 선진 의식의 근거가 있다는 것.

뒤집어 생각해 보면, 냉전 후에도 계속되는 동아시아(오키나와, 일본, 한국)에서의 미국의 군사적 현존(presence)은 이 지역 여러 국가 간 관계의 '미성숙'에 그 역사적 근거를 두고 있는 것이다. 그것은 외교관계에서 이 지역에 존재하는 국가들이 가장 중요한 과제에 대해서 직접 이웃 나라와 '당사자' 동료와의 대화를 교환해 공동의 사업을 결정하는 것이 불가능하다는, 즉 미국을 개입시킬 때만 교섭을 할 수 있다는 현실로 번역되고 있다. 코지 타이라는 그의 현상인식 속에서 특히 이 점을 강조하고 있다.

"미합중국은 현재, 아시아의 한 국가 한 국가씩 미국과의 조약이나 협정 등 여러 가지 관계를 맺고" 있다. 따라서 "일본과 미국, 한국과 미국, 중국과 미국, 타이완과 미국이라는 형태로 아시아의 각 국가는 모두 미합중국의 원격 조정권[遠距離操作網] 속에 포함되어 있"으며, 이러한 "동아시아 여러 국가 간의 상호불신을 이용해서 미국의 군사기지가 오키나와에 있는" 것이다.

따라서 이 '지배·종속 관계'로부터의 '해방'은 이제는 일국 단위로서는 전망이 없다. 그것은 이 지역[동아시아] 전체로서만 가능할 뿐 아니라, 각 국가 간의 관계 자체를 '성숙'시켜 서로가 함께 '어른'이 되는 것 이외에는 방법이 없다. 그런 의미에서 앞서 서술했던 것처럼, 이 지역과 미국의 관계를 자각하는 한편, 이 수년간의 대미 교섭과 한 틀로 짜여져 왔던 북한이 일변하여 한국과의 직접 대화를 통해 상황을 타개하려고 도모했던 것은 매우 큰 역사적 의의를 지닌다. 이러한 과정을 중국과 타이완 간에서도 촉진하려는 큰 흐름 속에서 코지 타이라는 그의 '류큐 독립'론을 쓰고 있는 것이다. 이러한 제안을 유토피아적이라고 간주해 버리는 사람들은 스스로 영원히 '어른'이 되는 것을 거부하고 있는 것이며, 그러한 자세를 '현실주의'라고 부르는 기묘한 상태가 되어 버릴 것이다.

우연이지만 코지 타이라도 유럽과의 유추(analogy)를 통해서 논의를 진행시키고 있다. 오키나와를 제네바나 브뤼셀과 비교하는 발상은 내 머릿속에도 몇 번인가 스쳐 지나갔던 적이 있다. 그러나 프랑스·독일 관계와는 달리 핵시대에서 사는 우리는 유럽이 몇 번씩이나 치른 전쟁 끝에

도달했던 역사 단계에 두 번 다시 전쟁을 거치지 않고 도달해야만 한다. 이것은 과장이 아니라 인류가 아직 걸어 본 적이 없는 길인 것이다. 어떤 '이성의 교지(狡智)'에 의해 오키나와가 처음으로 세계정치의 무대로 등장하는 이번의 서미트는, 그것을 계획한 사람들의 의도와는 정반대로 오키나와인이 이 길을 만들어 내는 계기가 될 수 있을 것인가? 지금은 그 누구도 알 수 없다. 어찌되었든 이러한 역사적 조건 속에서만 오키나와의 독립이 요청될 수 있는 것이라면, 그것은 임의의 한 지역이 독립하는 문제가 아니며, 단지 기존의 독립 개념을 적용하는 것으론 불가능할 것이다. 독립 그 자체를 발명하는 것. 혹은 고쳐 발명하는 것이 요청된다. 코지 타이라가 그런 사건을 '오키나와 독립'이 아니라 굳이 '류큐 독립'이라고 불렀던 점, 그 의미를 더욱더 생각해 보고 싶다.

11_9월 11일의 매듭

고르디우스의 매듭이라는 말이 있다. 고르디우스 신전에 봉납되어 있던 전차의 끌채[轅]는 누구도 풀 방법을 알 수 없을 정도로 복잡하게 말뚝에 동여매어져 있어, 이것을 푼 자는 아시아의 왕이 된다는 말이 전해지고 있었다. 이것을 들은 알렉산드로스 대왕은 이 매듭을 단칼에 잘라 버렸다는 것이다.

9월 11일의 사건과 그에 이어 연속된 사태의 전개가 20일 남짓 지난 지금, 나에게 이 전설상의 이야기가 떠오른다. 그것을 예증하는 새로운 사례로서가 아니라, 그 '설득력'의 소멸을 알리는 사건으로서.

고르디우스의 매듭은 주권적 폭력의 신화이다. 상황의 예외성을 선언해 법질서를 정지시키고, 그 순간 적과 내 편을 구별할 권리를 지닌 자를 주권자로 간주하는 그 결단으로부터 정치의 본질을 본 칼 슈미트의 정치신학은 이 신화의 근대적 버전이었다. "십자군", "악에 대한 선의 전쟁", "우리 편에 붙을 것인가, 아니면 적이 될 것인가"라고 했던 얼마 전 조지 부시의 발언은 거의 이 신화의 희화화된 버전으로 보인다. 현재의 상황이 지닌 특이성이란, 세계무역센터 빌딩과 미 국방성의 파괴, 그리고 수천 명의 인명살상을 누구도 옹호하지 않는 반면, 미국 정부가 행한 일련의 군사적·정치적 행동이 그들이 '테러리스트'라고 부르는 '문제'의 매듭을 절단해 버릴 수 있다고 해도, 이제는 그 누구도 그것을 믿지 않는다는 점에 있다. 사건은 틀림없이 예외적이다. 부시는 국경을 초월한 주권자(세계제국의 군주)의 역할을 연기할 수밖에 없지만, 이 장면 어디에도 이미 주권자가 없다는 것을 누구든지 마음속 어딘가에서는 알고 있는 것이다. 그런 의미에서 9월 11일 이후 어떤 일도 이전과 같을 수는 없다.

현재의 위기는 걸프 전쟁의 귀결 중 하나이며 그 반복인 동시에 그것의 전도이다. 걸프 전쟁은 냉전 속에서 동결(凍結)되어 왔던 주권 윤리가 부활한 것으로 간주되었다. 쿠웨이트를 병합한다고 선언했을 때 이라크는 타국의 주권을 폭력적으로 말소시켰던 제2차 세계대전 이후 처음으로 국가가 되었다. 그 때문에야말로 쿠웨이트의 주권 회복을 목적으로 해서 일어난 이라크를 제재(制裁)하기 위한 전쟁이, 국제법의 이름으로 '정당화'될 수 있었다.

그러나 이번 사태에서 주권은 이미 사태 해결을 위한 중심 개념이 될 수 없다. '테러 지원국'이라는 카테고리는 '테러리즘'이라고 불리는 현상을 주권의 언어로 번역하기 위한 장치이다. 그러나 미국이 주동자로 지명한 인물이나 집단은 CIA의 훈련을 상기간 받은 사람들이며, 아프가니스탄의 탈레반 정권을 승인하고 지지해 왔던 사우디아라비아와 UAE는 미국과 깊은 동맹관계에 있는 국가들이다. 따라서 이제 이 번역 장치들은 사용 가능하지 않다. 미국이 받은 공격——일반적인 국내 범죄와의 차이는 정도의 차이일 뿐 본성의 차이가 아니다——이 국제법의 용어로 번역 불가능한 이상, 그에 대한 '보복'도 국제법적인 합법성을 주장할 수 없다. 낡은 표현이지만 중앙아시아에 출병한 미군의 군사적 '성과'가 최종적으로 어떻게 될 것인가 하면, 어쩐지 '두번째의 희극'일 것처럼 보이리란 분위기가 떠도는 데엔 이유가 없지 않다.

그러나 이와 같은 도착(倒錯)은 필시 9월 11일의 파괴행위 속에도 이미 잠재되고 공유되고 있었던 게 아닐까? 말에 의한 설명을 일절 거부했던 이 폭력은 그 사상적 배경이 어떤 것이든, 절단의 의지를 표현한 것 이외로는 해석할 방법이 없다. '미국', '서양' '유대-그리스도교 세계', 나아가 다른 모든 문화와의 매듭[絆]을 끊는 것이 주권자적인 신의 이름으로 추구되었다고 하자. 그렇지만 이 결단은 여기에서도 또한 완전히 반대의 결과를 낳았다. 뉴욕과 워싱턴이 한 파괴행위는 매듭을 끊는 것이 아니라 반대로 많은 새로운 매듭을 발생시켰다. 절단해 버릴 생각이었을 테지만 더욱더 심하게, 더욱더 많이, 더욱더 복잡하게 연결되어져 버렸다. 희망했건 희망하지 않았건 간에 9월 11일의 일격으로 형성된 연결망 속에 우리가 살아가는 세계가 있다.

정치학자인 베르트랑 바디(Bertrand Badie)가 말한 것처럼, 이 세계에서 만인을 결합시키는 첫번째 원리는 '폭력 앞에서의 평등'이다. 시장 자유주의가 주권국가에게 모든 규제를 해제하도록 요구하고 모든 것이 상품화되어 수출·수입되는 세계 속에서, 어떻게 폭력만이 국가의 독점물로 지속될 수 있겠는가? 그리고 '남'과 '북'의 경계 사이에서 막혀 버린 채 있을 수 있겠는가? 기술적 환경의 변화는 비국가적인 집단일지라도 자금만 있다면 국가 규모의 폭력을 행사할 수 있는 조건을 만들어 냈다. 이제야말로 진정한 '폭력의 시장'이 존재하고 이 시장은 주권국가의 규제도,

국제기관의 관리도 받지 않는다.

물론 문제는 테러방지법 등을 제정해서 '우리들의 세계'만의 안전을 추구해 '폭력 앞에서의 불평등'을 재건하는 것이 아니다. 경제의 글로벌화는 이미 극히 불평등했던 세계를 한층 더 불평등하게 만들고 있다. 그러나 그와 함께 더반에서 열린 국제연합 반인종차별회의에서 나타난 '혼란'에 표현되어 있듯, 미증유의 평등에 대한 희구가 전 지구적 규모로 일어나고 있는 것이다. 하나의 학살은 다른 학살과 즉시 비교당한다. 왜 미국의 죽은 자들을 위해 묵도(默禱)하는가? 9월 11일 이전에도 매일매일 계속해서 살해당하고, 9월 11일 이후에도 일주일 사이에 40명에 이르는 팔레스타인의 죽은 자들을 위해서는 왜 묵도하지 않는가? 인질 작전이나 자살 공격의 배경에 있는 논리는 무엇보다도 사람 한명 한명의 생명 '가치'가 터무니없이 다르다는 사실이다. 이러한 전술들은 몇억의 생명보험에 관련된 생명과 비참하게 죽도록 강요당한 생명을 같은 저울의 두 접시 위에 놓는다. 그리고 그 두 목숨의 무게가 확실히 **등가**(等價)라고 가시화한다. 이 광경에서 우리의 눈을 다른 곳으로 돌리기 위해서 '테러리즘'이라는 말이 남발되었다.

그러나 '풍요로움 앞에서의 불평등'이 '폭력 앞에서의 평등'으로 전화되었을 때, 그 사이에는 '죽음의 문화'라고 불릴 만한 어떤 매개가 작동하고 있음을 부정할 수 없다. 가령 시건[9·11]의 배후에 사우디아라비아 출신인 빈 라덴과 그의 그룹이 있다고 한다면, 미국과 사우디아라비아 모두 사형제도를 강하게 긍정하는 정치문화를 갖고 있다는 점은 이 사건과 결코 무관하지 않다. 조지 부시는 텍사스 주지사였을 때부터 무고할지도 모르는 사형수에 대한 사형집행을 무수히 진행했다. 그리고 이번 사태에도 그 수법을 그대로 적용해, 증거도 없이 용의자로서 지명된 인물을 살해할 권리를 그의 군대에게 멋대로 부여하고 있다. 9월 11일 이전 부시는 유럽을 중심으로 한 국제적인 사형금지 운동에 강한 비판을 가했던 적이 있다. 특히 부시는 원래 블랙팬더였던 흑인 사형수 무미아 아부-자말[1]의 재심 청구를 거부해 왔던 펜실베이니아 주지사 톰 리지(Tom Ridge)를 정부 내에 새로 설립된 국내 안전 담당 부서에 기용함으로써, 이번 사태와 사형 문제를 그 스스로의 손으로 결부시키고 있다.

이번 사건을 보도한 서구 언론에서 '일본'은 세 번 등장한다. 우선 진주만, 그리고 자살 공격을 의미하는 보통명사로 변한 '가미카제'(神風), 또한 재미 무슬림이 예전의 재미 일본인처럼 수용소에 수감되어 있는 것은 아닐까라는, 재미 무슬림의 불안을 이야기하는 문맥에서. 반면 일본이 이번 전쟁에 협력한 것에 대해서는 거의 이야기되지 않는다. 우리로서는 이렇게 물을 필요성이 있다고 생각한다. 평화헌법을 만든 이래, 전후 일본은 과연 '가미카제'를 부정했던 것일까? 현재의 사형제도와 그것을 뒷받침하고 있는 심성은 가미카제 특공대를 만들었던 것과 똑같은 정신적 토양에 근거하고 있는 것은 아닐까? 일본 사회에는 여전히 일종의 '죽음의 문화'가 그 불가피한 고리[環]로서 기능하고 있는 것은 아닐까? '가미카제'로 죽은 병사를 영령으로서 모시고 기원하는 신사에 찾아가면서도, 다른 한편으로는 '테러리즘 박멸'에 태연히 칼을 들이대는 듯한 모순된 행위를, 일본의 수상인 고이즈미가 아무렇지도 않게 행할 수 있는 것은 왜일까?

---

1) 무미아 아부-자말(Mumia Abu-Jamal, 1954~)은 1960년대 중반에 결성된 전투적 흑인해방 조직인 블랙팬더(Black Panther Party)의 필라델피아 지역활동가였다. 1981년 백인 경찰 살해 혐의를 받고 사형수가 되었다.―옮긴이

9월 11일의 사건은 이 수년간 빠른 템포로 발전해 왔던 경제 글로벌화에 대한 세계 규모의 저항운동, 국제적인 사형폐지운동, 그리고 군사 글로벌화에 대한 새로운 반전운동을 어떤 예상 밖의 형태로 결부시킬 잠재성을 갖고 있다. '폭력 앞에서의 평등'을 불가피하게 겪으면서도, 인류 전체에서 '죽음의 문화'의 피안(彼岸)을 추구하는 **생명[生] 앞에서의 평등**을 실현해 가는 국경·문화·종교를 횡단하는 운동이, 그리고 그러한 사상에 근거한 새로운 국제법의 정신이, 이 사건에서 싹터 자라날 가능성이 있다. 일본의 반전운동에는 국내의 개헌 공격과 싸울 새로운 근거를 그 사건에서 찾아내고, 미국과의 군사동맹을 단절하여 이 흐름과 연결하고, 이 '매듭'을 강화해 다시금 새로운 '매듭'을 만들어 내는 독자적인 공헌이 요청되고 있다. 최악의 시나리오와 각성의 예감 사이에서 시대가 극심하게 흔들리고 있는 지금, 우리의 책임은 전에 없이 크다.

12_어떤 모임

[2001년] 10월 16일, 몇 살 아래 친구인 시리아인 커플의 권유를 받아 무슬림과 그리스도교도 사이의 우호를 위한 모임에 참가했다. 9월 11일 사건 이후 프랑스에서도 정치가나 미디어의 의례적인 경고("이슬람과 테러리즘을 혼동하지 말라!")에도 불구하고, 무슬림이나 그렇게 보이는 사람들에 대한 은근한 배외적인 분위기가 형성되어, 시민의 양식에 호소하는 것만으로는 사태가 악화일로임을 부정할 수 없다고 느끼고 있었다. 종교에 대한 물음을 회피하는 것은 불가능하다. 토론을 시작해야만 한다. 전쟁의 지속이 아니라 전쟁의 피안을 추구하는 토론을. 이 사회의, 프랑스의, 그리고 인류의 장래를 위해서. "신을 믿는 자도 믿지 않는 자도······." 이 문맥 속에서 그리운 아라공(Louis Aragon)의 저항시까지 인용되었던 것을 어딘가에서 보았다.

친구인 할레드는 무슬림으로 내가 언제나 감탄해 마지않는 대범하고 싱글벙글한 천성의 교사이자 조직자다. 나는 그에게 단기간 아랍어를 배웠던 적이 있다(유감스럽게도 중단해 버렸지만). 그의 파트너인 가이스는 무신론자인 문학자이고 파리 페미니즘 운동에서 중요한 역할을 하고 있다. 작년 3월 변영주 감독의 「나눔의 집」[한국 개봉명 「낮은 목소리」] 파리 상영회장에서 만났던 이후의 재회다. 1987년 11월 29일 SOS 라시즘[SOS Racisme; 프랑스의 인종차별 감시·반대 단체]이 주최한 반인종차별 데모 때, 팔레스타인 연대운동 대열 속에서 나는 그녀와 처음 만났다. 그때 가이스는 막 개봉된 영화 「갈릴리에서의 결혼」[1]에 대한 것과 그 감독인 미셸 클레이피의 이름을 알려 주었다. 제1차 인티파다[2]가 시작되기 불과 10일 전의 일이었다.

그날 모였던 사람들의 수는 40명 남짓. 각각 종교적 배경이나 현재 갖고 있는 사상을 이야기했다. 그리스도교도로 태어났지만 단호하게 무신론을 주장하는 여성. 이슬람과의 만남에 의해 종교관이 깊어졌다고 말하는 젊은 신부. 자신의 아이덴티티는 중요하지만 의례가 강요되는 것은 절대 거부한다고 말하는 무슬리마(이슬람교도 여성). 절대적인 것을 찾아 최근 이슬람으로 개종했다고 하는 유럽계 젊은이. 예전에는 맑스교도, 지금은 신앙이 없다고 유머를 섞어 말하는 초로의 남성……. 그러나 내 마음에 특히 남았던 것은 튀니지 남성과 결혼해 이슬람교로 개종한 프랑스인 여성과 그 유대인 아버지, 이들 부녀의 말이었다.

---

1) 미셸 클레이피(Michel Khleifi)의 「갈릴리에서의 결혼」(Urs Al-Jalil / Noce en Galilée)은 1987년 프랑스와 팔레스타인이 공동 제작한 영화로 이스라엘 군의 통제하에 있는 팔레스타인 사람들의 일상을 그리고 있다. 한국에서는 2008년 5월 30일부터 6월 5일에 걸쳐 열린 제12회 서울 인권영화제에서 해외 상영작으로 상영되었다.—옮긴이
2) '인티파다'(Intifada)의 의미는 '봉기', '각성'. 1948년 이후 계속되고 있는 이스라엘의 식민통치에서 벗어나기 위한 팔레스타인 민중해방투쟁을 의미한다. 제1차 인티파다는 1987년부터 오슬로협정에 의해 팔레스타인 자치정부가 설립된 1993년경까지를 의미하며, 제2차 인티파다는 2000년부터 2005년까지의 투쟁을 의미한다.—옮긴이

아버지는 알제리 전쟁에 동원되어 몇 번이나 사지를 헤맸다. 그때 그는 무슬림과 두 차례의 만남을 가졌다. 적으로 간주된 해방전선 병사와 주민들과의 만남. 그리고 프랑스 측으로 동원되어 나중에 '아르키'[3]라고 불렸으며, 해방 후 조국 동포들에게 배신자로 지탄받게 된 사람들과의 만남. 그는 이렇게 말했다. 이 후자에 속하는 사람들도 모두 식민지 지배에는 반대였다고. 위험한 장소에서 자신을 가장 잘 도와주었던 사람들도 그들이었다고. 의지와는 다르게 이 전쟁에 참가했던 것에 대한 후회까지 포함해 그 이후 이슬람은 자신에게 친구의 종교라고. 이렇게 말하면서 그는 울어서 정신을 잃을 정도가 되었다. 그는 유대인으로서의 경험에 대해서는 언급하지 않았다. 몇 가지 상처가 아직 아물지 않았다는 것만이 전달되었다.

그 아버지의 모습을 살피면서 딸은 무슬림으로서 이렇게 발언했다. "저는 그리스도교도가 부러워요. 그리스도교 세계에서는 혁명이 있고 세속적인 세력이 힘을 갖습니다. 따라서 신도에게도 반성의 기회가 부여됩니다. 신앙의 기초를 고쳐 묻습니다. 성서에 쓰어져 있는 것이 문자 그대로 모두 옳다고는 생각하지 않게 되었죠. 새로운 번역을 통해서 새로운 종교성이 모색되었죠. 이슬람 세계에는 그러한 반성의 계기가 없어요. 원리주의자가 힘을 갖게 되는 것도 그 때문이죠. 무슬림이 자신들의 신앙의 기초를 고쳐 묻고, 새로운 종교성을 찾기 위해서 이슬람 세계에 혁명이 일어

---

3) 아르키(harki / harka)란 알제리 독립전쟁(1954~62년) 당시 프랑스 쪽에 가담하여 프랑스의 이익을 위해 활동한 알제리 출신 군인을 말한다. 따라서 독립을 갈구한 알제리인들에게 아르키는 '배신자'라는 의미를 내포한다. 그런데 아르키라는 명칭은 좀더 일반화되어 쓰여, 그들의 가족이나 군인이 아니라도 같은 의도를 갖거나 그런 행동을 했던 일반인까지 포함하기도 한다.—옮긴이

났으면 좋겠어요." 이 발언을 이어받아 제안했다. 다음 모임에서는 '세속성'이란 무엇인가에 대해 이야기를 나눕시다.

많지 않은 내 경험에 비추어 보더라도, 만나 왔던 무슬림의 모습은 실로 다양하다. 9월 11일의 사건 이후 새삼스럽게 이슬람에 관한 글들을 섭렵하고 있다. 그러나 텍스트들이 말해 주는 것과 이 역사의 국면에서 무슬림 친구들이 직면하고 있는 것 사이, 아직 내 속에서는 이 사이의 공기가 서로 충분히 통하지 않는다. 그렇지만 내가 출석했던 모임 훨씬 이전에 그리스도교도와 무슬림 사이의 우애를 요청하면서 활동했던 학자이자 종교가인 루이 마시뇽(Louis Massignon)의 궤적이 점차 중요하게 느껴지고 있다. 무슬림 사이에서 생활하는 한편 같은 아브라함의 신에게 기도를 올리고, 무슬림의 '대역'으로 죽을 것을 요청했던 이 20세기 그리스도교인의 사상은 여러 가지 의미에서 현재의 상황에 특이한 빛을 던져 주고 있는 것은 아닐까? 이슬람의 가르침에도, 그리고 필시 모든 종교의 근저에도, 제각각 자신의 한 번뿐인 목숨을 타자를 대신해서 바치는 공희(供犧)의 사상이 잠재되어 있다. 그러나 9월 11일의 실행자들은 터무니없게도 이 '대역'(代役)의 사상이 '동행'(同行)의 사상과 표리관계라는 것을 우리에게 가르쳤던 것이다. 즉 두려워할 만한 수수께끼 하나를. 단죄나 기피를 넘어서 이 수수께끼와 씨름하는 것, 그런 행위 없이는 이 사건 이후 사상의 과제에 응답하는 것도 불가능하리라.

13_대침공 전야
―국제작가회의 대표단의 팔레스타인 방문[1]

이제는 그 누구의 눈에도 명확해졌으리라. 2002년 3월 29일에 시작된 이스라엘 국방군의 팔레스타인 자치구에 대한 총공격은 훨씬 이전부터 주도면밀하게 준비되어 왔다는 것을. 그 전전날, 텔아비브야파 근교의 시가지 네타니아 호텔에서 일어난 자폭 공격은 단지 아리엘 샤론 총리[2]가 '결단'을 내리기 위한 구실로서 사용된 것에 불과했다. 이 구도는 팔레스타

---

1) 이 글에 언급된 작가·예술가들의 소개 및 인·지명 등은 다음의 글을 참고했다. 「해외초점: 팔레스타인 노트」, 『창작과 비평』, 2002년 여름호. 이 특집에는 국제작가회의(IPW) 대표단이 팔레스타인을 방문할 당시의 상황 및 방문자 등을 확인할 수 있는 편집자주가 있다. 또한 마흐무드 다르위시의 「우리에겐 희망이라는 치유할 수 없는 병이 있습니다」(We Have an Incurable Malady: Hope), 빈첸초 콘솔로의 「국제작가회의의 이스라엘·팔레스타인 방문기」(The IPW's Journey to Israel/Palestine), 러셀 뱅크스의 「점령지를 다녀와서」(Some Reflections on a Journey to the Occupied Territories), 크리스티앙 살몽의 「말의 학살」(Verbicide)이 번역·소개되어 있다. 이 글 외에도 '팔레스타인을 잇는 다리'(http://www.palbridge.org/)를 참조해 번역했다.―옮긴이

2) 아리엘 샤론(Ariel Sharon, 1928~). 제2차 인티파다가 진행 중이던 2001년에 이스라엘 총리로 선출되었다. 팔레스타인과의 평화협정에 부정적인 입장을 취하며 2006년 뇌졸중으로 쓰러질 때까지 팔레스타인을 공격했다. ―옮긴이

인 사람들의 자폭 공격이 증가하기 훨씬 이전인 정확히 20년 전, 당시 국방장관이었던 그 샤론이 이끌던 이스라엘 국방군이 레바논 국경을 넘어 인구 200만의 수도 베이루트에 연일 공중폭격을 가하면서 팔레스타인해방기구(PLO)의 거점 서베이루트를 공격했을 때와 비교해 그 무엇도 변하지 않았다. 그들은 우세한 무력에 의지하여 공격·살육·파괴·도발을 반복하고, 반격을 받으면 그것을 '테러리즘'이라고 부르며 이를 구실로 점령지역을 더욱 확장했다. 오슬로협정[3]에서 라빈 이스라엘 총리 암살에 이르는 잠시 동안의 표면적일 뿐인 행동을 제외하자면, 1982년의 '갈릴리의 평화' 작전에서 2002년의 '방벽'(防壁) 작전에 이르기까지 이스라엘이라는 국가는 마치 이것 이외의 행동양식을 모르는 듯했다. 사브라·샤틸라 학살[4]에서 제닌 학살[5]에 이르기까지, 이 20년 동안 변한 것이라면 아리엘 샤론이 국방장관에서 총리가 된 것, 살육으로 직접 손을 물들인 자가 레바

---

3) 오슬로협정(Oslo Accords). 1993년 9월 13일 이스라엘의 라빈(Yitzhak Rabin) 총리와 PLO의 아라파트(Yasser Arafat) 의장이 협의한 협정. 이 협정으로 이스라엘은 PLO를 합법적인 팔레스타인 정부로 인정하고, PLO도 이스라엘의 존재 근거를 인정하여 공존의 가능성을 제시하였다. 그러나 라빈 총리는 1995년 11월 4일 텔아비브에서 열린 중동평화회담 지지집회 연설 후 유대인 극단주의자 이갈 아미르의 총에 암살당했고, 이후 극우파가 집권하였다.―옮긴이

4) 사브라·샤틸라 학살(Sabra and Shatila massacre, 1982년 9월 16일). 1982년 6월 당시 국방장관 샤론은 아라파트 PLO 게릴라 세력을 없애겠다며 레바논을 침공했다. 베이루트를 점령한 이스라엘은 레바논 그리스도교 민병대(팔랑헤당) 지도자 바시르 제마엘(Bachir Gemayel)을 친이스라엘 꼭두각시 정권의 대통령으로 내세우려 했다. 그런데 제마엘이 대통령 취임을 바로 앞두고 폭탄테러로 암살되자, 레바논 그리스도교 민병대원들은 피의 복수를 벌였다. 저녁 무렵 150~200명의 민병대원들이 "팔레스타인 테러분자들을 잡겠다"는 구실로 사브라·샤틸라의 팔레스타인 난민캠프에 들이닥쳐, 최소한 8백 명(팔레스타인 쪽 추정은 3천 명)을 학살했다. 희생자 가운데는 어린이와 부녀자가 절반을 넘었다.―옮긴이

5) 제닌 학살(Jenin massacre). 제닌은 이스라엘에 대한 저항의식이 높은 도시다. 2002년 4월에 이스라엘 군대가 제닌 난민캠프에 난입해 적어도 50명 이상(주민들 주장은 300명 이상)을 죽이고 난민캠프를 초토화한 '제닌 학살 사건'이 벌어졌다.―옮긴이

논의 그리스도교 우파 민병대 같은 현지 고용 병사가 아니라 이제는 이스라엘 국방군 그 자체가 되었다는 것, 그리고 이전에는 그럭저럭 파견된 국제평화유지군이 미국-이스라엘 주축으로 한층 더 강화되었기 때문에 파견할 수 없게 되었다는 것이다. 그 외에는 무엇 하나 변한 것이 없다. 압도적으로 살해되고 있는 것은 늘 팔레스타인 사람들이다. 그 가해 책임은 이스라엘 정부에 있다.

왜 가는 것인가?

3월 25일, 국제작가회의 작가들과 각국 저널리스트들로 이루어진 방문단이 방문한 팔레스타인은, 베이루트에서의 아랍연맹 정상회의 개최, 미국의 지니(Anthony Zinni) 특사의 이스라엘 도착이라는 정세 속에서, 3월 초 이후의 집중적인 공격과 살육의 손이 잠시 멈춘 직후와 3월 말의 대규모적이고 체계적인 재점령과 살육이 시작되기 직전 사이의, 완전히 상대적인 실로 짧은 봄, 살짝 비춰든 볕 속이었다. '침공', '포위', '점령', '봉쇄', '감금' 등 저널리즘이 팔레스타인 정세를 말하는 일상어로 화한 듯이 느껴지는 말들은 이 지역에서 매일매일 현실로 일어나고 있는 사태, 이 지역 주민에게 35년이 지나도록 강요되고 있는 생활을 있는 그대로 비추고 있어서, 그 의미 하나하나를 그때그때마다 음미하지 않을 수 없었다. 어느 때 어느 장소에서 한 명의 팔레스타인 사람이 호흡하고 말하고 웃고 있다고 해도, 거기에 총탄이 떨어지지 않는다고 해도, 병사·전차·헬리콥터·폭격기의 모습이 보이지 않는다고 해도, 그때 그 장소가 '점령'되어 있지 않음을 의미하진 않는다. 그 또는 그녀가 '감금'되어 있지 않은 것은 아니다. 상황은 일순 변한다. 이번 여행의 참가자는 모두 그것을 날카로운 고통과 함께 깨달을 수밖에 없었다.

국제작가회의는 1994년 프랑스의 스트라스부르에서 결성된 세계적인 작가 조직이다. 살만 루슈디(Salman Rushdie)가 지은 「악마의 시」에 대한 이란 정부의 단죄, 세르비아 군의 사라예보 공격으로 시작된 구 유고슬라비아의 내전, 알제리 작가들의 잇따른 살해라는 사태에 직면해서, 이 조직은 표현의 자유가 지닌 현재적 의미를 실천적으로 묻는 것을 최우선 과제로 들었다. 그리고 그 공동작업의 전제로 참가자 사이에서 확인했던 것은 다음과 같은 것이었다. 즉, 작가 혹은 지식인으로서 세계를 향해 발언하기 이전에, 세계 각지에서 매일매일 발발함에도 거대 미디어의 선택적 검열로 인해 봉쇄당하는 다양한 고뇌의 소리에 귀를 기울이는 자세를 갖는 것이었다. 보다 구체적으로 국제작가회의는 유럽의회의 협력을 얻어서, 박해를 받는 작가에게 일정 기간의 체류와 집필활동을 보장하는 피난도시 네트워크 형성에 진력해 왔다. 이번 팔레스타인 방문은 이러한 활동의 연장선상에서 구성되어 회의의 일원인 팔레스타인 시인 마흐무드 다르위시[6]의 초대에 응하는 형태로 실현되었다. 나이지리아 작가 월레 소

---

6) 마흐무드 다르위시(Mahmūd Darwīsh, 1941~2008). 단순하면서도 일상적인 언어로 고향을 잃은 팔레스타인 민족이 이픔을 내면하는 시를 쓴 그는 한편으로는 팔레스타인의 해방을 위해 투쟁한 활동가였다. 1948년 이스라엘 군이 마을을 공격하자 그의 가족은 레바논으로 피신, 유엔의 구호품으로 연명하다가 1년 뒤 갈릴리 근처의 다이루 알아사드에 정착하였다. 1970년 모스크바대학교를 다니던 다르위시는 집으로 돌아가지 않기로 결심하고 이집트로 이주하였고, 2년 뒤 레바논에서 PLO에 가담하였다. 1987년 PLO의 간부로 임명되기도 했지만, 1993년 오슬로협정에 반대하여 그 자리를 사임, 1995년부터 라말라에 정착했다. 대표적인 시집으로 『올리브 나뭇잎』(*Awraq Al-Zaytun*, 1964), 『팔레스타인 연인』(*Ashiq min Filastin*, 1966), 『별 열하나』(*Ahad 'asher kaukaban*, 1992) 등이 있다.—옮긴이

잉카(Wole Soyinka, 1986년 노벨 문학상 수상)는 출발 전 이번 여행에 참가하는 이유를 작가회의 웹사이트에 올려 설명했다.

"왜 가는 것인가? 대답은 간단하다. 포위당하고 있는 동료, 팔레스타인 작가 마흐무드 다르위시로부터 받은 초대에 응했을 뿐이다. 그는 미국 대학에서 중요한 상을 받았다. 그것을 기회로 다른 작가들과의 대화를 진행하기 위해서, 뉴욕에서 그를 기다리고 있었다. 그러나 이 회합은 9월 11일의 사건 때문에 중지되고 말았다. 그에게 중지란 매우 큰 배신과 같다. 경계선[境界]을 낮추기 위한 기회가 사라졌다. 다르위시가 우리들이 있는 곳으로 오지 못했기 때문에 우리들이 그가 있는 곳으로 가는 것이다. 이보다 간단한 이야기는 없다."

긴 망명생활을 보냈던 다르위시는 귀향 후 라말라에서 아랍어 문학잡지 『알카르멜』(Al-Karmel)을 편집하고, 또한 같은 잡지 사무소에 있는 칼릴 사카키니(Khalil Sakakini) 문화센터의 활동에도 관여해 왔다. 작가회의의 팔레스타인 활동은 25일 아침 이 사카키니 문화센터에서의 팔레스타인 지식인과의 만남으로 시작되었다.

"피투성이가 된 이 봄에, 이 땅, 사람과 평화의 땅이라는 낡은 이름을 동경하는 이 땅에서 여러분들을 맞이하는 것은, 저의 큰 기쁨이며 명예입니다"라고 다르위시는 방문자들에게 호소했다. 그리고 현재에 당면한 팔레스타인 작가의 작업을 이런 말로 정의했다. "말의 대가들은 피의 웅변 앞에서 수사를 필요로 하지 않는다는 것을 저는 알고 있습니다. 그러므로 우리들의 말은 우리들의 권리와 같이 단순합니다. 우리들은 이 땅에서 태어나 이 땅에 속해 있습니다. 우리들은 다른 어떤 어머니도, 어머니 자신의 말이었던 것 이외의 그 어떤 모어도 알지 못합니다. 그리고 이 만물의 근원인 땅에 너무도 많은 역사와 너무도 많은 예언자가 있음을 깨달았을 때, 비로소 우리들은 다원주의[複數主義]가 모든 것을 포용하는 공간이어서 감옥이 아니라는 것, 그리고 그 누구도 땅, 신, 기억을 독점할 수 없다는 것을 이해할 것입니다. 우리들은 또한 역사가 아름답지도 우아하지도 않다는 것도 알고 있습니다. 그러나 우리들이 지닌 인간으로서의 임무는 역사를 인간적으로 만드는 것입니다. 우리들은 그 역사의 희생자이며 동시에 그 역사의 소산이기도 하기 때문입니다."

이 말에 대해 현재 작가회의의 의장을 맡고 있는 미국 작가, 『달콤한 내세』 등의 소설로 알려진 러셀 뱅크스[7]는 이렇게 응답했다. "제 인생에서 있어야 할 시간에 있어야 할 장소에 있었던 적은 좀처럼 없었습니다. 그런 의미에서 지금 이 장소에 있을 수 있다는 것 자체가 기쁩니다. 저는 스토리텔러(story teller)이며, 무엇보다 팔레스타인 사람들의 얼굴을 보러 왔습니다. 제 속 어딘가로부터 나중에 이야기가 태어날 것입니다. 이것을 기회로 팔레스타인 작가들과 말의 공동작업(collaboration)이 시작된 것이라고 생각합니다." 그후 후안 고이티솔로(Juan Goytisolo, 스페인), 베이다오(北島, 중국), 브라이텐 브라이텐바흐(Breyten Breytenbach, 남아공), 빈첸초 콘솔로(Vincenzo Consolo, 이탈리아), 주제 사라마구(José Saramago, 포르투갈), 월레 소잉카, 그리고 작가회의의 사무국장 크리스티앙 살몽[8] 순으로 이빈 회에 방문단으로 참가한 88명의 작가들이 발언했다. 살몽은 이스라엘-팔레스타인 분쟁을 "말이 붕괴된 존(zone)"이라

---

7) 러셀 뱅크스(Russell Banks). 미국 소설가. 국제작가회의 의장. 프린스턴대학 명예교수이자 미국 문예아카데미 회원이다. 장편소설로 『대륙의 표류』(Continental Drift, 1985), 『달콤한 내세』(The Sweet Hereafter, 1991) 등이 있다.—옮긴이

고 정의하고, 거기에서야말로 언어의 재건이 시도되어야 한다고 말한다. 또한 그 일환으로서 난민캠프에 비(非)팔레스타인 작가가 수개월 체류하고 주민과 생활을 함께하는 동시에 작품 제작을 하는 기획을 구상 중이라고 공표했다.

팔레스타인 지식인들은 격렬하게 대화를 요청하며 발언했다. 시인인 모리드 바르구티(Mourid Barghouti)는 기술자·과학자·시인·화가 등이 될 어린이들의 미래를 무자비하게 빼앗아 간 믿을 수 없을 정도의 잔혹한 이스라엘의 폭력을 강조했다. 또한 저명한 여성 소설가이자 영상작가인 리아나 바드르(Liana Badr)는 공격에 참가했다고 여겨지는 사람의 가족에 대한 집단적 징벌, 가옥의 파괴, 임신부가 병원에 가는 것을 막아 유산되거나 모자가 사망하거나 하는 현실을 절절하게 호소했다. 매일매일 박탈당하고 있는 어린이들의 미래에 대한 구체적이고 생생한 상념은 이번 여행 동안 여러 팔레스타인 사람들을 통해 이후에도 반복해서 환기되었다. 우리들은 사카키니 문화센터의 방문자 한 사람 한 사람에게 전해진 제2차 인티파다의 최초 희생자 100인의 삶과 죽음을 엮은 두꺼운 기록집 속에서, 아이·소년·청년 들의 초상을 만났다.

나는 이 글을 4월 18일에 쓰고 있다. 현재 이스라엘 군의 침공을, 샤론이 주장하고 있는 것처럼 '테러리스트' 소탕작전이라고 여전히 믿고 있는 사람은 다음의 사실을 명확히 보아 주었으면 좋겠다. 불과 24일 전, 우리

---

8) 크리스티앙 살몽(Christian Salmon). 프랑스 문필가. 국제작가회의 사무총장. 에세이모음집 『허구의 무덤』(Tombeau de la fiction), 국내에 번역된 『스토리텔링』(Storytelling) 등이 있다. 7개 언어로 동시에 출판되는 잡지 『오토다페』(autodafé) 책임자. 1994년 5대륙의 많은 작가들의 후원으로 국제작가회의를 세우고 난민캠프들의 연결조직을 구성했다.—옮긴이

들이 자그마한 모임을 가졌던 이 사카티니 문화센터, 1927년 창설된 아름다운 이 팔레스타인 풍 건축물은 **4월 13일 이스라엘 군에 의해서 완전히 파괴되었다.** 이것이 팔레스타인의 어떤 말도, 팔레스타인의 문화결집의 어떤 장도 파괴해 버리려고 하는 극한적인 만행이 아니라면 대체 무엇인가?

대학과 난민캠프

건너기 어려운 시간의 강을 거슬러 올라가, 3월 25일로 돌아가자. 팔레스타인 미디어센터로 장소를 옮겨 열린 기자회견에서는 1998년의 노벨 문학상 수상자 사라마구가 했던 발언이 즉시 파문을 불러일으켰다. 그의 발언의 요지는 다음과 같은 것이었다. "인티파다에 참가해 투석한 팔레스타인 어린이들의 팔을 꺾는 것은 그 정신으로서는 범죄란 점에서 나치의 유대인 학살과 비교할 수 있다." 이 발언이 같은 자리에 있던 이스라엘 『하아레츠』(*Haaretz*)지 기자에 의해 보도되어, 삽시간에 격렬한 반응을 불러일으켰다. 작가회의는 다음 날 가자지구의 팔레스타인 인권센터에서 다시 한번 기자회견을 갖고, 사라마구의 발언은 개인적 견해로 참가자의 공통된 인식이 아니라는 점을 확실히 했다. 사라마구 자신은 "내가 말한 것은 말한 것이다. 아우슈비츠라는 말이 쇼크였다고 한다면 인도(人道)에 반하는 죄라고 바꿔 말하겠다"라고 비판을 받아들이면서도 앞서 했던 발언의 주지를 재확인했다.

기자회견 후 우리들을 태운 미니버스는 비르제이트대학으로 향했다. 이스라엘 검문소가 있는 수르다(Surda)까지의 길은 '라디오 도로'라고 불렸다. 그러나 이 이름의 유래가 된 '팔레스타인의 목소리' 방송국은,

이스라엘 군이 1월에 점령해 내부에 지뢰를 장치하고 불을 놓아 완전히 파괴되었다. 우리들은 그 잔해를 보았다. 이 사정을 설명해 준 것은 팔레스타인 주재 프랑스 대표이자, 20년 전 학살 직후의 사브라·샤틸라 난민캠프를 장 주네(Jean Genet)와 동행했던 라일라 샤히드(Leyla Shahid)이다. 그녀는 밭 속에 생생하게 남아 있는 전차(戰車)의 캐터필러(caterpillar tractor) 흔적, 파괴된 송전탑과 수로를 주의해서 보라고 거듭 말했다.

라말라에서 불과 몇 킬로미터 떨어진 대학에 겨우 당도하기까지 대략 2시간이 걸렸다. 그러나 그것은 2000년 9월 말 제2차 인티파다 개시 이후 17개월 동안, 비르제이트대학의 4000명의 학생, 800명의 교원이 매일매일 경험하고 있는 곤란에 비하자면 실로 별것 아님을 알 수 있었다. 수르다에서 우리를 기다리고 있던 같은 대학 역사학 교수 알베르트 아가자리안(Albert Agazarian) 씨는 팔레스타인 사람들이 이 군사경계를 통과하려면 통상 4~5시간이 필요하다고 말했다. 시멘트제 차단물 때문에 차의 통행은 전혀 불가능했다. 그날 거기에 이스라엘 병사는 없었지만, 바로 오른쪽 언덕 위의 팔레스타인 가옥이 접수되어 [이스라엘 병사들의] 초사(哨舍)로서 사용되고 있었다. 경계를 돌파하려 한다면 즉시 여기부터 총탄을 퍼부을 것이 확실했다. 두 개의 경계선으로 구별되어 나누어진 수백 미터의 무인지대, 몇 개일지 모를 깊은 균열이 생겼던 도로를, 우리들은 노동자, 농민, 의사, 간호사, 초등학생, 대학생, 교사, 어린아이를 안은 여성들인 모든 계층의 팔레스타인 사람과 섞여서 걸었다. 경계선 양쪽에 차를 세워 두고 있는 사람들도 있었다. 이동식 판매대 몇 개가 서 있고, 남자들이 물이나 과일을 팔고 있었다. 이번에 우리들은 택시를 나누어 타고 대학으로 향했다.

비르제이트대학은 하얗고 청결한 석조건물이었다. 오후의 캠퍼스는 학생들로 흘러넘치고 있었다. 그 열기, 호기심에 가득 찬 시선을 얼굴과 등 뒤로 느끼면서 일행은 대학 교원들과의 간담회에 임했다. 팔레스타인에 설립된 최초의 아랍 대학인 이 대학은 요르단 강 서안지구의 문화적 중심지이다. 예술학부, 상경학부, 공학부, 이학부의 4개 학부와 인권강좌 등 15개의 연구과를 포함한 대학원 코스를 갖추고 있다. 남학생과 여학생의 비율은 55 대 45로, 여학생의 비율이 매우 높고, 아랍 세계에서 유일하게 여성학 강좌를 하는 대학이기도 하다. 그렇지만 카르멜라 아르마니오스-오마리(Carmela Armanios-Omari) 교수에 의하면, 군사봉쇄가 시작된 이후, 많은 남학생들은 비르제이트에서 숙박할 곳을 발견해 수강할 수 있는 조건을 확보했던 것에 반해, 많은 여학생들은 외박이 허락되지 않아 결석이 많아지고 그 결과 학점을 얻지 못한 케이스가 두드러진다고 했다. 또한 대학에서의 물품 보급에 문제가 발생하고 있는 것은 말할 필요도 없다. 사무용품과 식량은 말할 것도 없고, 위생시설 유지도 곤란해지고 있다. 캠퍼스에는 거리에서처럼 '순교자'의 초상이나 슬로건이 가득 차 있을 리 없다. 그렇지만 카림 아부-하샨(Karim Abu-Khashan) 아랍문학 교수에 의하면, 학생 중 무려 15%가 체포된 경험이 있고, 이것은 팔레스타인 전 계층 중 가장 높은 숫자라고 한다. 우리들은 밝은 얼굴의 학생들을 새삼스레 다시금 둘러보았다.

친목회에서는 월레 소잉카가 이스라엘 대학과의 제휴에 대해서 질문했다. 아가자리안 교수는 점령자와 피점령자 대학 간에는 공통의 레벨을 설정하기가 어렵고 관계가 발전하지 않는다고 답했다. 소잉카는 아파르트헤이트 시대의 남아프리카공화국에서 백인 대학과 흑인 대학 간에 비합법적이고 비공식적인 연대가 짜여져 있었던 것처럼 이스라엘 대학과 팔레스타인 대학 사이에 여러 가지 지하 교류가 진행되길 희망한다고 말했다. 바로 그러한 시도의 하나가 이제까지도 몇 번의 콘서트를 열어 왔던, 이 대학이 3월 중순에 계획한 다니엘 바렌보임(Daniel Barenboim) 연주회였다. 이스라엘 정부의 방해로 저지당했던 이 연주회를 기획했던 것은 재일 팔레스타인 화가 블라디미르 타마리(Vladimir Tamari) 씨의 누이인 타냐 타마리-나시르(Tania Tamari-Nasir) 씨였다.

　다시 택시를 타고 라말라를 향해 저지선을 역으로 횡단한 다음 버스에 탔다. 우리들이 떠나는 것을 확인하려는 듯이 언덕 위 초사로 이미 전차 한 대가 올라가고 있었다.

　대학에서 난민캠프로 즉 팔레스타인의 두 가지 양극적 현실 사이를, 우리들은 결국 극히 짧은 시간에 이동한 셈이 되었다. 라말라 근교의 알아마리 난민캠프[9]에서 우선 눈에 확 들어왔던 것은 이스라엘의 침략 행위가 새로운 단계에 접어든 2월 이후 난민캠프에 새겨진 공격이 할퀴고 간 자국이었다. 캠프의 입구 근처에 있는 청년문화센터는 완전히 파괴되어 있었다. 바깥뿐만이 아니라 안쪽까지도. 왜냐면 2월 13일에 여기를 점령했던 이스라엘 군은 한 방에서 다른 방으로 수색을 할 때 집앞 대문에서 저격당하는 것을 두려워한 나머지 벽을 파괴해 거대한 구멍을 내면서 지나갔기 때문이다. 이것이 라일라 샤히드가 이스라엘 군의 '새로운 테크닉'이라고 부르는 것이었다. 우리들도 그 구멍을 통해 가구, 컴퓨터, 식기, 건

---

9) 2004년 9월 9일 요르단 강 서안지구 라말라의 알아마리 난민캠프에서는 15살짜리 팔레스타인 소년이 다른 소년들과 함께 난민캠프에 들어오는 이스라엘 군 지프에 돌을 던지다 깔려 숨진 사건이 있었다. 알아마리 난민캠프는 이 사건으로 세간에 좀더 널리 알려졌다.—옮긴이

축재의 파편 속을 걸어 들어갔다.

캠프 통로에 직면해 있는 벽 도처에는 '순교자'의 초상이 걸려 있었다. 그 중에 동안인 여성 얼굴이 하나 있었다. 최초로 자폭 공격을 실행한 여성이었다. 이슬람주의자도 아니고 히잡을 착용하지도 않은 학생인 그녀가 이 작전을 결행했을 때, 팔레스타인 사회 내부에서 큰 충격이 일어났다고 한다. 덮개가 없는 하수구에서는 악취가 풍기고 있었다. 우리들이 골목에 들어서자 어린아이들이 접근해 왔고, 그 중 한 명이 우리에게 탄피를 내밀었다. 이스라엘 군이 남겨 놓고 간 것이라고 했다. 안내를 담당한 청년이 그것을 받아들고는 아이들을 나무랐다. 그러나 그럼에도 불구하고 아이들은 따라왔다.

버스 속에서 우리들은 다시 한번 라말라의 거리를 멀리서 바라보았다. 파괴된 가옥 몇 개에서는 이미 재건축 공사가 시작되고 있었다. 이 땅에서 살아남으려고 하는 사람들의 강한 의지가 보였다. 그렇지만 자폭 공격의 실행자가 가족 중에서 나왔기 때문에, 그 보복으로 일가 전체가 살해되었던 집은 기와 조각과 자갈 파편 그대로 침묵하고 있었다.

팔레스타인 인민 전체가 포위되어 있다

당초에는 이번 방문에서 팔레스타인 정치가와의 회담은 예정되어 있지 않았다. 라말라에서 비르제이트로 향하는 도중, 우리들은 이미 작년 12월 이후 이스라엘 군에게 포위당해 왔던 팔레스타인 자치정부 의장부(議長府), 거기에 인접한 팔레스타인 자치부대 본부의 파괴 흔적을 목격했다. 그런 한편 미디어에서는 여전히 아라파트 의장이 아랍연맹 정상회의에 출석할 가능성을 둘러싼 온갖 억측이 난무하고 있었다. 지금 저 건물에 아라파트가 있을까, 없을까? 그러던 중 의장부 방문이 돌연 결정되었다. 크리스티앙 살몽 등은 작가회의의 원칙과 어긋난다고 생각해, 처음부터 동의하지 않는다는 의사를 표명했다. 그러나 수개월의 포위를 견뎌 낸 지도자에게 경의를 표하는 것은 단순히 한 사람의 정치가와 만나는 것과는 다르다는 판단이 최종적으로 공유되었다. 주도면밀하게 계획되었던 우리들의 여행에 끊이지 않고 변동이 일어나는 팔레스타인의 시간이 개입해 들어왔던 순간이다.

의장부의 입구를 경비하고 있었던 것은 치안부대의 젊은 병사들이었다. [그곳을] 둘러쌀 정도(人垣)로 많은 수는 아니었다. 방문자의 성격 때문일까, 긴장은 높아져 갔다. 희미한 미소로 우리를 맞는 병사도 있었다. 일행 속에서 풍파가 인 것은 의장부 쪽이 작가와 저널리스트를 구별해 작가들과만 회담을 희망했을 때였다. 우리는 물론 『르몽드』지 특파원도, 르완다 출신의 프랑스 문화방송 기자도, 『이스라엘-팔레스타인. 평화의 발명자들』(Israel-Palestine. Les Inventeurs de paix)이라는 훌륭한 르포르타주의 저자이자 『르몽드 디플로마티크』지의 특파원인 이사벨 아브랑(Isabelle Averan)도, 모두 별실에서 대기하게 되었다. 그 때문에 짧은 1시간 정도 사이에 우리는 의장부 직원들의 모습을 천천히 관찰할 시간을 가질 수 있었다. 극도의 긴장 속에서 수개월을 지낸 오늘의 이 방문은 이 사람들에게 그럴듯한 휴식의 기회가 되었던 듯하다. 텔레비전 채널을 시종 돌려가면서 심심풀이를 하는 사람도 있었다. 그럼에도 불구하고 우리들은 팔레스타인 민족방송 '알 와탄'(Al Watan; 조국)이 방영하는 인티파다 투쟁가의 긴 클립(clip)을 꼬박 볼 수 있었다. 올리브 밭에 이스라엘 병사가 와서 농민을 사살하는 장면, 유대교 촛대의 불꽃이 [바람에] 흔들려 사라지는 이미지 등 격한 영상이 사용되고 있었다.

　작가들의 회담이 끝나 라일라 샤히드가 우리를 부르러 왔다. 아라파트 의장과의 이 불과 오분 정도의 회견도 필시 그녀의 조치로 실현되었다고 생각한다. 아라파트 씨가 몸집이 작다는 것은 알고 있었다. 그렇지만 사람으로 가득 찬 집무실에서 거의 피부에 느껴질 정도로 가까이에서 봤던 그 몸은 정말 작고 거의 화사하게 느껴졌다. 그 불가사의한 실재감은 역사적 인물, 권력자라는 말에서 연상되는 위압감과도, 장년기의 혁명가의 압력과도 이질적인 것이었다. 기자의 질문에 아라파트 씨는 이렇게 답했다. "베이루트이건 어디에서건 나는 포위되는 것에 익숙합니다. 그렇지만 현재 포위되어 있는 것은 팔레스타인 인민 전체입니다. 군사 봉쇄 때문에 여자들이 거리에서 출산해야만 하는 상황을 국제 여론의 힘으로 한시라도 빨리 끝나게 하지 않으면 안 됩니다."

　아랫입술의 떨림은 그치지지 않았지만, 그 말에는 힘이 있었다. 집무실은 정말 간소했다. 장방형 방의 양단에 알 악사 사원(Al-Aqsa Mosque)의 사진이 걸려 있었다. 그 외에는 어떤 장식도 없었고 그 누구의 초상도 보이지 않았다. 나중에 들은 바에 따르면 작가들과의 회담에서 아라파트 씨는 예루살렘에서 살았던 소년기에 유대인과 맺었던 교류에 대해서 말했나고 한다.

　72세가 되는 그의 뒤를 이을 후계자 문제는 팔레스타인 해방운동에서 큰 과제임에 틀림없어 보였다. 그의 정치기법은 팔레스타인 사람들 사이에서도 대부분, 그것도 정당한 비판을 받고 있는 것이 사실이다. 그러나 동시에, 이 인물이 역사상 다른 어떤 정치가와도 다른 방식으로 하나의 민족 투쟁을 체현해 왔다는 것도 부정할 수 없다. 이스라엘과 미국 양 정부가 이 정도로 집요하게 아라파트 씨에 대한 무리한 비판을 반복하는 것도 그가 여전히 가장 강한 정치가라는 것을 인식하고 있기 때문임에 틀림없다. 일찍이 장 주네나 질 들뢰즈에게 강한 인상을 주었던 그 특이한 존재는, 그 역설적인 빛남을 여전히 확실하게 간직하고 있다고 생각한다. 그렇지만 의장부를 뒤로 하고 나왔을 때 우리들은 불과 4일 후에 이 건물에 이스라엘 군이 쳐들어와 아라파트 씨의 생명을 위협하고 두 개의 방에 의장과 직원을 감금하게 되리라는 것까지는 예상하지 못했다. 그 과정에서 많은 병사와 직원이 살해당했다고 전해진다. 이날 우리들과 잠시나마 함께 있었던 사람들, 그 중 몇 명인가는 이미 이 세상에 없는 것이다.

잠시 동안의 축제

국제작가회의의 팔레스타인 방문에서 정점은 3월 25일 밤 카사바 극장에서 열린 낭독회였다. 이 밤 회장의 분위기를 전할 수 있는 말을 나는 찾을 수 없다. 우리들이 도착했을 때 이미 객석은 초만원이었다. 수개월간의 포위와 봉쇄로 인해 세계로부터 고립된 듯한 불안, 이 지역 사람들이 함께 사는 것을 불필요한 것으로 만들었던 불안을, 작가회의 방문은 잠시 동안이나마 날려 버릴 수 있었던 듯하다. 방문했던 작가들이 소개되었고, 프랑스 철학자 자크 데리다, 작가 엘렌 식수(Hélène Cixous)로부터 연대의 메시지가 전해져 왔다는 것을 사회자가 이야기한 후, 낭독에 앞서 회장의 분위기를 단숨에 최고조로 높였던 것은 예루살렘에 체류 중인 여성 음악가 카밀리야 주브란(Kamilya Jubran)의 노래와 연주였다. '1992년 풍성한 기억―인티파다 세대의 소리와 영상'이라는 기획의 일환으로 그녀가 속한 음악집단 '사브린'(Sabreen)이 일본을 방문하여, 팔레스타인 연대운동의 틀을 뛰어넘어 광범위한 층에게 깊은 인상을 남겼던 것을 기억하는 사람도 많으리라 생각한다. 그녀들의 그룹은 그후에도 일본 친구들의 협력을 얻어 음반 제작을 계속하고 있다.

우드[ud; 아랍 지방의 현악기]의 길고 낮은 인트로로 회장의 공기를 점차 조용하게 평정하고 나서 카밀리야는 조용하게 노래를 하기 시작했다. 가사는 팔레스타인 여성시인 파드와 투간(Fadwa Tuqan)의 시 「한때」이다. 나는 재회의 기회도 없이 지나 버렸던 이 10년의 시간을 그녀의 노래에서, 연주에서, 모습에서 찾고 있었다. 억제된 비애의 표현은 믿을 수 없을 정도로 아름다웠다. 쥐죽은 듯이 조용해진 객석의 감동이 아플 정도로 전해졌다. 두번째 곡은 이집트의 시인 사예드 헤가브(Sayed Hegab)의 「밤의 적막 속에서」. 이 곡은 이 지역에서 알려져 있는 노래인지 카밀리야는 관객이 함께 따라 부르기를 권했고, 그에 응답하는 노랫소리가 회장에 메아리쳐 울렸다. 단상의 작가들은 모두 경이로 눈이 휘둥그레져 연주에 귀를 기울이고 있었다.

음악에 이어 카사바 극장의 두 남성 연기자의 촌극이 상영되었다. 회장은 큰 웃음소리로 둘러싸였다. 아랍어를 모르는 나에게 옆에 앉아 있던 여성이 자신도 필사적으로 웃음을 참아가면서 엉어로 번역해 주었다. 첫번째 연극은 고생해서 알 악사 사원에 갔던 촌사람이 샤론 장군을 우연히 만나 놀라 자빠지는 이야기. 두번째 연극은 런던에서 사는 자식의 전화에 "모두 건강하지. 죽은 사람이나 굶어 죽은 사람이 잔뜩 생겼지만" 하는 식으로 답하는 살짝 망령들어 버린 노인의 스케치였던 듯하다. 내 이해가 부족했던 점도 있었지만, 그렇게 웃을 만한 내용은 아니었다. 점령하의 팔레스타인 사람들만이 필요로 하고 또한 이해도 가능할 성질의 유머가 분명 있었을 것이리라.

낭독은 작가회의의 작가들과 팔레스타인 시인들이 번갈아 가면서 이루어졌다. 영어로 요약한 후, 저마다의 모어로 낭독한 내용은 나에게는 많은 부분 이해되지 않았다. 객석의 많은 사람들에게도 사정은 비슷했으리라고 생각한다. 그러나 객석은 물을 끼얹은 듯 조용해졌다. 비첸초 콘솔로는 아랍-안달루스(Arab-Andalous)의 시인 이븐 주바이르(Ibn Jubayr)를 제재로 한 시를 선택해, 그라나다에서 자신의 고향인 시칠리아를 거쳐 마그레브, 그리고 팔레스타인에 다다르는 환상의 여행을 묘사해 냈다. 후안 고이티솔로는 마그레브(Maghreb) 방언이라는 것을 미리 밝혀 양해를 구하면서, 아랍어로 관중에게 말을 걸었다. 또한 일찍이 남아공에서 7년간 감옥 생활을 보냈던 브라이텐 브라이텐바흐는 1967년의 '6일 전쟁' 때에 썼던 시를 낭독했다. 그는 소잉카와 함께 반아파르트헤이트 투쟁에 경의와 공감을 지니고 있었던 관중들로부터 가장 많은 박수를 받았다. 그리고 마지막으로 마흐무드 다르위시의 시 낭송. 이 잠시 동안의 축제에서 느낀 일체감은 문자 그대로 완벽했다.

가자지구로

다음날 일찍 우리들은 가자지구를 향해 출발했다. 우리들의 여행이 특권적인 것임을 일행은 점점 더 강하게 실감하게 되었다. 라말라를 떠나 이스라엘령으로 들어가 예루살렘의 바깥쪽을 통과하는 고속도로는 보통 이스라엘인만이 사용할 수 있다. 확실히 달리고 있는 차의 보닛은 이미 황색, 즉 이스라엘 번호판을 달고 있었다. 버스 앞쪽과 뒤쪽에 각각 라일라 샤히드와 프랑스의 『팔레스타인 연구지』(*Revue d'études palestiniennes*)의 편집장인 엘리아스 산바르(Elias Sanbar)가 앉아 가이드 역할을 맡아주었다. 그것 또한 우리들이 향유했던, 얻기 어려운 또 한 가지 특전이었다. 우선 오른편에 몇 개의 콜로니(colony)가 보였다. 예루살렘 근교에, 그것도 오슬로협정 후에 만들어진 것이었다. 약간 높은 지대에 몇 개의 방패를 조합한 듯한 주거 배치는 유럽 중세 성채 도시의 현대판이었다. 거기에는 명확한 군사적 의도가 있다. 이윽고 계곡 아래쪽에 아랍인 촌락의 폐허가 점점이 계속 드러났다. 위쪽에는 변함없이 콜로니가 보이고 있다. 계곡 사이에는 수천 년간 이어진 올리브, 아몬드, 석류나무가 산재해 있었다. 도로변에는 유대인이 땅을 개간하고 심은 소나무나 측백나무가 우거져 있다. 그 우거진 식물들[과 아랍인 촌락]의 대조가 지금도 여전히 진행 중인 식민지화의 역사를 증언하고 있었다. 왼쪽 멀리로 이윽고 수목 사이의 수도원이 보였다. 십자군에 참가했던 성 요한 기사단(몰타 기사단)의 라트란 수도원이었다. 창건 당시 그대로의 건물이라고 했다. 현재도 수도사가 살면서 와인을 생산하는 것으로 알려져 있다. "1967년까지 저 사원은 요르단령이었습니다"라고 산바르가 덧붙였다. 주유소에는 이미 이스라엘 국기가 걸려 있었다.

　　버스는 에레츠 검문소[10]에 도착했다. 국제연합 직원들의 마중을 받

---

10) 에레츠 검문소(Eretz checkpoint). 가자지구와 이스라엘 사이에 있는 검문소. 이곳에서 사람을 통과시키는 일은 전적으로 이스라엘 군의 권한이다. 따라서 이 검문소를 통과하지 못해 응급환자가 사망하는 일도 일어난다.—옮긴이

아 모두 여권을 이스라엘 당국에게 맡기고 통과를 허가받았다. 우리들 외엔 그 누구도 없었다. 이전에는 매일 몇만 명이나 되는 노동자가 통과했던 이 검문소는 봉쇄 이후 무인지대로 변하고 있다고 한다. 1시간 반의 기다림. 이후 우리들은 두 대의 국제연합기관 미니버스를 타고 여행을 계속하게 되었다. 두 개의 군사경계선을 통과해 버스는 칸 유니스[Khan Yunis; 가자지구 남단의 난민캠프]에 들어갔다. 캠프의 집은 문자 그대로의 판잣집(barrack)으로 그 함석 지붕에는 누름 돌이 놓여져 있어 이 지역에 강한 바람이 분다는 것을 말해 주고 있었다. 선인장이나 해안지대에서 자라는 식물이 눈에 띄었다. 오렌지 과수원이 펼쳐져 있다. 비탈이 많은 라말라에서는 볼 수 없었던 자동차로 이동하는 사람들도 있다. 또한 마차가 교통수단으로 사용되고 있다. 마차가 건축 자재를 운반하고 있다. 그 속에 '팔레스타인 에어라인' 간판을 단 건물이 있다. 이번 이스라엘 공격으로 파괴되고 말았지만, 가자지구에는 국제공항이 건설되고 있었던 것이다. 왼편으로 돌자, 이윽고 검은 빛이 도는 회색의 바다가 보였다. 해안에 접한 사원(모스크)이 있다. 또한 근처에는 베들레헴 성탄교회보다 오래된 교회도 있다고 한다. 팔레스타인 자치구 속에서도 가장 가난하고 특히 봉쇄 이후 실업률이 더욱 높아졌다는 가자지구는 식량의 80%를 국제연합 난민구제기관의 지급에 의지하지 않을 수 없다. 별칭으로 가자 회랑이라고도 불리는, 길이 46km, 폭 6~10km의 남북으로 길게 늘어진 이 지역은 세계에서 가장 인구밀도가 높은 장소이다. 그렇지만 120만 명의 팔레스타인 사람이 사는 이 지역 발전의 최대 장애는, 이처럼 결코 넓지 않은 토지가 19개의 콜로니에 사는 불과 총 6천 명의 이스라엘 식민자를 위한 전용도로에 의해 이리저리 분단되고 있다는 점에 있다. 귀중한 수자원은 주로 그 이스라엘인들에게 공급되고, 간선도로는 두 개가 이스라엘인 전용이고, 한 개가 팔레스타인인 전용으로 되어 있다.

　1월 이후 공격에 가장 큰 타격을 받았던 이 난민캠프는 그 끝부분이 해안부 콜로니와 인접해 있다. 캠프에서 그 파괴 정도가 가장 심각한 곳이 이 지구였다. 가자 팔레스타인 인권센터 소장인 라지 수라니(Raji Sourani) 씨가 이스라엘의 공격 상황을 설명했다. 건물 외벽만 남고 내부가 모두 파괴된 집이 몇 곳인가 있었다. 바로 위에서 폭격을 맞았기 때문이었다. 타고 남은 3층 천장에 큰 선풍기가 붙어 있었다. 그 날개가 해안의 여름밤의 더위를 가시게 해주는 일은 이젠 없을 것이다. 외벽에도 총격을 받은 탄흔이 있었다. 파괴되었던 것은 군사시설만이 아니었다. 모든 민간인의 생활공간이었다. 오슬로협정 이전인 점령기에는 없었던 이 정도 규모의 파괴는 마치 이것이 독립을 희망했던 대가라도 되는 듯 이스라엘 정부의 강경한 의지를 느끼게 했다. 거대한 콘크리트 벽이 캠프와 콜로니를 나누고 있었다. 이것도 오슬로협정 이후 생긴 것이었다. 베를린 장벽과는 반대로 전시(戰時)에는 없었던 벽이, 역설적으로 평화회의 후에 우뚝 솟았던 것이다. 그 벽 저편으로 식민자 전용 바닷가, 호텔, 리조트 시설이 보였다. 두 세계의 경계는 단지 황무지라고 할 수밖에 없는 공간이었고, 강한 바람에 이스라엘 국기가 펄럭이고 있었다.

　이스라엘 군에 의한 파괴는 이십트 국경에 근접한 라파 난민캠프에서 더욱 극심해졌다. 1월 10일 이른 아침 5시, 어떤 경보음도 없이 공격은 시작되었고 59세대의 가옥이 완전히 폐허가 될 때까지 끝나지 않았다. 우리들의 눈 앞에는 수백 평방미터의 부서진 기와 조각의 산이 펼쳐져 있었다. 부서진 가구, 일용품, 문방구가 시멘트 파편 사이에 산재해 있었다. 이

집트령과 캠프 사이에 이스라엘 군이 무리하게 끼어드는 형태로 군 주둔지를 구성하고 가까운 거리부터 일제히 공격하기 시작했다. 가족을 잃은 여성이 격렬하게 호소했다. "집에는 열세 명의 아이들이 있어요. 옷만 갖고 도망쳤다구요. 여러 아랍 국가들도, 미국도 의지할 수 없어요. 신에게 도움을 빌 수밖에. 평화롭게 살고 싶을 뿐인데, 이것이 그들이 말한 평화인가요?" 또한 열 아이의 아버지인 노인이 소나무 지팡이를 짚고 양쪽 겨드랑이를 의지해 가면서 기와 조각 속을 걸어왔다. 가까스로 서 있는 듯한 그가 작가들에게 반복해서 호소했던 것은 오로지 하나, '우리의 권리'가 지닌 정당함이었다. 이동할 때 한 명이 떨어져 있으면 저격당할 위험이 있으므로 한데 모여 이동해 달라는 주의를 받았던 것은 이번 방문 중 유일하게 이 장소뿐이었다.

돌아오는 길. 우리의 버스는 구시 카티프(Gush Katif ; 아랍명은 아부 홀리Abu Houly)의 교착점에서 군사 봉쇄 때문에 통과를 저지당했다. 수백 대의 트럭 택시, 자가용 차가 단지 하나의 적신호 앞에서 정지해 긴 열을 짓고 있었다. 이스라엘 병사의 모습은 보이지 않았지만, 바로 근처에 감시탑이 있어 사격하기 위해 뚫린 구멍으로 총구가 슬쩍 엿보이고 있었다. 팔레스타인 적신월사[赤三日月社; Red Crescent Society로 이슬람의 적십자에 해당함]의 구급차, '국경 없는 의사회'의 차도 체념한 채 멈추어 선 상태였다. 대략 1시간 동안 먼지와 배기가스에 오렌지 꽃 향기가 섞인 공기를 호흡하면서, 우리들은 팔레스타인 사람들과 이야기를 하고 아이들의 '환영'을 받았다. 아이들은 물을 팔려고 하거나 이름을 묻거나 돈을 요구하거나 했다. 또한 눈꺼풀을 뒤집어 보이며 우리들을 놀라게 하려고 하는 아이도 있었다. 국제연합 직원의 교섭 성과가 있었는지, 예상보다 빨리 봉쇄가

해제되었다. 환호소리가 높아지고 일제히 차가 움직이기 시작했다. 저지선 배후에 전차가 한 대 대기하고 있는 것이 보였다. 반대 차선을 바나나와 사과를 잔뜩 실은 트럭이 통과했다. 또한 몇 대의 트럭 짐칸에 초만원으로 타고 있는, 캠프로 돌아가는 노동자들이 손을 흔들었다. 차도에서 떨어져 해질녘의 빛 속을 걸으며 귀로를 서두르는 사람들도 있었다.

앞서 가자 팔레스타인 인권센터에서 기자회견을 한 후 [가자지구에 있는] 알데이라 호텔에서 환영회가 개최되었다. 나는 거기서 가자 이슬람대학의 학생들과 간단한 대화를 나누었다. 그 중 한 명 심각한 표정의 청년이 나에게 말했던 것은, 팔레스타인인은 공격적인 민족이 아니라는 것, 이스라엘이 왜 이 정도로 공격적인가를 자신으로서는 알 수 없다는 것이었다. 그의 주장과 그의 의문은 그 진솔함과 단순함 그 자체로 내 심장을 쳤다. 이윽고 그의 친구 두 명이 대화에 합류해 이슬람대학을 알고 있는가라고 나에게 물었다. 이름은 알고 있다고 대답하자, 그 중 눈썹이 짙고 개방적인 느낌의 한 청년이, "이슬람대학은 훌륭한 대학이고 매우 스트롱(strong)하다"고 영어로 말했다. 이 '스트롱'이라는 말의 의미를 나는 잘 알 수 없었다. 그런 후 그는 나와 처음으로 대화를 나눈 그를 가리키면서 "이 녀석은 하마스[11] 동조자랍니다"라고 말했다. 그러자 지명된 청년은 웃으면서 "아니에요" 하면서 아니라는 듯이 팔꿈치로 친구를 찔렀다.

---

11) 하마스(Hamas). 이스라엘이 점령하고 있는 가자지구와 웨스트뱅크 지역에서 활동하고 있는 팔레스타인 급진 테러리스트 단체로, 1987년에 무슬림 형제당(Muslim Brothers)에서 분리되어 창설되었다. 하마스를 조직한 사람은 무슬림 형제당에서 활발히 활동을 했던 아마드 야신(Ahmad Yasin)이며, 1987년 인티파다 이후 모습을 드러냈다. 하마스는 이슬람 전통과 혁명사상을 강조하면서 적극적인 조직활동을 통하여 지지 기반을 확대하고 있으며, 실제로 고도로 발달된 행정조직과 같은 형태를 취하고 있다.—옮긴이

이날 팔레스타인을 떠나야 했던 나는 [그곳에 있었다면] 계속될 수 있었을 그들과의 대화에 아쉬움을 남기면서 회장을 뒤로 했다.

브라이텐 브라이텐바흐와 베이다오 역시 다음 날 아침 비행기로 귀국할 예정이어서 우리들 세 명은 핀란드인 국제연합 직원이 운전하는 차로 텔 아비브[이스라엘의 최대 도시. 근처에 벤구리온 공항이 있음]로 향했다. 에레츠 검문소는 낮보다 더 한층 황량해져 있었다. 우리들은 군복을 입은 젊은 남녀 이스라엘 병사에게 꼼꼼한 신체검사, 짐 검사를 받았다. 밤의 어둠 속을 차가 달렸다. 그렇지만 도로는 매우 밝았다. 이스라엘의 고속도로는 지나칠 정도로 가로등이 많았지만, 그것은 팔레스타인 사람의 공격을 두려워하기 때문이라고 낮에 라일라 샤히드가 이야기했던 것이 떠올랐다.

처음에도 언급한 것처럼 우리들이 방문한 팔레스타인은 대침공 전야의 잠시 동안의 고요 속에서 쉬고 있었다. 우리의 여행은 너무나 짧았고, 팔레스타인 사람들과의 대화도 충분히 깊게 나누었다고는 말할 수 없다. 자폭 공격, 종교, 팔레스타인 해방운동 내부의 다양한 노선과 분기(分岐), 이스라엘관, 국제 정세, 무엇보다도 9·11 이후 미국 정부의 거동 등 논의하지 못한 문제가 적지 않다. 그럼에도 불구하고 우리들 마음속에는, [이 팔레스타인이] 지구상에서 지금 이 순간을 함께 살고 있는 사람들의 사회, 또한 긴 역사를 바로 이 땅에 새겨 온 복잡하고 분절되어 있는 사회, 활력이 넘쳐나는 사회라는 인상이 확실히 남았다. 그 법 밖의 이루 말할 수 없는 슬픔, 그리고 공포와 함께. 이 사람들과 이 사회는, 국제연합의 결의나 국제법도 유린한 채 미국 정부의 인가를 받아 끝없이 파괴하고 끝없이 살해를 계속하는 이스라엘 군에 의해 확실히 파멸당하고 있는 것이었다.

우리 일행은 프랑스에서 팔레스타인 사람들의 국제적 보호를 요구하는 민간 사절단 파견운동에 관여하고 있는 젊은 영상작가나 현지 취재 기자를 포함하고 있었다. 그들은 작가회의의 공식 일정 후에도 팔레스타인에 남아 있을 예정이었다. 따라서 29일 이후의 정세 속에서 이스라엘인까지 포함한 국제적인 반전운동, 구호운동에 그들이 참여했을 것임에 틀림없다. 그 몇 명인가는 지금도 여전히 의장부에 들어가서, 베들레헴에서, 라말라에서, 혹은 제닌에서, 이스라엘 병사와 맨손으로 싸워 가면서 학살현장에 들어가기 위해서, 구호물자를 도착하게 하기 위해서, 새로운 학살을 저지하기 위해서 계속해서 힘쓰고 있을 것이다. 짙은 죽음의 그림자 속에서 살고 투쟁을 계속하는 팔레스타인 사람들의 필사적인 저항 속에서, 그리고 세계 각지에서 몰려든 팔레스타인 사람들의 친구들이 벌이는 이러한 활동 속에서야말로, 민족·국가·언어·종교·성의 경계 너머에서 굳이 말하자면 인류의 심장이 고동치고 있다고 생각한다. 따라서 내 심장은 지금도, 앞으로도, 언제라도 이들과 함께 살기를 희망하지 않을 수 없다.

14_지옥으로 가는 길은 선의로 빈틈없이 포장되어 있다—도래시켜야 할 '테러리즘 비판'을 위하여

0.

테러리즘——궁극의 정치 개념.

칼 슈미트의 『정치적인 것의 개념』(*Der Begriff des Politischen*)에서 시작해 봅시다. "모든 정치적 개념은 그 자체 정치적이며 항쟁적이다"라고 그는 말했습니다. 전체주의, 민주주의, 자유——라는 말을 사용하려고 한다면, 그것이 누구에 대해 사용되는가를 고려하지 않고서는, 여러 컨텍스트에서 구체적인 의미를 결정할 수 없을 것입니다.

슈미트의 이 명제는 그 자체가 자기 언급적이며 그가 정치에 대해서 말한 모든 것을 중층적으로 규정하고 있습니다. 어쨌든 '테러리즘'이라는 말은 슈미트가 말한 '정치적 개념의 본질적인 항쟁성'을 매우 잘 증명하는 사례라고 생각합니다. 그런 의미에서 테러리즘은 "궁극의 정치 개념이다"라고 말할 수 있지 않을까요?

다른 이론적 코드로 바꿔 말하자면, 테러리즘은 '사실 확인'과 동시에 반드시 '행위 수행'을 동반하는 말이라고 할 수 있습니다. 어떤 사상이 테러리즘인가 아닌가를 '행위 수행'적 차원을 빼고 확인하는 것은 불가능합니다. 어떤 개념일지라도, 더구나 테러리즘이라는 개념은, 언제 어떻게 논해지더라도 이 두 가지 측면과 분리해서 생각할 수 없다는 것. 우선 이 사실을 확인해 두고 싶습니다.

1.

테러리즘이라는 말은 1세기 이상의 역사가 있습니다만, 늘 지금과 같은 맥락에서 사용되었던 것은 아닙니다. 현재적 용법에서 '테러리즘' 개념에 있는 불가피한 함의가 언제부터 나타났는가를 생각해 볼 필요가 있습니다. 그것이 중동의 역사적이고 지역학적 조건에서 나왔다는 것은 부정할 수 없을 것입니다. 장 주네의 『사랑하는 포로』에 이러한 구절이 있습니다. 이것은 어떤 팔레스타인 사람이 주네에게 말한다는 상정하에 인용되어 있습니다.

> 예전에 백색테러란 것도 있었지만, 당신들 프랑스어에서 '테러'[terreur; '공포'를 뜻하기도 한다]란 말은 아직 그다지 나쁘게만 들리는 건 아냐. 런던이라면 분열자 잭, 파리라면 보노(Jules Bonnot; 아나키스트. '개인적 탈환'이란 이론을 실천. 동료들과 함께 도난차를 이용해 강도행위를 저지르며 많은 사상자를 냈다)가 꽤 상냥하게 공포의 씨를 뿌려 놓았거든. 이것이 '테러리스트'라는 말이 되고 금속제의 치아에 빛나는 그 악의와 괴물의 검붉은 입을 노출시킨 거야. 오늘 아침 신문에는 시아파가 이 비인간

적인 악의의 소유자로 나오더군. 이스라엘은 독을 품은 꼬리를 숨기고 그들을 처리하지 않을 수 없을 듯해. 레바논에서 도망쳐 온 그 군대의 꼬리 말야. 이스라엘을 추격하면 이스라엘의 대립자도 적도 아닌 테러리스트가 되고 말지. 그때의 이 말, 테러리스트라는 말은 무차별적으로 죽음을 뿌리는 것이 되기 때문에, 어디서건 발견되는 족족 말살해야만 하는 존재를 의미하게 되지. 어휘 속까지 전쟁을 들여온 이스라엘은 굉장한 것들이지 뭐야. 골란 고원의 일시적 병합[1981년]이란 아직 시작에 불과해. '홀로코스트', '제노사이드'. 우리들이 경험하게 될 이야기의 처음과 끝에다가 이 두 가지 말을 병합해 버리자고 하는 거야. 레바논을 침공했으면서도 이스라엘은 침략자도 약탈자도 될 리가 없어. 베이루트에서 파괴나 학살을 해도, 미국에게서 받은 무기로 3개월 동안 밤이건 낮이건 인구 2백만의 수도에 대량으로 폭탄을 퍼부어대도, 이스라엘은 테러리스트가 아니란 말야. 화가 난 주인분들이 말을 안 듣는 이웃을 매우 엄격하게 벌 주는 건 당연하다는 식이니깐 말야. 말이야 그 자식들이 두렵다(terrible)고 하지. [사실 그건] 이스라엘이 두려워할 만한(terrifiant) 기호의 마법이란 의미인 게야. 단죄가 반드시 처형에 앞서란 법은 없어. 오히려 반대로 우선 처형이 행해지고, 그것을 단죄에 의해서 조금씩 정당화해 가는 법이지. 시아파 한 사람, 팔레스타인 한 사람을, 한명 한명씩 죽이고 그때부터 이스라엘은 이 우주에서 두 마리의 테러리스트를 제거했다고 말씀하시는 거지.[1]

---

1) Jean Genet, *Un captif amoureux*, Gallimard, 1986; ジャン・ジュネ, 『恋する虜—パレスチナへの旅』, 鵜飼哲・海老坂武 訳, 人文書院, 1994, 509쪽.

여기에 단적으로, 팔레스타인-이스라엘 분쟁 속에서 '테러리즘'이라는 말이 지닌 현재적 용법의 핵심이 드러나 있음을 확인할 수 있습니다. 한마디로 말하자면, 여기에서는 거의 신학적인 악의 표상이 포함되어 있습니다. 부시가 말한 '악의 축'(axis of evil)으로의 전환은 간단합니다.

'테러리스트'라는 말에는 새삼스럽게 적을 비인간화시키는 작용이 있습니다. 이것은 슈미트가 『정치적인 것의 개념』 속에서 날카롭게 지적하고 있는 문제이며, 유럽 공법 속에서도 적(敵)은 '올바른 적'으로서 불가피한 존재이며, 적이라고 해서 악(惡)이라고는 생각되지 않았습니다. [그랬던 '적'의 의미가] 어느 시기부터 비인간화되고 범죄화되고 악마화된 것입니다. 슈미트는 이것을 영국, 이어서 미국이 광역질서로서의 유럽을 붕괴시켰던 것에 의해 발생한 현상이라고 생각하고 있었으나, 『사랑하는 포로』에 등장하는 팔레스타인 인물이 말하는 '테러'에서 '테러리즘'으로의 변화를 보면, 은밀하게 종교적인 기준이 개입되는 것을 통해 이 말이 '인간'과 '비인간'을 구별하는 기호로 변했던 사정을 읽어 낼 수 있습니다.

그러나 이것이 장 주네의 책이라는 점에서 즉시 또 한 가지 문제가 명확해집니다. 주네의 초기 작품에서는 적어도 표면상에서는 정치적인 컨텍스트가 없고, '순수한' 범죄, 일반 형사범적인 범죄의 세계가 그려지고 있습니다. 그는 일생의 후반에 접어들어 정치화했다고 이야기되고 있습니다만, 주네가 관계했던 투쟁, 즉 블랙팬더 흑인해방운동과 팔레스타인 저항운동을 잘 보면, 그 운동은 모두 '테러리즘'이라는 말과 매우 가까운 지점에서 성립하고 있음을 알 수 있습니다. 이 점은 주네가 관심을 가졌던 정치현상이 범죄와 정치의 경계에서만 성립될 수 있는 성질의 것이었다는 점과 무관하지 않을 것입니다. '순수한' 범죄와 '순수한' 정치적인 것의 접점에서는 폭력을 어떻게 생각할 수 있을까요? 현재 상황에서 출발하는 한편, 특히 슈미트와 레오 스트라우스(Leo Strauss)의 논쟁을 새롭게 발굴하고, 또한 슈미트의 홉스론을 재해석하는 것 등의 작업이 요구됩니다.

2.

역시 중동에 깊게 관련된 것입니다만, 슈미트와 주네가 교환했던 또 하나의 포인트로서 난민과 테러리스트라는 것이 있습니다. 즉, 인간적인 세계 '밖'으로 배제, 탈락, 혹은 일탈해 버린 존재로 간주되는 난민과 테러리스트라는 이 두 가지 표상관계를 어떻게 생각해야 할 것인가라는 문제 말입니다.

사실 PLO가 등장했던 것은 난민캠프 때문이었습니다. 난민으로부터 20세기 인간 존재를 규정하려고 한 아렌트에서 아감벤에 이르는 사상적 계보와 매우 가까운 곳에서, 그러나 결정적으로 다른 형태로, 주네는 난민에게서 팔레스타인 저항운동이 어떻게 발생해 왔는가를 주시하고 있었습니다.

난민이라는 것은 보호의 대상입니다. 그 자체가 하나의 깊은 '부끄러움'을 경험하면서 살게끔 합니다. 불가사의한 것은 거기로부터 뛰쳐나오는 것이 아이 세대에게서 가능하게 된 것입니다. 사실 팔레스타인에서는 1948년 재난의 해(알 나크바)[2]로부터 20년 후인 1967년 제3차 중동전쟁 후에, 이산 공동체 사이에서 게릴라 투쟁이 시작됩니다. 또한 이스라엘이 동예루살렘, 요르단 강 서안지구, 가자지구를 점령한 지 20년 후인 1987년 제1차 인티파다가 시작됩니다. 즉 큰 트라우마를 간직한 바로 그 1세대째로부터 저항운동이 싹틉니다. 저항운동이란 난민의 자기변혁운동이기도 합니다.

현재 세계의 난민구제제도에서 난민은, 난민이 된 바로 그 순간, 선택지가 두 가지로 제한되어 버립니다. 보호도 없이 내팽개쳐질 것인가, 혹은 난민으로 인정받고 보호를 받을 것인가. 난민이 난민 이외의 것으로 생성 변화하는 것은 상정되어 있지 않습니다. 난민이라는 것은 모든 국민국가 체제의 보호 외부에 있다는 것이며, 그러한 사람들이 스스로의 운명을 스스로 결정하기 위해서 일어설 때에는 당연한 것이지만 법 밖에서 활동을 시작할 수밖에 없습니다. 그럴 경우, 난민이 '테러리스트'로 전환하는 것은 불가피합니다.

슈미트는 『파르티잔의 이론』에서 이렇게 말합니다.

법을 잃은 자는 적대관계 속에서 그 법을 요청한다. 법을 잃은 자가 여태까지 요구해 왔던 보호와 복종이라는 실체가 훼손된 경우, 혹은 법을 잃은 자가 여태까지 법과 권리보호를 기대할 수 있었던 합법성이라는 규범망이 찢어져 버린 경우, 법을 잃은 자는 적대관계 속에서 작업의 의미 및 법의 의미를 찾아내는 것이다.[3]

---

2) 알 나크바(Al Nakba). 히브리력 여덟번째 달인 '이야르'의 다섯번째 날을 일컫는 말로 이스라엘의 건국기념일이다. 1948년 5월 14일, 초대 이스라엘 총리 벤구리온이 텔아비브에서 '유대인의 나라' 건국을 선포했다. 반면 팔레스타인에게 이날은 조상 대대로 살아온 자기들 땅에서 추방된 재앙의 날이다. 따라서 이날을 팔레스타인 사람들은 '알 나크바'(아랍어로 '대재앙'이란 뜻)라 부른다.—옮긴이

3) Carl Schmitt, *Theorie des Partisanen*, Duncker und Humblot, 1963; カール・シュミット, 『パルチザンの理論』, 新田邦夫 訳, さくま学芸文庫, 1995, 189쪽[칼 슈미트, 『파르티잔』, 김효전 옮김, 문학과지성사, 1998].

슈미트의 이 통찰은 중동에서 최초로 '테러리스트'의 유형이 만들어 졌던 이유, 즉 PLO의 팔레스타인 게릴라로부터 '테러리스트'의 유형이 만들어졌던 이유를 이해할 수 있는 열쇠가 됩니다. 왜냐면 그들은 난민으 로서 법을 잃었기 때문이며, 그 지점에서 정치적으로 자기 형성하고 있기 때문입니다. 법의 룰 밖에서 하는 정치적인 활동이 '테러리즘'이라고 불 리게 된 이유는 여기에서 찾아볼 수 있습니다.

그렇다곤 해도 여기에서는 자세하게 설명할 수 없습니다만, 당시 PLO는 이 활동을 제네바조약[4]을 근거로 정당화했었습니다. 즉 피점령지 (외국의 군대에게 점령되어 있는 지역)에서의 무장저항운동은 제네바조약 에 의해 합법으로 인정되었기 때문입니다. 당시 PLO는 이스라엘의 모든 토지를 점령지로 규정하고 있었기 때문에 [PLO의 이 해석은] 당연한 주장 이었습니다. 이 제네바조약의 해석을 둘러싸고, '테러리즘'이란 무엇인가 가 국제법상의 쟁점이 되기도 했었다는 것을 상기해 두고 싶습니다.

그보다 앞서 제2차 세계대전 중엔 독일 점령하의 여러 국가, 특히 프 랑스에서 많은 저항투쟁이 전개되었습니다. 나치가 점거하고 있는 건물 이나 선로의 폭파, 암살……. 여러 가지 형태로 폭력적 저항이 일었습니 다. 그것이 사후적으로 제네바조약에 의해서 정당화되어 왔습니다. 덧붙 여 두자면, 이러한 프랑스인의 저항자들을 나치스 당국은 일관해서 '테러

---

4) 제네바조약이란 제2차 세계대전 후 1949년 8월 12일에 체결된 '전쟁 피해자의 보호를 위한 조 약'(Conventions for the Protection of War Victims)을 말한다. 이는 4개 조약의 총칭으로 '전 장에 있는 병력 중 부상자와 병자의 상태 개선을 위한 조약', '해상에 있는 병력 중 부상자·병 자 및 난선자의 상태 개선을 위한 조약', '포로 대우에 관한 조약', '전시 민간인 보호에 관한 조 약'을 포함한다.─옮긴이

리스트'라고 불렀던 것입니다.

한편 이스라엘 건국 과정에 대한 루이 마시뇽(Louis Massignon)의 글 등을 보면, '시오니스트인 테러리스트'라는 말이 반복해서 나옵니다. 그 대목에서 직접 지명되고 있는 것은 현재의 정권당인 리쿠드[이스라엘의 2대 정당 중 1973년 창당한 우파연합정당]와 연관된 좌파 시오니스트들이 당시 벌였던 군사활동입니다. 아랍인 및 이민 통치를 하고 있었던 영국인에 대해 그들이 행사했던 폭력의 총체가 '테러리즘'이라고 불리고 있습니다.

3.

그러나 동시에 확실히 해두고 싶은 것은 '테러리즘'이라고 불리는 현상은 많은 경우, 그 행위의 주체 쪽에서는 같은 이름으로 불리지 않는다는 기본적인 사실입니다. 현재 이슬람주의 집단이라면 지하드(Jihad)라고 할 테지만, 보다 객관적으로 말해 '혁명적 폭력'이나 '무장투쟁'이라고 불려 왔던 또 하나의 카테고리가 있음을 기억해야만 합니다.

올바른 테러리즘의 문제를 논하기 위한 전제조건은 적어도 이 1세기 동안의 전쟁 역사를 가능한 한 상세하게 아는 것입니다. 구상으로서는 단순한 그러나 실제로 하려고 하면 꽤나 엄청난 작업입니다. 적어도 이 수십 년의 역사와 이론적 고찰을 거쳐 지금 우리가 서 있는 지평이란 것은, 예를 들어 1930년대 지식인들의 발상과 어떤 점이 다를까요? 일찍이 위기 속에서 폭력적 야만을 문화로 대치했습니다. 문화 대 폭력이라는 도식이 강력했기 때문이지만, 전후 과정에서는 이 문화라고 불리는 것이 실로 여러 가지 폭력을 동반하고 있을뿐더러 그것 자체가 폭력의 여러 형상이라는 것이 노골적으로 드러나게 되었습니다. 이미 비폭력으로서의 문화 대 폭력이라는 이항대립은 의식 조작의 도구일 뿐이며, 여러 가지 폭력의 차이를 어떻게 가려낼 것인가라는 것이 오늘날의 시대에서 사유가 지녀야 할 기본적인 임무가 되었습니다. 바꿔 말해 그 이름에 적합한 문화란 앞서 말한 그런 임무 외엔 없을 것입니다. 우리의 시대가 정말로 '이항대립에서 차이의 사상으로' 크게 방향을 튼 것이라면(이것은 슬로건이므로 보다 잘 살펴보자면, 이와 같은 단정적인 명제는 결국 이항대립에 의거하고 있는 경우가 많은 법이지만), 폭력 비판이라는 과제는 여러 가지 폭력 간의 차이를 이항대립에 의거하지 않고 어떻게 사유할 수 있을 것인가가 됩니다.

거대한 정치적인 무대, 장면, 연극적인 구조 속에는 반드시 몇 가지 이항대립이 소환됩니다. 그리고 오직 그 힘에 의해 그것 이상을 묻지 않는 궁극적인 이항성으로서 머릿속에 각인되어 버리는 힘이 작동합니다. 부시의 '선과 악의 투쟁' 발언 이후, 그 우스꽝스러움이 한층 더 드러나게 되었습니다만, 이 이항성에 저항하여 폭력 비판을 끊임없이 행하는 것이 [우리의] 기본적인 작업이 될 것입니다.

과거 수십 년, 소위 혁명적인 무장투쟁이라고 불린 것도 그 현실에 밀착해서 보면 극히 다양했습니다. 제3세계의 해방투쟁이라고 불리는 것 속에도 폭력 행사의 방법은 실로 제각각이었습니다. 남아프리카공화국의 아프리카민족회의(ANC)와 넬슨 만델라의 실천으로부터 캄보디아 공산당이나 페루 공산당 '빛나는 길'(Sendero Luminoso)파의 그것까지 스펙트럼은 거대합니다.

제일 중요한 것은, 혁명적이려고 하는 폭력은 그 파괴 대상으로서 사람과 물건을 어떻게 구별하는가라는 문제가 있습니다. 그것은 즉시 현재 타자를 '테러리스트'라고 지명하는 사람들이 과연 이 구별을 유지하고 있는가 어떤가를 묻는 것과 연결됩니다. 만델라는 리보니아 재판[5]에서 '민족의 창(槍)'이라는 ANC의 무장부문을 조직했던 때에도 사람의 목숨을 노리고 공격한 적은 없다고 말했습니다. 그는 아파르트헤이트를 지지하는 여러 물질적 하부구조에 공격을 집중했으며, 그것을 통해 아프리카 대중의 해방을 향한 희망을 고무하는 것이 자신들이 행한 무장투쟁의 목적이었다고 말했습니다. 만델라는 변호사였던 젊은 시절부터 27년간의 옥중생활을 거쳐 해방 후 대통령을 맡기까지 일관된 '사형폐지'론자였으며, 그 사상과 그가 지휘했던 무장투쟁 사이에는 인명의 존중이라는 하나의 사상이 일관되게 흐르고 있었습니다.

그 사상의 흐름은 현재 멕시코의 사파티스타(Zapatista)에게 계승되어 이어지고 있습니다. 제3세계의 무장해방투쟁에서도 사람을 대상으로 한 폭력과 물건을 대상으로 한 폭력을 구별하는 사상은 명확했으며, 지금도 그러합니다. 그러나 현실의 저항 속에서는 물건의 파괴도 마찬가지로 '테러리즘'이라는 이름으로 불립니다. 현재적 용법의 '테러리즘' 정의에서 사람과 물건이 구별되고 있는가 아닌가가 물어져야만 합니다.

예를 들면 비행기납치(hijacking) 같은 투쟁의 경우도 PFLP(Popular

---

5) 리보니아(Rivonia) 재판. 1963년 투옥 중인 만델라와 동료들이 사보타주·반역죄·공모죄로 재차 소추된 재판. 경찰은 요하네스버그 교외 리보니아에 있는 움콘토 웨 시즈웨(Umkhonto we Sizwe; '민족의 창'이라는 이름의 ANC 전투조직)의 본부를 급습해 막대한 물량의 무기와 장비들을 발견했다. '민족의 창' 설립의 산파역을 맡았던 만델라는 기소 내용의 일부를 시인했고, 1964년 6월 11일 종신형을 선고받았다.—옮긴이

Front for the Liberation of Palestine; 팔레스타인 해방인민전선)가 70년대에 처음으로 행했던 때엔 인명을 노린 것이 아니었습니다. 이것은 무장 선언이어서 (최종적으로 엘알 항공기[ELAL; 이스라엘 국적의 항공기]를 폭파했던 적도 있었습니다만) 비행기를 납치한 뒤 가능한 한 빨리 착륙해 승객을 내려주고, 그 뒤에 정치적인 선언을 행합니다. 혹은 승객을 인질로 해서, 갇혀 있는 자신들 동지의 석방을 요구합니다. 이러한 목표를 가졌던 인질 전술이 비행기납치 투쟁의 초기 형태였습니다.

1972년의 뮌헨 사건[6] 이후, 이스라엘과 유럽, 미국의 각 정부는 테러리스트와는 교섭하지 않는다는 방침을 결정했습니다. 이것은 비행기를 납치하거나 인질을 잡아(hostage seizures) 교섭한다는 전술이 붕괴되어 버렸던 과정이었습니다. 이때 어느 쪽이 먼저 절멸 정책을 채택한 것인가 묻는다면, 체제 쪽이었음이 명확할 것입니다.

매우 단순하게 비행기납치의 역사를 생각해 보면, 이 시기의 비행기 납치 전술의 사상이나 획득 목표, 특히 시간의 사용 방법이 체제와의 공방 속에서 변화해 갔음을 알 수 있습니다. 그리고 그 말로가 2001년 9월 11일 행동 당사자들이 채용했던 전술, 즉 교섭을 요구하지 않는 비행기납치였습니다. 이것은 비행기납치로부터 목표 달성까지의 시간을 끝없이 제

---

6) 팔레스타인 게릴라 단체인 '검은 9월단' 소속 게릴라 8명이 1972년 뮌헨 올림픽 선수촌에 침입하여 이스라엘 선수 2명을 사살하고, 9명을 인질로 잡은 사건. 이유는 이스라엘에 억류 중인 팔레스타인 정치범 2백여 명의 석방을 요구하는 것이었다. 서독 정부 당국은 이들에게 이스라엘 측과 협상 중이니 일단 장소를 옮길 것을 요청하였으나, 이스라엘은 협상을 받아들이지 않았고, 이에 게릴라들은 탈출 비행기를 요청하였다. 뮌헨공항에서 게릴라들이 비행기에 옮겨 타는 과정에서 총격전이 벌어져 이스라엘 선수 9명이 전원 사망하고, 게릴라는 5명이 사망, 3명은 체포됐다. ─옮긴이

로에 근접하도록 해 비행기를 자폭 공격의 수단으로 하는 사태에 이르는 과정을 보여 줍니다. 이 사건이 하나의 전술의 역사를 대변하고 있음이 알려져야 합니다.

그러나 이 수십 년의 세계적인 무장투쟁의 역사에서 넬슨 만델라와 같은 사람은 예외적입니다. 많은 경우 잘못된 폭력이 행사되어, 그 과정에서 중도에 자멸했던 조직도 많았습니다. 혹은 정치적으로 성공한 투쟁 속에서도 결코 있어서는 안 될 종류의 무력행사도 많았습니다. 예를 들면, 1954년 11월 1일에 시작되었던 알제리 독립전쟁 속의 알제리민족해방전선(FLN)이 행했던 식민자 거주구역이나 번화가에 대한 폭탄투쟁이 그렇습니다. 프란츠 파농이 『대지의 저주받은 사람들』에서 강렬하게 묘사했던 현상이지만, 현재의 연구에서는 그 표상이 꽤 변하고 있습니다. 당시에는 130년 식민지 지배의 결과로 인해 아랍인 자신도 과연 독립이 가능할 것인가 아닌가를 둘러싸고 결코 굳건한 태도를 가질 수 없었습니다. 그런 까닭에 해방전선 측은 프랑스 식민지군에게 과도한 반응을 일으키는 것을 통해, 필사적으로 독립을 요구할 수밖에 없는 지경으로 민중을 몰아넣을 목적으로, 식민자의 민간인에 대한 폭탄 투쟁을 행했다는 것이 명확해졌습니다.

이러한 폭력 행위가 정당한가 아닌가. 당사자도 포함하여(이런 형태의 폭력적인 문화를 해체하지 않은 상태였기 때문에, 90년대의 알제리 내전이 일어나고 말았다는 것도 의심할 수 없는 사실이기 때문입니다) 우리가 이전에 총괄해서 지지해 왔던 정치현상 속에, 어느 정도로 어떠한 폭력이 포함되어 왔는가를 소상히 직시해야 할 시기에 와 있습니다. 여기부터 저기까지가 테러리즘이라든가, 여기부터는 테러리즘이 아니라는 식이 아닙니다. 어떤 경우에 사용하건 이 테러리즘이란 말의 사용에 대해서는 처음 접했던 주의사항이 늘 남겨져 있습니다. 완전히 '사실 확인'적인 '테러리즘' 정의는 없습니다. 단죄를 위해서가 아닌 폭력 비판으로서 과거 상기라는 작업과 동시에 현재의 폭력을 분별하는 눈을 길러 가야 할 것입니다. 현재 요구되고 있는 것은 이러한 것이 아닐까요?

폭력과 비폭력 사이도 깨끗하게 가를 수 없습니다. 우리가 일반적으로 폭력이라고 생각하는 것과 비폭력이라고 생각하는 것 사이에 있는 차이뿐이 아니라, 소위 비폭력의 투쟁, 비폭력적인 운동형태라고 불리는 것 속에 있는 다양한 힘의 행사의 차이도 분별할 필요가 있습니다. 이러한 차이가 매우 흥미 깊은 형태로 감지되는 예가 있습니다. 팔레스타인 점령지에서 활동하고 있는 국제적인 자원봉사자, 일본에서는 국제연대운동(International Solidarity Movement), 즉 약칭 'ISM'으로 알려진 그룹의 활동입니다. 이 운동의 활동 형태는 팔레스타인 현지에서 이스라엘 병사와 팔레스타인 민간인 사이에 들어가, 이스라엘 병사가 난폭한 짓을 하지 못하도록 감시하는 것입니다. 이스라엘은 '자폭 공격'을 행한 팔레스타인 사람의 집을 즉시 완전히 파괴하는 집단적 징벌(이것은 제네바조약에서 확실히 금지되고 있습니다)을 자신들만은 그렇게 할 권리가 있다는 듯 여봐란 듯이 계속해서 하고 있습니다. 그 그룹들이 그러한 파괴 대상이 된 집에 들어가 머물면서 이런 사태를 막는 활동도 이루어지고 있습니다. 현재 팔레스타인 상황을 생각하면 상당히 큰 위험을 감수하고 있음은 말할 것도 없습니다. 현재 '테러리스트'의 대표적인 형태라고 간주되는 자폭 공격을 행한 사람의 친족들과 위기를 함께하는 활동입니다. 일반적인 표상으로 말하자면, 폭력과 비폭력이 한 지붕 아래에 함께 살고 있는 상황인 것입니다. 이곳에서 신뢰관계가 성립하기 위해서는, 우선 이 비폭력 운동 그룹은 비폭력의 방법이 폭력보다도 도덕적으로 우월하다라는 사유 방식 자체를 [팔레스타인 자폭 공격을 행한] 상대에게 말하지 않아야 할 뿐 아니라, 자기 자신 속에서도 그 생각을 버릴 필요가 있습니다. 이것 없이는 이곳에서의 공동 작업은 성립할 수 없습니다. 지금까지 비폭력적인 투쟁이라고 불려 온 것이 지닌 강력함인 동시에 결점이었던 것. 그것은 폭력에 비해 비폭력이 도덕적으로 우위에 있다는 관념이었습니다. 이것 자체를 버립니다. 그렇게 하지 않는 한, 실제로 철저히 비폭력을 하는 것 또한 불가능합니다. 비폭력으로 있는 것이 자칫하면 도덕적인 힘의 소유로 간주되어, 그것이 어느 사이엔가 반전하여 폭력 행위를 정당화하는 것이 되었던 예는 몇 번이고 있었습니다. 그 중 가장 엄청난 역사적 사례로는 그리스도교라는 절대적 비폭력 사상이 아우구스티누스의 '정전론'(正戰論)에서 시작해 십자군을 거쳐 현재의 미국에 이르기까지 변화하면서, 결국 비(非)화해적인 폭력 행사를 정당화하는 논리로 전화했던 사실입니다. 이러한 [전화의] 가능성을 비폭력 측이 적극적으로 단절시켜 가면서 위험을 함께하는 활동을 통해, 조금 전에 말했던 폭력과 비폭력의 이항대립이 아니라 가지각색인 힘의 차이가 현실에서 어떻게 서로 얽혀 들면서 작동하고 있는가를 볼 수 있게 되었습니다.

　　비폭력이라고 이야기되는 운동형태도 사실 가지각색입니다. 진 샤프의 『무기 없는 민중의 저항』[7]에서는 'civilian defense'(민간 방위가 아닌

---

7) Gene Sharp, *Exploring Nonviolent Alternatives*, Porter Sargent, 1970; ジーン・シャープ,『武器なき民衆の抵抗—その戦略論的アプローチ』, 小松茂夫 訳, れんが書房, 1972.

14_지옥으로 가는 길은 선의로 빈틈없이 포장되어 있다　295

시민적 방위)의 역사와 방법론이 전개되고 있습니다만, 제각각의 상황에 걸맞게 비폭력적인 운동형태를 어떻게 찾아낼 것인가는 결코 사전에 고정된 답이 있을 리 없습니다. 어떤 적을 상대로 하고 있는가, 어떤 상황인가, 저항 중의 생활을 관리하는 것은 어떻게 하면 좋을까, 각양각색의 요소를 고려해 가면서 '무기 없는 민중의 저항'을 실현하는 것이며, 소위 무장투쟁도 비폭력 직접행동도 그 다양성을 가능한 한 가치판단 없이 고려하는 것이 필시 모든 '테러리즘 비판'의 조건이라고 생각합니다.

　　여기에서 '테러리즘 비판'이라는 말을 사용했던 것은 사실 맑스주의, 특히 레닌주의의 언설 속에서 '테러리즘 비판'의 이론적 전통이 있기 때문입니다. 이것은 현재적 용법의 '테러리즘'보다 이전에 사용된 것으로, 이 용어의 비인간화된 사용이 지금과 달랐던 시대의 용법입니다. 현재에는 '테러리즘'이라는 말은 그 자체로 단죄(斷罪)입니다. '테러리스트'는 우리의 동료가 아니다, '테러리스트'는 범죄자이다, 라는 이 합창을 따라서 다시 제창하는 바로 그 순간, 우리는 단죄의 입장을 채택하지 않을 수 없게 됩니다. 그렇게 하지 않는다면, [테러리즘을] 용인한 것으로 간주되어 버립니다. 현재 이 문맥에서 레닌의 유산이 중요한 것은 레닌에게는 명확히 그러한 단죄와는 다른 차원에서 이루어지는 '테러리즘' 비판이 있기 때문입니다.

　　'judgement'와 'condemnation'. 재판하는 것과 단죄하는 것은 같은 것이 아닙니다. 재판하면서 용서하는 것이 가능한 이상, 재판이 즉 단죄일 수 없습니다. 일종의 그리스도교적인 사고방식에서는 이러한 구별이 있습니다. 그러나 또한 틀림없이 비판이라는 것에는 그리스도교적인 재판, 단죄, 용서와는 다른 담론의 역사가 흘러 들어가 있을 것입니다.

4.

러시아 혁명운동에서는 유명한 나로드니키(Narodniki, 인민주의자)의 알렉산더 2세 암살을 정점으로 하는 혁명적 테러의 계보가 있습니다. 1960년대 후반 팔레스타인 해방투쟁이 시작되기 전 시대, 요컨대 기준이 되었던 테러리스트 이미지는 러시아적인 것이었습니다. 러시아 사회민주당은 이러한 러시아의 혁명운동에 맑스주의를 도입하는 것에 의해서, 구체적·정치적·사회적인 전망과 운동을 모색하려고 했습니다. 한편, 19세기 말이 되면 독일 사회민주당 속에서 베른슈타인 그룹이 나타나 수정주의라고 불리게 되고, 이 수정주의와의 투쟁 속에서 레닌은 유명한 『무엇을 할 것인가』(1902)라는 일련의 글을 썼습니다. 그 중 「조합주의적 정치와 사회민주주의적 정치」라는 장에는 '경제주의와 테러리즘의 공통점은 무엇인가?'라는 유명한 절이 있습니다. 여기서 '경제주의'라고 부르는 것은 노동운동, 요컨대 노동자의 경제적인 상황을 개선하는 데 목표를 한정한 운동 경향입니다. 정치혁명을 주요한 목적으로 하지 않는 운동인 것입니다. 이 '경제주의'와 정부에 대한 폭력적이고 직접적인 행동을 추구하는 '테러리즘'. 이 두 가지 정치적 입장은 레닌이 볼 때에 어떻게 위치지어지는 것일까? 레닌에 따르면 '경제주의'와 '테러리즘'은 어느 쪽이든 '자연발생성에 스스로 무릎을 꿇고 납득해 버리는 것'이란 점에서 공통적인 특징이 있습니다. 중요한 부분이므로 조금 길게 인용해 보겠습니다.

> 언뜻 보기에 우리의 이 주장은 역설적인 것으로 보일지도 모른다. '소박한 일상투쟁'을 강조하는 사람들과 개개인의 가장 자기 희생적인 투쟁을 호

소하는 사람들 간에는 그 정도로 큰 차이가 있는 듯이 보이기 때문이다. 그러나 이는 역설이 아니다. '경제주의자'와 테러리스트는 자연발생적 조류의 상이한 양극 앞에 복종하고 있다. 즉 '경제주의자'는 '순수한 노동운동'이라는 자연발생성 앞에 복종하고 있으며, 테러리스트는 혁명적 활동을 노동운동에 결부시켜 단일한 범주로 묶어[渾然一休化] 파악하는 능력이나 가능성 없는 인텔리겐차의 가장 열렬한 분노라는 자연발생성 앞에 복종하고 있는 것이다. 그것을 결부시킬 가능성을 믿지 않게 된 사람 혹은 한 번도 믿어 본 적이 없는 사람에겐, 테러 이외에는 자신의 격앙된 감정과 혁명적 열정을 분출할 출구를 찾기가 실제로 곤란하기 때문이다.[8]

레닌주의의 체계 속에서 생각해 보면 이 책의 주장은, 노동운동이나 혁명조직에 외부로부터 정치이론이나 정치적 계급의식이 주입되어야 한다는 소위 '외부주입론'과 하나의 줄기로서 이해되었습니다. 즉 그것이 대답으로서 준비되어 있는 문맥 속에서 이 책은 수용되어 왔습니다.

그러한 사후해석적인 독법이 거의 의미를 갖지 못하게 된 시대에 이 '테러리즘 비판'에서 계승할 수 있는 것은 무엇일까요? 양극에 비판할 대상을 두고 양극단적인 현상을 보여 주지만 본질은 동일하다고 간주해, 그것들을 지양하는 형태로 올바른 입장을 찾아가는 방법, 즉 넓은 의미에서 헤겔주의적인 정치분석이라고 할 수 있는 이런 방법의 대부분은, 결국 과거 수년 동안 생산적인 정치문화를 그 어떤 것도 발생시키지 못했습니다. 그러나 레닌의 이 비판적 관점 ── '경제주의'와 '테러리즘' 속엔 동일하게 자연발생성에 대한 복종이 있다고 봤던 ── 이 잘못됐다고 하더라도, 틀림없이 여기에는 재고되어야 할 포인트가 있다고 생각합니다. 현재 '자연

발생성'은 어떤 형태로 존재하고 있을까? 여기서부터 생각을 전개할 필요가 있습니다.

레닌은 정치활동에는 그 고유의 논리가 있다고 강조했습니다. "사람들이 최대의 선을 갖고 테러 혹은 경제투쟁 그 자체에 정치성을 부여하려고 호소한다 할지라도 정치활동은 그들의 의식과는 전혀 무관한 그 자신의 논리를 가진다. 지옥으로 가는 길은 선의로 빈틈없이 포장되어 있다."[9] 현재의 '테러리즘 단죄'와 있을 수 있는 '테러리즘 비판'의 거대한 분수령으로서 "지옥으로 가는 길은 선의로 빈틈없이 포장되어 있다"는 말을 떠올려 보고 싶습니다. '테러리스트'라고 불려 단죄되고 있는 사람들은 실은 선의로 그렇게까지 해버렸던 것입니다. 이슬람주의자 그룹을 포함해, 이 사람들의 '선의'를 인정하는 것에 의해 비로소 '비판'이 성립됩니다. 그러나 동시에 '선의'로 작동했었기 때문에야말로 지옥으로의 길을 열고 말았던 것입니다. 이 양의성은 반복해서 확인할 필요가 있습니다.

여기서 다시 한번, 예를 들면 칼 슈미트의 『정치적인 것의 개념』이나 『파르티잔의 이론』을 근거로 해서(슈미트는 양차 대전 사이에서 자신의 사상을 형성했던 사람입니다만, 적인 레닌에 대해 매우 깊은 찬탄의 마음을 갖고 있었음에 확실합니다), 레닌의 텍스트를 오리지널한 형태로 고쳐 읽는 작업이 지금처럼 요청되는 때도 없을 것입니다.

물론 '레닌으로 돌아가사' 따위는 아닙니다. 어쨌든 레닌이 여기서 문제로 하고 있는 것은 색깔로서 말하자면 적색테러, 잘못된 적색테러입니

---

8) レーニン, 『なにをなすべきか?』, 村田陽一 訳, 大月書店, 1971, 115쪽[레닌, 『무엇을 할 것인가?』, 최호정 옮김, 박종철출판사, 1992, 98~99쪽].
9) 같은 책, 116쪽[같은 책, 99쪽].

다. 현재 우리는 '테러리즘'이라는 말을 사용해, '9·11'과 같은 행동과 팔레스타인 '자폭 공격'을 같은 틀에 넣어 논하는 것은 불가능합니다. 팔레스타인 사례는 넓은 의미에서 보자면, 슈미트가 『파르티잔의 이론』에서 문제 삼고 있던 '영토를 둘러싼 투쟁'의 한 가지 변형(variation)이며 일종의 고전성을 유지하고 있습니다. 그에 비해 알카에다와 같은 형태의 무장조직에서는 이미 영토나 국가주의를 둘러싼 정치적인 목표가 없습니다. 이 점에 매우 큰 차이가 있습니다. 이제는 레닌주의를 표방해 왔던 조직아 빈 라덴을 지지하는 도착적인 상태가 발생하고 있습니다만, 현재 '테러리즘 비판'을 행할 때에 레닌으로 회귀하는 것만으로는 처리할 수 없는 포인트가 있습니다. 그것은 [현재엔] 이미 혁명적인 테러만 문제인 것이 아니라, 반혁명적인 테러도 상대해야만 한다는 점입니다. 당연한 것이겠지만, 우익 쪽의 테러가 국제적 자본주의를 표적으로 할 가능성은 근대 정치문법에도 포함되어 있습니다. '9·11'이 알카에다의 행동이라고 한다면, 이것은 굳이 말하자면 백색테러(물론 '백'과 '적'의 이항대립은 이미 성립하지 않습니다만)입니다. 따라서 일본의 근대 정치사를 통해 유추해 보자면, 오히려 '2·26'이나 '5·15'[10]에 가깝다는 점을 지적해 두어야 할 것입니다. 이러한 사상적 거리가 있는 사람들과 어떤 논의가 가능할지는 불분명합니다. 이러한 사람들을 정당하게 비판하기 위해서는 맑스주의 혹은 근대적인 혁명의 컨텍스트만이 아니라, 한 번쯤은 종교적인 물음을 뚫고나가

---

10) 1936년 2월 26일 육군 황도파 장교를 포함한 군부 인사 1483명이 천황 친정을 주장하며 일으킨 쿠데타를 2·26 사건이라 하며, 1932년 5월 15일 해군 급진파 청년 장교들이 수상 관저에 난입, 당시 호헌 운동의 중심이랄 수 있는 이누카이 쓰요시(犬養毅) 수상을 암살한 사건을 5·15 사건이라고 한다. 두 사건 모두 우익을 상대로 한 우익의 테러라 할 수 있다. ─옮긴이

봐야 합니다. 이 점에서 레닌은 불가피하지만 불충분한 참조항입니다.

이것은 가장 어려운 포인트이지만 주권의 테러 혹은 주권과 테러의 문제를 거슬러 올라가면 다음의 사실과 부딪히게 됩니다. 여기에서도 슈미트의 중요성이 확인될 것입니다만, 근대적 혹은 정치적인 주권의 논리, 홉스·루소 이후의 주권의 논리는 기본적으로 정치신학의 세속화된 형태였습니다. 그리고 그것은 주권적인 권력을 잡은 자가 설령 맑스주의자이든 세속적인 혁명가이든 간에 변하지 않는 것입니다.

5.

이 점에서 최근 데리다의 작업, 『불량배들』(*Voyous*, 2003)의 한 부분으로, 『르몽드 디플로마티크』에 게재되었던 「강자의 이성」을 참조해 보려고 합니다. 다음은 라퐁텐 우화 중에서 유명한 「늑대와 어린 양」이란 글의 처음 부분에 나오는 말입니다. "강자의 논리는 언제까지나 버젓이 통용된다." 현재 이것은 당연한 것이며 미합중국의 단독 행동주의를 생각하게 하는 것입니다. 그러나 작년 7월에 행했던 강연의 일부인 이 텍스트에서 데리다가 이 말을 인용하며 주장한 것은, 주권 그 자체에 있는 '권력의 남용'은 본질적인 것이며, '주권의 남용'은 곧 '테러리즘'이라는 점입니다. 소위 '불량배 국가'라는 것도 그렇게 불리는 것이 무엇을 의미하는가를 잘 보면, '불량배 국가'라는 말을 발명해 타자에게 그것을 떠넘기고 있는 바로 그 사람들이야말로 '불량배 국가' 그 자체임을, 그다지 어렵지 않게 간파할 수 있을 것입니다.

여기서부터 전개되는 데리다의 가설은 여러 가지 논의가 있을 수 있으리라 생각합니다만, 그에 따르면 기본적으로 여태까지의 '테러리즘' 혹은 '불량배 국가'라는 말의 사용법은, 그 말의 지평으로서 국민국가, 국가 권력을 둘러싼 공방, 일종의 국가계획을 갖고 있는 것이었습니다. 그러나 '9·11' 사건(많건 적건 다소간 예측할 수 있었던 것이란 의미에서, 영어로 말해 '메이저 이벤트'는 아니라는 것이 그의 주장입니다만)에서 눈에 띄는 형태로 드러났던 것은, '테러리즘'이라는 현상을 '불량배 국가'와 관련짓는 작업이 결정적인 한계가 있다는 것이었습니다. 그러한 작업을 아무리 해본들, 이제는 어떤 국가도 책임을 질 수 없는 곳에서 핵에 이르는 병기가 제조되고 사용될 가능성이 나타나고 있는 것입니다.

그것은 이를테면, 홉스가 『리바이어던』에서 묘사했던 것처럼 인간은 서로에게 본질적으로 위험한 존재라는 것입니다. 이것은 정말로 어려운 문제입니다만, 근대에서 인간으로 있다는 것은 곧 시민이란 뜻입니다. 그러면 시민으로 있다는 것은 어떤 것인가 하면, 잠재적 병사란 것입니다. 정말로 인간다운 인간으로 있는 것은 전투원으로 있는 것이란 셈이죠. 이 유비의 길을 더듬어 가 『파르티잔의 이론』에 이르면 "모든 인간은 파르티잔이다"가 됩니다. 여기까지 오면, 모든 인간은 잠재적으로 테러리스트이다라고 하기까지 겨우 한 걸음 남아 있을 뿐입니다. 그런 정의까지도 눈앞에 가능한 것으로 보여지고 있는 것입니다.

이 사태를 어떻게 생각해야 할까요? 다양한 설명 도식이 있을 수 있으리라 생각합니다만, 현재 이 '테러리즘'을 통해서 현상적인 레벨에서 일어나고 있는 것은, 일찍이 라캉이 「논리적 시간」의 최후에서 언급했던 것과 같은 사태와 비슷합니다. 각자 자신이 인간이라는 것을 증명하려는 경쟁에 부추겨져, 서둘러 출구로 가지 않으면 인간이 아닌 듯이 되는 사태

말입니다. 라캉은 이것을 동화(同化)의 원리로 보고 있었을 것입니다. '9·11' 이후 현상적으로 일어나고 있는 것은 이러한 것입니다. '테러리스트'를 단죄하지 않으면 사람이 아니다. 모두 서둘러 그렇게 해야만 한다는 식으로 사태가 움직였던 것이 틀림없습니다.

그러나 동시에 '9·11'은 이런 타입의 '인류의 인간화'가 한계에 다달았다는 것 또한 명백하게 보여 주었던 것은 아닐까요? 그것을 부추겼던 주권자 그 자체는 과연 '인간'인 것일까요? 지금 미국의 단독 행동주의가 많은 사람들의 눈에 비인간적으로 비춰지고 있다는 점에서 명확하게 드러나듯이, 주권이라는 것은 전혀 인간적이지 않습니다. 따라서 주권을 '리바이어던'이라는 바다의 괴물에 비유한 홉스는 (슈미트의 홉스론은 일관되게 리바이어던이라는 동물의 형상에 대한 독해입니다만) 동시에 국가를 기계로서도 묘사합니다. 즉 동물과 기계라는 두 가지 표상이 이 주권론 속에서 합체하고 있습니다.

일찍이 비릴리오가 「혁명적 저항」[11] 속에서 자세하게 서술했던 것처럼 홉스의 사상은 공포라는 감응(affect)과 떨어질 수 없습니다. 조금 전 우리들은 누구라도 잠재적으로는 테러리스트다라고 말했습니다만, 거꾸로 말하자면 우리들은 언제든지 테러의 희생자일 수도 있습니다. 오늘은 이 점에 대해서는 언급하지 않겠습니다만, 지금과 같은 세계 상황에서는 삶에 대한 평등이 전혀 없습니다. 따라서 적어도 죽음과 폭력 앞에서의 평등을 실현하려고 하는 방향으로 강한 충동이 작동하는 것도 불가사의한 것은 아닐 것입니다.

---

11) ポール·ヴィリリオ, 「革命的抵抗」, 澤里岳史 訳, 『現代思想』, 2002年 1月号.

전쟁에서는 언제라도 적에게 살해당할 수 있다는 공포 이상의 공포가 필요하게 됩니다. "싸우지 않으면 뒤에서 쏜다"라고 병사들에게 말해, 자국 군대의 공포 쪽이 [적보다] 더욱 확실하게 죽음에 가깝다는 것을 뼈저리게 느끼게 하지 않으면 병사들은 싸우지 않았습니다. 마찬가지 상황은 혁명적이려고 했던 공포정치에서도 말할 수 있습니다. 그것이 민간인을 대상으로 행사될 때의 도착(倒錯)은, 혁명적인 운동에서라면 소위 시민이 어떤 일정한 공포를 극복하고 혁명가로서 다른 공동성의 수립을 추구하는 형태가 될 것입니다. 그러나 그럼에도 불구하고, 민중을 위협해 동원하려고 할 때, 이미 그 사람들은 공포를 극복한 사람들이 아니라 공포에 의해 동원된 사람들인 것입니다.

공포라는 감응은 매우 섬세합니다. 니체는 약하지만 그렇기 때문에 그 공포를 섬세하게 느낄 수 있는 사람도 '초인'을 탄생시킬 수 있는 자질의 소유자라고 간주하고 있었습니다. 또한 롤랑 바르트의 『텍스트의 즐거움』(Le Plaisir du texte, 1973) 서두에서 "내 생애의 유일한 정열은 공포였다"라는 홉스의 말이 인용되고 있는 것처럼, 소위 '텍스트의 경험'에 있어서도 이 감응은 환원 불가능합니다.

그렇다고는 해도 우리에겐 지금 무엇이 공포인 것일까요? 정말로 두려워해야 할 것을 두려워하고 있는 것일까요? 이 점은 끊임없이 분석할 필요가 있습니다. 테러, 즉 공포에서 어떻게 자신을 해방해 갈 것인가라는 문제를 품고 국가에 의한 보호의 틀로부터 벗어난다, 이것이야말로 지향해야 할 방향입니다(정말이지 푸코가 제출했던 '생 정치'의 문제 등도 이 점에서 논하지 않으면 안 될 것입니다). 그러나 개인의 생명과 재산이라는 형태로 규정되었던 나 자신이 보호의 대상으로 규정되는 순간, 이를테면 반테러법적인 '생 정치' 속에 포박되어 버리는 것입니다. 그 틀로부터의 해방의 운동은 '테러리즘 비판'의 지평을 부활하는 것, 그리고 어떤 테러로부터 어떻게 해방되어야만 하는가라는 것. 이 두 가지 이치를 구체적으로 생각해 나갈 것을 필수요건으로 합니다. (국가의 보호는 현재 '인간의 안전보장' 등으로 불리고, 얼터너티브한 운동 쪽은 이것을 바꾸어 '민중의 안전보장'이란 이름으로 구별하고 있습니다. 『논좌』에 게재되었던 가와구치 외상의 논문[12]에서는 확실히 '인간의 안전보장'이 구가되고 있습니다.)

6.

여기서 다시 한번 말의 문제로 돌아갑시다. '9·11' 이후 주목해야 할 현상은 '테러리즘'이라는 말에 대한 확대 해석이 횡행하고 있는 것입니다. 이말은 애초부터 남용되고 있던 것이긴 하지만, 남용의 남용이라는 것도 있습니다. '테러리즘'의 **이즘**(ism)에는 명확히 정치성이 암시되어 있습니다. 그렇기 때문에 '테러리즘'이야말로 정치적인 폭력을 범죄의 카테고리에 끼워 넣고 적을 범죄자로 만들기 위한 말로서 사용하는 것입니다.

그렇지만 '9·11' 이후, '테러리즘'이 범죄의 최상급을 표시하는 말로서 사용되는 듯합니다. 예를 들면, 요코하마에서 개최된 아동학대 반대회의 선언문에서는 "아동학대는 최악의 테러리즘이다"라는 표현이 사용되고 있습니다. 혹은 북조선의 납치사건에서는 "납치는 현재진행형의 테러리즘이다"라고 이야기되었습니다.

---

12) 川口順子, 「変化する安全保障環境と日本外交」, 『論座』, 2003年 3月号.

인권에 의한 보호의 제한선을 깨뜨리기 위해, 용의자나 수형자에 대한 인권을 무시해도 좋다(현재 관타나모 기지에 갇혀 있는 탈레반이나 알카에다 멤버라고 여겨지는 사람들의 인권이 완전히 무시되고 있는 것처럼)는 함의를 갖게 만들거나 할 때 범죄의 최상급 표현으로서 '테러리즘'이라는 언어가 사용되고 있는 것이 아닐까요? 한마디로 말하자면 범죄 일반을 '테러리즘'이라고 부르는 경향이 발생하고 있는 것입니다.

데리다는 '테러리즘'이란, 역사적으로 주권적인 영토나 정치적인 권력을 판돈으로 하는 투쟁 속에서 적과 동지 관계를 필수적인 틀로서 사용해 왔던 말인 이상, 겉으로 보기와는 달리 '불량배 국가'도 '테러리즘'도 언어로서의 생명은 얼마 남지 않았고, 조만간 사라질 운명에 있다는 가설을 세우고 있습니다. 단지 우리들은 거기까지 어떻게 진전할 것인지 여전히 알 수 없으며, 정말로 그렇게 될 것인가도 물론 이제부터 검토해 가야 할 필요가 있습니다. 그러나 적어도 '테러리즘'이라는 말의 의미가 희박해져 가는 과정을 보여 주는 한 가지가 바로 이 '테러리즘'이라는 말의 남용이 아닐까요? 소위 흉악범죄가 있을 때에 그것이야말로 테러리즘이다 따위로 말하고 있다면 결국은 **이즘**의 원래 의미는 사라져 버릴 것입니다. 이것은 '테러리즘'이라는 말이 '자기' 탈구축적인 국면으로 접어들었다는 징후이기도 하지 않을까요.

마지막으로 슬로건의 역사라고도 불릴 법한 것을 언급하고 끝내고 싶습니다. NHK의 런던 지국원 야마모토 히로시 씨의 알카에다 공작원에 대한 르포르타주 『증오의 연쇄』[13]라는 책이 있습니다. 카이로에서도

---

13) 山本浩, 『憎しみの連鎖—アルカイダ工作員の実像』, 日本放送出版協会, 2002.

특파원으로서 장기간 체류했던 야마모토 씨가 매우 정열적으로 취재해 쓴 책으로 알카에다의 사상적 이데올로그인 아이만 알 자와히리(Ayman al-Zawahiri)와 '9·11'보다 훨씬 이전에 체포되어 이집트에서 사형되었던 아마드 알 나가르(Ahmad al-Naggar) 등 비합법 활동을 하고 있던 지하드계 사람들이 대체 어떤 인물들인지에 대해 알려 주는 것이 매우 많은 책입니다. 그 서두에 오사마 빈 라덴의 슬로건이 나옵니다. 그것은 매우 단순한 것으로, "미국에게 히로시마를"이라는 것입니다. 이 책 속에서는 '9·11'을 실행했던 무하마드 아타(Muhammad Atta)에 대해서도 언급하고 있는 부분이 있습니다. 그 부분은 이 사건의 표상으로서는 다양한 의미를 지닌 디테일한 것이라고 생각합니다만 최초의 계획은 원자력 발전소에 돌입하는 것이었던 듯합니다. 그러나 아타 자신이 원자력 발전에 비행기가 돌진했을 경우 그 후가 어떻게 될지 알 수 없어 고민한 끝에 그만두었던 듯합니다. 그래서 원자력 발전소 대신 세계무역센터 빌딩에 돌진했습니다. 여기에는 이중의 의미가 있습니다. 우선 단순히 최대 다수의 살인을 목적으로 했던 것은 아니었다, 다음으로 세계무역센터 빌딩이 미국 패권의 상징이었기 때문이므로 단순히 증오를 집중시켰던 것도 아니었다.

그러나 동시에 원자력 발전소를 노린 파괴활동이 이후에 있을 수도 있다는 것입니다. 데리다도 이것을 주시하고 있었습니다만, '트라우마'는 단지 과거에만 연결되는 것이 아닙니다. 미래에 대한 공포의 형태——한층 더 나쁜 것이 있을 수 있다는——와 즉시 결부됩니다. 만약 빈 라덴이 "미국에게 히로시마를"이라는 슬로건을 그대로 실현하려 했다면 표적은 원자력 발전소였습니다.

한편 부시 정권은 핵 선제 공격의 권리를 말하고 있습니다. 다시 한번 칼 슈미트로 돌아가면 지금이야말로 절멸 병기라는 것이 있고 그것을 사용할 필요가 있기 때문에야말로 적을 절대적인 범죄자로 몰아야 할 필요가 있습니다. 이것은 『파르티잔의 이론』에서 확실히 이야기되고 있는 것으로, 지금의 '테러리즘' 혹은 '불량배 국가'라는 말의 용법은 단적으로 말해 궁극적으로는 핵무기의 사용을 가능하게 하기 위한 담론장치일 수밖에 없습니다. 슬로건은 호소해야만 하는 동지를 전제로 합니다. 또한 슬로건 중의 고유명은 그 단독성에서 비유(比喩) 없는 유비(類比)를 실행합니다. 일찍이 "제2, 제3, 아니 수많은 베트남을"이라는 게바라의 유명한 슬로건이 있었습니다. 이것은 이 슬로건에 응답해야 할 전 세계의 동지를 향해서 던져졌던 슬로건이었습니다. 전후 몇 가지의 슬로건, "No More Hiroshima"부터 시작해 가지각색의 슬로건이 출현했습니다만, "미국에게 히로시마를"에 이르러서는, 전후에서 완전히 한 시대의 사이클을 돌았음을 확인하게 됩니다.

　이러한 슬로건이 나타난 것에 대해서 '히로시마'에 대해 다소나마 당사자 의식을 가진 반전파(反戰派) 일본인은 어떻게 응답해야만 할까요? 미국 쪽에서는 한 가지 응답을 갖고 있습니다. 국방성의 누군가가 "국제 테러리즘이란 것은 세계 전체가 베트남이 되었다는 것과 같다"고 말했던 적이 있습니다. 제2, 제3은커녕 세계 전체가 베트남이라는 인식입니다. 이때, 빈 라덴의 "미국에게 히로시마를"이라는 슬로건에 대해서 핵의 선제 사용을 명언하는 미국의 슬로건은 "제3, 제4, 아니 수많은 히로시마·나가사키를"이라는 것이 될 수 있습니다. 이 두 개의 슬로건의 기계적인 반사를 차단하기 위해서야말로, 도래시켜야 할 '테러리즘 비판'이 요청되고 있는 것입니다.

15_막다른 지경에 몰리고 있는 자는 누구인가?

클로즈업 ──. 그리고 우리 앞에는 피해자로 화한 일본인밖에 없었다. 절단된 시간, 절단된 공간. 인공적으로 구성된 현재의 사실(actuality). 그것은 모든 미디어의 기본적인 조작이기도 할 것이다. 그러나 그 그로테스크한 본질이 이 정도로 명확하게 자신을 드러내는 일도 드물다. 그런 의미에서 우리는 지금 여기서, 어떤 예외적인 경험을 하고 있음에 틀림없다.

절단된 시간은, 공간은, 지금, 어디에 있는 것인가?

우리의 '지금'이란, 우리의 '여기'란 무엇인가?

이 '지금', 이 '여기'에서 우리란 누구인가?

'우리'란 무엇인가?

하나의 클로즈업은 '납치사건'이런 것에 분개해야만 하는 '우리', '분노'와 '노여움'이라고 지명된 한결같은 감정을 품고 표출할 것이 기대되는 '우리'에게, 호소함과 동시에 **그것**을 만들어 낸다. 클로즈업은 사실 확인을 넘어서 이미 하나의 행위이다. '신생사물'(新生事物)을 만들어 내는 행위이다. 따라서 요청되는 것은 보도된 사실에 대한 판단을 넘어선 행위이며 행위에 부응하는 행위일 것이다. '지금'과 '여기'의 점상(點狀)의 견고함이나 '우리'의 등질성에서 몇 가지 균열을 발견하는 것과 동시에 균열을 생기게 하는 행위일 것이다. 그것은 우선 절단된 시간과 공간에 호소하는 것에서 시작될 것이다. 그렇게 해서 또 다른 응답의 장을 열어 가는 것으로부터 시작될 것이다.

클로즈업되는 것은 영상만이 아니다. 말 또한 클로즈업된다. 예를 들면, '납치 피해자'라는 말. 이 말에 덮어 씌워지는 당사자들에게 이 말은 그 존재의 수많은 속성 중 하나만을 나타낼 뿐이다. 그것이 이 사람들 한명 한명의 '지금'에 있어서 주요한 속성인지 아닌지도 알 수 없다. 하지만 이 사람들이 '납치 피해자'로서 클로즈업될 때, 이미 거기에는 그 한 사람 한 사람을 그 속성에 밀어 넣는 터무니없는 폭력이 작동한다. 이 사람들 없이 '우리'는 없다. 그러나 이 사람들이 '우리'인 것은 아니다. 이미 혹은 아직 '우리'가 아니다. 따라서 '우리'가 존재하기 위해, 혹은 보다 정확히 말해 존재했던 것에 **사후적으로 되기** 위해 이 사람들이 '우리'가 **되지 않으면 안 된다**. 가족과 함께 **돌아오지 못해서는 안 된다**. 여기에 '재-귀화'(再-歸化)의 강제라고도 말할 만한 진행 중인 사태의 기괴함이 존재한다. 그것은 이 나라에서 '귀화'라고 불리는 제도의 본질을 엑스선 사진처럼 드러낸다.

이 상황에 응답하려고 할 때, 몇 가지 매혹적인 말이 떠오른다. 예를 들면, '역납치'(逆拉致). 이 말은 이렇게 말하려고 하는 것이리라. 당사자들을 돌려보내지 않겠다는 '가족의 모임'(家族の会)과 일본 국가의 결정은, 그들이 비난하고 있는 북한의 '범죄'와 대칭적이며 동질적이라는 것, 그리고 조작된 보도를 통해서조차도 이 결정이 당사자들의 의지와 반하는 것임에 명백하다는 것, 마지막으로 따라서 부당한 간섭을 그만두고 당사자들의 의지를 존중하라는 것이다.

그것은 정당한 응답이며, 사태의 이런 일면은 일본 국가 외부에서는 이미 확실히 인식되고 있다. 2002년 10월 31일, 국제 앰네스티(Amnesty)는 성명을 발표해 다음과 같이 말했다. "북한과 일본 양 정부는 납치 피해자 5명에 대해, 어디에 살 것인가, 이후 어떻게 할 것인가 등에 대해서 먼저 그들 자신의 의사를 존중해야 한다."[1]

그러나 한편으로 응답이 요구되는 장에서 대칭성을 시사하는 표현에 대해, 지금처럼 조심해야 할 때도 없다. 접속사라는 품사의 기묘한 작용이 일본어의 공간에서 이 정도로 날카롭게 의식되었던 적은 아마 이번이 처음 아닐까? "납치는 물론 용서할 수 없다. 그러나……." 이렇게 생각하면서, 경우에 따라서는 표현하지 않을 수 없는 입장에 놓인 누군가가 뭐라 말하기 어려운 답답함을 느끼고 있음에 틀림없다. '그러나', '그렇지만', 그 밖에도 이들 역접이라고 불리는 접속사는 단절해야 할 곳에서 이어져 버린다. 단절의 접속사도 접속사인 한, 단절해야 할 것을 동일한 평면 위, 동일한 선상에 두지 않고서는 기능하지 않는다. 언어라는 것의 다수자적 본질이 드러나는 것은 특히 이러한 때이다. 그렇기 때문에야말로 소수자는 말 외의 매체의 발명을, 그것들의 평면성이나 선상성(線狀性)을 어지럽히는 것을 통해 찾지 않을 수 없다. 그러한 발명이 이루어져야 할 때 이루어지지 않으면, 살아남은 곤란은 그만큼 한층 더 커지기 때문이나.

대칭적 응답의 욕망에 대항하기 위해서는 이렇게 생각해야 하지 않을까? 지금 일본에서 진행 중인 사태는 일찍이 북한 공작원에 의해 행해

---

1) 『아사히신문』(朝日新聞), 2002년 10월 31일자.

졌던 행위와는 완전히 이질적인 폭력이다. 그 점에는 그 '납치'에는 없었던 공희적(供犧的)인 성격이 있다. 제물이 된 사람들을 위쪽(이상적 피해자) 혹은 아래쪽('스파이' 등)으로 배제하고 그/그녀들 자신의 존재 일부('저주받은 부분')를 **그들 자신의 의지**로 절단해 제거하도록 압력을 가한다, 그렇게 해서 다수자의 집단적 '신체'의 완전성(integrity)을 회복하고 이 '신체'가 살아 있다는 것을 증명하는 것이 지향되고 있다고 말이다. 그것은 모든 국민국가에 내재하는 폭력임에 틀림없다. 그러나 이 나라에서는 유난히도 강한 '피' 냄새가 난다.

"일본인 부모에게서 태어난 아이가 일본인이라는 것은 당연하다." 아베 신조(安倍晋三) 관방 부장관(副長官)은 이렇게 말했다고 한다. 그런데 이전 사태의 힘으로 (재)구성하려고 하는 것이 다름 아니라 바로 이 혈통의 '자연성'이다. 클로즈업이 호소하여 만들어 내는 '우리'의 '지금'과 '여기'는 이렇게 구성된 혈통의 관념적인 초시간성, 초공간성에 의해서 이미 매개되어 있다. "일본인은 **역시** 일본인이다"라는 명제를 증명해야 할 이 피의 **논리**는, 논리적 필연에 의해서 '비일본인'과 '비국민'의 피를 요구하지 않을 수 없을 것이다. 조총련에 소속된 사람들을 비롯, 저번의 사태에 이의를 제기한 재일조선인·재일한국인에 대한, 그 친구들에 대한 은연중에 혹은 공공연하게 가한 물리적·정신적 폭력 역시, 일본인을 피해자로서만 제시하는 클로즈업에 대한 직접적인 응답이다. 미디어는 여전히 '국민'의 본질적 잔혹성이 한층 더 격발하도록 부추기고 있는가, 아니면 명확한 경고를 보내고 있는가? 그 책임의 막중함은 아무리 강조해도 지나치지 않을 것이다.

역사의 이런 국면에서 북한과 어떻게 마주해 갈 것인가는 동아시아의 모든 사람들[民]에게 있어서, 그 중에서도 특히 일본인에게 있어서 결정적인 시련 중 하나이다. 그러나 착각해서는 안 된다. 북한이 설령 최악의 나라라는 것이 이론의 여지 없이 증명되었다고 해도, 그에 의해 일본이 단 1mm라도 선(善)에 가까워지는 것은 아니다. 그렇기는커녕 적이라고 간주된 타자와의 대항관계에서는 적에게 악(惡)을 투영하면 할수록, 그 적보다 조금이라도 '낫다'고 믿어질 수 있다면 스스로는 절대적으로 정당화되는 듯이 생각해, 불가피하게 터무니없는 타락에 이르게 된다. 나치 독일을 절대악이라고 정립한 전후 세계는 그렇게 함으로써 이스라엘을 낳았다. 그리고 그 이스라엘과의 유사성을 심화시켜 가면서 '9·11' 이후 미합중국에 의해 '선과 악의 싸움'이 선언되었던 것이다. 그 결과는 모두 알고 있는 것과 같다. 좌익 운동의 부패 또한 많은 경우, 이 점에서는 동일한 기제에 의해서 발생했다는 것을 잊어서는 안 된다. 그렇지만 오랫동안 본적도 없었던 '대의'(大義)라는 것을 손에 넣은 사람들, 그러나 마음에 걸리는 사람들은 이 함정을 피할 어떤 지혜를 발견할 수 있을까? 북한을 몰아붙여 갈 생각으로 [오히려] 자기 자신들이 점점 깊은 나락에 빠져들어 가고 있다는 것을 깨닫는 것은 어떻게 가능할까?

2002년 9월 17일 평양선언에서 일본은 식민지 지배의 배상을 회피하고, 1965년 한일조약의 경우와 마찬가지로 경제협력에 의한 '과거 청산'을 북한 정부에게 받아들이게 했다. 패전 후, 한국전쟁을 통한 경제 부흥, 베트남 전쟁을 통한 고도성장에 의해 대국화한 일본은, 냉전을 배경으로 중화민국에게서 전후 배상의 포기, 한국에게서는 식민지 배상의 포기를 이끌어 냈고, 후에는 중소 분쟁에 편승해 중화인민공화국에서도 마찬가지의 타협을 얻어냈던 것이다. 그리고 지금 다시 '반테러리즘 전쟁'을 기회로 북한과의 교섭을 우세하게 진행해 가려고 하고 있다. 세계의 모든 전쟁이 이 나라로서는 항상 '가미카제'인 것처럼 말이다. 그러나 한편으로는 이 모든 것이 미국을 후원자로 삼아, 그[미국의] 세계전략에 붙음으로써 실현되었음을 상기하고, 다른 한편으로는 현재 미국의 노골적인 전쟁정책을 직시한다면, 이 이상 역사적 부채를 지는 것이 장래에 어떤 의미를 갖게 될는지에 대해 지금이야말로 멈춰 서서 숙고해야 할 때이다.

그리고 반복해서 말하지만, 이 작업은 우선 '현재의 사실'로부터 '절단된 시간'과 '공간'을 소환하는 것에서 시작되어야 한다. 그렇지 않다면, 그 '시간'과 '공간'은 분명 생각지도 못한 형태로 언젠가 '돌아'올 것이다. 그때까지 우리는 항상 역사의 복수를 두려워해야만 하는 것이다.

16_가족과 제국

죽은 자를 어떻게 헤아려야 하나?

우리는 이 물음을 피해갈 수 없다. 이미 죽은 자를 세고 있는 사람들이 있는 이상. 이미 세어진 죽은 자는, 반드시 이미 죽은 자라고 할 수는 없다. 미래에 죽을 자도, 또한 이름 없이 죽은 자도 이미 세어지고 있다. 그렇지 않다면 전쟁은 불가능하다. 인간의 죽음이, 따라서 삶이 화폐에 의해 계량되는 사회, 그렇게 믿고 그렇게 믿는 것이 가능한, 그렇게 믿는 것만이 가능한 사회가 전쟁을 수행하기 위해서는 사전에 이미 계산이 되어 있어야 하기 때문이다. '돈도 사람도'인 것이 아니다. '사람도 돈'인 것이다.

죽은 자를 어떻게 헤아려야 할까?

우리는 이 물음을 피해갈 수 없다. 논리상 이 물음에 선행하는 물음, 죽은 자를 세어야만 하는가, 세지 않아야만 하는가라는 물음이 필연적으로 아포리아에 빠지는 이상. 세어질 수 있다는 것에 의해, 죽은 자의 단독성 즉 결코 '둘'로 나아갈 수 있어야 하는 것은 아닌 그 유일무비성(唯一無比性)은 소멸된다. 죽은 자는 'one of them'이 된다. 그러나 세어질 수 없는 죽은 자, '물건의 수'에 들어가지 못하는 죽은 자는 죽은 자로서 인지조차 되지 않는다. 보상의 대상으로 간주되지 못한다. 배상되어야만 할 죽은 자와, 배상될 필요가 없는 죽은 자 사이의 이런 차별이라는 것은 이미 계산이 되어 있는 이상, 다른 종류의 세는 방법을 발명하는 것 외에는 싸울 방법이 없다. 그럼에도 계산은 결국 계산에 지나지 않는다는 것을 잠시도 잊지 않고서. 전후 보상에 대한 정의(正義)를 요구하는 싸움은 늘 이 난제를 품고 있다.

죽은 자를 어떻게 헤아려야 할까?

이 물음에 대한 응답의 시도 중 하나는 이름에 호소하는 것, 한 사람 한 사람의 이름을 부르는 것, 즉 이름을 응시함으로써 가능할 법하다. 그리고 때로는 그 이름과 함께 고인의 사진 하나 또는 유품 하나를 응시함으로써. 2000년 9월 말에 개시되었던 팔레스타인의 제2차 인티파다에서 발생한 최초 100명의 희생자를 애도하기 위해 구상되었던 '샤히드―100의 목숨' 전(展)[1]은 죽은 자를 세는 것의 슬픔, 세지 않을 수 없다는 슬픔을 깊게 받아들이면서, 이 '숙명'에 어떤 편향[偏倚]을 초래하려고 한다. 이 전시는 몇 가지 '옳지 못함'[不正]을 짊어진 채 열렸다. 2000년 9월 말 이전에도 팔레스타인인이란 이유로 그들은 매일 살해당했다. 이 100인 뒤에도 계속해서 살해당하고 있다. 그런데 왜 **이** 100인인가?

'샤히드' 전은 이 물음에 조용히 답한다. 이 '100'이라는 숫자가 참혹

---

1) '샤히드―100의 목숨'(シャヒード―100の命) 전시['shahid'는 순교자를 뜻함]는 2003년 8~10월에 도쿄, 오키나와, 마쓰모토, 오사카를 순회했다. アーディラ・ラーイディ 著, イザベル・デ・ラ・クルーズ 写真, 『シャヒード, 100の命―パレスチナで生きて死ぬこと』, 岡真理・中野真紀子・岸田直子 訳, ンパクト出版会, 2003을 참조.

하게도 [전시로] 열리고 있는 것, 이 계산의 시작과 끝을 한 사람의 죽음과 삶이라는 유일무비성과 마주 대하게 해, 그 두 가지 한계가 가설적일 뿐임을 시사함으로써. 더구나 한층 더 은밀하게는 이렇게 [전시로] 열려질 때 '100'은 이미 단위이기를 그치고 이 전시 앞에 선 사람을 사로잡아, 강제적으로 정지되어야 했던 100의 고동의 환청이 한 공동체의 한 심장의 고동에 더해져, 한 사람의 '적'의 심금과도 만나 울리는 것을 암시함으로써. 그렇게 해서 결정적 한계, 생과 사의 경계, '우리'와 '그들', '우리집'과 '타지사람', '친구'와 '적'을 나누는 분리벽이 싹 허물어지는 것에 의해서.

그러나 '샤히드'란 무엇인가? '샤히드'란 누구인가?

'샤히드'란 '보아 버린 사람'이다. 그런 자로서 증언하는 사람이다. '순교자'라는 어휘는 이 어원에서 유래한다. 이러한 어원을 가진 이 말은 이슬람 이전부터 아랍어 세계에서 어떤 독특한, 쉽게 번역되지 않는 사회성을 표현해 왔던 것이다. 그럼에도 불구하고 여전히 현재의 팔레스타인에서는 '샤히드'란 누구인가, 따라서 누구를 '샤히드'라고 불러야 하는가가 이 말이 한 번 사용될 때마다 계속해서 물어져 왔다. 이 전시회를 조직했던 팔레스타인 민간단체 사카키니 문화센터의 의뢰를 받아 유족들이 고인의 사진 하나와 유품 하나를 선택해 직접 건네주었을 때, 그들은 그들의 더할 나위 없이 소중한 육친(肉親)이 가족 중의 죽은 자라는 규정 이외의 다른 어떤 자가 되는 것에, '샤히드'라는 말을 다른 어떤 형태로 해석하는 것을 통해서 동의했던 것이었다. [그 '샤히드'라고 포함된 육친들 속에는] 데모에 참가했던 사람도 있지만 단지 길가나 집 안에 있었을 뿐인 사람도 있으며, 이슬라엘 군에 의해 살해되었다는 공통점을 제외하면, 매우 다양한 상황에서 죽음을 만나 버렸다. '샤히드'를 '자폭 테러'나 광신주의와 결부시키려고 하는 악의 섞인 해석에 저항해, 이 말은 이렇게 해서 **살고 있는** 것이다.

두 명의 '보아 버린' 자

2003년의 매우 많은 죽은 자 속에서 두 명만은 '옳지 못함'을 각오하고 선택되었던 듯하다. 어느 쪽이건 살해당해 죽은 자가 아니기 때문에 이 선택은 한층 더 '옳지 못한' 것이지만, 이 두 사람을 '샤히드'라고 부르고 싶은 기분을 누를 수 없다. 이 두 사람이 '보아 버린' 것, '보아 버린' 자로서 증언했던 것이 우리 장래에 더할 나위 없는 무거운 의미를 갖고 있다고 생각하기 때문이다.

'역사의 종말'이란 바보 같은 생각으로 일시적으로 인기를 끌었던 프랜시스 후쿠야마라는 우파사상의 대가는 수년 전에 쓴 논문에서 이렇게 말하고 있다. "아랍 연구자나 아랍어를 말하는 사람은 국무성으로부터 완전히 추방되어 왔다. 왜냐면 그들은 언어를 배우는 것을 통해서 아랍인의 '망상'도 배워 버렸기 때문이다.……" 아랍은 현실에 대처하는 것이 불가능하고, 사실보다도 레토릭을 좋아하며 냉정하게 사실을 복창하기보다는 자기 연민이나 과대망상에 빠지는 경향이 많다고 하여 늘 비난받았다. …… 다른 전문가들은 누차 아랍어가 언어로서 부정확하며 정말로 정확하게 무언가를 표현하는 것이 불가능하다는 것 등을 말한다. 내 생각에 그러한 의견은 적합하지 않은 사상적 비방이다. 그러나 대체 무엇이 이런 의견을 만드는 것인가를 알기 위한 시사적인 비교로서 미국의 프래그머티즘(Pragmatism)의 큰 성공 중 하나를 들어, 현재의 지도층이나 당국자가 얼마나 진지하게 실제적인 방식으로 현실에 대처하고 있는가를 살펴보자. 지금 논하고 있는 것의 아이러니가 곧 명확해진다면 좋겠지만, 내가 머릿속에서 생각하고 있는 것은 미국이 전후의 이라크를 위해서 계획하고 있는 것이다.(「몽상과 망상」)[2]

에드워드 사이드는 대표작 『오리엔탈리즘』에서, 비서양적이라고 간주되었던 언어의 구조에 대해 과학적 모양을 갖춰 논평을 더함으로써, 그말을 모어로 하는 사람의 정신 구조를 똑같이 비합리적이라고 단정하는서양적 담론에 대한 비판을 행했다. 이 비판의 타당성과 필요성은, 그후세계의 동향 속에서 불행하게도 계속해서 확증되었다. 최후 발언의 한 가지가 되었던 이 문장에서 사이드는 더글러스 페이스 국방부 차관과 폴 월포위츠 국방부 부장관이 통솔하는 전문가 집단이 이라크 점령을 '60~70일에 정리'하고, 그후에는 '우리의 부탁이나 요구에 얌전하게 따르는 민주적인 이라크'가 출현할 것이라 생각했음을 지적한다. 그리고 이 지적을통해 아랍적 '비현실주의'의 반대편에 있다고 간주되는 미국적 프래그머티즘이 지닌 '파멸적인 외관'의 본성에 대해 야유를 섞어 가면서 지탄하고 있다. "아랍인과 같이 열등한 의사민족(擬似民族), 게다가 결함 있는 언어와 망상에 빠져 있는 듯한 사람들과 명백한 대조를 보인다고 여겨지는것은 이런 것이다. 사실 현실이라는 것은 개인의 지배하에 (아무리 유력할

2) エドワード·W·サイード, 「帝国の視点 / 夢想と妄想―サイード, 最後の言葉」, 中野真紀子 訳, 『みすず』, 2003年 12月号, 10~11쪽.

지라도) 둘 수 있는 게 아니며, 일정한 민족이나 그 정신 구조에 대해 다른 것보다 더 친화성이 있는 것도 아니다. 인간이 처한 상황은 경험과 해석으로 성립된다. 따라서 그것은 결코 힘으로 완전히 눌러 버릴 수 없다. 그것은 또한 역사에서 인류 공통의 영역인 것이다. 월포위츠나 페이스가 일으킨 가장 큰 잘못은 추상적이고 결국 인식이 부족한 언어를 갖고서, 오만하게도 그 언어보다 훨씬 복잡하고 다루기 어려운 현실에 [그 언어를] 대치시키려 했던 점에 귀착된다. 그것이 초래할 두려워할 만한 결과는 이제부터 더욱 명확해질 것이다."

자위대를 이라크에 파견하는 것은 이런 미국적 프래그머티즘을 지금 이 시기에도 여전히 신뢰하는 있음을 증명한다. 그 '어리석음'을 보는 게 불가능하여 한층 더한 '어리석음'에 스스로 빠져든 것이다. 고이즈미는 물론 일본 외무관료도 자위대 간부도 월포위츠·페이스도 모두 사이드를 읽지 않았을 것이다. 이 예언과 같은 유언에 한순간이라도 귀를 기울여 보는 것은 불가능한 것일까? [그들은] 단지 그렇게 계산하고 있는 것이다. 죽은 자의 수를. 재정적으로, 정치적으로.

주권 개념에 대한 재질문

"**성단**(聖斷)을 내리다"라고 『아사히신문』 등에 보도된 제국 최고 책임자의 '결단'은 항복을 '항복'이라고 말하지 않고 패전을 '패전'이라고 말하지 않는다. 그것은 "시운(時運)의 추세 속에서 그 참기 어려움을 참으며 견디기 어려움을 견뎌, 만세를 위한 태평을 열 수 있기를 희망한다"라든가 "전세는 반드시 호전된다"라든가 하는 식의 말만을 하고, 정확한 의미의 판단은 전적으로 듣는

쪽——즉 일본의 인민 ——의 통찰력에 의지하려는 듯이 보이는 '결단의 고지 (告知)'인 것이다. 뭐가 '성단'이야, 응석도 적당히 부리라구, 라고 생각했던 사람들도 상당수 있었던 건 당연했을 것이다. …… 그러나 제국의 '통치권의 총괄자'가 자기 제국의 패전을 공식적으로 발표하고 항복의 '결정'을 '피통치자'를 향해 '고지'하는 '조칙'에서 그 결정이 어떠한 것인가에 대한 정확한 판정을 '피치자'의 상식에 맡겨 버리는 듯한 애매모호한 말을 한다면, 그것은 '통치자'로서 실격이 아닐까? 왜 실격인가 하면, 통치권이라든가 주권이라는 것은 궁극에서는 '비상사태'나 '예외상태'에 대해서 판결하고 결정하는 권한에 불과하기 때문이다. '철저항전' 등을 말하던 것이 돌연 '무조건 복종'으로 대전환하는 결정이면서도 그 결정의 공표에 대해서 단호한 부분은 조금도 없이 중얼중얼중얼하고 한어(漢語)를 늘어놓으면서 "부디 이해해 주세요, 여러분"이라고 하는 것을 보면 그 결정이나 결단이란 것은, 심히 결정답지 않은 것이며 결단답지도 않은 것일 터이다.[3]

후지타 쇼조(藤田省三)는 '쇼와'(昭和)가 50년이 지난 1976년, 원호(元号) 제도, 그 중에서도 특히 '쇼와'라는 원호에 대해 철저하게 비판적으로 고찰했다. 후지타는 사이드와 마찬가지로 아도르노에게서 배웠다. 현재에 대한 가열찬 문제의식에서 과거를 '소수자'·'패배자'에게 목소리를 되돌려 줌으로써 '정신사'로서 재구축해, 거기서부터 나시금 현재를 되돌려 비추는 방법은 사이드가 대위법적 독해라고 불렀던 방법과 어떤 동시

---

3) 藤田省三, 「「昭和」とは何か—元号批判」, 『精神史的考察—いくつかの斷面に即して』, 平凡社, 2003, 195~196쪽.

대적인 친연성을 갖고 있다. 전체주의의 시대에 유럽·유대인의 사상가들의 역사 비판을 일본 사상사의 재해석에 독창적으로 도입했던 그의 여러 작업들은 불후의 가치가 있을 것이다.

원호라는 제도는 율령제 국가의 성립 당시, '일본'이라는 국호 및 그 지배자인 '천황'이라는 호칭과 함께 삼위일체로 제정되었다. 그러난 원호는 그 고향인 중화제국에서와 마찬가지로, 주술적 힘이 상정된 말로서 천황호(天皇号)·국호(国号)와 상대적으로 독립적이며, 파국적인 천재·인재가 일어날 때에 변경되어 왔다. 메이지(明治)에 있었던 일대일원제(一代一元制)로의 전환, 그리고 1945년 패전했을 때의 '쇼와'의 존속은 이 '전통'이 변질된 결정적인 두 가지 계기였다. '쇼와'(昭和)라는 말은 "백성소명(百姓昭明), 협화만방(協和萬邦)"이라는 『서경』(書經)의 한 구절에서 유래하며, "국민 일반을 밝게 비춰, 모든 국가에 평화를 준다"는 의미이다. 그것과 완전히 반대의 사태를 일으켰음에도 불구하고 이 원호가 변경되지 않음에 따라 이 원호는 "현존 천황의 생존 신호일지도 모르지만, 하나의 통치체계를 상징하는 이름으로서는 완전히 의미를 잃었다. **완전히** 잃어버린 것이다. 그리고 잃었을 뿐만 아니라 정반대의 실체를 보이는 허위의 기호가 되었다".[4]

후지타의 이 '쇼와' 비판은 지금 다시 고쳐 읽어야 하며, 그것으로부터 배울 수 있는 것 또한 많다. 앞서 인용한 구절에서, 패전 시의 천황 히로히토를 결단의 주체로서는 '주권자 실격'이라고 단정하는 문맥에서 참조되고 있는 주권자 개념이, 바로 칼 슈미트의 그 주권자 개념이라는 것은

---

4) 藤田省三, 「'昭和'とは何か─元号批判」, 212쪽.

주의를 끈다. 미합중국이 모든 국제법을 유린하며 이라크에서 전쟁을 강행했던 2003년은 다양한 이론적 전망 아래 주권 개념에 대한 재인식이 일제히 소개되었던 해였다. 데리다의 『우정의 정치』(Politiques de l'amitie), 네그리·하트의 『제국』(Empire), 아감벤의 『호모 사케르』(Homo Sacer)[5]는 모두 '슈미트의 유산'으로 제각각 독자적인 대응방식을 보여 주고 있다. 슈미트가 정치적 개념 일반에 대해 이야기했던 것처럼, 이들 전망의 차이 그 자체가 어떤 '항쟁'의 성격을 띠고 있다.

가족 ─ 슬픔과 두려움의 그릇

이라크에 자위대를 파견하는 것, 그것은 중동전쟁(이미 시리아·이란에의 조준은 정해져 있다)에 미·영·이스라엘 주축의 측에 서서 참전하는 것을 의미한다. 그리고 이 전쟁의 세계전쟁화에 결정적으로 '공헌'하는 것이다. 이렇게 중대한 결정을 아랍 세계의 현대사에 관한 기본인식에 대해서도, 헌법상의 합법성에 대해서도, 국제법과의 정합성에 대해서도 스스로의 견해를 끝끝내 명시하지 않고, 미국을 추종한다는 결단일 수 없는 결단을 야금야금 기정사실화해 가고 있는 이러한 현대 일본의 정권 담당자의 자세는 패전했을 때의 히로히토와 연속적인 '정신사적' 위상에 있음이 명백하다. 그러나 일찍이 후지타의 비판이 주권(자)의 이념형에 비춘 비판이

---

5) ジャック·デリダ, 『友愛のポリティックス』, 鵜飼哲 訳, みすず書房, 2003. アントニオ·ネグリ, マイケル·ハート, 『帝国』, 水嶋一憲·酒井隆史·浜邦彦·吉田俊実 訳, 以文社, 2003[안토니오 네그리·마이클 하트, 『제국』, 윤수종 옮김, 이학사, 2001]. ジョルジョ·アガンベン, 『ホモ·サケル』, 高桑和巳 訳, 以文社, 2003[조르조 아감벤, 『호모 사케르』, 박진우 옮김, 새물결, 2008].

었다는 점에서, [이 현상은] 바로 그 이념형 자체가 끝도 없는 위험에 빠져 있는 것이다. 따라서 이라크에 자위대를 파견하는 것에 대한 '정신사적' 규정이라는 긴급히 요청되는 작업은, 상술한 담론군을 포함한 새로운 주권론의 시도를 거쳐야 함은 물론 다시금 엄밀하게 행해져야 할 것이다.

그 작업의 일환으로서 불가피한 것이 '가족' 개념의 재검토라고 생각한다. 왜냐하면 신자유주의 논리가 침투함에 따라 모든 기성 집단이 철저하게 해체되고 개인의 신체조차 장기로 분해되고 있는 오늘날, 가족적 가치에 호소하는 것이 이렇게 빈번해진 이유는 무엇일까라는 것이다. 설령 세계를 지옥으로 변화시킬지라도 대통령으로 재선되어 아버지의 굴욕을 청산하려고 하는 텍사스 부시 집안의 (아버지와 같은 이름의) 아들, 자식을 그리고 자손을 '탈환'하기 위해서라고 칭하면서 전쟁을 부추기는 '납치피해자' 가족의 일부, 그들을 뒤에서 후원하는 정치가의 아들 그리고/또는 자손들 등 제국의 욕망이 나타나는 장에는 언제나 가족의 모습이 있다.

"슬픔과 두려움의 그릇, 가족"이라고 이정화가 썼을 때, 그 가족의 정의는 거의 아리스토텔레스적 고전성을 띠고 있는 듯이 보인다. 그러나 완벽하게 구축된 이 논문-산문시가 겨냥하는 것은 이 수년 사이에 일어나고 있는 가족적 형상의 새로운 정치화에 대한 비판적 분석이다.

가족의 형식에 실려 내려오는 말들, 말들의 무리
사실은 무엇이 이야기되지 않고 있는가
끊임없이 지연되는 것은 무엇인가
지연되고 있는 것, 그것의 흔적이 가족이라는 새로운 형태를 발생시키는
것이라면

그것은 또 하나의 비밀스런 수레바퀴가 되고 있는지도 모른다.

假想·입증하는 것이 불가능한 영역으로서의 가족, 그 연장선으로서의 국가

매개적 혹은 촉매로서의 가족, 그러나 그런 轉倒와 검증이 일어나고 있음에 대한 물음은

가해 속에 스며든 피해가 이동할 수 있는 장소는.

일상화되어 들러붙어 있는 폭력, 가해의 기억이 바깥쪽으로 출혈하지 못한 채 고이고만 있는 내면

퍼런 멍, 멍자국.

자식을 대신해 아들을 대신해 누이를 대신해 대신해 대신해 살고 싶다는 의지, 欲

안쪽의 불안과 바깥쪽에 대한 지배욕망, 그것들의 장치교환

국가의 교환, 국가의 비밀과 이 말할 수 없는 비밀의 교차, 납치, 학살의 영역[6]

이정화가 투시하려고 하는 암흑, 그것은 예를 들면 연간 3만 명이 넘는 일본 자살자의 침묵이며, 그 가족들의 침묵이기도 하다. 세어질 뿐만인 죽은 자들. 연말 혹은 연시에 그들의 이름을 모두 신문에 공표하는 걸 상상해 보자. 그러한 사회적 가능성을 막는 것은 무엇인가? 가족이다. 왜인가? 사회와 함께 가족 또한 때때로 자살이라는 이름의 타살('자타살'自他

---

6) 李靜和, 「影の言葉と求めて……—いまだ幽冥の場所から」, 『思想』, 2003年 11月号, 415쪽. 이후 李靜和, 『求めの政治学—言語·這い舞う島』, 岩波書店, 2004에 재수록(140~141쪽).[번역문 중 원문과 다른 부분은 이정화 선생님의 의견을 듣고 바꾼 부분이다.—옮긴이]

殺)을 행하는 가해자이기 때문이다. 그리고 또한 우리의 말 속엔 이 사람들을 지칭할 수 있는——그렇다, '샤히드'와 같은——말이 결여되어 있기 때문이다. 그것이 이정화가 "가해 속의 피해, 그 그림자의 말의 부재"라고 부른 사태이다. '둘도 없는'이라는 말의 뒷면에 잠재한 대리기제, '대신해 죽는 것'과 '대신해 사는 것', 가족이라는 장에서는 이 두 개의 대리 자체가 끊임없이 대치되어 가고, 욕심이 무욕으로 공격이 희생으로 정당화되어, 그 이상의 물음은 조심성 없음[不謹愼], 불경, 모독으로 금지된다. 이러한 금지 없이 주권적 폭력은 작동하지 않는다.

일본 사회의 자살자들과 이라크행에 동의 혹은 지원하는 자위대원들. 그들 그리고 우리의 많은 수는 어떤 '죽음의 문화'——일본의 자본주의는 이것 없이는 기능할 수 없을 터인데——를 대개의 경우 자각 없이 내면화하고 있다. 그리고 지금, 이 보이지 않는 '죽음의 문화'를 전면적으로 겨냥한 '죽음의 정치'가 여봐란 듯이 다시금 시작되려 하고 있다. 미리 계산된——타자보다도, 타국민보다도 고액으로 계산될——것을 알고 있는 제국의 남자들, 그 가족들. 국가로부터 그 이름이 호명되는 죽은 자. '헤이세이(平成)의 전사자'들의 '슬픔과 공포', 그 속이 뻔히 보일 연극은 이미 스탠바이 하고 있다.

일 년 후 우리는 어떻게 죽은 자를 헤아리고 있을 것인가?

그것을 생각할 때 등 뒤로 흐르는 전율이, 우리를 거리로 내몬다.

17_새로운 아시아적 대화를 위하여

우선 10년 전으로 거슬러 올라가 봅시다. 그 무렵 강상중 씨와 대담할 기회가 있었습니다. 요즘 그때 제가 말했던 것이 떠오릅니다. 당시는 소위 냉전의 종언, 소련·동구 사회주의권의 붕괴 이후, 특히 구 유고슬라비아에서 민족 간의 모순이 갑자기 심각해져 '내'전으로 돌입해 가던 국면이었습니다. 이에 반해 동아시아에서는 톈안먼 사건을 전후해 중국, 북한, 그리고 베트남, 라오스와 같은 사회주의권 국가가 정치체제로서는 존속하게 되었습니다. 그때 저는 동아시아에는 정치체제 간의 차이가 존속하는 형태로 냉전이 끝났다는 점이 역설적이게도 동구처럼 냉전의 종언이 바로 민족 간의 열전(熱戰)으로 전화하는 것을 일단 방지할 수 있었다고 말했습니다. 즉 그러한 '중단'의 구조가 동아시아에 있지 않을까라고 말했습니다. 그때 말하려고 했던 것은 이 유예된 시간을 우리가 어떻게 사용할 수 있을지가 역사적으로 볼 때 결정적으로 중요하다는 것이었습니다. 그러나 최근의 사태를 보면, 우리는 이 시간을 유효하게 사용하는 것에 실패하고 있다는 인상을 지울 수 없습니다. '주어진 10년'을 낭비해 버리고 말았다는 고통스러운 생각. 그것이 이 시대에서 제가 느끼는 주요한 감응(affect)입니다. 우리는 이 10년간을 충분히 활용하지 못했습니다. 그 사이에 실로 많은 사건이 있었습니다. 한국의 대북 햇볕정책도 이 역사적 찬스를 활용하기 위해 나온 것이었습니다. 일본에서도 아무것도 하지 않은 것은 아닙니다. 그러나 여러 가지 시도를 거듭하면서도 상황이 여기에 다다르고 말았다는 사실을 우선 확인하지 않을 수 없습니다.

일본 측에서 이 역사적 유예를 활용하려는 시도가 봉착했던 벽이란 무엇일까요? 한마디로 말해 이 국가가 냉전이라는 '어머니'에게 응석을 부려 온 '아이'여서, 쉽사리 독립할 수 없다는 사실이지 않을까요? [일본은] '보호'를 받으면서, 그 이전의 제국주의·식민주의·침략전쟁의 역사를 인식한다는 곤란한 작업에 직면하는 것은 회피해 왔습니다. 최근 '성숙/미성숙', 즉 '어른/아이'라는 이항도식이 중국의 반일 데모 참가자를 비난하는 문맥에서 동원되고 있습니다만, 아무래도 남 말을 할 처지는 아닙니다. 일본만큼 자기가 처한 역사적 조건을 직시해 '성숙'하려고 하지 않는 국가, '어른'이 되는 것을 거부하고 있는 국가도 없습니다. 현재의 사태를 파악하기 위한 열쇠 하나는 타이완, 한국, 나아가 필리핀, 인도네시아를 포함해, 일본의 침략이나 식민 지배를 받은 아시아 여러 국가들의 민주화가 1980년대에 한꺼번에 진행되었다는 점입니다. 그 과정을 통해 포스트 냉전의 새로운 정치적 문맥이 형성되었다는 의미가 아직 일본에서는 올바르게 포착되지 못하고 있다고 생각합니다. 냉전기의 이 지역에서는 일본 이외의 모든 국가가 우익 군사독재정권이었습니다. 민주화를 거치고 겨우 식민지 지배나 아시아·태평양 전쟁기의 피해 실상을 개인의 입을 통해 말할 수 있게 되어, 우리의 귀에 다다르게 되었습니다. 아시아가 민주화한다는 것은 이러한 것입니다.

중국 민중 수준의 대일 항의에 대해 최근 일본의 정부나 미디어가 조직하고 있는 캠페인은, 그들이 냉전기에 아시아 군사독재 국가들에게 요구했던 것을 현재 중국 정부에게 요구하는 것과 마찬가지입니다. 유일한 차이는 일본의 우파 담론이 지금이야말로 노골적으로 분열증적이라는 것입니다. "중국은 독재이기 때문에 열등하다. 일본은 민주주의이기 때문에 우월하다"며 입에 침도 채 마르기 전에 "독재이므로 반일을 단속하라"고 말합니다. 이러한 후자의 태도는 냉전기에 한국, 필리핀, 타이완의 독재 정권에 대해 보여 왔던 것과 동일합니다.

현재 한국 그리고 중국에서 공공연히 제기되는 물음은 요컨대 민주주의의 문제입니다. 현재의 일본보다 훨씬 깊고 본질적인 레벨에서 민주주의의 물음, 즉 그 다양한 아포리아에 직면해 사회 전체가 그것과 씨름하고 있다고 생각합니다. 아시아 각국의 민주화 과정, 현 단계의 성격을 제각각 어떻게 다룰지는 대단히 어렵습니다만, 한국의 경우 우여곡절을 겪으면서도 확실히 민주화가 진행되고 있다는 것이 느껴집니다. 이미 일본보다 민주적으로 된 부분도 많다고 생각합니다. 이번에 중국에서 발생한 데모는, 특히나 인터넷 보급을 통해서 형성된 일종의 여론이 현 단계에서 표면화한 하나의 사례라고 보지 않을 수 없습니다. 다른 한 가지는 국제 정세의 타이밍입니다. 일본이 국제연합의 안전보장이사회 상임이사국이 되고 싶다고 의사를 밝혔습니다. 그 요구가 코피 아난 사무총장의 국제연합 개혁안과 연결되어 어느 정도 현실성이 있다고 전해지자, 일본이 상임이사국이 되는 건 당치도 않다고 생각하는 많은 아시아인들이 그런 생각을 발표했습니다. 저도 같은 생각입니다. 현재의 일본처럼 '미성숙'한 국가가 새로 늘어날 상임이사국으로서 적합하다고는 정말이지 생각할 수 없습니다. 일본의 상임이사국 진입에 반대하는 개인으로서 입장을 표명해 두고 싶습니다.

제 생각에는 그것은 여러 가지 의미에서 일본인에게 좋지 않다고 생각합니다. 중국이 국제 사회에 본격적으로 진입하면 어쨌든 체제 여하에 관계없이, 장기적인 시간의 폭에서 볼 때 중국의 국제 사회로의 통합은 심화되어 갈 것입니다. 따라서 이 지역에서 일본의 존재가 상대적으로 축소되는 것은 역사적 필연입니다. 일본 전체로서도, 한명 한명의 일본인 속에 자리한 이 국가의 '이미지'라는 레벨에서도, 어떤 의미에서 '대국'(大國)으로서의 일본이라는 의식을 변화시켜야 합니다. 일본이 대국이 아니라 작아지는 것을 받아들이고, 그 프로세스를 오히려 하나의 기쁜 시련으로서 적극적으로 받아들여야 할 역사적 과제를 앞두고 있는 지금, 자칫 잘못해 상임이사국이 되어 버리면 그 찬스를 잃을 수도 있습니다. 혹은 과제를 한층 더 곤란하게 하는 것이 될 수도 있습니다. 일본이 작아지는 것은 결코 부정적인 사태가 아닙니다. '대국'이 아니라고 '소국'인 것은 아닙니다. 여기서 다시 '대/소'라는 이항도식에 빠지지 않는다면 그 사이에서 아직 보이지 않았던 가능성이 얼마든지 보일 것입니다. '대국'이면서 유일한 '초대국'의 '속국'이 되는 것보다는 훨씬 적극적인 가능성 말입니다. 이 가능성을 좋은 것으로 받아들이는 멘탈리티를 길러 가야만 할 때, 상임이사국으로의 진입은 '백해무익'합니다.

그런 의미에서 저는 3월에서 4월에 걸쳐, 한국과 중국에서 일본의 상임이사국 진입에 반대해 일본의 역사적인 반성을 촉구하는 다양한 레벨의 목소리가, 한국의 경우에는 대통령도 포함해서, 중국의 경우에는 주로 가두의 목소리로 표면화되었던 것에 일본 내부로부터 호응해 가고 싶다고 간절하게 느끼고 있습니다. 그러나 그러한 입장을 표명하는 것과 동시에, 현재의 동아시아 상황을 일본이 역사적으로 품고 있는 문제만으로 한정하지 않고 전체적으로 어떻게 생각할 것인가라는 또 하나의 과제가 있습니다. 그 고찰을 심화시킬 만한 몇 가지 가설이나 도식을 채용해 신중한 분석을 시도해야 할 것입니다. 역설적인 표현입니다만, 이 상황에는 극히 고전적인 측면과 역사상 일찍이 없었던 매우 특이한 측면이 표리일체의 형태로 담겨 있는 듯이 보입니다. 이 지역에서 근대의 시간은 대략 150년입니다. 여기서 근대적인 국민국가가 진정한 의미에서 병존하고 인접하게 된 것은, 냉전 이후 최근 15년 정도일 것입니다. 그것도 매우 국력이 강한 국민국가, 다시 말해 강대한 군사력을 갖춘 국민국가가 인접하고 병존하는 상황은, 19세기 유럽 이후로 인류 역사에서 불과 두번째인 것입니다.

물론 인도나 파키스탄, 혹은 중동의 이스라엘과 아랍 여러 국가 간의 관계도 있습니다. 그러나 중동의 경우는 이스라엘이라는 외래의 신생 국가가 근래 폭력적으로 건설되었기 때문에 생긴 분쟁이며, 인도와 파키스탄의 경우는 종교적 요인이 큽니다. 결국 19세기 유럽에 비교할 수 있는 상황은 아닙니다. 동아시아에서는 수십 세기에 걸쳐 역사적·문화적으로 많은 상황을 공유해 온 복수의 공동체가 지금 국민국가로서 제각각 자기를 구성하고 표상하고 서로 마주하고 있다는 짐에서 19세기 유럽과의 비교가 성립합니다.

재래의 공동체가 제각각 국민국가로서 자기를 형성해 갈 때, 얼마만큼의 폭력적 사태가 '안'을 향해서든 '밖'을 향해서든 발동될 수 있는지, 우리는 전율을 느끼면서 유럽사를 상기해야만 합니다. 150년 동안 몇 차

례나 전쟁이 되풀이된 바로 그 결과, 발레리의 표현에 따르면 세계의 중심이었던 유럽은 '아시아 대륙의 작은 곳'으로 축소되었습니다. 이 축소의 과정을 어떻게 받아들여야 할지 어떤 희열과 함께 받아들일 수 있을지 여부는 거대한 문화적 물음입니다. 현재 EU 전체, 혹은 영국, 프랑스, 독일 등 '대국'의식이 잔존해 있는 국가들은 이 과제에 매우 폭주하는 형태로 직면하고 있습니다. 남근적인 강대함과 불가분한 관계에 있는 자기 표상의 수축과 후퇴. 그것은 거세와는 다른 사태입니다. 일본만이 아니라 근대적 식민지 제국으로서 일단 '대국'의식을 가졌던 국가라면 어떤 국가도, 지금 이 경험을 통과하지 않을 수 없으며, [그 과정을] 생략할 수 없습니다. 우리가 요구하는 '또 하나의 세계'는 이 경험의 저편에 있습니다. 그것이 이 시대의 역사적 요청입니다. 무언가 잘못이 있어서 이 사태와 조우하게 된 것은 아닙니다. 이 경험을 기술하고 분석할 말을 찾아내지 않으면 안 됩니다.

이상이 고전적 측면입니다. 그러나 다른 한편으로 동아시아 국민국가의 병존상태는 21세기 초라는 이 시대의 독특한 모습을 띠고 있습니다. 유럽 국가들은 150년 동안, 핵무기가 인류사회의 지평에 나타났던 바로 그 시점까지, 거의 그치지 않고 치고받는 전쟁을 반복해 왔습니다. 말할 것도 없이 이러한 '사치'는 '후진'국가들에게는 허용되지 않습니다. 그렇지 않으면 이 지역에는 '묘지의 평화'가 기대될 뿐이겠지요. 우리는 유럽이 몇 번의 전쟁을 거쳐 겨우 도달했던 지점에, 다시금 전쟁을 거치지 않고 도달해야만 합니다. 그것이 우리 시대 동아시아의 과제이며 인류 역사상 달성하지 못했던 과제입니다. 우리는 그것을 긍지를 갖고 짊어져야만 하는 것입니다.

이 과제를 의식했을 때에야 비로소 이 지역에 있는 미국의 존재 (presence), 특히 군사적 존재의 의미를 이해할 수 있습니다. 미국의 군사적 패권이 사라진다면, 이 지역은 19세기 유럽과 같은 길을 갈 것이다――공언하지는 않더라도 그리고 아시아인에 대한 민족적 편견이 설령 전혀 없다고 하더라도――라는 것이 미국이 동아시아에서 자신의 존재를 최종적으로 정당화하는 논리일 것입니다. 2005년 4월 29일 아미티지[Richard Armitage; 전 미국무부 장관]가 미국은 동아시아 공동체를 허용하지 않는다고 말했을 때, 그는 매우 솔직하게 미국이 이 지역의 모든 국가와 양국 간 관계를 쌓아 왔음을 강조하고 있습니다.[1] 이런 양국관계가 이 지역에서 가장 중요한 구조이며 지속되어야 한다는 것입니다. 또한 "미국은 태평양 국가이기도 하다"는 표현을 하기도 합니다.

이러한 말은 공화당, 민주당을 불문하고 미국의 상당히 장기적이고 전략적인 정치적 의지를 표명하고 있다고 생각합니다. 그것은 물론 동아시아의 현재 상황이 국민국가인 미국의 이익에 적합하며, 영속적으로 이 상태를 유지하려는 의지표명인 것입니다. 그러나 그것과 표리일체의 형태로 미국의 군사적 존재가 사라지면, 이 지역에서 고전적인 국민국가 간의 전쟁이 발생할 것이라는 상정이 깔려 있습니다. 그 가능성을 스스로 조작하고 경우에 따라서는 전쟁을 도발하면서, 동시에 스스로 문제를 일으키고 스스로 제거하는 식으로(match pump), 스스로를 유일한 억지세력으로서 음으로 양으로 지속적으로 승인시켜 나아가려 하고 있습니다. 요컨대 동아시아 국민들이 미국을 빼고 서로 간의 관계를 '성숙'시켜 가는

---

1) 『아사히신문』(朝日新聞), 2005년 5월 1일자.

일은 있을 수 없다고 깔보고 있는 것입니다. 이러한 판단은 개별적 국익과는 어떤 의미에서 차원이 다른, 이를테면 '제국'적인 지리적·역사적 전망에 서 있는 것이라고 말할 수 있을 것입니다.

우리는 이렇게 설정된 한계 너머에서 동아시아의 장래를 희구해 가지 않을 수 없습니다. 이 지역에서 미국의 존재를 비군사화해 가는 동시에, 19세기 유럽이 실패했던 지점에서 성공하려는 의지를 가져야만 합니다. 다시는 전쟁을 일으키지 않고, 서로의 관계를 '성숙'시켜 가야만 하는 것입니다. 그것은 칸트가 『계몽이란 무엇인가』의 서두에서 말했듯이 "오성을 공적으로 사용할 용기를 가짐으로써 아이 상태를 벗어나 책임을 지는" 것을 의미합니다. 이 프로세스를 진행시키지 않는 한, 국민국가로서 조직된 사회가 '성숙'할 수는 없습니다. 하나의 국민국가가 '성숙'한다는 것은 곧 이웃국가와의 관계가 '성숙'한다는 것이기 때문에 이 프로세스를 진행하지 않는 한, 타국의 행동에 자신의 '미성숙'을 투영하는 것은 늘 가능하며 또 유혹적입니다. 그러나 그런 식으로 타국의 '미성숙'을 왈가왈부하는 한, 자국을 '성숙'시킬 수는 없습니다.

반복해서 말합니다만, 전쟁을 거치지 않고 상호 승인에 도달하는 것은, 지금까지 근대에서 부분적인 국제 사회가 성공했던 적이 없는, 혹성 규모의 미답의 과제입니다. 그 과제에 응답하기 위한 조건은 당연한 것이면서도 매우 어렵고 높은 수준의 것입니다. 의지가 낮은 탓에 요구되고 있는 역사적 과제보다 훨씬 낮은 수준에서 우왕좌왕하고 있는 것이 지금 일본의 모습입니다. 제2차 세계대전 이후 독일의 방식을 텍스트의 레벨에서 분석해 보면, '반성'이 가능한 주체 즉 역사적·문화적 구조를 스스로 변화시키는 것이 '가능한' 주체로서 '전후 독일'을 일으켜 세우는 구조가 일관적이라는 점을 볼 수 있습니다. 그러한 의미에서 예를 들면 바이츠제커(Carl Friedrich von Weizsäcker)의 연설 등도 분명히 내셔널리즘적 담론구조를 지니고 있습니다. 그에 비해 일본은 '할 수 없습니다'. 이 국가는 '할 수 없는 국가'입니다. 즉 능력이 없지만 1995년 이래 그 '무능'에서 '할 수 없는' 것은 '하지 않아도 된다', 나아가 '하면 안 된다'라고 강변하는 목소리가 커지고 있습니다. 그것이 '새로운 교과서를 만드는 모임'이나 '자유주의 사관 연구회', 그리고 현재의 고이즈미 정권의 구성원들의 객관적인 자세라고 생각합니다. 전후 독일처럼 국민의식을 이성화하려는 노력을 하나의 계기로 경험하면서, 그것을 통해 연명하는 주권의 논리 너머에서 국민국가의 경계를 횡단하는 민중의 만남이 이미 발생하고 있는 지금, 국민국가로서의 일본은 두 단계나 뒤쳐져 정체되고 있습니다.

또 하나, 유럽과의 역사적 유비를 좀더 진행시켜, 다소 위험할 수도 있는 논점을 제시하고자 합니다. 중국 없이 동아시아 세계는 성립될 수 없었다——이 자명한 역사적 사실은 21세기 정치적 현실을 어떻게 규정하게 되는지요? 일본의 내셔널리스트가 뭐라고 말하려 하더라도, 이 열도의 문화적 요소에서 대륙의 영향을 받지 않은 것은 없습니다. 한편 유럽의 근대의식은 어떻게 형성되었을까 생각해 보면, 자신들의 문화적인 루트를 그리스·로마로부터 찾는 작업을 르네상스를 통해 했습니다. 그러나 그 단계에서는 그리스인도 로마인도 역사의 무대에서 모습을 감춰 버렸습니다. 문화적 유산만 남기고 공동체로서는 사라져 버렸던 사람들을 자신들의 정신적인 조상으로서 허구적으로 정립합니다. 그리고 그러한 구조를 가졌던 고대의 모방을 통해서 근대를 형성합니다. 그러나 그 과정에서 유럽 형성에 결정적으로 기여했던 서로 다른 두 개의 공동체, 그들은 동시대인이며 그들에 대한 계속된 적의도 새로운 성격을 띠게 되었습니다. 유대인과 아랍인, 유대교도와 무슬림입니다. 앙리 피렌[Henri Pirenne, 1862~1935; 벨기에의 역사학자]은 "무함마드(마호메트) 없이 샤를마뉴도 없다"라고 말했는데, 이슬람의 자극을 받고 그것에 대립하며 거기에서 많은 요소를 흡수하지 못했다면 유럽 자체가 성립할 수 없었다는 것은 명백한 사실입니다.

다른 한편, 일본의 근대의식에서 고대 일본이라는 것이 성립하는 데 불가피했던 문화적인 요소들을 열도에 제공한 존재, 즉 유럽으로 말하자면 그리스·로마에 해당하는 존재, 바로 그 중국과 조선 사람들은 역사의 무대로 사라지지 않고 옆에서 계속해서 존재하고 있습니다. 그리고 바야흐로 그 문화적 유산을 스스로 정통으로 상속해야만 할 것으로서 재고유화(再固有化)하면서, 국민국가라는 형태로 주체화하고 있습니다. 이 점에서 일본의 근대의식은 매우 깊은 곳에서 어려운 문제를 떠안게 될지도 모릅니다. 요즘의 사태에 대한 인터넷상의 우익적인 표현을 보면 중국이나 한국을 '전근대적'이라고 모멸하는 표현이 반복해서 나타납니다. 그러나 거기에는 식민지기의 제국적 심성이 지속되고 있을 뿐 아니라, 중국·조선을 자신과 같은 동시대적이고 근대적인 존재로 볼 수 없다는 뿌리 깊은 '마음의 병'이 싹을 드러내고 있는 듯한 기분이 듭니다.

반도인 조선과 열도인 일본은 역사적으로 중국 대륙과의 관계가 다릅니다. 그 점이 앞으로 이 지역의 형성의 행방에 어떻게 관련되어 가게 될까요? 이시카와 규요(石川九楊)나 고야스 노부쿠니(子安宣邦)가 최근에 강조하고 있는 '내재하는 타자'로서의 한자(漢字)란 문제에는, 아직 사유되지 않은 정치적 지평[射程]이 포함되어 있다고 생각합니다. 애초에 일본(日本)이라는 국명은 두 글자의 한자로 되어 있습니다. 세로쓰기를 하면 좌우대칭이라는 둥, 별의별 유래를 담고 선택된 두 글자의 한자입니다. 그것을 지금도 음독하고 있습니다. 이처럼 이 국가의 고유명은 이곳은 중국이 아니라고 중국인에게 전하기 위해서 중국어로 발화된 언어행위 기원의 흔적을 간직하고 있습니다. 특별히 이 나라에 한정하지 않더라도, 어떤 국민국가일지라도 비중심적으로만 형성될 수 있습니다. 그렇기 때문에 사후적으로 자기를 중심화하려는 욕망에 사로잡히는 법입니다. 히노마루라는 깃발은 그 기원에 있는 비중심성에 대한 장대한 부인(否認)으로서 저러한 형태를 하고 있습니다. 이 부인이 정치적·사회적으로 단순히 반복되어 다시 긍정된다면, 그것만으로도 중국과 일본의 향후 관계를 부정적으로 규정하게 될 것입니다. 이러한 국민의식의 수준에서 탈구축적으로 개입할 가능성을 찾아야만 합니다.

중국, 조선을 '전근대' 취급하는 일본 내셔널리즘의 정형화된 논점으로 돌아가 보겠습니다. 북한 때리기 등에서 특히 노골적으로 드러나는 것처럼 중국과 조선에 대한 일본 특유의 모멸적인 차별 감정에는, 서양이 일본에 대해 이야기해 온 것이 상당히 투영되어 있음은 분명합니다. 실제로 우리는 많은 것을 공유하고 있으며, 그 중에는 확실히 부정적인 것도 적잖이 있습니다. 일본의 식민지주의적 팽창의 결과는, 현재의 일본 영토 안에서도 오키나와와 홋카이도라는 형태로 존재하고 있습니다. 특히 홋카이도 아이누 민족과의 관계를 거슬러 올라가 보면, 근대를 뛰어넘어 고대의 도호쿠(東北) 침략에 이르게 됩니다. 고대 에조(蝦夷) 정복 전쟁에는 대륙에서 온 도래인(渡來人)도 참여하고 있었으며, 그 이데올로기도 많든 적든 중국의 영향 아래에 있었습니다. 부정적인 문화 요소 또한 '일본'에서

'중국'을 제거하는 것은 쉽지 않으며, 일본인의 중국 혐오는 때때로 자기 혐오의 투영으로 귀결됩니다.

우리가 일본을 답답하다고 생각할 때, 그 답답함의 얼마인가는 중국과 무관하지 않은 무엇인가에서 유래하고 있습니다. 식민지주의를 수미일관된 형태로 사유하려고 할 때 봉착하는 곤란한 대목의 하나는 전근대적인 정복이나 지배와, 근대적인 식민지배의 연속성과 비연속성을 어떻게 파악할 것인가라는 점입니다. 유럽은 콜로니얼리즘이라는 말과 현상의 기원에서 다름 아닌 고대 로마제국을 동시에 묻지 않고서는 근대 식민주의 자체를 근본적으로 물을 수 없을 것입니다. 동아시아에서도 같은 종류의 물음이, 앞으로 필요한 수정을 더해 가면서, 어떤 형태로든 어쩔 수 없이 제기될 것입니다.

현재 중국에 관한 말들 중에는 완전히 환상이라고 해도 좋을 만한 것이 상당히 있습니다. '중화사상'이라고 자주 이야기되지만, '중화제국'도 '중화사상'도 일본에서는 실물을 본 사람이 없습니다. 특히 일본은 한 번도 침략받은 적이 없고 지배하는 민중[民]으로서의 중국인을 눈앞에서 본 적도 없습니다. 실제로 직접 중국의 지배를 받으면서 이들과 자신은 역시 다르다고 느끼고, 자신들의 민족성을 [중국과는 다른] 어딘가에서 파악했던 조선반도에서는 몇 번이나 했던 경험을 [일본은] 한 적이 없습니다.

그러나 동시에 이번 사태가 세계적인 수준에서 여러 가지 반응을 이끌어 낸 것도 사실입니다. 이것에 저도 놀랐습니다만, 지인(知人)의 말에 따르면 [2005년] 5월 29일에 프랑스에서 있었던 EU헌법 비준을 둘러싼 국민투표에 중국의 시위가 영향을 주고 있다는 것이었습니다. 이 헌법 초안이 매우 신자유주의적인 내용이며 더구나 개선도 불가능하다는 것이 알려짐에 따라 헌법 초안에 대한 반대여론이 강해졌습니다만, [오히려] 이를 계기로 찬성파가 강해지고 있습니다. 그리고 찬성파가 제시한 근거 중 하나로, 미국이 현재와 같은 상태이기 때문에 유럽은 통일 과정을 서둘러야 한다는 논거와 나란히, 중국 위협론이 이용되고 있습니다. 옛날의 '황화론'(黃禍論)을 거의 그대로 반복하고 있어서, 중국의 인구 전체로 보자면 한줌에 불과한 사람들이 행한 이번 가두 행동이 EU헌법의 행방을 좌우할 만한 영향을 끼치기 시작한 것입니다. 협소한 일본의 내셔널한 시점에서 보는 사람들은 구미의 중국 위협론을 일본에도 좋은 기회로, 요컨대 그들의 말을 빌린다면 '가미카제'로 환영하고 있지만, 일본은 또 그렇게 다시금 우를 범하게 되는 것입니다. 환상과 현실을 늘 반복해서 분리하는 작업을 통해서, 전 세계가 중국과의 관계를 진지하게 재설정해야만 하지 않을까요? 그런 한편으로 중국에 대한 환상이 가장 만연된 역사적인 조건으로 형성되어 있는 국가가 일본이라는 것은 아무리 강조해도 지나치지 않습니다.

중국만이 아니라 아시아, 혹은 세계의 다른 지역 사람들과의 연대를 희구할 때 제가 항상 중요하다고 생각하는 것은, 단순히 추상적인 이념을 공유하거나 구체적·물질적인 면에서 함께 싸우는 것뿐이 아니라, 어떻게 타자의 '고투'를 나누어 가질까 하는 것입니다. 각각의 지역에는 역사적, 지리적, 혹은 문화적인 이유로 간단히 해결할 수 없는 문제가 있고, 그 안에서 모두 힘껏 싸우고 있습니다. 그 격투(格闘)의 내실을 나누어 갖는 자세가 없으면, 진정한 의미에서 국제적인 의식, 혹성 규모의 세계 인식은 형성될 수 없다고 생각합니다. 다른 말로 하자면, 타자의 아포리아는 우리의 아포리아이기도 하다는 점을 원칙으로 해야 합니다. 중국의 민중도 지식인도 지금 고뇌하며 살아가고 있습니다. 중국의 일당독재체제를 단순히 정치 시스템의 문제로 파악하여, 이쪽은 민주주의이고 저쪽은 독재라고 생각해서는 안 됩니다. 다른 역사적 경험과 다른 정치적 구조 속에서, 다른 민주주의가 형성되고 있다는 것을 생각하고, [중국에서는] 인터넷을 적극적으로 활용한다는 사실을 포함해, 일본에는 없는 다양한 발명이 있었음을 생각해야 합니다.

중국의 경제적 발전이 계속되는 가운데, 중국이 세계의 다른 지역과 어떻게 정합적인 관계를 형성해 갈 수 있을지는 21세기 최대의 과제 중 하나임에 틀림없습니다. 중국이 성장하면 할수록 중국인이 끌어안아야 할 아포리아도 심각해집니다. 이 상황을 보고, 결국 150년 전과 마찬가지의 지정학적 도식이 부활하고 있다고 보는 시각이 있습니다만, 그것은 일본의 우파적인 사람들의 사고방식일 것입니다. 미국은 물론 유럽에서도 싹트고 있는 중국에 대한 경계심을 부채질해서 중국을 방패로 삼아 다시한번 어부지리를 취하고 싶다, 이런 흑심으로 이 사람들은 움직이고 있습니다만 그것은 결정적인 착각입니다. 절대로 일이 그렇게 진행될 리는 없습니다. 오히려 반대로 중국의 고유한 아포리아를 다른 입장에서 나누어 가지려는 노력을 통해서 공통의 미래를 모색하는 것이야말로 우리가 지향해야 할 것입니다. 루쉰이나 다케우치 요시미와 같은 과거의 특별한 지식인으로부터 우리가 고쳐 배우려고 하는 것은 그런 점일 것입니다.

마지막으로 한 가지만 더 이야기하겠습니다. 중국에서의 대중운동, 그리고 민중의 가두행진을 적어도 1960년대부터 우리는 몇 번이나 보아왔습니다. 그것은 프롤레타리아 문화혁명이며, 톈안먼 사건이며, 그리고 이번 사태입니다. 문화혁명에 대해서는 이후 모든 민중운동의 기점이 되었다는 점에서 역사적 위치를 다시금 부여해야 하지 않을까요? 세계적으로도 필시 문화혁명이란 무엇이었는지 다시 질문해야 할 시기가 오고 있습니다. 그 질문 없이는 현재 중국에서 정치권력과 민중의 관계, 계급투쟁과 그 정치적 표상의 관계를 이해할 수도 없으며, 앞으로 이 민중운동이 취할 수 있는 형태를 사유할 수도 없습니다. 일본에서도 가가미 미쓰유키 씨의 작업[2] 등 귀중한 레포트가 몇 가지 있습니다. 그러나 그런 것을 미래 지향적으로 해석할 역사적인 해석틀이 결여된 채로 문화대혁명이 잊혀지고 단순히 부정적인 사상으로서만 사유되는 한, 결국 우리는 중국의 민중운동에 대한 이해를 포기해야 할 것입니다.

알랭 바디우(Alain Badiou)와 가까운 입장을 지닌 이탈리아의 역사가로 알레산드로 루소(Alessandro Russo)라는 사람이 있습니다. 그는 국제적인 문화대혁명 연구 네트워크를 만들자고 호소합니다. 문화대혁명기의 삐라나 조직 문서 등 많은 부분을 이제는 중국의 도서관에서 열람할 수 있게 되었지만, 중국에는 연구자가 적은 상황입니다. 그러나 현재 글로벌 권력의 역사적 위치 짓기, 혹은 68년의 '세계혁명'이라고 불리는 것, 그리고 현재의 반세계화 운동까지를 역사적으로 자리매김하기 위해서는, 문화대혁명이 무엇이었는지를 다시 질문하지 않을 수 없다고 루소는 말하고 있습니다. 그것을 하지 않고서는 단지 중국을 모르는 것만이 아니라 현대 세계의 민중운동의 질도 충분히 규정할 수 없을 것이라고 말입니다. 요컨대 이번 '반일' 데모를 시애틀이나 제네바의 가두 행동[3]과 같은 선상에서 보기 위해서는, 문화대혁명에 대한 재고가 불가피하다는 것입니다.

---

2) 예를 들면 加々美光行, 『歴史のなかの中国文化大革命』, 岩波現代文庫, 2001.

그는 그런 입장에서 국제적인 문화대혁명 연구를 호소하고 있습니다. 저 자신이 얼마나 참여할 수 있을지는 별개로 하고, 이 호소와 적어도 그 정신에 호응하면서, 특히 일본을 향한 중국의 민중운동을 중국인 그리고 중국에 진지한 관심을 보내는 전 세계의 지식인들과 함께 생각해 가는 자세를 지니고 싶습니다.

그로부터 최근에 다양한 루트로 형성되어 온 동아시아 수준의 민중적 대화의 공간을 한층 더 확장하는 것, 그리고 마지막으로 제가 얼마 전 관련되었던 '티치인 오키나와' 작업의 연장선상에서 중국이나 다른 아시아 나라들의 유학생과 일본인 학생 사이의 대화의 장을 대학에서 어떻게 열어 갈 것인가를 여태까지 작업을 함께한 사람들과 생각하고 싶습니다. 이 유예의 10년의 시간을 우리는 잃어 가고 있는 중입니다. 이 지역 전체에서 냉전의 논리를 뛰어넘는 틀에 대한 모색과, 그 논리에서 조금씩 벗어나는 민족 간 모순을 전용하려는 유혹이 동시에 진행되고 있습니다. 한 우익 사이트에는 "센카쿠 열도를 공산주의자에게 넘기지 말라"고 쓰여 있었습니다. 이것은 그들의 전형적인 견해입니다만, 이 상황에서 누가 어떤 점에서 얼마나 뒤처져 있는지를 어떤 착오도 없이 따져 묻고, 어떻게 정치적 효과를 낳으면서 일본의 한복판에서 새로운 아시아적 대화의 장을 열어 갈 것인지, 우리는 전에 없이 날카롭게 추궁받고 있습니다.

---

3) 1999년 11월 30일부터 12월 3일까지 미합중국 시애틀에서 열린 세계무역기구(WTO) 제3차 각료회의 당시, 세계 각국에서 참가한 다수의 NGO와 노동조합이 항의행동을 전개하여 대항 글로벌리즘 운동의 고양을 알리는 사건이 되었다. 2001년 7월 20~21일에 이탈리아 제네바에서 열린 제27회 선진국 서미트(G8 정상회의) 때에는 30만 명이 넘는 항의 데모가 조직되어 크고 작은 충돌이 일어났는데, 치안부대의 발포로 활동가인 카를로 줄리아니가 살해되었다.

18_전쟁의 극복

시작하며 — 겨울의 도래에 생각하는 것

요즘 추워졌습니다. 우리 세계에는 이 추위에서 몸을 지키는 것이 불가능한 사람들이 있습니다. 일본만이 아니라 다른 국가나 지역에도 살 곳을 잃은, 혹은 빈곤 속에서 겨울을 넘기지 못하고 동사하거나 굶어 죽는 사람들이 있습니다. 그리고 현재 그 수는 증가해 갈 뿐입니다.

이러한 사태는 예전에 생각되었던 이유처럼 세계가 아직 충분히 발전하지 못했기 때문에 발생하는 것이 아닙니다. '우승열패' 즉 어떤 기준에서 '뛰어나다'라고 간주된 자들이 이겨서 남고 그 외의 대부분 사람은 져서 없어져 가는 것을 당연히다고 생각하는 신자유주의적인 경제 정책에 따라 일어나고 있습니다. 이러한 죽은 사람들은 어떤 의미에서 사전에 계산되어 만들어지는 희생자들입니다. 그 수는 현재 우리의 이 세계에서 증가하고 있을 뿐입니다. 이 사람들은 현재 자본주의 체제의 의도적이고 계획적인 범죄에 의한 희생자라고 말해도 좋을 것입니다.

한편, 북한의 겨울에서 목숨을 잃어 가는 사람들이 있습니다. 이 두 가지 카테고리의 희생자들은 제각각, 우리의 마음속 어디에 '살고' 있는 것일까요? 이 저마다의 참혹한 현실을 우리는 어떤 감정을 갖고 마주 대하고 있는 것일까요? 오늘 이 장소에는 북한에 친족이 계신 분도 있을 것입니다. 일본 사회 속에서 다양한 활동에 종사하고 계신 분들도 있을 것입니다. 이런 점에서 우리들 사이에는 큰 다양성이 있다고 생각합니다. 그러나 그 다양성을 가로질러, 입장이나 관계성의 차이를 넘어서, 적어도 이것만은 말할 수 있지 않을까요? 북한에서 겨울을 보내는 사람들의 생활을 더욱 압박할 수 있는 어떤 경제제재에 대해서도 우리들은 반대한다는 점입니다. 이 점에서는 공통의 자세를 표하는 것이 가능하며, 표해야만 하지 않을까요. 현재 북한의 체제에 대해서 어떤 입장을 취하든 간에, 그것은 우리들이 함께 목소리를 높여, 호소하고 요구해 나가야만 할 최저한의 상황이라고 생각합니다. 그것을 전제로 다음의 이야기를 드리겠습니다.

동아시아 — '예정'되어 있는 전쟁

'티치인 오키나와'라는 오키나와 미군기지 철거 투쟁에 연대하기 위한 운동에 저는 요사이 작게나마 관계하고 있습니다. 그 운동의 기점이 되었던 것은 2004년 8월 13일, 오키나와 국제대학 구내에 미국 해병대 헬리콥터가 추락했던 사고입니다. 그때는 마침 아테네 올림픽이 개최된 때이긴 했지만, 일본의 미디어들은 거의 전혀라고 할 수 있을 정도로 이 사고를 보도하지 않았습니다. 그날의 『오키나와 타임스』, 『류큐신문』이라는 오키나와의 두 개 신문과 일본의 대신문을 비교해 보면, 그것이 일목요연히 보입니다. 당일만이 아니라, 2004년 10대 뉴스를 보면 오키나와에서는 이 사고가 두 신문 지면 모두 톱이었습니다만, 그에 반해 일본 신문의 10대 뉴스에서는 10위 안에조차 들지 못했습니다. 이 터무니없는 인식의 격차는 현재 일본 국가의 영토라고 간주되는 지역에서도 이러한 형태로 존재하고 있습니다.

당시 제가 강한 인상을 받았던 것은 이 사고현장에 있었던 오키나와인들의 이런 생각들입니다. 일본 정부만이 아니라 일본 사회 전체의 이 믿기 어려운 무관심에 직면한 오키나와인들은, 자신들이 죽어도 어쩔 수 없는 존재라고 여겨지고 있음을 날카롭게 감지했다는 것입니다. 8월 13일이라는 것은 8월 15일이 되기 이틀 전입니다. 그러나 이 사고가 이 해 일본의 8·15 식전(式典)이나 집회에서 언급되었던 적은 거의 없었습니다. 자신들 오키나와 인간이 몇 명 죽은 것은 미국이나 일본의 정부에게는 이미 계산이 끝난 상태다, 자신들은 언제 죽어도 상관없을 존재로 계산되어 있는 것이다, 오키나와인들은 그렇게 느꼈던 것입니다.

오키나와 사람들의 이 직관은 제2차 세계대전 말기의 오키나와 전투의 기억으로 뒷받침되고 있습니다. 미국과의 정전교섭을 다소나마 유리하게 하기 위해, 국체(国体) 즉 천황제를 방위하기 위해, 일본이 오키나와를 '버려진 돌' 셈 쳤다는 것은 지금은 모든 자료를 통해 명백하게 입증되었습니다. 미국의 점령과 일본으로의 '복귀'를 서쳐 60년이 지난 지금, 그 구조는 근본적으로 조금도 변하지 않았습니다. 이번 사고의 경우 일본의 정부, 사회, 미디어의 너무나도 심한 무관심을 통해 오키나와인들은 그것을 깨닫게 되었습니다. 이렇게 해서 오키나와에 미군기지가 계속해서 존재하고 있는 이유가 재확인된 것입니다.

그러나 오키나와인들의 이 날카로운 직관에 의해 조명되는 공간은 사실 오키나와만으로 끝나지 않습니다. 오키나와에서 미군기지의 존재, 그것은 단적으로 미합중국과 이제부터 여러 심각한 문제가 발생할 것이라고 간주되고 있는 동아시아 여러 지역 사이의 전선 중 하나가, 잠재적으로 그곳으로 끌려가고 있다는 것을 의미합니다. 그리고 그곳에 끌려가고 있는 가장 잘 보이는 또 하나의 현재적인 전선은 말할 필요도 없이 조선반도의 38도선[휴전선]입니다.

[2006년] 10월의 북한의 핵실험, 그에 계속된 일본과 미국 양 정부를 중심으로 한 제재 정책, 국제연합 안전보장이사회의 결의, 더욱이 그것에 연동하여 한층 더 격해진 일본 사회의 배외주의. 우리가 깊은 우려와 함께 지금 여기에 모인 이유가 된 이 일련의 과정과 마주하면서 동시에 한 가지 지적해 두어야 할 것이 있습니다.

그것은 미국의 전 대통령인 클린턴 정권 제2기 때, 다음과 같은 예측이 이미 몇 개의 싱크탱크로부터 나왔다는 점입니다. 그것은 "2020년부터 2025년경, 일본개헌과 조선반도의 통일 후, 일본과 중국 간의 모순 확대를 주요한 원인으로 대규모의 무력분쟁이 발생한다"라는 것입니다. 단지 예측입니다만, 현재 우리가 직면하고 있는 위기와의 관계에서 주목해야 할 것이 적어도 세 가지 있다고 생각합니다.

우선 첫번째로, 이런 눈으로 우리들을 보고 있는 사람들이 있다는 것입니다. 정책결정에 관여하는 미국인 시선의 질, 그 이상한 감촉을 우리들은 강하게 느낍니다. 수십 년 후에 이런 전쟁이 일어날 가능성이 있다고 말하지만 그것은 완전히 객관적인 관측이 아닙니다. 이 사람들은 미국이 이 시기에도 동아시아에 계속해서 존재하고 있는 것을 당연한 것으로 상정하고 있기 때문입니다. 따라서 이 사람들의 '예측'이라는 것은 자기들이 관여한 가운데 이 전쟁이 상당한 개연성을 갖고 일어날 것이라고 말하는 것입니다.

그러나 두번째로, 이 '예측'은 탈냉전이라는 컨텍스트를 전제로 하고 있습니다. 여기서 조선반도는 이미 통일된 것으로 되어 있습니다. 포스트 냉전의 패러다임으로 생각했을 때, 그에 앞서 전쟁이 기다리고 있음을 이 '예측'은 말하고 있습니다. '9·11'도, 그후의 미국 주도의 반테러리즘 전쟁도, 이 '예측'이 예상하는 범위에는 포함되어 있지 않습니다. 통일을 향해 갈 때의 조선반도의 위기는 이 '예측' 속에서 이미 과거의 것이 되고 있습니다. 이것은 현재의 위기를 생각한 위에 고려해야 하지 않을까 생각합니다. 그것은 결코 조금 앞선 시기에 행한 미국인의 일종의 '예측'이 올바른가라는 문제가 아닙니다. 애초에 저는 이러한 시선에서 다른 지역을 관찰하고 전쟁을 '예측'하고 그것을 발표한다는 것 자체가 본래 해서는 안되는, 용인하기 어려운, 매우 의심스러운 것이라고 생각합니다. 우리는 항상 미국에게 보여지고 있다는 것을 잊어선 안 됩니다. 지금 세계를 전체적으로 보고 있는 것은 미국뿐입니다. 중동과 극동의 위기를 같은 시야 속에서 보고 있는 것은 미국뿐입니다.

2002년의 연두교서(年頭敎書)에서 부시 대통령이 이라크·이란과 나란히 북한을 '악의 축'으로 지명했을 때, 저는 마침 우연히도 파리에 있었습니다. 어느 아랍계 서점에 들르자 그 서점 주인이 "왜 '악의 축'에 북한이 들어가나요? 북한에는 무슬림이 있는 건가요?"라고 진지한 얼굴로 물었습니다. '9·11' 이후, 무슬림의 눈에는 세계는 이슬람 세계와 미국의 전쟁을 축으로 돌아가고 있어서, 거기에 왜 북한이 들어갔는가 이해할 수 없었던 것입니다. 반대로 극동에서 보면 중동을 중심으로 한 사태의 전개가 극동에게 미치는 의미는 좀처럼 명확히 보이지 않습니다. 유럽에서도 중국보다 저편의 것은 전혀 알지 못합니다. 대서양 국가이며 태평양 국가이기도 한 미국만이 이 양극을 시야에 넣고 세계정치를 행하고 있습니다. 북한을 둘러싼 올해 봄 이후의 사태는 큰 컨텍스트에서 말하자면, 이라크 전쟁 때문에 국제연합 정치에서의 신용을 상실한 미국이 국제연합에서의 헤게모니를 회복하기 위해 북한의 국제적 고립을 철저하게 이용한 면이 있다고 생각합니다.

북한이 핵실험에 이르게 된 것은 무척 심각한 사태입니다. 핵무기의 실험과 보유에 대해서 저는 원칙적이고 보편적으로 어떤 이유가 있든 허용되어선 안 된다고 생각합니다. 따라서 북한의 핵실험에 대해서 다른 어떤 나라의 핵실험과 마찬가지로 반대합니다. 다만 금후 수십 년이 걸릴 동아시아의 평화 구축이라는 과제를 전제로 할 때, 북한의 핵문제가 우리의 시야 전부를 점령해 버려서는 안 된다고 생각합니다.

미국 싱크탱크의 그 '예측'은, 설령 '9·11'이 없어도, 부시의 '악의 축' 규정이 없어도, 조선반도가 통일을 달성했다는 가정을 해도, 21세기 동아시아에는 매우 심각한 문제가 기다리고 있다고 말하는 셈입니다. 반복해서 말하지만, 이 '예측'이 신용할 가치가 있다고 말하고 싶은 것은 아닙니다. 그러나 이 지적에는 90년대 중반이 지나면서 이미 명확해진 포스트 냉전형의 민족 분쟁—예를 들면 동구 및 아프리카에서 구 유고슬라비아나 르완다 사태로 나타났던 처참한 사태—과의 유추가 작동하고 있습니다. 고도의 경제력과 군사력을 갖췄지만 역사적 갈등이 미해결된 상태에서 발생하는 인접 국민국가 간의 모순은 지금까지의 인류 역사 속에서 그 폭발을 사전에 현명하게 배제하는 게 거의 불가능했었습니다. 그 점을 생각해 보면 미국의 싱크탱크가 동아시아 여러 민족 간의 모순이 금후에 오히려 격화하는 방향으로 발전할 개연성이 높다고 생각했던 것에는 일정한 근거가 있다고 생각하지 않을 수 없습니다. 이것이 이러한 '예측'을 상기하고 그것에 주목해야 할 세번째 이유입니다.

이 예측에서 현재 북한의 핵문제는, 조선 통일 이전의 역사 속으로 이미 사라진 상태입니다. 이런 시각은 동아시아의 항구적 평화에 대한 위협이나 장애는 오직 북한의 현 체제나 정책뿐이라고 말하려는 듯합니다. 그러나 이런 시각은 고작 7~8년 전의 미국 싱크탱크의 '예측'과 비교해 보기만 해도 그 타당성을 잃습니다. 조금 앞서 저는 2004년의 사고가 있었을 때, 오키나와 사람들이 자신들은 이미 사전에 계산되어 버린 죽은 자라는 직관을 얻었다고 말했습니다만, 이러한 미국의 시선 앞에서는 동아시아 주민 전부가 사전에 계산된 죽은 자들이라고 말할 수 있지 않을까요? 현재 많은 일본인들은 조선반도나 오키나와에 대해서는 그렇게 말하는 경우가 있더라도, 일본은 그런 것의 외부에 있다는 생각에, 좀더 말하자면 일본인은 미국인과 똑같이 계산하는 측에 있고 계산되는 측은 아니라는 착각에, 혹은 자신들(만)은 살아 있는 자로서 계산되고 있다는 착각에, 점차 깊숙이 끌려 들어가고 있는 중입니다. 그렇지만 이러한 미국 싱크탱크의 '예측'에서는, 당연한 것이지만 일본은 전쟁의 한 당시자로 설정되어 있으며 일본인 전체가 죽은 자로 계산되어 있음이 확실합니다.

우리는 '전쟁의 극복'이라는 과제를 '9·11' 후 부시 정권의 전쟁정책과 대결하는 문제로 한정할 수 없습니다. 부시 등장 이전에 미국에서 논의되고 있던 것과 대조해 보는 것만으로도 이 과제가 부시 정권에 대한 비판으로 끝나지 않는다는 것을 알 수 있습니다. 또한 현재 북한의 상태에 대한 분석이나 비판도, 비판으로 끝나는 것이 불가능하다는 것을 알 수 있습니다. 보다 광범위한 몇 가지 퍼스펙티브를 거듭 맞춰 보는 것을 통해 현재 우리가 역사의 어떠한 단계에 있는 것인가를 생각해 가야 할 것입니다.

평화의 탐구

물론 우리는 오늘날 동아시아에서 '냉전' 체제나 체제 간 모순이 과거의 것이 아님을 잊을 순 없습니다. 우리는 지금도 그 안에 있고, 그것의 한 가지 불행한 귀결로서 북한의 핵실험이라는 사태에 직면해 있는 것입니다.

50년이 넘는 '냉전'의 역사 속에서, 이번 핵위기와 유사한 사건이 몇 가지 있었습니다. 그러한 때, 당시 대조적인 두 명의 일본인 지식인이 위기에 대해 어떻게 사유와 감성을 작동시켰는가를 소개함으로써, 그 말이 현재 우리의 위기에서 내포한 의미를 생각해 보고 싶습니다.

하나는 마루야마 마사오의 「세번째 평화에 대하여」라는 글로, 『세계』 1950년 12월호에 발표되었던 것입니다.[1] 즉 한국전쟁이 한창일 때이며, 일본이 독립하기 전의 일입니다. 한국전쟁을 배경으로 일본 국내에서 아시아·태평양 전쟁을 어떻게 종지부 찍을까, 어떠한 내용의 강화를 어느 국가들과 어떤 형태로 맺을까라는 물음이 국론을 이분화시키고 투쟁이 벌어졌던 시대입니다.

마루야마 마사오가 중심 멤버 중 한 명인 평화문제담화회는 지식인

---

1) 丸山眞男, 「三たび平和について」, 『世界』, 1950年 12月号.

의 공동연구를 통해서 평화를 위한 발언을 하려는 취지로 결성되어 모였습니다. 당시 일본인의 눈에는 훌륭한 이니셔티브로 보였음에 틀림없는 유네스코 평화성명에 자극되었기 때문이었습니다. 그 담화회의 두번째와 세번째 성명 사이에 1950년 6월 25일 한국전쟁이 발발했습니다. 평화문제담화회는 국제연합이 해줄 역할에 큰 기대를 했기 때문에, 국제연합 결의에 의해서 전쟁이 그런 형태로 진행되는 것에 큰 충격을 받았을 것입니다. 그 충격 속에서, 이 「세번째 평화에 대하여」라는 글이 씌어졌습니다. 3장과 4장은 헌법과 경제 문제이고, 마루야마는 1장과 2장의 정치학적인 분석을 담당하고 있습니다. 1장은 '평화문제에 대한 우리들의 기본적인 사유방식', 2장은 '소위 두 개의 세계의 대립과 그 조정의 문제'라는 제목이 붙어 있습니다. 여기서는 1장의 한 구절만 인용하겠습니다.

> 이제 전쟁은 의심할 바 없이 지상 **최대의 악**이 되었다. 어떤 다른 악도, 전쟁의 악만큼 크지 않다. 따라서 반대로 말하자면, 세계의 사람들에게 평화를 유지하고 평화를 드높이는 일이, 그것 없이는 다른 **어떠한** 가치도 실현될 수 없을 듯한 제1의 목표가 되었다. …… 따라서 감히 역설적으로 말하면, 전쟁을 최대의 악으로 하고 평화를 최대의 가치로 하는 이상주의적 입장은 전쟁이 원자력 전쟁의 단계에 도달했던 것과 **동시에** 고도의 현실주의적인 의미를 띠게 되었다고 할 수 있다.

쭉 읽어 보면, 뭔가 너무 이후의 일을 말하고 있는 듯한 기분이 듭니다. 그러나 우선 시대의 문제가 있습니다. 바로 전 해인 1949년, 소련이 핵실험에 성공했습니다. 발표되지는 않았습니다만, 이번과 마찬가지로 미국이 대기권에 있는 방사능 물질을 캄차카 반도 상공에서 채취함으로써 실험의 성공을 확인했습니다. 또한 같은 해 중국에서는 공산당이 내전에 승리해 중화인민공화국이 성립했습니다. 일본은 그때까지도 점령하에 있었고, 점령군의 프레스코드[2]가 걸려 있어서 그때까지는 히로시마와 나가사키에서 실제로 어떤 피해가 있었는가가 널리 알려져 있지 않았습니다.

마루야마 자신도 1945년 8월 6일에 히로시마에 있었으며, 폭발 장소와 꽤 가까운 곳에서 피폭을 겪었습니다. 소련이 핵실험에 성공했을 때 공산당계의 대중단체 속에서는 이를 환영하는 움직임이 강했던 듯합니다. 일본에서 본격적으로 반핵운동이 전개된 것은 1954년 3월, 비키니 환초[3]에서 미국의 수폭 실험으로 제5 후쿠류마루(福龍丸) 호가 피폭을 당한 사건 이후의 일입니다. 그후 1964년 중국의 핵실험으로 [일본의] 반핵운동이 분열되기까지의 약 10년간이 일본 반핵운동의 최고 전성기였습니다.

앞서 말한 마루야마의 글에서 주의해야 할 부분은 "전쟁은 최대의 악이다"라는 부분입니다. 이 말은 한국전쟁이 한창일 때에 '냉전' 양방의 진영을 향해 발화하는 부분이라고 생각됩니다. 비무장 중립이라는 사상은 적어도 이때 마루야마의 생각으로는, 소위 자유주의권과 공산주의권 양진영에 대한 중립이었습니다. 그 어느 진영이라도 전쟁에 호소해서라도

---

2) 프레스코드(press code). 1945년 9월 일본 주둔 미군사령부가 신문편집강령(주둔군 비판 금지를 위한 규범 사항)을 제정하였다. 이는 1952년 실효되었다.—옮긴이

3) 비키니 환초(Bikini Atoll). 서태평양 미크로네시아의 마셜 제도 북부에 있고, 태평양 비키니 섬에서 약 200km 떨어져 있는 환초이다. 랄리크 열도(列島)에 속하며, 북위 11° 35′, 동경 165° 25′에 위치한다. 1954년 3월 1일 미국의 수폭 실험으로 약 100명의 주민들이 방사능에 노출, 피부가 타고 머리가 빠지는 등의 피해를 입었다. 1946년 7월부터 미국의 원자폭탄 실험이 실시된 곳으로도 유명하다. 당시 원주민은 실험에 앞서 그 남동쪽에 있는 롱게리크 환초로 강제 이주당해, 1969년에야 돌아갈 수 있었으나, 1978년 다시 철거당했다.—옮긴이

실현해야만 할 대의나 가치가 있다고 믿고 있는 것을 문제로 삼고 있습니다. 전쟁이 최대의 악이라고 하는 것은 '민주주의'를 위해 전쟁을 그만두지 않는, '사회주의'를 위해 전쟁을 그만두지 않는, 그리고 '자유'를 위해 전쟁을 그만두지 않는 양 진영에 공통된 이데올로기 구조에 대해 평화야말로 무엇보다 우선해야만 할 것이란 주장입니다. 그것을 근거로 마루야마는 일본은 미국 및 그 서방측 동맹국들만의 강화인 단면강화(單面講和)가 아니라, 소련과 중국을 포함한 모든 국가와의 강화의 길인 전면강화(全面講和)를 선택해야만 한다고 주장했던 것입니다. 그는 더욱 깊이 들어가, 평화의 과제와 민주주의의 과제 혹은 혁명의 과제를 일단 분리해야 한다고 말하고 있습니다. 이것은 소위 혁신진영을 향해서 특히 강조된 점이라고 생각합니다.

저처럼 1970년대 학생운동에 관련된 세대는 '평화'와 '민주주의'라는 말이란 그 [말이 지닌] '이데올로기적 기만성'을 늘어놓으며 비판해야 할 대상이라고 생각하고 있습니다. 그러나 여기에서 마루야마는 '민주주의'와 '평화' 사이에 단절을 도입하고 있으며, '평화'의 구축이라는 과제의 고유성을 역설하고 있습니다. '민주주의'를 실현하면 자동적으로 '평화'가 오는 것이 아니라, '평화'라는 물음에는 고유의 복잡한 문제가 배어 있다는 그의 주장이, 지금은 대단히 신선하게 비춰집니다.

이 주장은 오히려 오늘날 북한의 체제 전환을 위해서는 전쟁을 그만둘 수 없다는 부시 정권의 논리에 적용해 보는 것이 가능할 것입니다. 우리 눈앞에 있는 과제란 마루야마가 말한 "이상주의적 입장이 지닌 고도의 현실주의적 의미"를 우리 시대의 컨텍스트 속에서 어떻게 다시금 실질적인 형태로 발현시킬까가 아닐까요? 북한의 핵실험이라는 그 자체로 부정

적인 현실에 직면한 이 지점에서 말입니다.[4]

　제가 소개하고 싶은 두번째 글은 구로다 미키오(黑田喜夫)라는 시인이 중국의 핵실험 성공에 대해 했던 짧은 코멘트입니다. 마루야마 마사오는 도쿄대학 법학부의 교수였습니다. 말하자면 학교 엘리트의 정점에 있던 사람입니다. 구로다 미키오는 일본 전후 시나 전후 사상에서 독특한 공헌을 한 사람입니다만, 야마가타현 농촌지대의 토지를 갖지 못한 농업노동자(소작농) 출신으로 학력은 소학교 졸업이었습니다. 같은 지식인의 발언이라고 하더라도, 두 사람이 지닌 민중과의 거리는 매우 달랐다고 할 수 있습니다.

　『와세다대학신문』은 「중국 핵실험 성공에 대한 앙케이트」로 당시 지식인들에게 광범위한 코멘트를 부탁했습니다. 그때 총평·사회당계의 반핵운동은 이 핵실험에 반대했으며, 공산당계 운동은 중국을 지지했습니다. 이것은 일본 반핵운동의 큰 분열로 연결되었습니다. 덧붙여 당시 다케우치 요시미, 나카노 요시오(中野好夫), 마루야마 마사오, 오에 겐자부로 등은 이 핵실험에 반대하는 성명을 발표했습니다. [즉 중국의 핵실험 성공은] 정치적으로도 사상적으로도 매우 큰 사건이었다고 말할 수 있습니다.

　그때 구로다는 『와세다대학신문』 앙케이트에 이렇게 답했습니다.

　중국 핵실험 성공의 뉴스 속에서 무엇보다 특히 중국 민중이 열광하고 있다는 부분이 가슴을 쳤습니다. 그들은 승리했습니다. 그리고 굶주림으

---

4) 이상에서 언급한 마루야마 마사오의 「세번째 평화에 대하여」에 관한 고찰은 2006년 히토쓰바시(一橋)대학원 언어사회연구과 세미나에서 진행된 나리타 마사미(成田雅美) 씨의 발표에서 시사받았습니다. 이 자리를 빌려 감사드립니다.

로부터의 해방을 위해서 굶주린 사람은 정의롭지 못한 것도 허용한다라는 굶주림의 철칙도 승리했습니다. 그들의 승리는 바로 그 때문에 승리와 동일한 부채의 짐을 등에 짊어져야만 할 것입니다. 우리들은 그것을 견디고 그것과 싸워 가야만 한다고 생각합니다. 중국 민중과는 물론이고 굶주림의 철칙이란 현상 그 자체와도 싸워 가야 하는 것입니다. 그 다음으로 올 것은 일본과 독일의 핵무장이 아닐까라고 생각합니다.

유럽연합(EU)이 존재하는 오늘날, 독일이 독자적으로 핵무장을 할 역사적 가능성은 거의 소멸했습니다만, 다음에 올 것은 일본의 핵무장이 아닐까라는 의구[危懼]는 심각한 현실성을 띠고 우리들 눈앞에 있습니다.

제가 1950년과 60년의 사태를 상기함으로써 생각해 보고 싶은 것은 우리가 지금 직면하고 있는 사태가 돌연 출현한 것이 아니라는 것입니다. 한국전쟁 때 미국에게 핵공격의 위협을 받았던 나라가 그 공포를 불식시키기 위해서 핵무장을 하는 데 이르게 된 사태는 중국의 핵실험 때 이미 일어나고 있었습니다. 그럴 때 일본인은 어떻게 그 사태를 받아들여야 할까요? 시인사상가로서 독특성을 띤 말입니다만, 지금 우리가 생각하지 않으면 안 될 한 단면이 구로다 미키오의 말에 포함되어 있다고 생각합니다.

굶주림에서의 해방은 수단을 가리지 않습니다. 이것은 어떤 의미에서 1930년대 유럽이나 일본 파시즘과도 구조적으로 통하는 것입니다. 특히 억압적인 권력이 굶주림의 기억에서 태어날 수 있다는 것을 구로다는 자기 자신의 경험, 그리고 전전(戰前)과 전후(戰後) 동북 농민들의 존재방식을 통해서 알고 있었습니다. 굶주림으로부터의 진정한 해방이란, 수단을 가리지 않는다는 그 논리로부터의 해방이기도 합니다. 그러나 우선 그것이 얼마나 곤란한 과제인가를 내재적으로 이해하는 것 없이는 '굶주림의 사유'는 성립될 수 없습니다. 혁명 권력이 경직화되고 부패하고 강압적으로 되어 가는 문제, 당시엔 스탈린주의라고 총칭되었던 문제에 대해서, 구로다는 민주주의의 이념이나 인간주의의 원리로 대치하는 것이 아니라 굶주림에서의 해방이란 과제를 그 곤란함과 함께 제기했던 것입니다.

1964년의 중국은 권력 탈취로부터 15년[이 지나], 혁명 제1세대의 지도하에 있었습니다. 당시의 중국과 현재의 북한은 많은 점에서 다릅니다. 그러나 북한에 한정하지 않고, 파키스탄이나 인도 혹은 현재의 이란 등이 핵보유를 요청할 때엔, 국제 정치에서 말하는 정도의 안전보장 이념을 넘어서게 됩니다. 여기서 구로다가 언급했던 상황이 잠재되어 있다고 저는 생각합니다. 이것은 매우 어려운 문제이지만, 그런 차원으로 우리의 상상을 작동시켜 가야 한다고 느낍니다. 구로다는 자기 자신의 굶주림의 경험이 있고, 그 경험을 통해서 중국 민중의 열광에 대해 상상하는 것이 가능했습니다. 오늘날 북한의 경우, 핵실험 보도에 언급되는 지도자와 당의 저편에 있을 북한 민중의 생활을 상상하는 것이 우리에게는 매우 어렵게 느껴집니다. 거기에는 한 가지 결정적인 과제가 있습니다. 여러 가지 회로를 통해서 미디어의 스테레오타입화[된 이미지]를 넘어 그 국가의 민중의 이미지를 포착하려는 노력, 그 굶주림의 리얼리티를 감지하는 노력을 거듭해 가야만 한다고 생각합니다. 어쨌든 제가 '전쟁의 극복'이라는 말로 생각해 보고 싶은 것은 이 지점에서 구로다가 말한 것과 같은 '굶주림의 철칙 현상'과의 싸움, 중국 민중과의 싸움이 아니라 '굶주리의 철칙 현상'과의 싸움, 굶주림으로부터의 해방이 어떤 힘의 숭배로 빠져 버리는 것에 대한 투쟁을 포함하고 있는 것입니다.

6자회담과 우리

마지막으로, 소위 6자회담에 대해서 우리는 어떤 입장을 취해야 할 것인가라는 논점에 대해서 언급하고 싶습니다. 이런 회담의 장이 형성된 것은 매우 강한 의미에서 역사적인 필연이라고 생각합니다. 이 위기의 한가운데에서 한 가지 주목해야만 할 것은 국제연합의 결의도, 미합중국도, 그리고 우리도, 제각각의 입장에서 이 6자회담이라는 틀을 참조하지 않을 수 없다는 것입니다. 격렬한 승부(鍔迫り合い)는 이 틀에 어떠한 의미를 부여할 것인가에 있으며, 이 틀을 빼고는 이미 구체적인 문제가 성립될 수 없는 지점에 와 버렸습니다.

『북조선을 어떻게 생각하는가』[5]라는 책의 저자 개번 매코맥 씨는 미합중국의 역사상 가장 긴 적대관계가 계속되고 있는 국가가 북한이라는 사실에 주의를 촉구하고 있습니다. 지금 우리가 직면하고 있는 사태까지 매우 긴 시간이 경과해 왔고 극히 장기간에 걸친 역사가 있다는 것을 계속해서 의식하지 않을 수 없습니다. 저는 작년[2005년] 9월 19일의 합의가 올해의 위기에 이르게 된 이유에는 이 두 가지가 있지 않을까 생각합니다. 일단 합의가 되었음에도 불구하고, 미국이 위조지폐 문제 등을 구실로 북한이 이 결의를 이행하기 어려운 조건을 의도적으로 만들어 냈다는 것이 한 가지입니다. 또한 북한 정부가 이 6자회담에 대해서 부정적인 인

---

5) Gavan McCormack, *Target North Korea: Pushing North Korea to the Brink of Nuclear Catastrophe*, Nation Books, 2004; ガヴァン・マコーマック, 『北朝鮮をどう考えるのか──冷戦のトラウマを越えて』, 吉永ふさ子 訳, 平凡社, 2004[개번 매코맥, 『범죄국가, 북한 그리고 미국』, 박성준 옮김, 이카루스미디어, 2006].

상을 깊이 갖게 되어, [스스로의] 태도를 경화시키고 있었다는 것이 다른 하나입니다. 그 부정적인 인상이란 이 6자회담이 북한의 동맹국임에 틀림없는 중국까지 한 덩어리가 되어 [북한에게] 타협을 강요하는 장으로 변해 버린 것은 아닐까라는 인상입니다.

그럼에도 불구하고, 그 누구도 이 6자회담을 그만두자는 말을 꺼내지 않습니다. 많은 부정적인 계기를 경유하면서도, 또한 하나의 현실이 형성되어 가는 흐름을 읽어 낼 필요가 있습니다.

조선반도의 진정한 비핵화라는 것은 한국에서 미군이 보유한 핵무기가 철거되는 것만이 아닙니다. 그것은 북한이 이젠 핵의 위협으로부터 벗어나는 게 가능하다고 생각하는 상황이 실현되는 것입니다. 미국이 한국의 영토 안에 없다고 해도 언제든 순항 미사일을 발사할 수 있는 상태라면 진정한 비핵화라고 말할 수 없습니다. 그것과 함께 북한의 핵문제에서 비롯된 이 6자회담 속에서, 동아시아의 포스트 냉전기의 군축, 평화구축, 저 클린턴 시대의 싱크탱크의 '예측'을 넘어서는 전인미답(前人未踏)의 국제관계의 형성을, 역설적인 형태로 형성되고 자라 갈 수 있는 방향으로 지향해야 합니다.

그러나 중요한 것은 6자회담이라는 것은 6개국 정부 대표자의 회합의 장이라는 것입니다. 일단의 합의에서 현재의 위기에 이르게 된 것을 포함해, 이 대표자들에게 협의를 맡겨 성과를 거두기는 도저히 불가능합니다. [어떻게 하면] 6자회담과 같은 장 속에, 동아시아 민중 전체의 입장에서, 어떠한 이념으로 어떠한 회로를 거쳐 우리들의 메시지를 실질적으로 전달하고 닿게 할 수 있을까요? 그런 과제를 짊어질 이니셔티브가 필시 지금 가장 요청되고 있다고 생각합니다.

마루야마 마사오의 1950년의 제언으로 돌아갑시다. 그 글에서 그는 '평화의 고도화(高度化)'라는 표현을 사용하고 있습니다. '평화의 고도화'라는 것은 어떤 의미일까요? 이것은 오늘날 동아시아에서 표현으로서 부활되고 공유되어야 할 말 중 하나가 아닐까요?

이 '평화의 고도화'에는 몇 가지 계기가 있습니다. 「세번째 평화에 대하여」의 2장에서, 마루야마는 당시의 세계정세에 입각해 이 계기 하나하나를 상세히 검토하고 있습니다. 우리 시대에 '평화의 고도화'의 계기는 어떤 것일까요? 여기서는 다섯 가지로 줄여서 거론해 보고 싶습니다.

일본인의 입장에서는 첫번째로 일본국 헌법입니다. 마루야마는 "우리들 일본 국민이 신헌법에서 엄숙하게 세계에 서약했던 전쟁포기와 비무장의 원리" 속에서 "가장 현실적인 것이라면 이상주의적이지 않을 수 없다는" 핵무기 시대의 '역설적 진리'를 간파해 내고 있습니다. 이 헌법을 지금 개정하는 것은 동아시아에서 '평화의 고도화'의 중요한 계기 한 가지를 포기하는 것과 마찬가지이며, 6자회담의 결정되지 않은 장래를 사전에 봉쇄해 버리는 것과 다름없습니다.

두번째로 한국의 햇볕정책입니다. 요즘 일본에서는 북한이 지금까지도 핵정책을 진행하고 있는 이상, 햇볕정책은 실패했다는 논조가 여기저기서 보이고 있습니다. 그러나 저는 이 햇볕정책의 기본적인 방향은 여전히 올바르다고 생각합니다. 클린턴 정권 시대의 미국 싱크탱크가 내놓은 서 '예측'에서 조선반도는 이미 통일된 것으로 되어 있었습니다. 그에 반해서 햇볕정책이란 것은 통일하는 시기에 안달하지 않고 통일에 필요한 만큼의 시간을 들여, 역사에서 가능한 시간을 부여한다라는 지혜에 기초를 둔 것이라고, 저는 이해하고 있습니다. 북한이 80년대 말부터 90년대

초의 동구와 같은 형태로 붕괴하는 것은 북한의 민중에게도 한국의 민중에게도 그리고 필시 동아시아의 다른 국가들이나 지역의 민중에게도 결코 플러스가 아니라는 매우 현실주의적 판단이 햇볕정책의 배경에 있습니다. 그리고 한국전쟁의 깊은 상처의 기억이 이 정책의 배후에 있는 것이 명백합니다. 이 두 가지 점이 일본에서는 제대로 이해되고 있지 않습니다.

세번째로는 경제적인 상호 의존을 들어야 할 것입니다. 이것은 물론 평화를 위한 충분한 조건은 아닙니다. 그러나 불가피한 필요조건으로서 거기부터 어떠한 내용을 이끌어 낼 수 있을까가 우리 세대에게 질문되고 있다고 생각합니다.

네번째로는 국제법, 그리고 현대 국제법의 중요한 제도로서의 국제연합. 그 국제연합과 지역의 재결합이 특히 과제가 될 것입니다. 현재 국제연합의 큰 문제 중 하나는 아랍 세계라면 아랍 세계, 라틴아메리카라면 라틴아메리카라는 지역적 질서의 당사자를 제쳐놓고 교섭을 진행해, 미국의 전쟁 정책을 합법화하는 기능이 구조적으로 열려 있다는 것입니다. 즉 국제연합 헌장 51조[자위권 행사]를 근거로 해서 발동될 가능성이 열려 있다는 것입니다. 제1차 걸프전쟁 때, 아랍연맹의 평화를 위한 노력을 제쳐놓고, 미국은 국제연합 안전보장이사회의 결의를 근거로 전쟁을 발동시켰습니다. 이것은 국제연합 제도상의 치명적인 결함입니다. 어떻게 해서 지역의 이니셔티브와 국제연합을 연결시켜 갈 것인가, 특히 안전보장이사회의 결정 과정에서 지역의 절실한 리얼리티를 어떻게 반영시켜 갈 것인가를 우리에게 묻고 있습니다.

냉전의 시기에는 소위 중립에 가까운 국가에서 사무총장이 선발되었습니다. 그러나 1990년대 이후 사무총장은, 예컨대 이집트의 부트로스

부트로스갈리(Boutros Boutros-Ghali)의 경우도 가나의 코피 아난(Kofi Annan)의 경우도, 분쟁이 현재 일어나고 있거나 혹은 일어날 가능성이 높은 지역에서 선택되는 경향이 있습니다. 이번 회의 경우, 한국의 외무장관인 반기문 씨가 차기 사무총장이 됩니다. 이것은 바꿔 말하면 세계 속에서 이 지역이 위험하다고 여겨지고 있다는 것입니다.

이러한 시기에 지역의 문제를 어떻게 국제법의 문제에 링크시키고, 지역의 노력과 국제연합의 노력을 맞추어 편성해, 어떻게 '평화를 고도화해 갈' 것인가? 이 완전히 새로운 과제에 우리는 직면해 있습니다. 그러한 작업에 우리는 익숙해져야만 합니다.

그리고 마지막 다섯번째로, 결정적으로 중요한 테마로서 우리를 포함한 현 세대, 특히 젊은 사람들이 역사에 깊고 넓은 관심을 갖고 새로운 지식을 요구해야 합니다. 그 속에서 민족을 넘어서는 역사를 둘러싼 대화가 지금까지 들었던 과제들의 확실한 기반 위에서 깊어져 가는 것입니다. 최근 10년간, 특히 이 다섯번째 과제와 관련해서는 심각한 사태가 발생해 위기가 계속되고 있습니다. 이 과제는 1950년의 마루야마 마사오의 시점에는 명확히 역사적인 이유 때문에 포함되지 않았습니다.

우리의 눈앞에 있는 것은 북한의 체제나 정책의 문제만이 아니라 실로 다양한 과제입니다. 현재, 그리고 21세기에 '전쟁의 극복'을 위해서 우리 세대가 이루어야 할 작업의 윤곽이 이렇게 하여 보이는 듯한 기분이 듭니다.

개번 매코맥 씨도 말했던 것입니다만, 100년 전과 현재의 상황은 어떤 의미에서 닮아 있습니다. 조선사 책을 보면 꼭 나오는 삽화로, 당시 일본에 체류하고 있던 프랑스 풍자화가 비고(Georges Ferdinand Bigot)의

캐리커처가 있습니다. 조선을 앞에 두고 일본과 청과 러시아가 마주보고 있는 장면을 그린 것입니다. 저는 최근에 왠지 이 그림이 떠올랐습니다. 한국이 저만큼 경제적으로 발전했다고 해도, 당시의 말로 하면 열강이 각축하는 장인 조선반도라는 지정학적 구도는, 과연 정말로 사라진 것일까요? 반드시 그렇다고 말할 수 없으리란 기분이 듭니다. 다시 말하자면, 6자회담이 자칫 잘못하면 다시금 그 지정학적 역학에 얽매여 버릴 가능성이 있습니다. 그것은 조선반도를 일종의 완충지대로 생각하는 것으로 귀착될 것입니다. 우리는 이 논리를 거부하고 이 역사적 한계를 넘어설 수 있는 것을 찾아야 할 것입니다. 이러한 발상이 암묵적으로 작용하고 있는 한, 조선반도의 통일에 대한 6자회담의 틀은 플러스로 작용할 수 없습니다. 앞서 살펴본 이유에서 결코 서두를 수는 없다고 해도, 조선반도의 통일을 향해, 역사적으로 책임이 있는 이웃 국가들이 어떤 도의적 입장에 입각해서 이 회의의 자리에 출석하는 것이 꼭 필요합니다.

　글 서두에 오키나와에 대해서 말했었습니다. 조선반도를 완충지대로 한다는 이 발상은 현재는 미국의 군사적인 프로세스, 그 압력을 제일의 규정적 요인으로 하고 있습니다. 그것을 요인으로 해서 반복해서 회귀되는 구조가 되어 있는 것입니다. 6자회담의 장이 성립했던 조건 중 하나는 경제 외의 영역에서 아시아의 다양한 지역의 대화 속에 포함되어 있지 않은 미국이 군사 문제에야말로 한몫 끼어야겠다고 생각했던 점에 있었습니다. 따라서 미국은 꽤 빠른 시기에 북한의 핵문제를 넘어서, 이 틀을 항구화하고 싶다는 의향을 표명했던 것입니다. 이러한 경위에서 비롯된 구조에서 출발해서, 어떻게 하면 미국과 아시아 사이 어디엔가 대치 전선이 생겨 버린 듯한 역사적 구조를 소멸시키는 지점까지 다다를 수 있을까, 그러한 방향으로 지역적이고 국제적인 노력이 깊어지지 않는다면 전쟁의 위기는 결코 이 지역에서 떠나지 않을 것입니다.

앞에서도 말했던 것처럼 현재 일본 정부가 취하고 있는 태도는 자신들은 죽은 자로서 계산되지 않는다고 여기며 미국과 함께 계산하는 측이라고 여기는 터무니없는 착각에서 시작됩니다. 이러한 태도에 대해서야말로 1950년의 마루야마가 했던 말의 현대적인 함의가 명확해진다고 생각합니다. 원자력 전쟁의 가능성이 드러났기 때문에야말로 "무엇보다 먼저 평화를"이며, 이것이 가장 현실적인 선택지라고 했던 그 판단의 의미 말입니다.

반복해서 말합니다만, 6자회담은 정부 대표자들의 회담입니다. 그것은 권력 정치의 장입니다. 이 권력 정치의 '현실주의'에 대해, 시민의 측에서 '이상주의=현실주의'라는 절박한 인식과 비판을 어떻게 반영시켜 나갈 수 있을까요? 그러한 입장에서 이 회담에 감시와 비판의 눈과 목소리를 어떻게 하면 전달시킬 수 있을까, 우리에게 묻고 있습니다.

이런 도래시켜야 할 작업의 불가피한 전제란, 말할 필요도 없이 일본 사회에 있는 반조선·반중국의 배외주의에 대항해, 민족 간의 분단을 넘어선 대화와 학습의 장을 만드는 것입니다. 나아가 공동(共同) 혹은 공공(公共)의 국제 정치의 장에서 실질적인 임팩트를 줄 수 있는 호소와 발화의 주체를 만들어 내는 노력을 매일매일 반복해 가는 것 외에는 없을 것입니다.

19_만약 놈들이 아침에 온다면……

다른 사람의 몸에 일어났던 것이 자신의 몸에도 확실히 일어날 것이라고 이해되는 순간이 있다. 자신의 몸에도 **어쩌면 일어날 수 있는** 것이 아니라, **확실히 일어날** 것으로서. 1970년대 초, 미합중국의 흑인해방운동의 래디컬(radical)한 극점을 형성했던 블랙팬더당의 여성 변호사 안젤라 데이비스(Angela Y. Davis)가 체포되어 허위 재판에 걸려 사형될 위험에 처했을 때, 작가 제임스 볼드윈(James Arthur Baldwin)은 탄압에 저항하는 옥중·옥외의 흑인들의 발언 모음집 서문을 다음과 같이 맺고 있다.

…… 우리는 당신[안젤라 데이비스]의 목숨을 지키기 위해 싸워야 합니다. 당신의 목숨이 우리 자신의 목숨인 것처럼. 실제로 그러하기 때문입니다. 우리의 몸에서 가스 처형실로 통하는 모든 통로를 메워서 통과할 수 없게 해야만 합니다. 왜냐면 만약 그놈들이 아침에 당신을 데려간다면, 밤에는 우리를 데려갈 것이기 때문입니다.[1]

"만약 놈들이 아침에 온다면……." 이 말은 1970년대의 학생운동, 시민운동 활동가 사이에 잘 알려져 있다. 그 말은 결코 바다 건너 타국의 이야기로만 이해될 수 없다. 정치 재판에서 목숨을 위협당한 적은 없지만 '과격파'로 보인 사람들의 고립을 겨냥해, 경찰 권력이 주거지를 무차별 침입, 이 잡듯 샅샅이 뒤지는 소위 '아파트 롤러(アパートローラー) 작전'이 시민사회에 침투한 결과, 누구든 언제든 잠든 사이에 습격당해 연행되어도 이상하지 않았다.

2004년 2월 27일, 다치카와(立川) 자위대 감시 텐트촌의 세 멤버가 자위대 관사에 이라크 파병 거부를 호소하는 삐라를 배포했다는 이유로 체포되었다는 사실을 알았을 때, 나는 바로 이 말이 떠올랐다.

그러나 그와 동시에 나는 이 말에 대한 이해방식이 이미 나 자신 속에서 70년대와는 달리 변했다는 것을 감지했다. 그 시대에 친구가 받았던 탄압은 나 자신에게도 [일어날] 가능성이 큰 것으로 절박하게 느껴졌다. 그러나 그것은 어디까지나 가능성이어서, 확실성으로 느껴진 것은 아니었다. 그러나 이번 탄압은 모든 사회운동의 숨통이라고 할 삐라 배포라는 기본적 작업에 대한 압살을 겨냥하고 있다. 그 세 명이 유죄라면, 모든 사회운동이 유죄를 선고받는 셈이다. 그리고 헌법이 자민당 개헌 시안과 같은 방법으로 개악된다면, 그런 유죄 판결이 당연한 사회가 출현하게 되는 것이다. 가까운 미래의 그런 두려운 모습을 이 단입은 우리의 눈앞에 들이댔다.

---

1) アンジェラ·デービス 編著, 『もし奴らが朝にきたら─黒人政治犯·闘いの声』, 袖井林に郎 監訳, 現代評論社, 1972, 16쪽. 문장의 의미를 알기 쉽도록 번역문을 일부 수정하여 인용했다.

이번의 탄압은 이라크에 자위대를 파견하는 '예외적인' 시기에, 자위대 관사라는 '예외적인' 장소에서 일어난 삐라 배포라는 '예외적인' 행동에 대해, 반전파의 시민과 자위관(自衛官) 및 그 가족의 접촉·대화·교류를 두려워한 체제 측이 자행한 '예외적인' 의도 아래 발동된 탄압일까? 아니면 지금은 '예외'라고 해도 어쨌든 개헌과 함께 '규칙'이 될 것이 분명한 사태의 선행적인 탄압인 것일까? 우리는 지금 이 두 가지 시각이 모순 없이 일치하고 만 역사의 결정적인 국면에 접어들고 있다.

경찰의 논리를 짚어 보면, 자위대 관사에 대한 '주거침입'이라고 간주된 행위는 어떤 집합 주택에 대해서도 적용 가능하다는 것을 알 수 있다. 또한 '시민을 미혹한다'라는 애매하고 무한하게 확장 가능한 번지르르한 표현에 호소하면, 이는 주거에 그치는 것이 아니라 어떤 공간이든 적용 가능하게 되는 것이다. 역 구내는 물론 이미 많은 대학 구내에서 삐라 배포가 금지되고 있다. 삐라 배포가 공공도덕이라는 이름으로 언제 금지되어도 이상하지 않을 정도로, 이 사회의 자유로운 공간은 잘려지고 축소되고 있다.

2004년 12월 16일 승리를 차지한 하치오지(八王子) 지방재판에서의 일심 무죄 판결은 당연하기도 하고 물론 기뻐해야 할 일이다. 그렇다고는 해도, 이 판결이 '주거침입'에 대한 검찰 측의 주장을 큰 틀에서 인정하고 있다는 점을 눈감아 줘서는 안 된다. 우편함이란 것은 사적인 공간이 공적인 공간을 향해 열려 있는 '창'이다. 같은 사회에 사는 시민으로서, 그 안에 스스로의 정치적 주장을 기입한 삐라를 넣는 것은 우리의 양보할 수 없는 권리이다.

반대로 말해, '창'을 막는 쪽은 그에 의해 스스로 사회적으로 '죽는' 것을 의미한다. 자위관과 그 가족에게 이 표현은 결코 단순한 비유가 아니다. 그것은 사람의 신체에 비유하자면, '귀'나 '눈' 이전에 '코'나 '입'에 해당하는 기관을 스스로 닫는 것이다.

포스팅의 자유가 없다면 우리는 질식하고 만다. 그것은 자위관과 그 가족에게도 진실이다. 그리고 전쟁을 받아들일 것인가 거부할 것인가라는 최후의 선택을 독촉당할 때, '사회적으로' 사는 것과 '단지' 사는 것의 구별은 소멸한다. 침략하는 쪽의 '사회적인' 죽음은 침략당하는 쪽에게는 문자 그대로 심각한 죽음을 야기한다. 그리고 이 문자 그대로의 과도한 죽음은 침략하는 쪽에게도 머지않아 반드시 되돌아온다. 역사를 응시한다면, 그와 다른 일이 일어났던 예는 없다. 반대로 말하자면, '그들'은 죽지만 '우리'는 살 수 있다고 마음속 어딘가에서 믿고 있을 때, 거기에는 이미 민족적·인종적인 차별의 '미망'(迷妄)이 작동하고 있는 것이다.

이 나라를 지배하는 세력에게 백인의 생명이 흑인의 생명보다 신성하다는 것은 없습니다. 그것은 점점 더 많은 학생이 발견하고 있는 것이며, 베트남에서 백인의 사체가 증명하는 그대로입니다. …… 미국인은 같은 도시에서 같은 국토에서 싸우고 있는 형제 동지의 싸움이, **인종**전쟁이 아니라 **시민**전쟁이라는 것을 알지 못합니다. 그러나 미국인의 미망이란 것은 [바로] 그들이 그들의 형제가 모두 백인이라고 생각하고 있을 뿐만 아니라, 백인이 [모두] 이미 형제라고 생각한다는 점에 있습니다.[2]

---

2) アンジェラ·デービス 編著, 『もし奴らか朝にきたら』, 15쪽. 강조는 원저자.

35년 전, 볼드윈이 미합중국 내부의 상황에 대해서 말했던 이 말은 '세계 내전'이 이야기되고 있는 요즘, 혹성 규모에서 타당하다. 일본을 지배하는 세력에게 일본인의 생명이 이라크인의 생명보다 신성하다는 생각은 존재하지 않는다. 이라크에서 사망한 자위관에게 아무리 많은 보상금 지급이 약속되고 있다고 해도, 이 근본적인 사실에는 변함이 없다. 일찍이 아파르트헤이트 시대의 남아프리카공화국에서 '명예백인'(名譽白人) 대우를 누리고 있었던 일본인은 이제야말로 세계적인 시민전쟁의 한복판에서, '미국인' '백인'의 '미망'에 홀려 있는 게 아닐까?

이 최악의 사태를 돌파하기 위해, 그리고 단지 '함께 살기' 위해, 우리는 자위관에게 '저항으로의 초대'를 보내는 일을 멈출 수 없다. 이 책[3]은 여러 가지 입장에서 이런 활동에 관련된 사람들의 증언, 보고, 분석, 제안, 토의의 공간을 연다. 지금 여기서 이런 작업을 더 한층 가능하게 해주고 있는 것은 반전삐라 배포 탄압이라는 역사적인 공격에 완전한 묵비권으로 응했던 세 명의 친구들, 그리고 그/그녀들을 잠시도 쉬지 않고 계속해서 지지해 주었던 친구들의 강인하고 유연한 지속적인 싸움임은 더 이상 말할 필요도 없을 것이다.[4]

---

3) 立川反戦ビラ弾圧救援会, 『立川反戦ビラ入れ事件―'安心'社会がもたらす言論の不自由』, 明石書店, 2005.
4) 다치카와 반전삐라 탄압사건은 그후 2005년 12월 9일, 이심 도쿄 고등재판에서 반전해, 유죄판결을 받았다. 2008년 4월 11일, 최고재판소는 상고를 기각, 세 명의 피고에게 유죄(벌금형)를 확정했다.

맺음말을 대신해서_주권의 너머에서

모든 게 변한 것일까, 아니면 그 무엇도 변하지 않은 것일까? 우리들 한 사람 한 사람, 또는 사람과 사람을 연결하는 고리, 그 핵심을 관통하며 진행되는 사태가 있다. 그런 사태가 보여 주는 역사적 특이성이란, 어쩌면 "모든 게 변했다, 혹은 그 무엇도 변하지 않았다"라는 두 가지 극단적인 이론이 어느 쪽이든 모두 기묘한 설득력을 갖는다는 점에 있지 않을까? 더구나 이 두 이론이 대항적이라기보다 공범적으로 유지된다는 점에 있지 않을까?

인터넷, 휴대전화로 대표되는 통신기술의 혁신은 활자, 음성, 영상 등 다양한 매개에 따라 정보를 형성했다. 그리고 세계 규모로 진행되는 정보의 생산, 유통, 소비회로를 격변시켰다. 결국 우리의 일상적인 시간끼지도 크게 변모시키기에 이르렀다. 중국, 러시아, 인도가 세계 자본주의 시장으로 통합되었던 것은 자본주의 세계의 외부를 소멸시켰다. 동시에 북미, 유럽, 일본이 독점해 왔던 국제 사회의 주요 사항에 관한 결정권을 크게 뒤흔들어 놓았다. 또한 생명과학의 진전은 생(生)과 사(死)라는 삶의 조건에 대해 근본적으로 다시 생각해 볼 것을 요청하고 있다.

그러나 동시에 이런 하부구조의 어쩔 수 없는 거대한 변동에도 불구하고, 아니 오히려 그것을 통해서야말로, 예전의 지배구조는 강화되고 고착되고 있다. 출구가 보이지 않는 곤궁이 이른바 사회 영역으로 확대되고 있다. 이런 상황은 점차 눈으로 확실히 볼 수 있고 피부에 닿을 정도로 느낄 수 있다. 2001년 9월 11일의 사건과 그 뒤 잇달아 일어났던 아프가니스탄과 이라크에서의 전쟁은, 이 전쟁에 앞서 수십 년 혹은 수백 년간 진행되어 온 역사 과정의 도달점이자 회귀이기도 했다. 이 전쟁이 바로 그 수렁 자체였음에도 불구하고, 이 전쟁은 '반테러리즘 영구전쟁'으로서 **이념화**되었다. 따라서 [이 전쟁의 이념은] 국제관계뿐 아니라 각국 내의 사회적 제 관계 속에서도 **규범적**인 영향을 미치면서 계속되고 있다. 이렇게 계속되는 이유는 이 현상들이 급변하는 외견을 갖고 있는 것에 반해, 근대적 모순인 자본주의와 식민주의적 귀결의 하나이기 때문이다. 그러나 그와 동시에, 국제연합의 결의 없이 발발했던 이라크 전쟁에서 특히 현저하게 드러났듯이 다음과 같은 원인도 있다. 즉 이 전쟁의 공공연한 위법성이 근대적인 정치의 문맥에서는 혁명 권력의 몇 가지 경험으로 소급되었기 때문이다. 이는 긴급권의 발동이 필연적으로 남용되거나 복잡한 수수께끼로 가득 찼던 역사와 결부되어 있기 때문이기도 하다.

그러나 반복하자면, 문제는 '모든 게 변했다'와 '무엇도 변하지 않았다' 사이에서 선택할 수 있는 성질의 것이 아니다. '변한 것'과 '변하지 않은 것'을 식별하는 것 또한 아닐 것이다. 오히려 '불변'과 '유행'이라는 고전적이고 안정된 도식이 이젠 작동하지 않는다는 것이야말로, 어쩌면 이 시대의 사유가 처한 곤란한 조건을 가장 극단적으로 보여 주는 것이리라.

이런 사태가 우리 ─ 즉 '내'가 '나'이며 '우리'가 '우리'인 것 ─의 핵심을 가로질러 진행되고 있다. 다시 말해 오늘날 나 혹은 우리의 어떤 사소한 경험일지라도 이 사태를 '말해 준다'는 것, '말해 주지 않을 수 없다'는 것이기도 하다. 맺음말에서는 최근 나 자신에게 일어났던 두 가지 사건을 들어 현 사태를 사유하는 한 가지 길을 찾아보려고 한다.

첫번째 사건은 재작년(2006년), 내가 스카이프(인터넷 전화)를 설치한 직후 내 책상 위에서 일어났다. 오랫동안 사귀어 온 친구와 통신을 하기도 전에 착신음이 울리고 프랑스어가 들려왔다. 그는 알제리에 사는 알제리인 남성이었다. 스카이프를 설치할 때에는 사용할 수 있는 언어를 기재하게 되어 있다. 거기에 '프랑스어'(French)라고 써 있는 것을 보고 접속해 온 것이다. 요컨대 나는 프랑스어를 할 수 있고 일본에 사는 사람으로서 그 사람의 부름을 받은 것이었다. 남성은 단순히 채팅을 목적으로 접속했던 것은 아니었다. 일본에서 일을 하고 싶다고 상담하려던 것이었다. 그는 솔직하게 물어 왔다. 어떨까, 일본에서 일하는 게 불가능할까, 프랑스와 달리 일본이라면 인종차별도 없을 테고, 일자리를 찾을 수 있지 않을까? 이 타자의 너무나 재빠르고 돌연한 도래. 그 '요구'. 그의 인생에 주어졌던 역사적이고 지정학적인 위치와 경험에서 나온 인종차별을 둘러싼 프랑스와 일본의 비교. 이 전부가 나에게는 갑작스런 기습이었고, 머리는 혼란스러웠으며, 마음의 동요는 극심했다. 나는 정직하게 '응답할' 수밖에 없었다. 일본에도 인종차별은 있으며 필시 프랑스 이상일 것이다, 일본은 외국인이 매우 살기 어려운 나라다, 일본에서 일을 찾는 것은 어려운 일이라고 생각한다 등.

그는 완전히 낙담한 듯 통신을 끊었다. 통성명도 없었다. 단지 2분 정도의 대화였다. 나는 그 일이 일어난 후에야 처음으로 절감했다. 스카이프라는 소프트웨어를 컴퓨터에 다운로드하고 인스톨하는 것은 곧 미지의 타자에게 열린 '문'을 설치하는 셈이란 것을. 그와 동시에 인정하지 않을 수 없었다. 스스로도 알지 못한 채 만들어 버렸던 '문'이 즉시 누군가에 의해 두드려지고 열렸으며, 당황한 내가 즉시 그 문을 닫아 버렸다는 것을. 나는 그저 솔직하게 사실을 말했을 뿐이었다. 그러나 그런 솔직함이 이 경우에는 즉시 '문'을 닫아 버리는 것이 되었다. 널리 알려진 칸트 이론, 즉 '이른바 거짓말을 할 권리에 대해서'와 다소 흡사하게 이 경우에는 진실을 말하는 것이 환대의 '법도'를 어기는 것이 되고 말았던 것이다.

내가 내 **퍼스널** 컴퓨터에 어떤 소프트웨어를 인스톨하는 것은 일단 개인적인 일이다. 그에 따라 열린 '문'도 개인적인 문일 것이다. 그러나 이 사건은 이 '문'이 바로 사회의 문이기도 하고 더욱이 국가의 문이기조차 하다는 것을 알려 주었다. 무릇 '문'이나 '문턱'이라는 곳은 가정에서도 매우 사적인 것과 공적인 것의 경계에 위치한다. 따라서 순수하게 사적인 '문'라는 것은 없을 터이지만, 그 사적인 문이 바로 국가로, 문화로, 더욱이 한정된 생활 조건의 외부로 열린 '문'일 수도 있음을 처음으로 실감했다.

사이버 스페이스에 대한 이론은 말이 필요 없을 정도로 여러 가지 레벨로 전개되고 축적되고 있다. 인터넷을 통한 각양각색의 만남에 대해서도 여러 가지 위험과 가능성이 지적되거나 분석되고 있다. 내가 경험했던 인터넷 전화의 경우는 여태까지 문자언어에 의해 이루어지는 통신이 주류였던 사이버 스페이스에 본격적으로 '먼 곳의 소리'가 들어오게 된 최근의 변화한 경향에 기인한 사건이었다.

유선전화이건 무선의 휴대전화이건 미지의 타자로부터 전화가 걸려 오면, 습관적으로 경계심이 작동하고 어떤 교섭의 공간이 열린다. 대개 의식하지 못하지만 이런 반응은 이미 충분히 코드화된 언어교환이다. 반면 이런 제도화된 전화로 하는 통신과는 달리, 인터넷 전화가 이질적인 사건을 불러올 수 있다면 그건 어떤 사정에 의한 것일까? 그러한 사건은 사이버 데모크라시라고 부를 수 있는 것이리라. 그러나 어떻게 그 가능성을 열어 갈 것인가.

이 미디어가 접속 리스트에 양쪽 모두 등록된 특정 유저 간의 통신에 한정되는 한, 이미 존재하는 전화통신의 확대에 기여할 뿐이다. 극복할 수 있는 거리나 경제효과 혹은 감응의 전이가 어떤 것이건 간에 말이다. 그에 반해 가족·친구·연인으로부터의 콜을 기대하며 스카이프를 온(on)으로 하고 있을 때, 동시에 자신을 미지의 불특정함 속으로, 그뿐 아니라 문화적·경제적·사회적으로 이질적인 조건에서 사는 타자로부터의 부름으로, 더구나 그 부름이 문자라기보다 소리로 [부름에 응할지를] 선택할 시간의 여유도 주지 않고 영향을 끼칠 가능성 속으로 열어 놓은 것이라면 어떨까? 그때의 '나'는 필시 이미 완전히 사적이지도 공적이지도 않은 어떤 기묘한 공간, 즉 어떤 종류의 '주권의 너머'에 자신을 두고 있는 셈이 아닐까? 비록 다소 사소한 일일지라도 말이다. 그때 그 알제리인에게 어떻게 응답했다면 보다 올바른 행동이 되었을까? 이 물음이 마음을 사로잡고 사라지지 않는다. 적어도 그가 일본에서 일하는 게 가능하다고 생각하고 그것을 추구할 수 있도록 정보를 줘야 했던 것은 아닐까? 그러나 그렇게 했다면 일반적으로 볼 때 오히려 무책임한 행동이 될는지도 모른다. 손쉽게 '회답'을 발견할 수 없다고 해도, 이처럼 회답이 불가능하고 어쩌면 회답이 있을 수 없을 때에야말로, 응답에 대한 책임이 물어지는 것은 아닐지. 그런 점에서 이 작은 사건이 이끌어 내는 물음은 크다. 동시에 평등하게 자격을 갖춘 같은 국가의 시민 사이에서 이루어지는 토론공간이라는 모델을 떠나, '요구'와 '응답'의 비대칭성에서 출발할 때에만 글로벌 사이버 데모크라시의 발명이 가능해지지 않을까 싶다.

　두번째 사건은 2006년 봄, 미합중국에서 할 일을 준비하던 때에 시작되었다. 나는 그 1년 전 1월과 3월에 미국의 세 대학에서 심포지엄에 참가하고 강연을 하게 되었다. 그때가 1979년 이후 26년 만의 미국방문이었다. 그리고 이번에는 컬럼비아대학에서의 심포지엄과 서던캘리포니아대학에서의 강연 외에도 코넬대학에서의 단기 체류 프로그램에 참가하게 되었다. 따라서 그 전 해까지는 필요가 없었던 교류방문 비자를 신청하게 되었다. 그런데 출발일 직전이 되었음에도 비자가 발행되지 않았다. 대사관에 전화를 해도 해결되지 않았다. 결국 비자신청을 취소해 여권을 돌려받고, 보상받을 권리도 포기하고, 작년과 마찬가지 방법으로 미국으로 가서 예정된 프로그램을 하기로 했다. 일본과 미국 간의 협정으로 인정되는 3개월 이내의 비자 없는 도항수속이었다. 그런데 뉴욕에 도착하자 입국심사에 걸리고 말았다. 대합실 같은 방에 끌려가 무작정 기다리게 되었다. 아마도 이민법에 관계된 일인지 비행기가 도착할 때마다 라틴아메리카, 아프리카, 아시아 출신으로 보이는 가족이나 개인을 평균 5~6명씩 데려왔고 이윽고 다시 불러 어딘가로 데려갔다. 반복되는 이 광경을 계속 보고 있자니 4시간 이상이 경과했다. 꽤나 참을성이 강하다는 점엔 스스로도 놀랐지만, 나중에는 참을 수 없게 되었다. 그래서 그 방에 있던 당담관에게 언제까지 기다려야 하는지를 물어 보았다. 아프리카계인 담당관은 어딘가와 계속해서 전화연결을 했을 뿐 결코 공격적이진 않았다. 이윽고 뭔가 당혹스런 표정으로, "정치활동을 하고 있지 않은가"를 물어 왔다. "어떤 정치단체에도 가입한 적 없다. 정치적 주제에 관련된 글을 발표한 적은 있지만"이라고 답했다. 그러자 그는 아마 그것 때문일 거라고 말했다. 그 사람 자신은 분명히 나에 대한 어떤 정보도 갖고 있지 않았었다고 생각한다. 그런 말을 주고받은 뒤에야 나는 겨우 해방되었다.

　그러나 그 사건은 오늘까지도 계속해서 이어지고 있는, 해결의 실마리가 보이지 않는 트러블의 시작이었다. 상황을 일일이 설명하긴 번거로우므로 간단히 사실만을 서술하자면 다음과 같다. 2006년의 여행에서는 결국 이타카 공항에서 연방수사국(FBI)의 조사를 받게 되었다. 그리고 작년(2007년) 3월 뉴욕으로 향했던 비자 없는 도항에서는 최초의 기항지였던 미니애폴리스에서 경찰의 심문과 거의 구별되지 않을 정도로 공격적인 조사를 받았고, 형식적으로도 너무 부당하게 여겨졌던 조서 작성에 동의하지 않음으로써 '자주적으로' 귀국하는 식이 되었지만, 실상은 명백한 입국거부를 당한 것이었다. 같은 해 10월에는 다시 비자가 필요했지만 비자신청 자체가 중단되었다. 형식상으로는 이 신청 또한 받아들일까 말까를 검토 중인 상태로 되어 있다.

　이리하여 미합중국은 이제 나에게는 실질적으로는 갈 수 없는 나라가 되어 버렸다. 이 입국거부의 이유는 오늘까지도 완전히 밝혀지지 않았다. 자진해서 알아본 바에 따르면, 근래에 이러한 입장에 놓인 예는 일본인 연구자로서는 나의 경우 외에는 드문 듯하다. 그러나 미국에 사는 친구들로부터 받은 자료에 따르면, 현재 미국에서는 얼토당토 않은 프로세스가 진행 중임을 알 수 있다. 2007년 3월 25일자의 『워싱턴 포스트』지에 게재된 어떤 기사에 의하면, 미합중국의 각 공항과 국경관리국 및 각 국에 있는 미합중국 영사관에 배포되어 있는 감시 리스트의 원천에 있는 것은 '테러리스트 신원데이터시장 환경'(Terrorist Identities Datamart Environment, TIDE)이라는 기묘한 이름의 리스트이다.[1] 이 리스트는 2001년 9월 11일 사건 이후 CIA와 FBI를 필두로, 관할이 다른 치안기관 사이에 있는 정보의 갭을 메우기 위한 목적으로 입안되어 작성이 시작되었다. 이 리스트에 포함된 파일 수는 2003년 10만 건에서 4년간 4배인 43만 5천 건으로 급증했다. 나날이 늘어 가는 정보의 양은 이미 다름 아닌 바로 그 분석관들(8명)을 압박하기 시작했다. 이 리스트의 관리책임자 본인들이 수년 후 자신 혹은 자신의 후계자에게 맡겨질 업무량을 상상해 보곤, 이 작업 자체의 장기적인 품질 관리에 대해 심각한 불안을 품고 있다. 그렇지만 이 리스트에 일단 한 번 등록된 이름은 어지간한 일이 아닌 한 삭제되지 않는다. 또한 등록에 적합한지를 판단하는 기준은 극도로 낮은 탓에 그것이 파일 수의 급속한 팽창으로 이어지고 있다. 그에 더해 이름을 혼동하는 등 늘 있기 마련인 실수가 겹쳐져, 미합중국의 공항에서는 매일매일 많은 수의 승객이 발이 묶인다. 각 항공회사는 이 사태에 대한 대응으로 비명을 지르고 있다. 한편 비밀 관리나 프라이버시 보호라는 관점이나 효과적인 치안 관리의 관점에서도 이 정책을 의문시하는 많은 목소리들이 있다. 그럼에도 불구하고 담당관은 대안이 없다는 이유를 들어 이 리스트 작성의 정당성을 계속해서 주장하고 있다.

---

1) Karen De Young, "Terror Database Has Quadrupled In Four Years", *Washington Post*, March 25, 2007.

이런 상황과 함께 최근 들어서는 국제적 학술교류의 영역에서도 미합중국으로 입국하는 것을 거부당한 연구자들이 급격히 증가하고 있다. 미국대학교수협의회(AAUP)의 웹 매거진 『아카데미』(*Academe*)에 게재된 그웬돌린 브래들리가 「미합중국에서 배제된 학자들」[2]이란 글에서 들고 있는 몇 가지 사례를 살펴보자. 가장 잘 알려진 것은 유럽에서 저명한 이스라엘 학자이며 스위스 시민인 타리크 라마단(Tariq Ramadan)이 2004년 노트르담대학 교수에 임명되었음에도 불구하고, 그가 팔레스타인의 두 개의 원조단체에 총 900달러를 기부했었다는 이유로 취업비자 신청을 거부당해 결국 이 직장을 포기할 수밖에 없었던 경우이다. 그 밖에도 중동 각 국가의 학자는 모두들 입국을 거부당하는 듯한 느낌이 들지만, 그와 동시에 주목해야 할 것은 다음과 같다. 미국무성은 2004년과 2006년에 푸에르토리코에서 개최되었던 라틴아메리카 연구연합의 대회에 참여할 예정이었던 쿠바인 연구자 수십 명 모두의 비자 발급을 거부했다. 또한 니카라과인 역사가이자 원래 산티니스타 민족해방전선(FSLN)의 활동가이며 각료를 지낸 경험도 있는 도라 마리아 텔레스(Dora María Téllez)도 과거에 '테러리즘'에 관련되었다는 이유로 비자를 얻지 못해 하버드대학 신학부 교수직을 할 수 없었던 경우 등 냉전 시기로 소급해서 그때의 적대관계를 이유로 한 배제 또한 강화되고 있다. 미국의 현 정부는 이처럼 명백하게 '테러와의 전쟁'을 동서냉전이란 역사의 연속선상에서 이해하고 있다. 현재 미국의 각 대학에서 일어나고 있는 소위 '캠퍼스 워

---

2) Gwendolyn Bradly, "Scholars Excluded from the United States"(http://www.aaup.org/ AAUP/pubsres/academe/2007/SO/NB/excluded.htm).

치' ──현 정권의 정책에 대해 비판적인 교원의 강의에 잠입해서 그 발언을 체크하는 것 ──현상 또한 1950년대 매카시즘과 역사적인 연관을 갖는 것으로 보인다. 나에게 일어났던 일은 필시 '반미적'으로 보이는 외국인 연구자에 대한 배제, 그리고 미국 각 대학의 자율적인 국제교류에 대한 공권력 개입, 이 두 가지가 더욱 빠르게 증가하고 있는 현재의 여러 사례들 중 하나이지 않을까?

한편 일본 정부는 작년 11월부터 이러한 미국의 동향에 따라 외국인 입국관리 시스템, 통칭 '일본판 US-VISIT'를 공항, 항만 등 국경에 도입했다. 일부의 예외를 제외하고 일본을 방문하는 모든 외국인에게 지문 채취와 얼굴 사진 스캔을 의무화했다. 80년대 지문강제날인 거부투쟁이 고발했던 외국인을 잠재적 범죄자로 간주하는 주권국가의 논리가, 현재 '반테러리즘'을 명목으로 활개를 치며 회귀해 온 것이다. 이런 흐름 속에서 올해(2008년) 3월 안토니오 네그리가 실질적인 입국거부를 당한 사태가 일어났다. 네그리가 일본에 오기 직전, 일본 법무성이 무리한 조건의 비자신청을 요구했기 때문이다. 이 사건이 도야코(洞爺湖) 정상회담[2008년 G8 정상회의]을 수개월 앞두고 준비하던 시기에 일어났던 것은 결코 우연이 아니다.

앞서 서술한 내 신변에 일어난 두 가지 사건은 모두 환대의 원리와 관련된다. 나는 한 가지는 '주'(主)의 입장에서, 다른 한 가지는 '객'(客)의 입장에서 경험한 셈이었다. '객'의 입장에서 경험한 미합중국의 입국거부는 문자 그대로 주권국가 논리와 충돌한 것이었다. '주'의 입장에서 경험했던 것은 언뜻 보기엔 주권의 논리와 무관하지만, 역시 이 경험에도 정보기술의 혁신이 불러일으킨 주권적 공간의 변화와 이에 따라 현저해진 새로운 관계성 속에서, 헌법상으로는 국민주권을 널리 알리는 국가의 한 시민이 주권적 성격의 권력을 무자각적이고 부득이하게, 거의 자동적일 뿐 아니라 기계적이라고나 할까, 따라서 더욱 심각한 형태로 행사했던 한 가지 사례임에 명백하다고 생각한다.

시간 그리고/또는 공간의 극한적인 근접. 시간상 그리고/또는 공간상의 한계. 주권이라는 기묘한 권리는 언제나 이러한 '장'(場)의 형태로 모습을 드러낸다. 환대의 물음과 주권의 물음이 불가분인 것은 명확히 그 이유에 기인한다. 에티엔 발리바르는 근현대 주권론의 변천 속에 이 시공간적 반전의 필연성을 위치지었다. 『레탕 모데른』지[3](2000년 11월호)에 게재되었던 「주권론 서설—경계, 국가, 민중」[4]에는 우리가 주권의 현재적 변화를 사유할 경우 정확한 논의의 출발점이 될 뛰어난 분석을 담고 있다.

발리바르 이론의 출발점은 현재 유럽의 소위 정치과제에 그림자를 드리우고 있는 국가주권의 이중적 기능부전이다. 한편으로는 자본주의 시장경제의 글로벌화가, 다른 한편으로는 유럽연합(EU)의 구축이 때때

---

3) 『레탕 모데른』(Les Temps Modernes). 1945년 10월 1일에 창간된 '현대'(現代)를 뜻하는 잡지로서 실존주의와 맑스주의적 입장에서 편집된다. 사르트르를 중심으로 보부아르(Simone de Beauvoir), 레리스(Michel Leiris), 아롱(Raymond Aron), 폴랑(Jean Paulhan), 메를로-퐁티(Maurice Merleau-Ponty) 등이 편집위원으로 참여하여 출발한 이 잡지는 사르트르의 "작가는 그의 시대라는 상황 속에 살고 있다"는 창간사의 정신을 따라 사회에 어떤 변혁을 일으킬 것을 목적으로 하였다. 따라서 헝가리·알제리·스탈린주의 등에 민감한 반응을 보였고, 그 밖에 르포르타주·영화평·극평·서평·정치논문 등을 싣고 있다.—옮긴이

4) 훗날 다음 책에 실렸다. Étienne Balibar, *Nous, citoyens d'Europe? : Les frontières, l'État, le peuple*, La Decouverte, 2001; エティエンヌ・バリバール, 『ヨーロッパ市民とは誰か—境界・国家・民衆』, 松葉洋一·亀井輔 訳, 平凡社, 2008[발리바르, 『우리, 유럽의 시민들?: 세계화와 민주주의의 재발명』, 진태원 옮김, 후마니타스, 2010].

로 거의 식별 불가능할 정도로 뒤얽혀 가면서, 유럽 각국의 정치생활의 룰에 변화를 촉구하고 있다. 이 상황에 대한 즉각적인 반동으로 국가주권의 재건과 강화를 요구하는 주장이 생겼고, 주권주의(자)라는 새로운 정치적 입장을 일컫는 카테고리도 탄생했다.

그러나 문제의 소재는 오히려 과거 수세기에 걸쳐 형성되어 온 유럽의 정치문화와, 유럽연합의 구축이라는 현재의 과제 사이에 가로놓여 있는 근본적인 괴리이다. 한편으로 이 연합을 주권적 실체로서 구상하면서도, 다른 한편으로는 포스트 혁명기의 인민주권론을 유지하려고 한다. 그렇다면 '구성적 권력'이라고 할 '유럽 인민'이라는 카테고리가 불가피하게 된다. 그러나 아직 이 카테고리에 걸맞는 현실이 존재하지 않는다. 가령 그런 존재가 가능할 수 있다 하더라도, 그것은 유럽연합 구축이 끝나갈 때쯤에야 도래할 수 있지 않을까? 그러나 과거에 유럽 각 국가의 인민이 만들어졌던 때와 같은 전쟁과 내란 혹은 일상적인 동화의 압력을 통해 극히 폭력적으로 진행되었던 집단적 주체의 구축 과정을, 지금의 현대 유럽이 그대로 반복하는 것은 불가능하다. 적어도 유럽의 내부에서는 이미 전쟁은 발생할 수도 없고 발생시킬 수도 없다는 역사 인식이야말로, 유럽 통합의 전제이며 가능성의 조건이었기 때문이다. 이 구축 과정의 말로에 몇개 정도의 집합체가 도래한다고 해도, 그것은 여태까지 '인민'이라고 불렸던 것과는 전혀 다른 존재일 수밖에 없다. 공통통화인 유로가 정착되었던 것 같은 경제적인 성과가 선행되는 과정 속에서, 강하게 말하자면 정치적인 차원에서의 유럽연합은 이 예견 불가능한 것의 선취라는 위험한 기획에 몸을 두고 진행될 수밖에 없었다.

이 아포리아는 「주권론 서설」이 쓰여졌던 세기 전환기에 이미 충분히 느껴지고 있었다. 그리고 2005년 유럽헌법 초안이 프랑스에서 부결된 사태에 이르러 이 아포리아는 백일하에 노골적으로 드러나게 되었다. 그 이후 프랑스 대통령 선거에서 니콜라 사르코지의 승리, 이탈리아에서의 실비오 베를루스코니의 부활 등 수년간 유럽 정치가 정체되어 왔음을 보여 주는 여러 현상들이 있다. 그리고 이 현상들은 유럽헌법을 둘러싼 **필연적인 혼란**을 전환점으로 해서 진행되었다고 해도 과언이 아니다. 1990년 소위 걸프위기 이후의 세계 정치현상과 함께 이러한 유럽 정치의 정체 현상의 본질을 깊이 있게 통찰하는 것은 칼 슈미트 저작과의 어떤 대결적 대화를 통해서 가능하다.

발리바르는 「주권론 서설」에서 슈미트를 주로 두 가지 논점으로 독해한다. 한 가지는 나치 가담과 제2차 세계대전을 사이에 두고 나뉘는 전기 슈미트와 후기 슈미트 작업이 지닌 내적 연관성에 대한 고찰이다. 또한 가지는 근대주의론의 효시가 된 장 보댕(Jean Bodin)의 주권론과 슈미트의 주권론을 비교 검토하는 것이다. 발리바르가 주권의 '장'(場)으로서 시공간의 한계 구조를 분석하는 것은 그 중 첫번째 논점을 전개하는 과정 속에서였다. 두번째 논점도 주권의 역사를 이해하기 위해 매우 중요한 것이지만, 그 검토는 다음을 기약하기로 하고 여기서는 논문의 전반부에 대해서만 논의하고 싶다.

"주권자라는 것은 예외상태에 관해 결정하는 자를 말한다"라는 『정치신학』(1922)에서 슈미트가 내린 주권자에 대한 정의는, 오늘날 널리 알려져 있다. 그러나 발리바르의 사유에 따르면 현재의 유럽 및 세계의 정치현상을 해명하기 위해서는 그 주권론을 슈미트의 다음 두 가지 모티프와 관련된 이론화 작업에 접근시킬 필요가 있다. 제2차 세계대전 이후 슈미트의 대표적인 저작인 『대지의 노모스』(1950)에서 펼쳐졌던 '유럽의 균형' 및 '전쟁의 길들여짐'이라는 두 가지 모티프 말이다. 왜냐하면 '예외상태'라는 개념의 '구체적 의미'는 주권이라는 제도와 제국주의 열강에 의해 진행된 세계 분할의 여러 조건과 맺고 있는 밀접하고 불가피한 관계 속에서만 드러날 수 있기 때문이다. 거기에서는 발리바르가 슈미트 정치학의 '패러독스'라고 불렀던 '국가'와 '인민'의 '직관적 통합'이라는 형태의 '국민'(nation) 개념이, 어떤 독특하고 불가피한 이론적 기능을 짊어지고 있다.

> 결단·결정의 절대주의를 기초 짓는 **예외상태**의 관념은 [『대지의 노모스』의] 의론 구성에서는 분명히 결핍되어 있다. 그러나 예외상태는 그 모든 기능과 함께 실제로는 노모스 그 자체 위에서 이동하고 있다.[5]

'노모스'는 그리스어로 법을 의미하지만, 어원을 거슬러 올라가서 내린 슈미트의 재정의에 따르면 토지의 분할, 배분, 조직화를 의미한다. 거기서부터 유럽적인 법 관념이 근원적으로 토지의 질서와 결합했다는 견해가 도출되고 있다. 발리바르에 의하면 이러한 '노모스'는 "추상적인 측면에서는 인간의 생활과 법을 영토화하는 원리"이며, "구체적인 측면에서는 16세기부터 20세기 사이에 지역을 구획하거나 세계의 '지도를 제작하는' 경계의 확정에서 유럽이 차지해 왔던 어떤 종(種)의 중심성"이다. 이 영토화에 의해 '국가형태의 세속화'가 실현되고 종교라는 전쟁 원인이

---

5) バリバール, 『ヨーロッパ市民とは誰か』, 316쪽.

중화되어 '전쟁의 길들여짐'이 진행되어 근대 유럽 국민국가 간의 균형원리가 성립한다. 그러나 이 원리가 작동하는 것은 대륙에 제한된다. 노모스가 목표로 하기 마련인 대지가 부재하는 해양에서는 공해(公海)의 자유를 원칙으로 하는 별도의 질서가 확립되었다. 그리고 비유럽 세계는 치외법권적인 착취와 수탈, 열강에 의한 식민지화 경쟁이 이루어지는 아수라장으로 변했다. 대영제국은 그 지리적 조건을 이유로 유럽 균형의 보증자, 해양 항해 자유의 옹호자, 그리고 유럽 공법질서의 내부와 외부라는 세계분할에 의한 최대 수익자라는 삼중의 역사적 지위를 획득할 수 있었다.

제1차 세계대전은 이런 유럽 공법질서가 예기치 않게 해체된 제1막이었다. 제1차 세계대전은 동시에 세 가지 점에서 복합적인 귀결을 가져왔다. 유럽 기원의 법적 형태의 '글로벌화', 화학무기나 전투기의 등장 등이 단적으로 드러내는 전쟁기술의 비약적인 발전, 그리고 전쟁범죄에 맞서기 위한 국제법 정신의 일대 변화가 그것이다. 세번째 점과 관련해서 독일 황제 빌헬름 2세에게 전쟁범죄가 물어졌다는 것이 상징적인 사건이었다. 요컨대 그때 이후 국제법상의 '적'과 '범죄자'의 구별이 불명확해지고 유럽 공법에 의한 '전쟁의 길들여짐'이 초래했던 '대등한 적'이라는 카테고리는 있을 장소를 잃게 되었다. 이 과정 끝에 '적'은 '범죄자'로, 그리고 이어서 '테러리스트'로 동일시되었던 것이리라. 슈미트의 주장에 의하면 전쟁의 폭력은 그것이 인도주의나 평화주의의 이름으로 권위가 부여될 때, 고전적 전쟁과는 비교할 수 없을 정도로 달성된다고 한다. 이 이야기가 시사하고 있는 것은 어떤 종류의 '영원한 평화'라는 이념이 오히려 끝나지 않는 전쟁으로 가는 길을 열 가능성이다. 미합중국이 선전하는 '반테러리즘 영구전쟁'이 어떤 이념을 가졌는가를 물을 때, 우리는 슈미트의 이 가설을 참고하지 않을 수 없다.

그러나 슈미트는 이 묵시론적 전망을 억제하려는 존재를 '카테콘'(kat-echon)이라는 신화적 형상을 통해서 말했다. 그에게 이 형상은 결국 고전적 주권국가이며 주권국가에서 생긴 공법질서의 체계였다. 발리바르는 슈미트가 아무런 증명도 없이 전제하고 있는 '국민'을 '국가'와 '인민'의 '직관적 통합'이라고 바꿔 읽었다. "'히노마루', '성조기', '삼색기' 등 '국가의 표기(標旗)'"(다니가와 간)라는 것은 이 '직관적 통합'이 제도화되어 나타난 도상에 다름 아니다. "어떤 나라에도 국기는 있다"라는 구실을 들어 국기 게양의 강제를 정당화하는 공권력은, 이 점에서 슈미트와 똑같은 전제를 공유하고 있을 뿐 아니라, 그 전제를 묻는 것에 대한 금지를 공유하고 있는 것이다.

우리는 정치현상의 역사적 분석에서 보여 준 유례없을 만큼 뛰어난 슈미트의 비판력을 활용하면서도, 새로운 '올바른 전쟁'(正戰)론이자 인도주의를 구실로 한 전쟁에 대해서는 저항의 원리를 주권주의와는 다른 식으로 발명해야 한다. 이를 위해서 이 책에 수록한 몇 개의 논문에서는 매우 예비적이고 단편적인 형태이지만 슈미트가 했던 작업과 대결적인 대화를 시도해 보았다. 이와 비슷한 관점에서 발리바르도 또한 전기 슈미트와 후기 슈미트 사상의 근저에서 통하고 있다고 생각했던 어떤 개념장치가 가진 기능에 대해 소묘를 시도하고 있다.

결국 슈미트의 주권 구상은 국내적 틀에서 국제적 틀로 이동해 가면서도 어떤 중심적인 개념을 그대로 동일하게 포함하고 있다. 즉 정치질서가 **그 반대물로 뒤집혀**, 어떤 법, 어떤 제도에서도 일반적으로 영향을 끼치는 제한을 해제 또는 무효화하는 예외점 또는 첨점[반복점]이라는 관념이다.
……

그러므로 초월이란, 권력이 지닌 근본적으로 이율배반적인 형상과 언제나 불가분이다(법규범주의나 입헌주의가 어떻게든 피해 가려고 하는 것이다). **독재**(더욱이 '민주적 독재')는 명백하게 그런 형상 중 하나이지만, 역사적 현실주의에서 전개된 슈미트의 요구는 최종적으로 그것과는 다른 형상을 특권화하고 있었다. 반대물의 통일로서의 **경계**이다. 거기에서는 전쟁과 조약, 질서와 무질서, 정치의 '내부적' 형상과 '외부적' 형상이 인접하면서도 교체한다. 따라서 슈미트에 의하면 주권은 항상 경계 위에서 성립되고, 무엇보다도 우선 경계 설정에 의해서 행사된다고 말할 수 있지 않을까.[6]

발리바르에 의하면, 결단의 순간과 국경, 시간적인 한계와 공간적인 한계는 이처럼 슈미트 주권론이 지닌 두 가지 계기에 의해서 상동적인 기능을 짊어지고 있다. 생각해 보면, 1991년 걸프전은 이중의 의미에서 주권적 물음이 회귀하고 있음을 증거한 것이었다. 이라크의 쿠웨이트 침공·점령 및 병합선언이라는 것은 제2차 세계대전 후 최초로 하나의 주권국가를 소멸시킨 전쟁행위였다. 사담 후세인에게 있어서는 필시 아랍의 기존 국가체제에 종지부를 찍고, 유일하게 있어야 할 아랍 국기를 설립하기 위한 최초의 일보였을는지도 모른다. 그러나 19세기부터 20세기에 걸쳐 비스마르크 독일이, 그리고 메이지 일본이 강행했던 것과 같은 방식,

---

6) バリバール, 『ヨーロッパ市民とは誰か』, 319~320쪽. 번역문 일부 수정.

즉 다른 주권국가를 병합함으로써 영토를 확대하는 것은 한 세기가 지난 후의 아랍 지도자에게는 허용되지 않았다. 민족의 주권이란 이름으로 국가의 주권을 공공연히 침해하고 파괴하는 자는 '인류의 적'이라고 간주될 수밖에 없었기 때문이다. 더구나 그 행위가 중요한 전략적 자원을 지배하는 것과 관련된 경우에는 말이다. 당시 미합중국 부시(父) 정권이 사태를 타개하기 위한 방법을 모색했던 아랍연맹의 외교 노력을 공공연히 방해했다는 점을 기억해야 한다. 또한 의논을 통한 문제해결에 시간을 들이는 대신, 국제연합의 결의를 채택해 단숨에 다국적군이 군사행위를 하도록 일을 진행시켰던 것을 상기해야만 한다. 보편적인 국제법이란 원칙을 방패로, 지역 관계 당사국들이 절충할 수 있는 시간의 한계를 힘으로 압박한 미국의 이 자세는, 전쟁이 일어나기 이전부터 이미 주권적인 성격을 띠고 있었던 것이다.

훗날 자크 데리다는 『불량배들』에서 그리스 신화의 신 제우스의 주권은 아버지인 시간의 신 크로노스를 타도함으로써 확립됐던 것을 강조하고 있다.

제우스가 그의 주권을 확립하는 것은 시간에게 자신의 이유를 강제로 설득시켜 시간을 격파함으로써 시간의 무한한 질서를 끝냄으로써 이루어진 것이다. 이 정식에는 넘쳐나는 어떤 시야[射程]를 부여하는 것이 가능하게 된다. 이 시야가 시간의 끝에, 유한성 없는 종국성에, 결단의 순간으로서의 주권에 닿는 지점까지. 결단은 그 행위의 분할 불가능한 첨점에서 시간을 그리고 또한 언어를 끝나게 한다.

이 신의 계보, 『신통기』(神統記)[7]가 가르쳐 주는 것은, 주권의 역사는 항상 찬탈의 역사라는 것이다. 곧 도야코에서 개최될 '선진 8개국 정상회의'라고 불리는 장은 국제법 제도인 국제연합의 총회 및 두 이사회에서 어떤 부탁도 받지 않고, **비공식을 표방하면서 톱-다운의 정치결정을 계획**하는 공공연한 찬탈자들 간의 회합이다. 이러한 장을 국제 정치의 정통적인 이벤트로 통용시키는 것 자체가 주최자들의 목적인 이상, 그것을 용인할 수 없다는 원리적 의미를 표시하는 것은 지구적 규모의 민주주의 도래를 원하는 입장에서는 너무나 당연한 일이지 않을까.

이 책에 담긴 글들은 1995년부터 대략 10년 사이에 쓴 것들이다. 이 글들은 어느 것이든 이 세기 전환기의 세계, 아시아, 일본의 위기적인 상황에서 촉발된 사유의 기록이다. 비교적 이론적 색채가 강한 것을 제1부에, 절박한 정세를 배경으로 한 보고나 정치적 발언에 가까운 것을 제2부에 담았다.

이 글들 중 몇 개는 번역되는 행운이 주어졌다. 다언어 잡지 『흔적』을 위해 쓴 「어떤 감응의 미래」는 고소 이와사부로(高祖岩三郎) 씨, 박성관

---

7) 『신통기』(*Theogony*). B.C. 8세기 무렵에 활동한 헤시오도스가 천지창조에서 신들의 탄생 및 계보 그리고 인간의 탄생에 이르는 과정을 계통적으로 서술한 작품이다. 제목이 의미하는 바와 같이 300명이 넘는 신들의 복잡한 관계를 간결하게 전달하고, 예로부터 선해오는 신화와 전설을 하나의 세계관 및 우주관에 비추어 체계를 세운 것으로 평가된다. B.C. 2000년대에 고대 오리엔트에서 살았던 후르리인들의 언어로 쓰어진 같은 제목의 『신통기』와 비슷한 부분이 있는 것으로 보아 헤시오도스가 이 작품을 지을 때 중동의 신화를 참조하였다고 여겨지며, 후세의 시인들이 덧붙인 내용도 엿보인다. 호메로스와 헤시오도스에 의해 신들의 계보가 만들어지고 신들의 이름과 역할이 부여되었다고 역사가 헤로도토스가 말한 것처럼, 이 작품에는 그리스 신화에 관한 가장 오래된 자료가 담겨 있으며, 오늘날 알려진 그리스 신화의 일부 내용이 실려 있기도 하다. —옮긴이

씨,[8] 다이셴메이(代顯梅) 씨에 의해, 일본어 원문에서 영어, 한국어, 중국어로 번역되었음. 「시민 캘리번」은 김영심 씨에 의해,[9] 「르낭의 망각 또는 '내셔널'과 '히스토리'의 사이」는 이규수 씨에 의해,[10] 「막다른 지경에 몰리고 있는 자는 누구인가?」는 『당대비평』 편집부에 의해,[11] 「새로운 아시아적 대화를 위하여」는 '연구공간 수유+너머'에 의해[12] 한국어로 번역되었음. 「콜로니얼리즘과 모더니티」와 「깃발 저편의 회상」은 리처드 칼리만 씨에 의해,[13] 「지옥으로 가는 길은 선의로 빈틈없이 포장되어 있다」는 토마스 라마르 씨에 의해,[14] 각각 일본어 원문에서 영어로 번역되었음. 「섬, 열도, 반도, 대륙」은 하마쿠 니히코(浜邦彦) 씨가 본서를 위해서 영어 원문에서 일본어로 번역해 주었다. 번역자 여러분들이 이러한 작업을 위해 들였을 귀중한 시간과 지불했을 세심한 주의를 생각하면, 뜨거운 감사의 기분에 온몸이 휩싸인다.

이 10년간 사유와 활동의 시공간을 공유했던 친구들은 이 글들 속에서 어떤 날인가 주고받았던 말이나 함께 보았던 광경을 다시금 만나게 될

---

8) 「어떤 감정의 미래—부끄러움의 역사성」, 『흔적』 1호, 문화과학사, 2001.
9) 「국민이란 무엇인가—'시민 캘리번' 혹은 에르네스트 르낭의 정신의 정치학」, 『당대비평』 10호, 2000년 봄.
10) 「르낭의 망각 또는 '내셔널'과 '히스토리'의 관계」, 동경대학교출판회 펴냄, 『내셔널 히스토리를 넘어서』, 삼인, 2000.
11) 「막다른 지경에 몰리고 있는 자는 누구인가」, 『당대비평』 21호, 2003년 봄.
12) 윤여일 옮김, 「새로운 아시아적 대화를 위해」, 『반일과 동아시아』, 소명출판, 2005.
13) Satoshi Ukai, "Colonialism and Modernity" / "Reflections Beyond the Flag: Why Is the Hinomaru Flag 'Auspicious/Foolish'?", trans. Richard Calichman, *Contemporary Japanese Thought*, ed. Richard Calichman, Columbia University Press, 2005.
14) Satoshi Ukai, "The Road to Hell Is Paved with Good Intentions: For a 'Critique of Terrorism' to Come", trans. Thomas LaMarre, *Positions*, vol. 13, n. 1, spring 2005.

는지도 모른다. 집필이나 발언의 기회를 저자에게 주셨던 모든 분들에게 이 장을 빌려 감사를 드린다. 특히 '티치인 오키나와'의 동료들, 「섬, 열도, 반도, 대륙」의 발표의 장이 되었던 심포지엄 '국제시민사회, 세계통치, 국가'에 초대해 주신 컬럼비아대학의 가야트리 스피박 씨에게 깊은 감사를 드리고 싶다.

세이케이대학의 이정화 씨에게는 이 책을 쓰는 과정에서 언제나 정확하고 섬세한 어드바이스를 받았다. 화가인 나카무라 가즈미(中村一美) 씨는 2004~2006년에 걸쳐 『시나노마이니치 신문』(信濃每日新聞)에 연재된 「친구의 발소리」(友の足音)에 매회 훌륭한 작품을 제공한 뒤, 필자의 요청에 응해 이 책의 표지로 명작 「사이소로 I」(採桑老 I)을 쓰도록 흔쾌히 승낙해 주셨다. 우리들이 만날 수 있는 기회를 마련해 주신 것은 시나노마이니치 신문 문화부의 구도 신이치(工藤信一) 씨이다. 그리고 이 책의 출판을 추천해 주신 것은 이와나미쇼텐의 고지마 기요시(小島潔) 씨, 주도적인 편집작업으로 이 책을 완성까지 이끌어 주신 것은 다카하시 구미(大橋久美) 씨이다. 모든 분들에게 무한한 감사의 마음을 언제까지나 품고 있을 것이다.

마지막으로, 이 시대의 궁핍을 어떤 부인(否認)도 배제하고 계속해서 사유하고 계신 스승 자크 데리다 씨에게 특별한 감사를 드리고 싶다. 2000~2001년도 세미나의 「어떤 감응의 미래」에서 언급된 데리다 씨에게 있어서, 증여·환대·용서를 둘러싼 '주권의 너머'라는 사유는 필시 어떤 수치의 경험과 떼어놓을 수 없는 것이지 않을까. 다시 한번 『불량배들』에서 그가 남겼던 민주주의에 대한 정의 하나를 들면서 이 책을 마치고 싶다.

민주주의에서는 언제나 반드시 시간이 결여되어 있기 마련이며, 올바르게 결여되어 있어야 한다. 왜냐면 민주주의는 기다리지 않기 때문이며, 그럼에도 불구하고 기다리게 하기 때문이다. 그것은 무엇도 기다리지 않는다. 그러나 기다리기 위해 모든 것을 잃는 것이다.

2008년 4월 23일

우카이 사토시

글의 출처

1부 환대의 사유

1_환대의 사유 宇野邦一·野谷文昭 編,『マイノリティは創造する』, せりか書房, 2001.

2_어떤 감응의 미래 『トレイシーズ』1号(『思想』別冊), 2000年 11月.

3_콜로니얼리즘과 모더니티 三島憲一·木下康光 編,『転換期の文学』, ミネルヴァ書屋, 1999.

4_시민 캘리번 『思想』854号, 1995年 8月号.

5_르낭의 망각 또는 '내셔널'과 '히스토리'의 사이 小森陽一, 高橋哲哉 編,『ナショナル·ヒストリーを超えて』, 東京大学出版会, 1998.

6_복수의 폭력, 화해의 폭력 『法社会学』54号, 2001.

7_섬, 열도, 반도, 대륙 Conference "International Civil Society, World Governance and the State", March 31, 2005, Columbia Unversity(USA).

2부 저항의 논리

8_1964년의 '소국민' 石田英敬·鵜飼哲·坂元ひろ子·西谷修 編,『"日の丸·君が代"を超えて』, 岩波書店, 1999.

9_깃발 저편의 회상 『インパクション』118号, 2000.

10_독립을 발명하는 것 『EDGE』11号, 2000.

11_9월 11일의 매듭 『インパクション』127号, 2001.

12_어떤 모임 『だれでもわかるイスラーム(入門編)』(『文芸』別冊), 2001.

13_대침공 전야 『世界』, 2002年 6月号.

14_지옥으로 가는 길은 선의로 빈틈없이 포장되어 있다 『現代思想』, 2002年 3月号.

15_막다른 지경에 몰리고 있는 자는 누구인가? 『日朝關係』(『現代思想』臨時増刊号), 2002年 11月.

16_가족과 제국 『図書新聞』2659号, 2003年 12月 / 2661号, 2004年 1月.

17_새로운 아시아적 대화를 위하여 『現代思想』, 2005年 6月号.

18_전쟁의 극복 『インパクション』155号, 2006(『日本と朝鮮半島の"次代"を創る学生フォーラム』(2006. 12. 3)의 강연록 가필·수정).

19_만약 놈들이 아침에 온다면…… 立川反戦ビラ弾圧救援会 編,『立川反戦ビラ入れ事件―"安心"社会がもたらす言論の不自由』, 明石書店, 2005.

옮긴이 후기

내가 처음으로 만난 우카이 사토시 선생님의 글은 『흔적』(문화과학사, 2001)에 실린 「어떤 감응의 미래」였다. 이 글은 타문화가 서로 만날 때 발생하는 여러 감응 중 '부끄러움'의 정치적 의미를 다루고 있었다. 이 글을 통해서 오랜 시간 하나의 문화를 형성해 온 구체적인 감정들에 섬세하게 반응하면서도 그러한 문화가 지니기 쉬운 배타성을 넘어서는 방법을 배웠다. 예를 들어 '인간으로서의 부끄러움'은 결국 '인간'으로 귀결되지만 '인간이라는 사실에 대한 부끄러움'은 인간이란 것을 구성하는 전제를 질문하게 하고, 인간을 넘어서 변신하길 꿈꾸게 된다는 부분들이 그러하다. 한국인으로서의 부끄러움은 나를 다시금 한국인으로 귀속시킬 테지만, 한국인이라는 사실에 대한 부끄러움은 한국인을 구성하는 전제들을 끝없이 질문하도록 하는 운동성을 지닌다. 당시 나는 서양 정치사상과 동아시아 사상, 실증적 역사공부, 그리고 실천적인 정치활동 사이의 간극을 느끼면서 이것을 만나게 할 접점을 찾지 못해 고민하고 있었다. 이 '인간을 넘어서는' 감응이 지닌 운동성에서, 나는 막연하게나마 그 각각의 고리들이 연결되는 접점을 발견한 듯했고, 언젠가 이 분의 책을 번역해 보고 싶다고 생각했다. 우카이 선생님의 글은 2000년 『당대비평』 10호에 「국민이란 무엇인가」가 번역된 이래 7개의 논문이 소개되었지만, 저작 한 권이 번역되는 것은 『주권의 너머에서』가 처음이다. 우카이 선생님의 글이 한국에 본격적으로 소개되기까지 10년이 걸린 셈이다.

우카이 사토시의 글이 충분히 번역되지 못했던 것은 그의 사상적 지평, 즉 고정된 자리를 거부하는 그 사유의 독특한 운동성에 이유가 있지 않을까 생각한다. 그는 동아시아 일본의 비판적 지식인으로서 실존적 책임을 버리지 않지만, 그렇다고 '일본'의 '비판적 지식' '인'(人)으로서만 발언하는 것은 아니다. 오히려 '동아시아' '일본', '지식' '사람'(人)이라는 전제에 기초한 단순비교나 단정적인 논리를 거부하고, 구체적인 상황에 개입하여 파열음을 낸다. 그 파열음이 주권의 너머를 상상하는 힘을 남기고 지나간다. 따라서 그의 비판은 이분법에 근거한 역사 이해, 국가주권으로 사람들의 구체적인 경험을 회수해 버리는 폭력성, 공동체를 단 하나의 논리로 단일화하려는 힘에 대항해, 새로운 만남의 방식과 감응을 조직하길 요구한다. 따라서 그의 글은 '한국'으로 표상되지 못했던 한국 속의 더 예민한 차이들을 보는 데 적합하며 그 차이들을 한국만의 특수성 속에서가 아니라 세계사의 여러 가지 특수한 맥락 속에서 드러내기에 적합하다. 이런 힘을 지닌 글을 한일병합 100년이 되는 해에 번역하여 출간하고, 역시적 현장 속에 내놓는 모험을 하게 된 것이 두렵고 설렌다. 머지않아 『응답하는 힘』(応答する力, 靑土社, 2003)도 번역될 예정이라고 들었다. 그 책까지 번역된다면, 우카이 사토시의 사상이 한국적 맥락에서 이해될 수 있는 기반이 충분히 갖추어질 것이다.

모든 만남은 우연으로 가득차 있다. 그 우연한 만남의 순간에, 때로는 환대 때로는 저항을 함으로써 주권 저 너머를 끊임없이 상상해 가는 감응의 운동성, 그것이 이 책을 번역하면서 내가 꿈꾸었던 것이었다. 왜냐하면 예측할 수 없는 만남의 순간에야말로 주권을, 공동체를, 신체의 감각을 근본에서부터 질문하고 다시 만들어 갈 수 있기 때문이다.

우카이 선생님은 한국어판 서문에서 자신의 글이 번역되는 순간은 저자가 글에 대해 지니는 말의 주권을 포기하는 순간이라고 쓰면서, 이 우연한 만남에 내던져진 순간이 불러일으키는 떨림에 대해서 말한다. 글의 주인이 될 수 없으면서도 자신의 언어를 사용해 말해야 하는 번역자는, 이 글들을 말의 국경을 넘어서 더 넓은 만남으로 나아가게 하는 연금술사의 비행장이 되어야 할 것 같은 조바심을 느낀다. 그러한 '흔들리고 설레고 떨리는 사이'에서야말로 나는 다채로운 만남들을 경험할 수 있었다. 그것이 이 책을 번역하는 과정이 나에게 준 저항을 동반한 엄청난 환대였다. 아직 배워야 할 것이 많은 나를 믿고 이런 환대를 베풀어 주신 우카이 사토시 선생님께 깊은 감사와 존경을 바친다. 우카이 선생님은 원문 표기부터 철학적인 용어 및 뉘앙스에 이르기까지 나의 질문에 늘 친절하게 답해 주셨다. 또한 질문을 하고 설명을 듣는 과정 그 자체가 나에게 큰 공부가 되었다. 그리고 그린비 출판사 유재건 사장님, 망설임이 많은 내 번역문을 꼼꼼하고 섬세하게 고치고 편집해 주신 주승일 팀장님께 깊은 감사를 드린다. 그분들을 통해서 번역이라는 우연한 만남은 그 만남을 환대로 바꾸려는 의지와 신뢰를 통해서만 주권의 너머를 꿈꿀 수 있다는 것을 배웠다. 다음은 내가 경험한 환대, 혹은 우연한 만남들, 그때마다 주(主)와 객(客)의 자리를 뒤바꾸며 반짝이며 나타났던 주권의 너머에 대한 간단한 보고이다.

이 책의 제목은 『주권의 너머에서』로 번역되었다. 원래 제목인 『主権のかなたで』를 직역하자면 『주권의 저편에서』가 되어야 했다. 그러나 '저편' 대신 '너머'로 번역했다. 2009년 3월 초에 우카이 사토시는 코뮤넷 수유+너머 국제 워크숍에 초대되어, 다섯 차례에 걸친 강연과 세미나를 진행하였다.

그는 국제 워크숍의 강연 중에 이 책의 제목이 지닌 의미를 이렇게 설명했다. '주권의 너머'라는 말은 하나의 공간에 주권보다 더 높은 상위의 권력을 상정하지 않겠다는 의지의 표명이다. 또한 '너머'의 의미를 온갖 것을 넘나드는 운동으로 파악하고 '온갖 너머의 너머를 말하는 책'이란 뜻을 담아 붙였다. 수유+너머에서 '너머'란 trans의 의미, 즉 '넘는 운동'이라고 생각한다. 연구실의 '카페 트랜스'에 앉아 있자니, '너머'라는 말이 집단적으로 트랜스 상태가 된다는 것, 평소에 내가 아닌 상태가 된다는 것을 표현하는 것임을 깨닫게 된다고 하셨다. 그래서 나는 우카이 선생님께 'かなた'라는 일본어를, '저편'이나 '피안' 대신에 '너머'라고 번역하고 싶다는 뜻을 밝혔고, 우카이 선생님은 그 번역어를 매우 마음에 들어 하셨다.

또한 일본어 조사 で를 '에서'로 번역한 것은 국회 워크숍의 강연 내용에 근거한 것이자 일본에서 함께한 '반국가·반복귀 독서회' 친구들의 의견을 따른 것이다. 우카이 선생님은 한국어와 일본어는 조사 하나로 사유의 방향이 달라지는 언어라고 하면서 이 책의 제목을 "주권의 니머로(に)라고 할지, 너머에(へ), 혹은 너머에서(で)라고 할지를 두고 고민했다"고 말씀하셨다. 일본어 조사 'に'는 부드러운 어감을 지니고 있고 복수의 방향성을 보여 주긴 하지만 나아간다는 진보주의의 한계를 지니고 있다. 이와 달리 'で'는 그 뒤에 붙는 동사가 무한정으로 확장될 수 있을 뿐 아니라 주어 자리에도 다양한 주체들이 올 수 있다. 따라서 우카이 선생님은 제목을 '에서'(で)라고 정하게 되었다고 하셨다. 그 주권의 '너머에서'는 무언가를 만날 수도 있고 어떤 일이 일어날 수도 있고 어떤 일인가를 할 수도 있다. 이 책의 제목 중 '에서'는 이렇게 무한한 상상력과 잠재성을 품고 있는 말이다. 그러나 이것은 단지 무한한 확장만을 의미하는 것이 아니라 새로운 공동체에 대한 희망을 담고 있다. '에서'(で)에는 '에'(へ)의 뉘앙스도 포함되어 있기 때문이다. 이 'へ'라는 조사는 일본시인 구로다 미키오(黒田喜夫)의 『한 사람 너머에』(一人の彼方へ, 国文社, 1979)에서 따온 것이다. 우카이 선생님은 이것이 개인을 넘어선 공동체에 대한 욕망을 표현하는 아름다운 제목이라고 생각했고 그 뉘앙스를 포함시키고 싶었다고 하셨다. '주권의 너머에서'라고 제목을 확정할 때까지의 이 모든 만남과 토론의 순간들은, 글로벌화하는 신자유주의와 구별되는 또 다른 형태의 '주권의 너머에서' 이루어졌다고 믿는다.

이 책은 이론적 고찰을 하는 1부(환대의 사유)와 실천적 상황에 직접 개입하는 2부(저항의 논리)로 나뉘어 있으나 이 두 부분은 긴밀히 연결되어 있다. 나는 2부의 구체적인 내용들과 만남으로써, 가장 넓은 지평에서 가장 섬세한 차이를 보는 눈을, 가장 섬세한 차이에서 가장 글로벌한 지평을 상상하는 눈을 얻었다.

글로벌한 지리적 전망 속에서 이루어진 '테러리즘을 둘러싼 담론비판'(11~14장)이라고 분류된 글들을 번역할 때에는 수많은 각주를 붙여야 했다. 한국의 일반적 상황을 상정해 볼 때 각주 없이 이해하기 어려운 부분들이 많았을 뿐 아니라 나 자신이 팔레스타인 문제나 이슬람에 대해서 무지했기 때문이었다. 따라서 30년을 한국에서 살았던 나에게 팔레스타인이나 이슬람에 대한 기본적인 지식이 왜 이토록 결여되어 있는가를 질문하게 되었다. 이런 타자에 대한 무지는, 한 공동체가 타자를 테러리스트화하거나 범죄화하여 그들에 대한 배제를 정당화하는 상황으로 연결되기 쉽다는 점에서, 한국의 이주노동자들에 대한 배제 담론을 되돌아보게 했다. 그러나 이 글들은 단지 비판으로 일관하고 있지 않다. 「대침공 전야」는 언제나 전쟁상태의 공포를 견뎌야 하는 상황 속에서도 국제적 연대의 반짝이는 순간이 가능하다는 것을 보여 주는 아름다운 르포이다.

일본의 내셔널리즘 비판에 해당되는 글(8, 9, 19장)은 국민교육 혹은 민족교육이 은폐하는 지점들에 대해 민감해지도록 해주었다. 그 민감함 속에서 한국에서 이루어지고 있는 '북한'에 대한 언론플레이나 편견을 국가적 차원이나 민족적 차원과는 다른 형태로 비판하고, 구체적인 실체를 파악하려는 노력이 필요하다고 느꼈다. 이때 내셔널리즘 교육이 만들어 낸 감각, 그것에 대한 비판적인 사유를 담고 있는 글들이 시사하는 바 크다. 특히 「1964년의 소국민」은 『주권의 너머에서』라는 책 전체를 지배하는 감수성이 무엇인지를 대번에 파악하게 해준다. 어떤 의미에서 저자 자신을 형성해 온 감각을 독자들에게 공개함으로써, 이 책이 지닌 울림을 복수화하는 장치로서 기능한다.

'동아시아의 이웃'(7, 10, 17, 19장)이라고 분류된 일련이 글들은 일본, 중국, 타이완, 한국, 북한, 오키나와, 아이누의 관계들을 '이웃'과 '혹성'적 사유를 통해서 드러낸다. 이 글들은 동아시아에서 '미국'을 매개로 하지 않은 직접적인 만남이 가능한가를 질문한다. 특히 「독립을 발명하는 것」은 주권국가를 단위로 하는 독립이 아니라 새로운 형태의 독립을 상상하게 했다. 섬과 섬이, 작은 마을과 마을이, 하나의 작은 공동체와 공동체가 직접 만남으로써 이루어지는 국제적 만남의 장이 필요하다는 것이다. 그러나 이러한 섬 차원의 직접적인 국제 연대가 이루어지기 위해서는, 굶주림을 해결하기 위해서는 어떤 짓이든 정당하다는("굶주림의 철칙 현상") 대중의 처절한 현실윤리 또한 비판적으로 넘어서야 한다고 조심스럽게 지적하고 있다. 역사적 경험의 토양 위에서 새로운 연대와 독립의 상상력을 발명해 내는 이러한 섬세함이야말로 섬과 섬을 잇는 대중적 국제 연대가 지녀야 할 새로움이란 생각이 들었다.

이 책의 1부는 '주권의 너머'를 발명해 내기 위한 사유를 담고 있다. 이는 우연한 만남을 환대의 윤리로 바꾸기 위한 시도이기도 하다. 발명법 첫째는 '시간과 감각의 너머에서' 이루어진다. 어떤 공동체이건 터부시되면서 기억되어 온 집단적 감정이 있다. 일상의 모순과 비밀들을 감싸고 있는 원한, 분노, 부끄러움, 슬픔, 갈등과 같은 감정 에너지들이 그것이다. 「어떤 감응의 미래」는 일본의 내셔널리즘을 구성해 온 '부끄러움'이라는 수동적 감각을 "부끄러움을 수줍어한다"(이정화)라는 능동적 감정행위를 통해서 변환시킨다. '부끄러움'을 내셔널리즘을 구축하는 거대한 담론 질서를 흔들 수 있는 긍정적 감응 에너지로서 재구축한다. 「복수의 폭력, 화해의 폭력」과 「가족과 제국」은 혁명, 가족, 집단 등 다양한 공동체의 이름으로 행해지는 학살과 그것을 정당화했던 폐쇄적인 공동체 윤리에 대한 뒤엉킨 감정들을 드러낸다. '죽음의 정치'를 넘어서려는 이 조심스러운 작업을 통해서 나는 죽은 자들 혹은 이미 죽은 셈 쳐지는 자들의 중얼거림과 만날 수 있었다.

발명법 둘째는 '기억과 망각의 너머에서' 이루어진다. 「시민 캘리번」
은 국가적 기억장치가 마치 신앙처럼 일상을 파고들어 작동한다는 것을
강조한다. 이는 너무 쉽게 혹은 너무 성급하게 식민지 지배에 대한 화해·
사죄·과거청산이 이야기되는 상황을 비판적으로 되짚어 보게 한다. 「르
낭의 망각 또는 '내셔널'과 '히스토리'의 사이」는 '내셔널 히스토리'라는
용어가 전제로 하고 있는 국가적 기억을, 내셔널과 히스토리 사이를 넘나
드는 망각과 기억의 메커니즘을 통해 드러낸다. 특히 망각했다는 사실조
차 잊어버린 다수자의 망각과, 자신이 무언가를 망각했다는 사실을 기억
하는 소수자의 망각을 구별한다는 점에, 이 글의 래디컬한 통찰력이 있다.
즉 망각과 기억의 메커니즘은 늘 국가적 역사로 귀결되기 마련이라는 식
의 단순한 회의론이 아니라, 소수적 집합주체가 지닌 또 다른 망각과 기
억의 메커니즘을 통해서 '도래하고 있는' 소문자 역사를 끊임없이 구성해
가야 한다는 메시지이다. 일본 역사는 일본 국가의 기념비로 구축되어야
할 것이 아니라, 재일조선인·재일중국인·뉴커머 이주노동자들의 기억과
망각에 의해서 끊임없이 재구성되어야 한다는 것이다. 저자는 이러한 새
로운 역사를 "자기의 기억을 망각하고 외국인의 기억을 받아들이는 날"
이라고 표현한다.

발명법 셋째는 '콜로니얼리즘과 모더니티의 너머에서' 복수적 경험
들이 만남으로써 열린다. 나는 「콜로니얼리즘과 모더니티」를 번역하면
서, 한국의 식민지 근대성에 대한 논의를 떠올렸다. 한국의 식민지 근대성
논의는 때로 피식민지의 특수성을 강조하는 데 중점을 둔 나머지, 또 다른
타자들의 특수성을 보거나 또 다른 타자와 만날 기회를 잃어버렸던 것이
아닐까라고 조심스럽게 생각했다. 콜로니얼리즘과 모더니티의 상호작용

을, 이 글에 언급된 발레리·루쉰·다케우치 요시미·파농뿐 아니라, 한국의 식민지 근대라는 구체적이고 다양한 상황과 만나게 했을 때 어떤 일이 일어날까? 콜로니얼리즘과 모더니티가 착종되어 만들어 내는 '복수의 소리'로 울리는 경험들을 서로 부딪치게 할 때, 이미 타자인 자신 그 이외의 타자를 보거나 만나거나 하는 행위도 가능해지리란 생각이 들었다.

마지막 발명법은 '주와 객의 관계 너머에서' 비로소 열린다. 「환대의 사유」는 최근 세계 각지에서 일어나고 있는 소수자에 대한 배제논리를 비판하는 힘을 지니는 한편, 어떤 공동체 내부에서건 다시금 발생하게 마련인 빛과 그림자의 연쇄를 끊기 위한 전복적인 이론틀을 담고 있다. 개인의 소유를 벗어나기 위한 공동체 구성의 노력이, 다시금 공동체의 점유욕으로 변화하거나, 억압을 벗어나기 위해 연대한 공동체 안에 다시금 억압당하는 부분이 만들어져 억압이 연쇄되어 가는 것을 방지하는 이론틀이다. 저자는 이것을 주와 객의 위치전환 혹은 가치전환을 통해서 말한다. 이런 주객전도의 넘나듦이야말로 우리가 처한 존재 그 자체의 기반이라는 것이다.

이처럼 다양한 '~너머에서'를 발명하는 방법들은, 우카이 선생님의 실천적 활동들 속에서 훨씬 더 구체적으로 드러난다. 이 책을 번역하는 과정은 일본에서 이루어지는 다양한 사회적 활동들과 만나는 과정이기도 했다. 우카이 선생님이 친구들과 추진하고 있는 '티치인 오키나와'(Teach-in Okinawa)는 연속 토론 강좌로 2004년 오키나와 국제대학 캠퍼스에서 일어난 미 해병대 군용 헬리콥터 추락사고의 충격에서 시작되어 현재도 활발하게 이어지고 있다. 최근 2010년 4월에 있었던 모임에서는 오키나와에 있는 후텐마 미군기지를 반환하기로 한 공약을 지키지 않은 하토야마 정권에 대한 거대한 반대운동 속에서 진행되었다. 2009년 8월 15일 광복절에는 재일조선인을 비롯한 외국인 배외주의의 확산에 반대하는 데모 속에서 우카이 사토시 선생님을 우연히 만났다. 그 외에도 2008년 G8 정상회의 반대 심포지엄을 비롯, 홈리스에 대한 배제 및 다양한 정치적 활동의 최전선에서 우카이 선생님을 만날 수 있었고, 때로는 우카이 선생님을 통해서 그러한 활동들을 접하게 되었다. 이 경험을 통해서 『주권의 너머에서』가 과거 10년 동안 민감한 정세와 긴밀히 반응하면서 씌어진 매우 실천적인 글들임을 확인할 수 있었다.

이 번역은 또한 많은 친구들과 만나고 알던 사람과도 다시 만나는 과정이었다. 우카이 선생님 수업에서 만난 친구들, 그 중에서도 '반국가·반복귀 독서회' 친구들에게는 특별한 감사를 드리고 싶다. 이 독서모임은 '오키나와 반복귀 사상'에서 시작해 일본의 근현대 사상을 두루 읽어 갔다. '반복귀 사상'이란 오키나와가 미국의 점령에서 벗어나는 것이 곧 일본 국가로의 동화로 귀결되는 것에 저항하기 위한 사상적 운동이었다. 일본과 오키나와 사상에 대한 그들의 젊고 열정적인 토론 및 그들과의 우정은, 이 책을 번역할 수 있게 해준 원동력이었다. 번역을 체크해 준 요시다(吉田), 나는 늘 그가 지닌 타자에 대한 섬세한 감각에 감탄했다. 사람들을 모으는 힘을 지닌 오다(小田), 그의 오키나와인으로서의 자각적 발언이 나를 더욱 깊이 생각하게 했다. 그 외에도 와다(和田)와 오노(小野)를 비롯하여 여기에 이름을 언급하지 못한 독서회의 모든 친구들에게, 또 앞으로 만나 갈 친구들에게 감사드린다. 또한 번역하기 어려운 부분이 나올 때마다 함께 토론하고 말을 골라 준 든든한 친구 우자, 늘 힘을 북돋아 주었던 케이에게는 변함없는 우정으로 답하고 싶다. 이 책의 번역을 기대해 주시고, 개념어를 확정할 때마다 도움을 주신 이진경 선생님께 감사드린다.

이정화 선생님은 번역문에 대한 섬세한 감상을 들려주셨고, 나는 번역하는 행위에 대해 생각해 볼 수 있는 행운을 누릴 수 있었다. 이정화 선생님은 나의 번역문이 우카이 선생님의 문체에 비해 젊고 여성적인 느낌을 준다고 하셨다. 선생님과 내가 지닌 한국어에 대한 감각의 차이도 있을 수 있을 테지만, 독자들도 이 말을 상기하면서 읽어 주신다면 이 책의 독해가 훨씬 정확하고 풍부해지지 않을까 생각한다. 또한 이 말씀은 내가 우카이 선생님의 책을 번역하는 의미에 대해서도 흥미로운 힌트가 되었다. 우카이 선생님의 글은 호흡이 길고 무게감이 있는 동시에, 날카롭고 섬세하고 강렬하다. 중후하고 철학적인 맛이 다소 부족하더라도, 젊고 여성적인 힘이 이런 종류의 책을 잘 읽지 않는 분들까지 독자로 끌어들이는 데 혹시라도 도움이 된다면 좋겠다는 막연한 기대도 가져 보았다. 그런 점에서 이 번역 속에는 나만이 아는 비밀들이 가득하고, 또 그만큼의 오독들이 있을지도 모르겠다. 오독을 줄이는 동시에 오독을 촉발하는 것, 일본어 번역을 통해 오히려 한국어에 민감해지는 것의 중요성에 대해서 생각하게 된다. 수많은 사람들의 도움을 받았음에도 여전히 명확한 이 한계들은, 전적으로 번역자인 나의 책임이다. 언젠가 다시 한번 이 말빚을 갚을 날이 오면 좋겠다.

이 모든 만남들이 과연 환대와 저항의 새로운 방식을 만들어 낼 수 있을까 생각하면, 우카이 선생님이 쓰신 것처럼, 나 역시 거대한 모험을 하는 듯한 느낌에 마음의 떨림을 멈출 수 없다. 때로 폭력적일 수 있는 우연한 만남을 '주권의 너머'로 번역해 가는 힘, 그것은 늘 우리 옆에 잠재되어 있으면서도, 우리가 그것을 사용할 의지와 공감할 능력과 서로에 대한 믿음을 가질 때 실현되는 게 아닐까 생각한다. 이 책이 어떤 독자와 어떤 순간 만나고 있을지 나로서는 알 수가 없다. 원문이 지닌 사상적·실천적 힘이 지금 이 글과 만나는 독자들에게 환대를 받기를, 환대의 새로운 형식을 이끌어 내길 바랄 뿐이다. 이 불가능하고 따라서 반복해서 시도되어야 할 앞으로의 역사적·실천적·사상적 모험을 독자분들의 손에 맡긴다.

2010년 5월
옮긴이 신지영

찾아보기